소프트웨어 공학

큰 규모의
프로그램 제작을 위한
지침서

국립중앙도서관 출판시도서목록(CIP)

이 도서의 국립중앙도서관 출판예정도서목록(CIP)은
서지정보유통지원시스템 홈페이지(http://seoji.nl.go.kr)와
국가자료종합목록 구축시스템(http://kolis-net.nl.go.kr)에서 이용하실 수 있습니다.
CIP제어번호 | CIP2020034956

이 저서는 중원대학교 교내학술연구비 지원에 의한 것임(과제관리번호 : 2019-015)

큰 규모의
프로그램 제작을 위한
지침서

소프트웨어 공학

조민호 지음

1989년 HP에 입사해서 엔지니어로, 컨설턴트로, PM으로 지나온 세월이 25년이다.

박사 전공도 소프트웨어 공학이고 25년 동안 소프트웨어 공학과 함께 살아왔고 대학교에서 소프트웨어 공학을 강의한 지도 8년이 넘었는데, 왜 이제야 소프트웨어 공학 책을 쓰게 된 것일까? 아마 너무 친숙하기도 하고 자주 사용하다 보니 오히려 용기가 나지 않았던 것 같다.

이제 저의 노력과 경험의 결과물인 이 책을 독자에게 드린다.

이 책은 기존의 책들과는 다르게 기획되었다. 특히 스마트폰 세대의 성향에 맞추어

- 글로 설명하는 양을 줄이고 그림과 이미지로 이해할 수 있도록 구성하였다.
- 비유적 설명을 사용하지 않고 직접적인 설명과 예를 통하여 원리가 바로 이해될 수 있도록 하였다.
- 다루는 내용도 기존 소프트웨어 공학 책의 범위에 소프트웨어 모델링과 코딩 가이드, 디자인 패턴, 리팩토리, TDD 등을 추가하여 실무에 도움이 되도록 하였다.

이 책은 불필요한 말은 줄이고 간단하고 명료하게 설명하고, 핵심적인 내용은 그림으로 정리되어 있다. 독자들이 공부함에 있어서 불필요한 노력을 최소화 할 수 있을 것이다.

저의 경험에 비추어 실무에서 프로그램을 개발할 때 필요한 내용들은 대부분 포함하려고 노력하였다. 욕심이 크다보니 다루는 내용이 너무 많아져서 다 쓰고도 오랫동안 고민이 많았다.

이 책으로 공부하는 학생은 실무에서 사용하는 많은 용어와 지식을 익힐 수 있고, 이 책으로 강의하고자 하는 교수는 소프트웨어 공학이나 소프트웨어 디자인 등의 과목에 교재로 사용할 수 있다. 물론, PPT 형태의 강의 자료도 준비되어 있다.

책을 쓰는 2년간 힘든 일도 많았지만, 독자 분들이 이 책을 통해 소프트웨어 공학을 이해하고, 멋진 상업용 소프트웨어를 개발할 수 있는 좋은 엔지니어로 거듭날 수 있다면 저자로서 정말 행복할 것 같다.

지난 8년간 저의 강의를 들어주고, 졸업 후에도 사석에서 강의 내용이 사회생활에 많은 도움이 되었다고 이야기해 주었던 제자들에게 감사하다는 말을 전한다.

조민호

소프트웨어 공학은 대규모 프로그램의 개발에 대한 전반적인 것을 다루는 학문이다.

즉, 조그마한 프로그램이나, 개인이 사용하거나, 오랫동안 지속적으로 여러 사람에 의해서 사용되지 않는 소프트웨어는 소프트웨어 공학의 대상이 아니다. 역으로 말하면 이런 경우에 소프트웨어 공학 이론을 적용하면 득보다는 실이 많다고 할 수 있다.

이 책은 소프트웨어 공학에서 다루는 모든 분야에 대하여 체계적인 정리와 원리 이해를 목적으로 한다. 간단하고 명료한 설명과 단계별 접근을 통해 다양한 개념과 기법을 익히고 실무에서 사용할 수 있도록 하였다.

이 책에서 다루는 내용을 정리하면 아래와 같다.

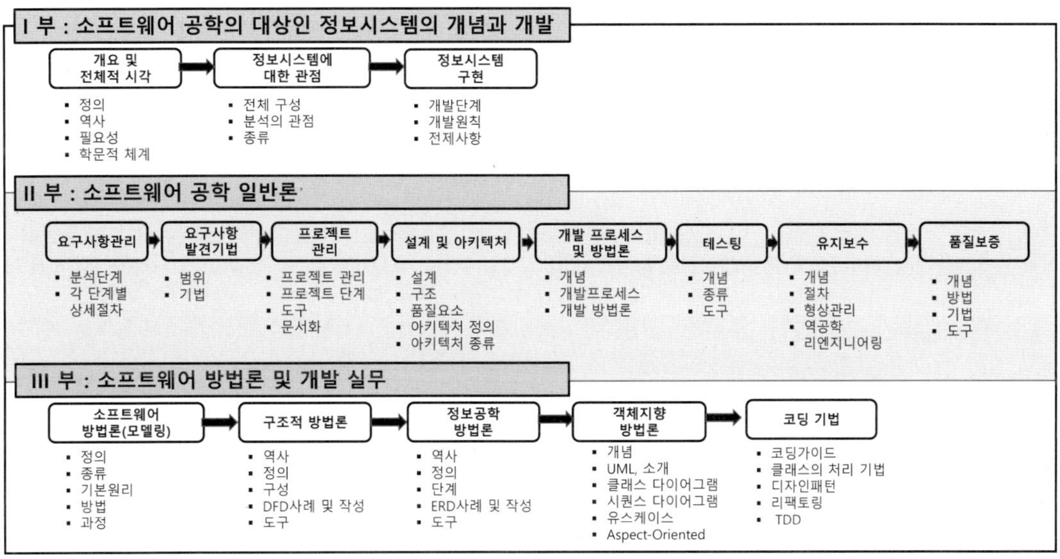

- **1부 : 1장 ~ 3장**
  - 소프트웨어 공학의 정의와 역사, 소프트웨어 공학을 이용하여 개발하고자 하는 정보시스템(Information System)의 구성에 대하여 설명한다.
  - 이 책에서 설명하는 모든 기법과 개념은 1부에서 제시하는 정보시스템을 기준으로 설명한다. 소프트웨어 공학에서 가장 기본적인 내용이다.
  - 1부의 내용은 이후 진행되는 내용의 올바른 이해를 위한 기본이 된다.

■ **2부 : 4장 ~ 11장**

- 소프트웨어 공학에서 일반적으로 다루는 내용을 설명한다.
- 요구사항 관리, 프로젝트 관리, 설계 및 아키텍처, 개발 프로세스와 테스트, 유지보수 및 품질 보증에 대하여 다루게 된다.
- 특히, 요구사항 관리와 프로젝트 관리 부분은 다른 부분보다 중요하며 실무에서 자주 사용하는 부분이다.

■ **3부 : 12장 ~ 16장**

- 정보시스템을 개발하면서 기본이 되는 모델링과 모델링을 체계화한 방법론에 대하여 설명한다.
- 가장 많이 사용되는 객체지향 방법론 외에도 구조적 방법론과 정보공학 방법론을 폭넓게 다루었다.
- 추가적으로 실제 코딩을 수행하는 데 필요한 다양한 가이드에 대해서도 설명하였다.

이 책을 집필하면서 특히 주의를 기울인 부분은 다음과 같다.

- 필요한 내용은 빠짐없이 담아내자.
- 중요한 개념을 정확히 이해시키는데 주력하자.
- 핵심적인 개념은 글보다 그림으로 설명하여 명확하게 이해하게 하자.
- 소프트웨어 공학에서 다루는 다양한 개념과 기법이 실무에서 어떻게 사용되는지를 이해시키고 응용할 수 있게 하자.
- 초보자도 이해할 수 있도록 사례 중심으로 설명하자.

소프트웨어 공학에 대한 책은 시중에도 많이 나와 있다. 하지만 이 책은 기존의 책과는 다른 접근 방식으로 독자분들의 지적 호기심을 만족시킬 것이다. 소프트웨어 공학을 처음 배우는 학생이나 이미 관련된 업무를 하고 있는 직장인 모두에게 도움이 될 수 있는 책이다.

이 책은 대학교 학부 교재로 사용될 수 있도록 디자인 되었다. 교재로 사용하고자 하는 경우에는 다음 페이지의 내용을 참고하면 된다.

【 본서를 교재로 사용하고자 하는 경우, 아래의 두 과목에 적용할 수 있다. 】

과목명 : **소프트웨어 공학**

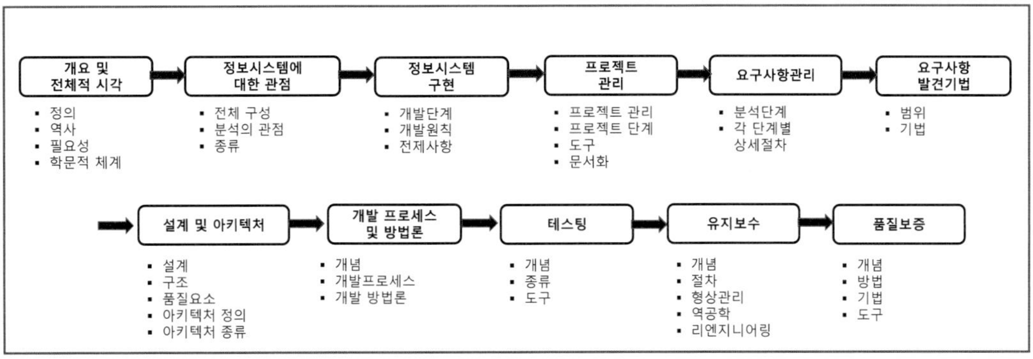

과목명 : **소프트웨어 모델링/디자인 또는 고급 소프트웨어 공학**

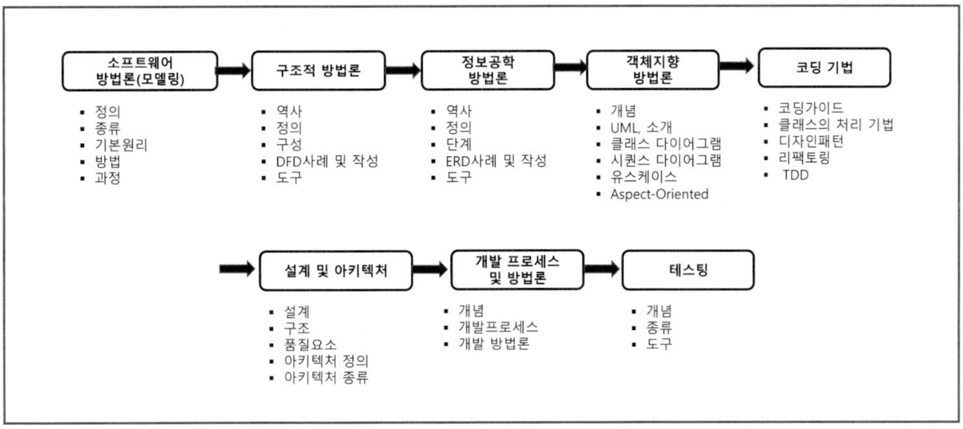

각 장의 내용은 별도로 분리될 수 있으므로 교수님들의 선택에 의해 강의 내용은 자유롭게 조정할 수 있다. 강의에 필요한 슬라이드와 연습문제 해답은 요청 시 제공해 드린다.

이 책의 내용을 두 학기에 다루는 경우를 가정하여 계획서를 작성하면 다음과 같다.

【 과목명 : 소프트웨어 공학 】

주차	주제
1주차	소프트웨어 공학 개요 및 전체적 시각(1장)
2주차	정보시스템에 대한 관점의 정리(2장)
3주차	정보시스템에 대한 관점의 정리(2장)
4주차	정보시스템의 구현(3장)
5주차	요구사항 관리(4장)
6주차	요구사항 발견 기법(5장)
7주차	중간고사 및 정리
8주차	프로젝트관리 (6장)
9주차	소프트웨어 분석 및 설계(7장)
10주차	소프트웨어 프로세스(8장)
11주차	소프트웨어 프로세스(8장)
12주차	소프트웨어 테스팅(9장)
13주차	소프트웨어 유지보수(10장)
14주차	소프트웨어 품질보증(11장)
15주차	기말고사

【 과목명 : 소프트웨어 모델링 】

주차	주제
1주차	소프트웨어 공학 개요 및 전체적 시각(1장)
2주차	소프트웨어 프로세스(8장)
3주차	소프트웨어 모델링 (12장)
4주차	구조적 방법론(13장)
5주차	구조적 방법론(13장)
6주차	정보공학 방법론(14장)
7주차	정보공학 방법론(14장)
8주차	중간고사
9주차	객체지향 방법론(15장) – 객체지향 개념
10주차	객체지향 방법론(15장) – UML 개요
11주차	객체지향 방법론(15장) – 클래스, 순차, 유스케이스
12주차	코딩 기법 (16장) – 표준코딩 가이드
13주차	코딩 기법 (16장) – 클래스 처리 기법
14주차	코딩 기법 (16장) – 디자인 패턴, 리팩토링, TDD
15주차	기말고사

PART

I

소프트웨어 공학의 대상인 정보시스템의 개념과 개발

PART

II

소프트웨어 공학 일반론

PART

III

소프트웨어 방법론 및 개발 실무

PART

I

소프트웨어 공학의 대상인 정보시스템의 개념과 개발

소프트웨어 공학의 가장 기본적인 내용을 다루는 부분으로 소프트웨어 공학을 공부했다면 반드시 알아야 하는 내용이다. 이 장을 통하여 소프트웨어 공학의 정의 및 구성, 다양한 용어 그리고 소프트웨어 공학이 적용되는 큰 규모의 소프트웨어, 즉 정보시스템에 대한 개념을 정립하기를 바란다. 추가적으로 정보시스템을 실제 구현함에 있어 필요한 절차, 원칙, 프레임워크와 실무에서 사용하는 다양한 시스템(정보시스템)을 소개한다.

[중요 내용]

- 개요 및 전체적 시각
- 정보시스템에 대한 관점
- 정보시스템 구현

1

개요 및 전체적 시각

소프트웨어 공학의 정의와 대상 및 범위 등에 대한 기본적인 사항을 정리한다. 책에서 다루는 내용의 범위와 순서 그리고 소프트웨어 공학과의 연계성에 대한 부분을 정리한다. 이를 통하여 책 전체의 구성과 방향을 확인할 수 있다. 추가로 올바른 이해를 위해서 필요한 핵심 용어에 대해서도 정리한다.
이 장을 통하여 소프트웨어 공학을 바라보는 관점을 조정하고 앞으로 공부할 방향을 설정하기 바란다.

1.1 소프트웨어의 정의
1.2 소프트웨어 발전의 역사
1.3 소프트웨어의 종류
1.4 소프트웨어 공학의 정의
1.5 소프트웨어 공학의 도입 배경
1.6 소프트웨어 공학의 관심 대상
1.7 소프트웨어 공학의 단계 및 중요 작업
1.8 소프트웨어 공학의 범위
1.9 정리
연습문제

1.1 소프트웨어의 정의

컴퓨터는 하드웨어(Hardware)와 소프트웨어(Software)로 구성된다. 이 책의 내용은 소프트웨어에 관련된 것을 다룬다. 하드웨어에 대한 내용은 전기 회로와 부울 대수를 결합한 '디지털 논리회로'나 '컴퓨터 구조'에 대한 책을 참고하라.

- 컴퓨터는 동일한 하드웨어에서 여러 기능(예: 컴퓨터에서 음악, 동영상, 문서 편집 수행 등)을 할 수 있고, 다양한 모습의 하드웨어에서 동일한 기능(예: 스마트폰, PC 등에서 웹 검색 수행)을 수행할 수 있다. 컴퓨터는 인간이 만든 다른 도구(예: 망치, 자동차 등)와 달리 다양한 모습과 다양한 기능을 수행할 수 있는 도구이다.

  그래서 **컴퓨터를 '보편 만능의 기계**(Universal Machine)'라고 한다.

- 소프트웨어라는 용어는 1957년 존 터키(John W. Tukey)가 처음 사용하였다.

- 위키백과에 의하면, **컴퓨터 소프트웨어**(Computer Software) **혹은 소프트웨어는 저장장치**에 **저장된 특정한 목적의 하나 또는 다수의 컴퓨터 프로그램을 의미한다.**

- 소프트웨어의 특징(Brooks, 1987)은 다음과 같다.

  ① **비가시성**(Invisibility): 소프트웨어는 눈으로 볼 수 없다.

  ② **복잡성**(Complexity): 소프트웨어는 개발 과정이 어렵고 복잡한 구조를 가진다.

  ③ **적합성**(Conformity): 소프트웨어는 정형화된 구조가 없고 환경에 따라 변형된다.

  ④ **변형성**(Changeability): 소프트웨어 구성 요소는 항상 변화한다.

요약하면, 소프트웨어는 컴퓨터가 다양한 분야에서 사용될 수 있도록 하며 눈으로 볼 수 없고, 복잡하고, 정형화된 구조가 없이 항상 변화하는 특성을 가진다.

소프트웨어는 제조가 아닌 개발되어야 하는 것이며, 시간이 지나면 소모되는 것이 아닌 환경 변화에 따른 품질 저하가 발생하는 대상이다.

이런 점이 소프트웨어를 생각할 때 가져야 하는 기본 전제이다.

1.2 소프트웨어 발전의 역사

소프트웨어는 단순한 업무의 처리에서 시작하여 복잡한 업무와 영상/음성처리까지 사용 범위를 확장해 왔다. 소프트웨어 공학의 정확한 이해를 위해서는 소프트웨어가 어떤 단계로 발전해 왔으며 각 단계별로 어떠한 기술이 왜 도입되었는지를 이해해야 한다.

[그림 1-1]에 소프트웨어 발전의 역사를 요약하여 나타내었다.

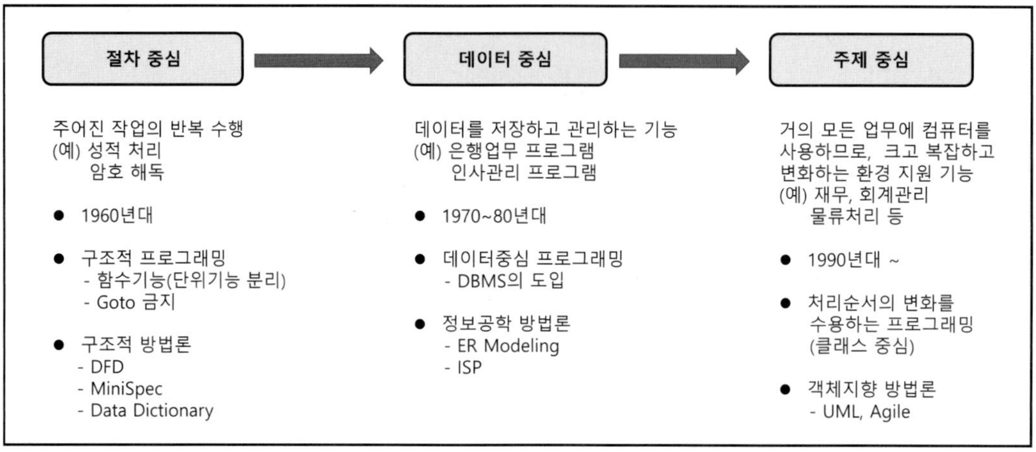

[그림 1-1] 소프트웨어 발전의 역사

절차 중심

- 컴퓨터가 처음 도입되는 시기(1960년대)
- 지정된 작업을 반복해서 순차적으로 수행하던 시기(예: 수능 시험 채점)
- 지정된 작업이 길어져서 읽기가 어려워지자, 단위 작업을 함수로 분리해서 전체 작업의 내용을 읽기 쉽게 하는 방법이 도입됨(=구조적 프로그래밍)
- Goto문으로 처리 순서가 역순이 되거나, 임의의 위치로 이동하면 읽기 어려우므로 이것을 금지시킴
- 구조적 방법론이 도입되어 소프트웨어 개발에 사용됨

데이터 중심

- 컴퓨터의 활용이 숫자에서 문자, 이미지, 소리를 처리하는 것으로 확장되는 시기(ASCII 코드 및 그래픽 화면의 도입)
- 컴퓨터가 데이터를 저장하고 활용하는 기능을 가지도록 기능이 확장되는 시기(1970~1980년대)
- 데이터의 저장을 위한 파일, 데이터베이스 관리 시스템(DBMS)이 개발되어 적용됨(Oracle과 같은 RDBMS의 도입)

- 소프트웨어 개발에서 데이터 처리가 중요하게 생각되던 시기로서 정보공학 방법론과 ISP(Information Strategy Plan)가 도입되어 활용됨
- 개체-관계 모델링(E-R Modeling)과 정규화(Normalization)가 도입되어 활용됨

주제 중심

- 컴퓨터가 거의 모든 분야에 적용되기 시작하는 시기(1990년대~)
- 주제(인사, 재무, 웹, 게임, 음악, 영화 등)에 맞추어 소프트웨어가 개발되는 시기
- 프로그램이 커지고 기능이나 처리 절차가 자주 변경되며 매일 그리고 오래 사용하며 컴퓨터가 비즈니스의 핵심으로 부상함
- 많은 종류의 데이터와 함수를 처리하기 위하여 연관 있는 데이터와 함수를 하나로 묶어서 사용자 정의 자료형(클래스)을 선언하고, 클래스형을 가지는 변수(객체)를 선언한 다음, 이것을 이용하여 수십 명의 개발자가 각자 독립적으로 프로그램을 제작함
- 유명한 모델링 기법인 UML이 개발되어 사용되는 시기이며, 프로그램의 제작보다 개발할 소프트웨어의 설계가 더 중요해짐
- 프로그램의 개발뿐 아니라 개발된 프로그램의 관리도 중요해지는 시기

요약하면, 현재 시점의 소프트웨어 개발을 위해서는 절차, 데이터, 주제를 모두 고려하여 프로그램 해야 한다. 그리고 **소프트웨어 공학은 절차, 데이터, 주제를 모두 고려해서 프로그램을 제작할 수 있도록 기술과 이론적 토대로 제공하는 분야이다.**

그러므로 현재의 소프트웨어 개발자나 설계자 모두 프로그램 언어를 익히는 것으로는 충분하지 않고, 모델링/데이터베이스 관리 시스템 등 다양한 분야에 대해 알아야 한다.

즉, 개발자가 되기 위해서는 아래의 사항을 갖추어야 한다.

- 프로그래밍 능력(분석 능력)
- 데이터베이스 관리 시스템에 대한 지식
- 개발 대상을 모델링하는 능력
- 특정 환경(웹, 스마트폰 앱 등)에 대한 코딩 능력
- 다양한 환경의 프로그램을 읽는 능력
- 지속적으로 변경되는 기술을 따라잡기 위한 꾸준한 노력

1.3 소프트웨어의 종류

소프트웨어는 모든 분야에서 사용되므로 다양한 종류와 형태가 존재한다. 사용되는 소프트웨어의 종류에 대하여 [표 1-1]에 정리하였다.

[표 1-1] 소프트웨어의 종류

관 점	종 류
제작 방식	● 주문형 : 고객의 요구에 따라 개발해 주는 것 (예) 기업 인사시스템 ● 패키지형 : 시장에서 판매할 목적으로 개발하는 것 (예) ERP, DBMS 프로그램, Excel ● 임베디드형 : 장치에 설치할 목적으로 개발하는 것 (예) 세탁기, 자동차에 설치되는 것
하드웨어 환경	● 대형(슈퍼) 컴퓨터형 : 일기예측 등의 소프트웨어 ● 클라이언트/서버형 : 네트워크로 연결된 컴퓨터 간의 통신을 이용한 소프트웨어 ● PC형 : PC에 사용하기 위해 개발된 소프트웨어 ● 모바일형 : 스마트폰 등에 사용하기 위해 개발된 소프트웨어
운영체제	● Windows / Mac용 소프트웨어 ● UNIX / Linux용 소프트웨어 ● Android / ios 소프트웨어
사용 환경	● 운영체제 직접 구동 소프트웨어 ● 웹 구동 소프트웨어 ● VM 구동 소프트웨어
사용하는 업무	● 행정, 금융, 의료, 국방, 운송, 자동차, 교육, 건축, 유통, 무역 등 사용하는 업무에 따른 구별
처리 방식	● 실시간 처리 또는 온라인 처리 ● 트랜잭션 처리 (은행이나 금융 시스템) ● 배치 처리 (대용량, 정산 작업 등)
사용자 화면	● 그래픽 사용자 환경(Graphic User Interface)형 ● 글자(Text)형

최근에는 대부분의 프로그램이 웹상에서 작동하므로, 웹 기반 온라인 처리 분야의 소프트웨어가 많이 개발되고 있다. 당연히 RDB, JQuery, HTML5/CSS3/Java Script의 사용 빈도가 높다고 할 수 있다.

안드로이드나 ios 환경에서의 프로그래밍은 소프트웨어 공학의 대상이라고 보기는 어렵다. 이유는 사용자의 요청에 의해 만들어지지 않고, 규모가 작고, 단기간에 사용하며, 지속적으로 변경이 발생하지 않는 프로그램이기 때문이다.

1.4 소프트웨어 공학의 정의

앞에서 소프트웨어의 정의와 발전 과정 그리고 종류에 대하여 살펴보았다. 이제 소프트웨어 공학(Software Engineering)에 대하여 살펴보도록 하자.

소프트웨어 공학은 '소프트웨어 + 공학'으로 만들어진 단어이다.

- **소프트웨어** : 저장장치에 저장된 특정한 목적의 하나 또는 다수의 컴퓨터 프로그램을 의미한다(출처: 위키백과).
- **공학** : 현장에서 쓰이던 기술을 체계화(반복적으로 동일한 효과를 나타내도록 하는 것) 하는 것(출처: 나무위키).

소프트웨어 공학이 처음 사용된 곳은 1968년 나토 컨퍼런스(NATO Conference)이며, 당시 소프트웨어 위기에 관해 사람들이 주의를 기울여 줄 것을 장려하는 목적으로 사용되었다.

소프트웨어 공학의 정의

소프트웨어 공학은 **소프트웨어의 개발, 운용, 유지보수 등의 생명주기 전반에 관련된 기술을 체계화함으로써, 소프트웨어에 관련된 분야를 서술적이며 정량적으로 다루는 학문이다**(출처: 위키백과).

참고로 IEEE에서는 "소프트웨어 공학이란 소프트웨어 개발, 운용, 유지보수 및 파기에 대한 체계적인 접근방식이다."라고 정의한다.

소프트웨어 공학은 품질과 생산성을 좌우하는 기술, 인력, 프로세스를 균형 있게 고려한다(이것을 삼각균형(Triangle Seesaw)이라고 한다).

소프트웨어 공학의 목표

- 소프트웨어 개발이 체계적이고 공학적인 방법으로 이루어져, 추정된 비용과 기간에 고객이 원하는 품질 높은 소프트웨어를 개발하는 것이다.
- 기술적 부채(Technical debt)를 줄이는 것이다(기술적 부채는 기존 환경의 결함으로 인해 새로운 기술을 개발하거나 확장하는데 어려움이 발생하는 것을 말한다).

정리하면, 소프트웨어 공학은 컴퓨터의 적용 대상이 확대되면서 소프트웨어의 개발, 운영, 변경 과정이 복잡해져서 이것을 공학의 기법을 이용하여 체계화하여 해결하고자 하는 노력의 산물이다.

1.5 소프트웨어 공학의 도입 배경

소프트웨어 공학을 공부하는 첫 걸음은 소프트웨어 공학이 왜 필요했는지를 이해하는 것이다. 이번 절의 내용을 통하여 소프트웨어 공학이 왜 필요한지에 대해 이해하기를 바란다.

[그림 1-2]에 소프트웨어 공학의 도입 배경을 정리하여 도표로 나타내었다.

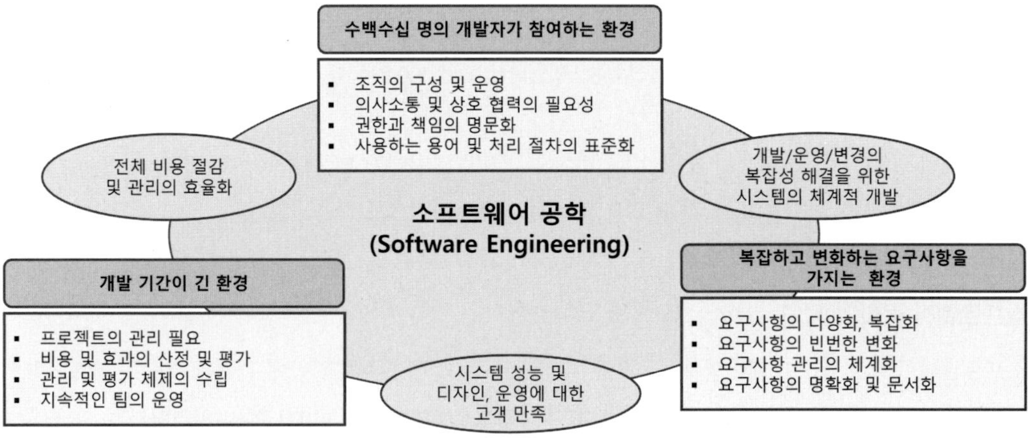

[그림 1-2] 소프트웨어 공학의 도입 배경

[그림 1-2]의 내용을 풀어서 정리하면 다음과 같다.

소프트웨어 공학이 필요한 환경

- 수백수십 명의 개발자가 참여하는 환경
- 개발 기간이 긴 환경
- 복잡하고 변화하는 요구사항을 가지는 환경

소프트웨어 공학은 소프트웨어의 개발에 있어 대규모, 긴 개발 기간, 변화하는 요구사항에 대한 대응의 방법으로 도입된 것이다. 그래서 소프트웨어 공학을 공부한다는 것은 '대규모 개발 환경의 조직 구성, 운영 방안, 절차 표준화'와 '긴 개발 기간에 따른 관리, 운영 방안, 비용 관리 및 평가 체계' 그리고 '요구사항의 수집 방법, 변화에 대한 대응, 체계화 및 문서화'에 대하여 공부하는 것이다.

소프트웨어 공학을 통해서 얻을 수 있는 것

- 전체 비용의 절감 및 관리의 효율화
- 개발/운영/변경의 복잡성 해결을 위한 시스템의 체계적 개발
- 시스템 성능 및 디자인, 운영에 대한 고객 만족

결론적으로, 소프트웨어 공학은 앞에서 언급된 환경에서 비용의 절감, 체계적 개발, 시스템에 대한 고객 만족을 얻기 위한 방안과 기법을 제공하는 학문이다.

만약 전제가 다르다면 소프트웨어 공학을 꼭 적용하지 않아도 된다. 개인용 소프트웨어를 개발하는 경우(예: 스마트폰용 앱)엔 반드시 소프트웨어 공학을 적용할 필요는 없다. 기억할 것은 '소프트웨어 공학이 어떤 환경에서 어떤 결과를 얻기 위하여 개발되는 것인가'이다.

최근에는 소프트웨어 공학의 기법을 간략화하는 경향이 있다. 대표적인 예로 애자일 방법론(8장에서 설명)이 있다. 이것은 소프트웨어 공학의 전통적 기법이 나빠서가 아니고 전제되는 환경이 '소프트웨어 품질'에서 '고객 만족'으로 바뀌었기 때문에 그렇게 된 것이다.

앞으로도 소프트웨어에 대한 기준이 변경되면 소프트웨어 공학은 지속적으로 변할 것이다. 대표적으로 현재 클라우드 컴퓨팅 시대를 맞이하여 소프트웨어 공학이 어떻게 변화할지 관심을 가지고 지켜보도록 하자.

1.6 소프트웨어 공학의 관심 대상

이번 절에서는 앞에서 설명한 내용을 정리하는 의미로 소프트웨어 공학의 관심 대상에 대하여 설명하도록 하겠다.

큰 규모의 소프트웨어 개발

인원, 기간, 예산, 범위의 측면에서 규모가 큰 것이 관심의 대상이다.

【예】 개발팀이 50명 이상이고 6개월 정도의 기간이 필요한 소프트웨어 개발 프로젝트

좋은 품질의 소프트웨어 개발

좋은 품질의 소프트웨어를 판정하는 기준은 '소프트웨어의 품질 속성'에서 찾아볼 수 있다.

【 소프트웨어의 품질 속성 】

- **기능성(Functionality)** : 고객의 요구사항을 만족하는 것.
- **신뢰성(Reliability)** : 안정적인 성능과 기능 오류가 없는 것.
- **사용용이성(Usability)** : 사용하기 편리한 것(고객의 입장).
- **효율성(Efficiency)** : 사용 환경에서 적절한 성능을 나타내는 것.
- **유지보수성(Maintainability)** : 수정 및 개선하기 편리한 것.
- **이식성(Portability)** : 다른 환경에 적용하기 편리한 것.

품질의 유지

소프트웨어의 품질을 개발자나 분석가에 의존하지 않고, 공식적인 절차나 방법론에 의거하는 것을 말한다. 즉 개인의 역량보다는 객관화되고 정리된 절차나 방법에 의해 품질이 유지될 수 있어야 한다는 의미이다.

변경의 효율

개발된 소프트웨어가 비즈니스나 환경의 변화에 따른 변경에 효율적으로 대처할 수 있어야 한다.

요약하면, 소프트웨어 공학은 큰 소프트웨어의 개발, 좋은 품질의 소프트웨어 개발 그리고 소프트웨어 품질의 유지 및 변경의 효율화가 주 관심 대상이라고 할 수 있다.

1.7 소프트웨어 공학의 단계 및 중요 작업

소프트웨어 공학에 대한 소개는 충분히 하였으니 한 단계 나아가서 소프트웨어 공학의 구성 요소에 대하여 알아보도록 하자.

소프트웨어 공학의 구성 및 중요 작업

소프트웨어 공학의 구성은 '개발 프로세스의 정형화', '품질보증 작업의 정형화' 그리고 '개발 프로젝트의 관리'의 3가지로 구분하여 정리할 수 있다. [표 1-2]에 각 구분마다 구체적인 작업의 내용이 정리되어 있다.

소프트웨어 개발 프로세스의 정형화

[표 1-2] 소프트웨어 개발 프로세스 정형화

단계	중요 관심 사항	중요 작업	산출물
분석	고객의 요구사항 파악	- 개발할 시스템의 성격(2, 3장) - 요구사항 관리(4장) - 요구사항 발견 기법(5장)	요구사항 명세서
설계	시스템의 모델링을 위한 방법론의 적용	- 방법론(모델링) 개념(12장) - 구조적 방법론(13장) - 정보공학 방법론(14장) - 객체지향 방법론(15장) - 설계 및 아키텍처(7장) - 개발 프로세스 및 방법론(8장)	설계 명세서
구현	코딩 및 리팩토링	- 코딩 기법(16장)	소스코드
테스팅	테스팅 및 유지보수	- 테스팅(9장) - 유지보수(10장)	테스트 보고서 종료 보고서

소프트웨어 품질보증 작업의 정형화

11장 품질보증에서 설명한다.

소프트웨어 개발 프로젝트의 관리

6장 프로젝트 관리에서 설명한다.

마지막으로 산출물을 살펴보면 하나의 프로젝트를 수행한 다음에는 최소한 '요구사항 명세서', '설계 명세서', '소스코드', '테스트 보고서', '종료 보고서'가 있어야 한다는 것을 확인할 수 있다. 물론, 상황에 따라 추가적인 산출물이 필요한 경우는 당연히 발생한다. 각 산출물에 대한 자세한 내용과 목차는 6장에서 확인할 수 있다.

1.8 소프트웨어 공학의 범위

소프트웨어 공학의 범위에 대해서는 여러 가지 의견이 있다. 이 책에서 다루는 범위가 소프트웨어 공학에서 일반적으로 생각하는 범위라고 할 수 있다.

[표 1-3]은 SWEBOK(Software Engineering Body of Knowledge v2, 2004)에서 10가지 영역으로 정리한 소프트웨어 공학의 범위이다.

[표 1-3] SWEBOK가 정한 소프트웨어 공학의 범위

측면	종류	설명	주요 요소
소프트웨어 엔지니어링 측면	소프트웨어 요구사항 (Requirement)	소프트웨어에 관련한 이해당사자들의 요구를 파악하는 절차, 명세, 분석, 분류, 검증과 관련된 지식 영역	- Requirement Process - Specification
	소프트웨어 설계 (Design)	소프트웨어 설계의 개념과 설계 시 다루어져야 할 핵심 이슈의 인식 및 아키텍처 뷰에 대한 정보를 제공하는 지식 영역	- Key Issues in Software Design - SW Structure and Architecture
	소프트웨어 개발 (Construction)	소프트웨어 개발에 대한 기본 지식과 관리적 요소, 실무적인 고려사항과 관련된 지식 영역	- Managing Construction - Practical Considerations
	소프트웨어 시험 (Testing)	소프트웨어 테스팅 기본 지식, 대상 및 목적 파악, 다양한 테스트 기법, 프로세스의 지식을 제공하는 지식 영역	- Test Levels, Technique - Test Related Measures
	소프트웨어 유지보수 (Maintenance)	소프트웨어 유지보수 기본 지식, 핵심 이슈 파악, 프로세스 파악과 관련한 지식 영역	- Key Issues in Software Maintenance - Maintenance process
소프트웨어 관리 측면	소프트웨어 형상관리 (Configuration Management)	소프트웨어 형상관리의 배경 파악, 형상 식별/통제/보고/감사 활동의 주요 업무 이해 등과 관련된 지식 영역	- Software configuration Identification /control/status/accounting/Auditing
	소프트웨어 공학관리 (Engineering Management)	요구사항 명확화, 정교한 프로젝트 계획 수립, 프로젝트 수행/통제/검토 및 평가 활동의 지식 영역	- SW Project Planning - Review, Evaluation, Closing
	소프트웨어 공학 도구/방법 (Engineering Tool&Methods)	생산성의 향상, 고객만족 실현, 의사소통 활성화, 개발 노하우 전수, 조직문화 형성과 관련된 지식 영역	- Software Tools - Software Engineering Tools
	소프트웨어 품질 (Quality)	소프트웨어 품질에 대한 기본 지식, 프로젝트 관리 프로세스 주요 활동, 품질에 대한 실무적 고려사항과 관련된 지식 영역	- Software Quality Management Process - Practical Considerations
	소프트웨어 공학 프로세스 (Engineering Process)	소프트웨어 프로세스에 대한 전사적 관리, 소프트웨어 라이프사이클, 표준화 등과 관련된 지식 영역	- Process Definition - Process Assessment

2014년에 개정된 v3에서는 '공학적 기반', '수학적 기반', '컴퓨팅 기반', '소프트웨어 경제학', '소프트웨어 공학 전문가 기량'이 추가되고 '소프트웨어 공학 도구/방법'이 '소프트웨어 모델과 방법론'으로 바뀌어서 15개의 영역으로 확장되었다.

SWEBOK의 기준을 중심으로 살펴보면 소프트웨어 공학의 범위를 처음에는(v2) 소프트웨어에 관련된 엔지니어링과 관리적인 측면을 중심으로 바라보다가, 나중에는(v3) 소프트웨어에 관련된 공학, 수학, 경제학 등의 분야까지 확장하는 것을 알 수 있다. 이런 점은 전 세계적으로 소프트웨어 공학의 영역이 어떻게 결정되고 확장되는지를 파악하기 위한 중요 포인트이다.

SWEBOK의 정리를 기반으로 좀 더 체계적으로 정리한 소프트웨어 공학의 범위를 [그림 1-3]에 나타내었다. '소프트웨어 라이프사이클 관점', '프로젝트 및 조직 관리 관점', '소프트웨어 모델링 관점', '도구 및 개발 기법(프로세스 및 관련 지식 포함) 관점'으로 분리하였다.

그리고 SWEBOK v3에 새로 도입되는 모델링 및 하드웨어 및 제품 지식에 대한 부분을 추가하여 구체화한 것이다.

[그림 1-3]의 범위는 특정한 협회나 표준에 의해 정해진 것이 아니고 이 책의 관점에서 정리한 것이다. SWEBOK v3와 같이 너무 광범위하게 정의하는 것은 실무적 관점에서 의미가 적다고 판단하여 실무적 관점으로 약간 수정한 것이다. 소프트웨어 공학의 범위에 대한 독자들의 이해에 도움이 되기를 바란다.

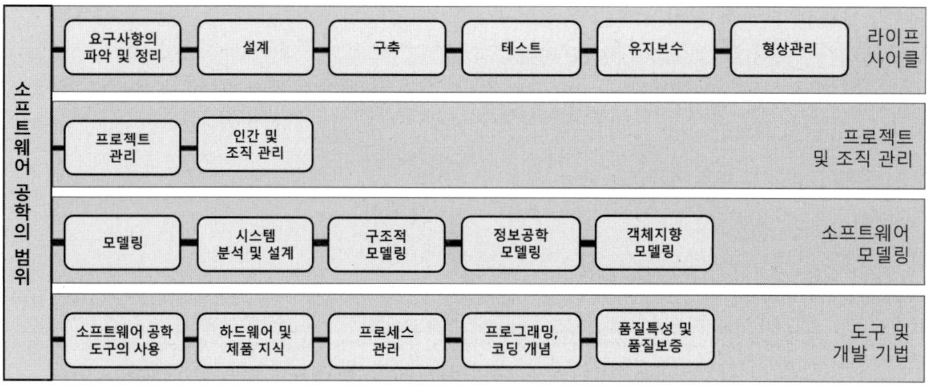

[그림 1-3] 소프트웨어 공학의 범위

1.9 정리

위키백과에 의하면, 소프트웨어 공학은 소프트웨어의 개발, 운용, 유지보수 등의 생명주기 전반에 관련된 기술을 체계화함으로써, 소프트웨어에 관련된 분야를 서술적이며 정량적으로 다루는 학문이다.

소프트웨어의 특징(Brooks, 1987)은 다음과 같다.

- **비가시성**(Invisibility) : 소프트웨어는 눈으로 볼 수 없다.
- **복잡성**(Complexity) : 소프트웨어는 개발 과정이 어렵고 복잡한 구조를 가진다.

- 적합성(Conformity) : 소프트웨어는 정형화된 구조가 없고 환경에 따라 변형된다.
- 변형성(Changeability) : 소프트웨어 구성 요소는 항상 변화한다.

소프트웨어 발전의 역사

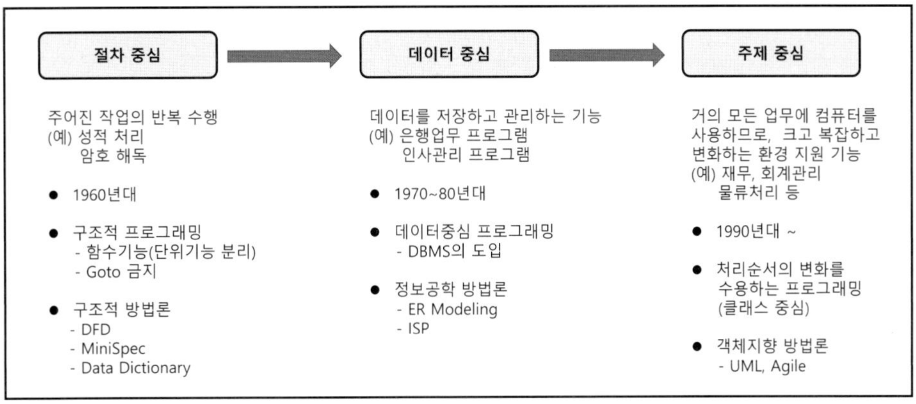

소프트웨어 공학의 도입 배경

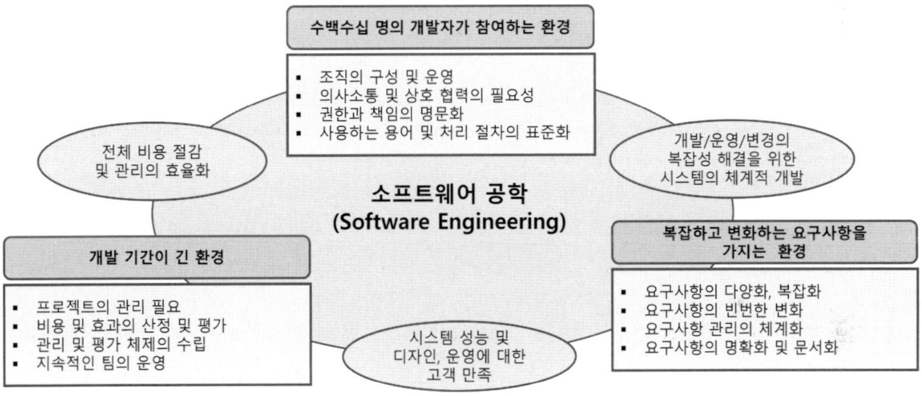

소프트웨어 공학의 범위

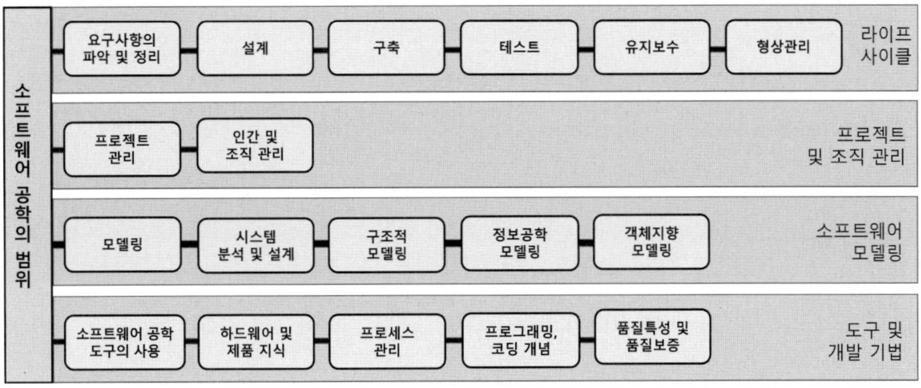

연습문제

01. 소프트웨어 개발의 역사를 3단계로 나누어 분리하고 단계의 특성을 요약하시오.

02. 소프트웨어 공학을 정의하시오.

03. 소프트웨어 공학이 필요한 환경 조건에 대하여 정리하시오.

04. 소프트웨어 공학을 통해 얻고자 하는 것은 무엇인지 정리하시오.

05. 소프트웨어 공학의 범위에 속하는 11가지를 정리하시오.

06. 이 책에서 제안하는 소프트웨어 공학의 범위를 정리하시오.

07. 소프트웨어의 품질 속성을 정리하시오.

08. ios나 안드로이드 기반의 모바일 프로그램이 소프트웨어 공학의 대상이 아닌 이유를 설명하시오.

2

정보시스템에 대한 관점

소프트웨어 공학이 궁극적으로 개발하고자 하는 것은 정보시스템이다. 이번 장에서는 정보시스템에 대한 용어와 개념을 정리하고 정보시스템의 구성에 필요한 내용을 항목별로 정리한다. 소프트웨어 공학을 공부함에 있어서 전체를 바라볼 수 있는 내용이다. 개념을 정리한 후에는 향후 설명을 이해하는 데 필요한 용어를 기본적인 수준에서 정리한다. 이번 장은 소프트웨어 공학 학습의 시작점이다. 어렵고 지루하겠지만 용기를 가지고 시작해 보도록 하자.

2.1 기본 용어의 정의

정보시스템에서 자주 그리고 중요하게 사용되는 용어에 대하여 정리해보자. 공부는 관련된 용어의 명확한 이해에서부터 시작된다. 중요 단어에 대한 정의를 살펴보고 정확하게 이해하기 바란다.

시스템(System)의 정의

단일 구성 요소로는 수행할 수 없는 유일한 기능을 수행하기 위하여, 연결되거나 관련 있는 요소들의 모임을 말한다. (출처: 컴퓨터 용어 사전)

【 시스템의 예 】

- **컴퓨터** : 계산 기능을 수행하기 위하여 CPU, M/M, Disk 등이 모여 있는 것.
- **자동차** : 달리기 위하여 차체, 바퀴, 엔진 등이 모여 있는 것.
- **소프트웨어** : 특정 역할(급여 계산, 고객 등록 등)을 수행하기 위하여 필요한 모듈들(화면 출력, 사용자 입력, 결과 프린트 등)이 모여 있는 것.

아키텍처(Architecture)의 정의

시스템의 목적을 달성하기 위해 시스템의 각 구성 요소에 대해 설계 및 구현을 지원하는 수준으로 자세히 기술한 것. 일반적으로 Top-Down으로 분할하여 기술한다. (출처: IEEE 1471 / TOGAF)

【 아키텍처의 예 】

소프트웨어 아키텍처(Software Architecture)는 소프트웨어의 구성 요소와 요소의 기능 그리고 요소 간의 상호 관계를 Top-Down으로 정리한 것이다.

데이터(Data)의 정의

- 이론을 세우는 데 기초가 되는 사실 또는 바탕이 되는 자료
- 관찰이나 실험, 조사로 얻은 사실이나 자료
- 컴퓨터가 처리할 수 있는 문자, 숫자, 소리, 그림 등의 형태로 된 자료

정보(Information)의 정의

- 목적을 위하여 수정, 보완, 재정의된 데이터 (출처: 나무위키)
- 필요한 시점에 확보한 데이터

여기까지 설명을 이해하였으면 앞에서 설명한 기본 개념을 기반으로 확장된 용어인 정보시스템(Information System)을 알아보도록 하자.

정보시스템의 정의

특정 목적(인사관리, 생산관리 등)을 위하여 필요한 데이터를 필요한 시점에 필요한 형태로 제공하기 위하여 연관되거나 관련 있는 요소들의 모임이다.

【 정보시스템의 예 】

인사관리 시스템은 직원의 인사관리(승진, 평가 등)를 위해 필요한 데이터를 필요한 시점에 필요한 형태로 제공하기 위하여 필요한 연관된 요소, 기능(입력, 출력, 데이터 저장 등)들의 모임이다. 그러므로 정보시스템이라고 할 수 있다.

프레임워크(Framework)의 정의

주어진 목적을 달성하기 위하여 복잡하게 얽혀있는 상황을 해결하기 위한 구조이며 소프트웨어 개발에 있어 복잡한 환경과 다양한 개발자를 묶어주는 뼈대 역할을 한다. (출처: 나무위키)

【 프레임워크의 예 】

소프트웨어 프레임워크는 소프트웨어 개발에 있어 복잡한 개발 환경과 다양한 개발자의 요구사항과 특성을 표준화된 체계로 묶어주는 뼈대의 역할을 하는 것을 말한다.

소프트웨어 프레임워크는 많은 개발자가 오랜 기간 동안 큰 규모의 프로그램을 제작할 때 개발된 소프트웨어의 품질과 관리에 중요한 영향을 미친다. 소프트웨어 공학과 프레임워크는 필요한 상황이 동일하므로 밀접한 관계가 있다.

자바는 개발자나 환경을 제한하거나 묶어주는 기능이 없으므로 프레임워크라고 하지 않는다. 스프링은 자바 개발자와 개발 환경을 규정하고 개발자와 운영자 모두가 주어진 환경에서 개발/운영하도록 표준화된 체계를 제공하므로 프레임워크라고 한다. 마이크로소프트사의 비주얼 스튜디오로 프로그램을 제작하다 보면, 개발자와 환경을 어느 정도 제한해서 표준화된 구조를 제공하고 있으므로 비주얼 스튜디오 역시 개발 프레임워크로 볼 수 있다.

2.2 소프트웨어 공학과 정보시스템의 관계

이제 소프트웨어 공학과 정보시스템의 관계를 정리해보자.

【 90년 이후 정보시스템의 환경 】

- 정보시스템은 인간 삶의 거의 모든 분야에서 사용되고 있다.
- 최근에는 정보시스템의 개발을 위하여 수십 명의 개발자가 수개월을 투입하는 사례가 늘고 있으며, 고객의 요구사항도 다양하게 계속 변화하고 있다.

- 한번 개발된 정보시스템은 중요하고 오래도록 사용되며, 비즈니스의 성장, 변화와 함께 지속적으로 수정/보완되어야 한다.
- 정보시스템은 비즈니스를 위한 중요한 자산으로서, 낮은 비용에 높은 기능과 사용자 만족감을 주는 환경이 필수적이다.

정보시스템이 가지는 상황들을 해결하기 위하여 도입된 것이 소프트웨어 공학이다. 즉 소프트웨어 공학은 대형 정보시스템을 제작, 운영, 확장 및 수정하는 것을 다루는 학문이라고 할 수 있다.

소프트웨어 공학을 이용하여 정보시스템이 가지는 문제를 해결하기 위해서는 정보시스템에 대한 파악이 우선적으로 이루어져야 한다.

2.3 정보시스템의 도입

[그림 2-1]에 소프트웨어 공학을 통해 개발해야 하는 정보시스템에 대한 기본 개념을 그림으로 정리하였다.

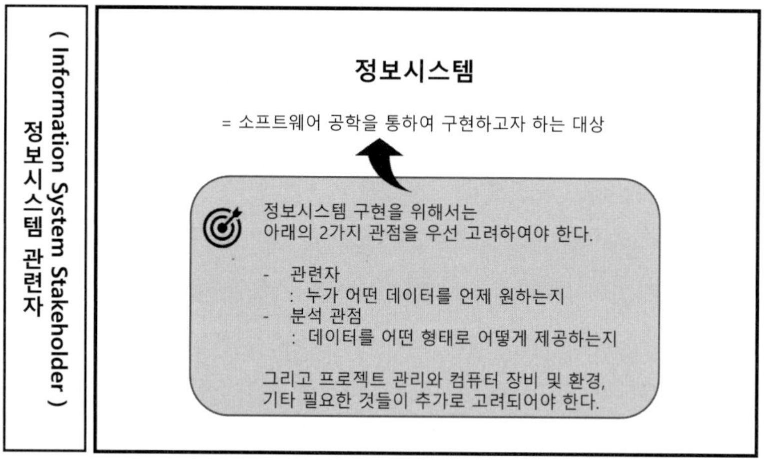

[그림 2-1] 정보시스템의 기본 개념

[그림 2-1]은 소프트웨어 공학의 입장에서 정보시스템을 개발하고자 하는 경우에 고려해야 하는 관점에 대하여 정리한 것이다. 구체적인 내용은 다음과 같다.

- 정보시스템은 소프트웨어 공학을 통하여 구현하고자 하는 대상이다.
- 정보시스템은 기본적으로 아래의 두 가지 관점에서 보아야 한다.
  - 정보시스템을 기획, 설계, 개발, 사용하는 관련자들의 입장에서 보아야 한다(**정보시스템 관련자**).
  - 정보시스템 자체를 구현하기 위하여 어떤 기능을 구현해야 하는지를 알아야 한다(**정보시스템의 분석 관점**).

- 정보시스템을 구축하는 프로젝트를 어떻게 수행해야 하는지를 알아야 한다.
- 정보시스템에 대한 환경(장비, 네트워크, 개발 도구 등)에 대한 것을 고려해야 한다.

정보시스템은 앞의 4가지 관점을 고려해서 만들어져야 한다(관련자, 분석 관점, 프로젝트 수행, 환경). 이 중에서 [그림 2-1]에 정리된 '관련자'와 '분석 관점'에 대한 상세 내용을 알아보도록 하자. '프로젝트 수행'과 '환경'은 이후에 3, 4, 5, 6장에서 나누어 설명하겠다.

이런 과정을 통해서 정보시스템의 개발을 위하여 소프트웨어 공학이 해야 하는 일의 범위와 내용, 방향을 구체적으로 이해할 수 있다.

2.4 정보시스템의 관련자

[그림 2-2]의 내용 중에서 '정보시스템 관련자'에 대한 부분을 중점적으로 설명한다.

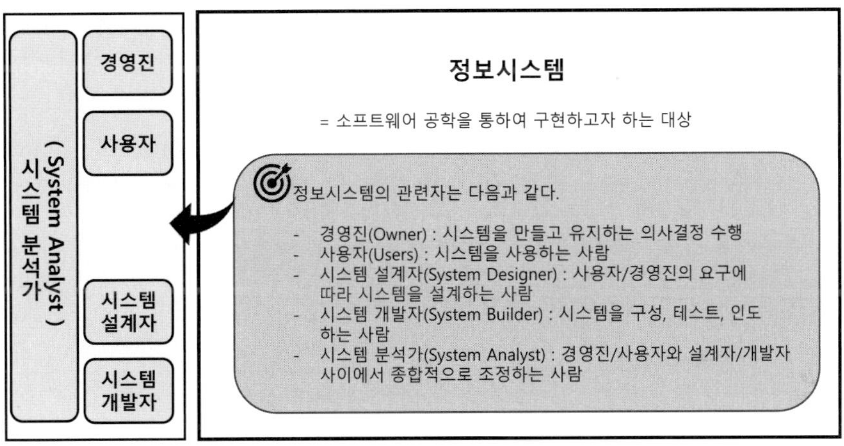

[그림 2-2] 정보시스템의 관련자 상세

소프트웨어 공학을 이용하여 개발하고자 하는 정보시스템의 관련자는 다음과 같이 분류할 수 있다.

【 정보시스템의 관련자 분류 】

- **경영진(Owner)** : 정보시스템을 구성하고 유지하는 최상위 관련자로서, 의사결정의 역할을 수행하는 사람을 말한다.
- **사용자(User)** : 개발된 정보시스템을 사용하는 실무자를 말한다.
- **시스템 설계자(System Designer)** : 사용자의 요구에 따라 정보시스템을 설계하는 역할을 수행하는 사람을 말한다.
- **시스템 개발자(System Builder)** : 시스템을 개발, 테스트, 인도하는 사람을 말한다.

- **시스템 분석가(System Analyst)** : 경영진, 사용자, 시스템 설계자, 시스템 개발자 사이에서 종합적으로 의견을 조정하고 이끄는 사람을 말한다.

정보시스템 관련자는 위와 같이 5가지 분류로 구분할 수 있다. 이 중, 가장 **중요한 역할**을 하는 사람은 '시스템 분석가(System Analyst)'이다.

시스템 분석가는 일반인의 시각을 가지는 '경영진'과 '사용자', 엔지니어의 시각을 가지는 '시스템 설계자'와 '시스템 개발자' 사이에서 의견을 조정하고 관련자들이 만족할 수 있는 형태로 전체 시스템을 개발하도록 이끄는 역할을 한다.

> **TIP** **컴퓨터공학을 전공하는 학생 중에서 프로그램을 잘 작성하지 못해서 고민하는 학생들이 많다.** 앞에서 확인할 수 있듯이 프로그램을 제작하는 것은 정보시스템을 구현하는 관점에서 보면 일부분에 지나지 않다. **프로그램 제작 외에도 '시스템 설계자', '시스템 분석가'와 같은 분야가 있고 실제 프로젝트를 수행할 때는 개발 분야 만큼이나 중요한 분야로 인정받고 있다.** 따라서 개발자 대신에 '시스템 설계자' 또는 '시스템 분석가'의 진로를 선택하는 것도 좋은 방법이다.
>
> **시스템 분석가나 설계자가 되고자 하는 사람은 '듣기' 능력이 중요하다.** 대화를 하면서 상대방의 이야기를 나의 입장으로 걸러서 듣지 않고, 상대방의 입장에서 새겨듣는 기술이 필요하다. 다음으로 중요한 것은 **객관적 입장을 견지하면서 상대와 대화하고, 정리하는 기술이다.** 대화의 내용을 글로 정리하고 이것을 통하여 고객과 공감하는 능력이 필요하다. 기술적인 경험이나 프로그램 실력은 그 다음이라고 보면 된다.

이제 다음 단계로 정보시스템 관련자들이 정보시스템을 구현하는 과정에서 어떤 역할을 하는지에 대하여 정리해보자. 이것을 [그림 2-3]에 정리하여 나타내었다.

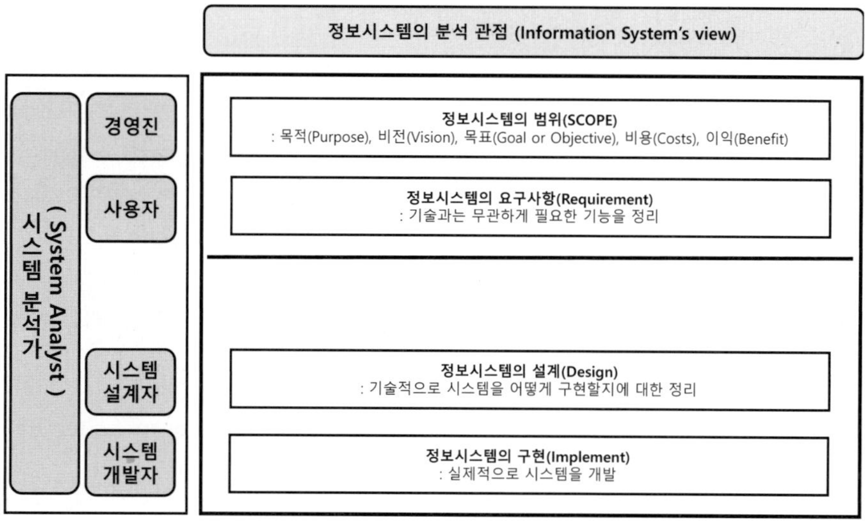

[그림 2-3] 정보시스템의 관련자들의 역할

경영진의 역할 : 정보시스템의 범위를 결정한다(Scope)

개발하고자 하는 정보시스템이 왜 필요하고 어떤 기능을 수행하며 어떤 결과를 얻기를 원하는지 구체적으로 정하고 지시하는 역할을 수행한다. 필요한 예산의 결정과 집행 외에도 개발의 시작과 종료에 대한 부분을 결정한다.

정보시스템의 범위를 결정하는 경영진에 관련된 용어에 대한 정확한 이해를 위하여 아래에 사례를 들어 설명하였다.

경영자 관련 용어의 이해를 위한 예

'중원 주식회사의 차세대 금융시스템'을 개발한다고 가정했을 경우의 목적, 비전, 목표, 비용, 이익에 대한 예는 다음과 같다.

- 목적(Purpose) : 정보시스템의 지향점을 명시한다.

  【예】 21세기 최첨단 금융시스템의 구성

- 비전(Vision) : 정보시스템의 미래를 명시한다.

  【예】 금융 통합 솔루션을 제공하기 위한 2단계 과정

- 목표(Goal or Objective) : 현 단계에서 정보시스템의 구체적인 지향점을 명시한다.

  【예】 웹상에서의 실시간 주식 거래 시스템의 구현

- 비용(Cost) : 소요되는 비용에 대한 승인 및 집행을 수행한다.

  【예】 20억의 비용 지출 허가

- 이익(Benefit) : 기대하는 이익에 대하여 명시한다.

  【예】 시스템을 통한 거래량의 20% 증가

사용자의 역할 : 정보시스템에 대한 요구사항을 결정한다(Requirement)

기술적인 면은 고려하지 않고 사용자의 관점에서 요구사항을 말하면 된다. 다만, 추상적이거나 애매한 요구사항은 도움이 되지 않으니 구체적으로 필요한 기능을 자세하게 명시해주면 된다.

사용자의 역할에 대한 예

'중원 주식회사의 차세대 금융시스템'에 대한 요구사항의 예는 다음과 같다.

(나쁜 예) 무지하게 빠른 시스템을 만들어 주세요.

(나쁜 예) 효율적인 시스템을 원합니다.

(좋은 예) 입력 화면에서 사용자에 대한 정보를 제공해서 입력할 때, 다른 자료(사번, 부서코드, 입사년도 등)를 찾아보지 않도록 해주세요.

(좋은 예) 출력 버튼을 누르면 출력하기 전에 출력 이미지를 보여주세요.

시스템 설계자의 역할 : 정보시스템을 설계한다(Design)

경영진과 사용자의 요구사항을 이해하고, 이것을 만족시키기 위하여 필요한 작업(아키텍처, 구현 방안 등)을 수행한다. 소프트웨어 공학이 적용되는 큰 시스템의 경우에는 이 부분이 전체 시스템의 구현에 중요한 역할을 한다.

시스템 설계자가 수행하는 역할의 예

'중원 주식회사의 차세대 금융시스템'에서 시스템 설계자의 역할은 다음과 같다.

- 전체 시스템의 개발 계획(일정, 관리 방안, 팀의 구성 등)
- 하드웨어 구성(서버 기종, 운영체제, 네트워크, 시스템 아키텍처 등)
- 소프트웨어 구성(데이터베이스, 개발 언어, 개발 환경, 필요 라이브러리 등)
- 소프트웨어 아키텍처
- 개발 범위 및 내용을 알 수 있는 모듈 구성도
- 소프트웨어 모델링 (중간 단계까지 수행 - 전체 시스템의 구성 및 기능 파악을 위함)
- 요구사항의 정리 및 고객과의 합의

시스템 개발자의 역할 : 정보시스템을 구현한다(Implement)

디자인된 시스템을 실제 구현하는 작업을 수행한다. '시스템 설계자'의 설계에 의거하여 설계된 내용에 따라 작업을 수행한다. 필요한 개발자의 인원, 능력, 투입 시기는 설계에 따라 좌우된다.

시스템 개발자 투입에 대한 예

'중원 주식회사의 차세대 금융시스템'에 대한 구현의 예는 다음과 같다.

【 정보 시스템이 아래의 특성을 가지도록 설계되었다고 전제한다. 】

- 웹 형태로 작동
- MySQL을 사용하여 데이터를 관리
- 다양한 브라우저에서 동일하게 작동하도록 작성

⬇

【 개발자는 구현을 위해 아래의 작업을 수행할 수 있어야 한다. 】

- 다양한 브라우저를 지원하는 웹 개발을 위하여 JQuery 개발자가 필요
- MySQL을 사용하기 위하여 RDBMS를 설계 및 구현하는 개발자가 필요
- 웹 화면을 설계하기 위한 디자이너가 필요
- DB의 연계 프로그래밍을 위한 MyBatis(혹은 hibernate) 엔지니어가 필요
- 웹 서버와 3 tier 아키텍처에 대한 작업을 수행할 엔지니어가 필요

시스템 분석가의 역할 : 정보시스템 관련자들의 조정(Coordination)

시스템 분석가는 '경영진', '사용자', '시스템 설계자', '시스템 개발자' 모두와 의사소통을 하며, 개발해야 하는 정보 시스템의 방향을 설정하는 업무를 수행한다.

업무의 특성상 고객의 업무와 컴퓨터 기술을 알아야 하며, 이들 간의 의견 조율을 위한 능력(듣기, 문서화 능력)을 보유해야 한다. 일반적으로 오랜 실무 경험이 있는 사람에 의해 수행된다.

여기까지 정보시스템을 구성하는 한 축인 '정보시스템 관련자'에 대하여 알아보았다.

소프트웨어 공학을 적용하여 개발하려고 하는 큰 규모의 정보시스템은 관련자를 '경영진', '사용자', '시스템 설계자', '시스템 개발자' 그리고 '시스템 분석가'로 나눌 수 있고, 각 관련자가 어떤 역할을 수행하는지에 대하여 설명과 예를 통해 설명하였다. 특히, 시스템 분석가가 다른 4가지의 관련자와 긴밀한 관계를 유지하는 점은 꼭 기억하기 바란다.

이제 정보시스템을 구성하는 다른 축인 '정보시스템의 분석 관점'에 대해 알아보도록 하자.

2.5 정보시스템의 분석 관점

'정보시스템 분석 관점'은 구현하고자 하는 정보시스템을 어떤 관점에서 분석하는 것이 필요한지에 대한 것을 설명한다. 정보시스템은 다양한 관점에서 분석할 수 있는데, 많은 경험을 기반으로 **"어떤 관점에서 분석하면 구현할 때 필요한 모든 것을 확인할 수 있다"**라는 것을 정리한 것이다.

정보시스템의 분석 관점에 대한 상세 내용은 [그림 2-4]에 정리하였다.

[그림 2-4] 정보시스템의 분석 관점

[그림 2-4]의 내용을 설명하면 다음과 같다.

정보시스템을 구현하기 위하여 분석할 때, 분석을 위한 관점은 아래의 4가지로 나누어 수행하는 것이 효과적이다. 다른 의견도 가능하지만 소프트웨어 개발을 전제로 하는 경우, 아래의 4가지만 고려하면 충분하다.

- **데이터의 관점**(Data)
  : 정보시스템이 다루어야 하는 데이터에 초점을 맞추는 것
- **프로세스의 관점**(Process)
  : 정보시스템이 일을 처리하는 절차에 초점을 맞추는 것
- **연결 서비스의 관점**(Interface)
  : 정보시스템과 연관 있는 사내의 시스템과의 연결 관계에 초점을 맞추는 것
- **외부 서비스 관점**(Network)
  : 정보시스템과 연관 있는 사외의 시스템과의 연결 관계에 초점을 맞추는 것

분석을 위한 관점은 정보시스템 관련자마다 다르다. 즉 각각의 관점마다 정보시스템 관련자의 의견을 별도로 구분하여 정리하여야 한다.

- **데이터 관점**(Data)
  - 경영진의 데이터 관점은 '서비스 수준'으로 부른다.
  - 사용자의 데이터 관점은 '필요한 데이터'로 부른다.

– 시스템 설계자의 데이터 관점은 '데이터베이스 구조'로 부른다.

– 시스템 개발자의 데이터 관점은 '데이터베이스 프로그램'으로 부른다.

- **프로세스 관점**(Process)
  – 경영진의 프로세스 관점은 '서비스 기능'으로 부른다.
  – 사용자의 프로세스 관점은 '업무 처리 순서'로 부른다.
  – 시스템 설계자의 프로세스 관점은 '어플리케이션의 구조'로 부른다.
  – 시스템 개발자의 프로세스 관점은 '어플리케이션 제작'으로 부른다.

- **연결 서비스 관점**(Interface)
  – 경영진의 연결 서비스 관점은 '연결 서비스의 요구사항'으로 부른다.
  – 사용자의 연결 서비스 관점은 '연결 서비스의 기능과 위치'로 부른다.
  – 시스템 설계자의 연결 서비스 관점은 '연결 서비스의 연결 방안'으로 부른다.
  – 시스템 개발자의 연결 서비스 관점은 '연결 서비스의 연결'로 부른다.

- **외부 서비스 관점**(Network)
  – 경영진의 외부 서비스 관점은 '외부 서비스의 요구사항'으로 부른다.
  – 사용자의 외부 서비스 관점은 '외부 서비스의 기능과 위치'로 부른다.
  – 시스템 설계자의 외부 서비스 관점은 '외부 서비스 연결 방안'으로 부른다.
  – 시스템 개발자의 외부 서비스 관점은 '외부 서비스의 연결'로 부른다.

앞의 설명을 통해서 정보시스템을 개발할 때, 누구로부터 어떤 내용을 확인해야 하는지에 대해서 어느 정도 파악이 되었을 것이다. 정보시스템을 개발할 때 필요한 점을 파악하는 방법은 다양하게 존재할 수 있다. [그림 2–4]는 정보시스템을 개발할 때 확인해야 하는 것을 알려주는 대표적인 예를 제시한다.

[그림 2–4]에 있는 16가지 분류는 정보시스템의 개발을 위해 필요한 정보를 빠짐없이 파악할 수 있는 가이드라인이다. 만약 [그림 2–4]와 같은 체제가 없다면 '수강신청 시스템'의 개발을 위해 무엇을 묻고 확인해야 하는지를 어떻게 결정할 수 있는가? [그림 2–4]는 이런 상황에서 사용할 수 있는 사고의 틀을 제공한다는 것을 기억하여 실무에 적용하기 바란다.

정보시스템 분석 관점의 이해를 위한 사례

[그림 2–4]에서 제시한 분석 관점의 이해를 위하여 대학교에서 사용하는 '수강신청 시스템'을 개발하는 사례를 중심으로 16가지 분류에서 어떤 것을 확인해야 하는지 예를 들어 설명하겠다. [그림 2–5]에서 [그림 2–8]까지의 예를 살펴보기 바란다.

먼저, 데이터의 관점에서 '경영진', '사용자', '시스템 설계자', '시스템 개발자'의 입장에서 파악해야 하는 내용을 [그림 2-5]에 정리하였다.

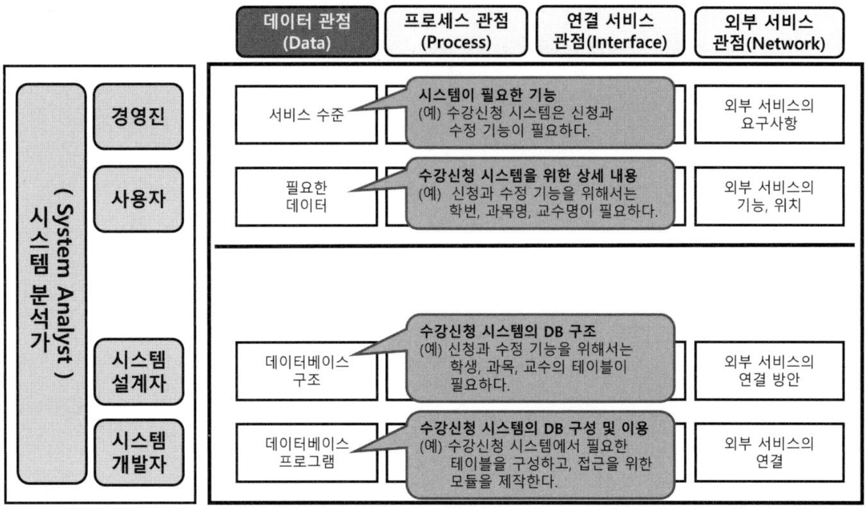

[그림 2-5] 수강신청 시스템의 데이터 관점

다음으로 프로세스 관점에서 '경영진', '사용자', '시스템 설계자', '시스템 개발자'의 입장에서 파악해야 하는 내용에 대하여 [그림 2-6]에 정리하였다.

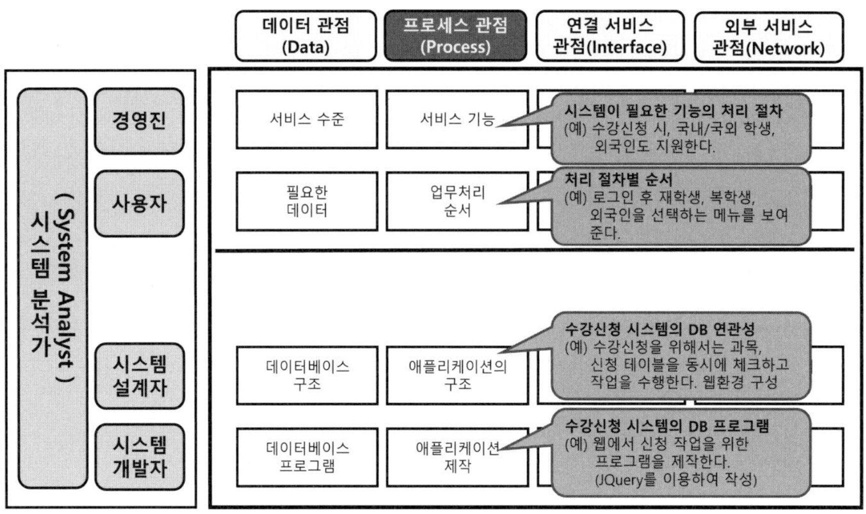

[그림 2-6] 수강신청 시스템의 프로세스 관점

다음으로 연결 서비스 관점에서 '경영진', '사용자', '시스템 설계자', '시스템 개발자'의 입장에서 파악해야 하는 내용에 대하여 [그림 2-7]에 정리하였다.

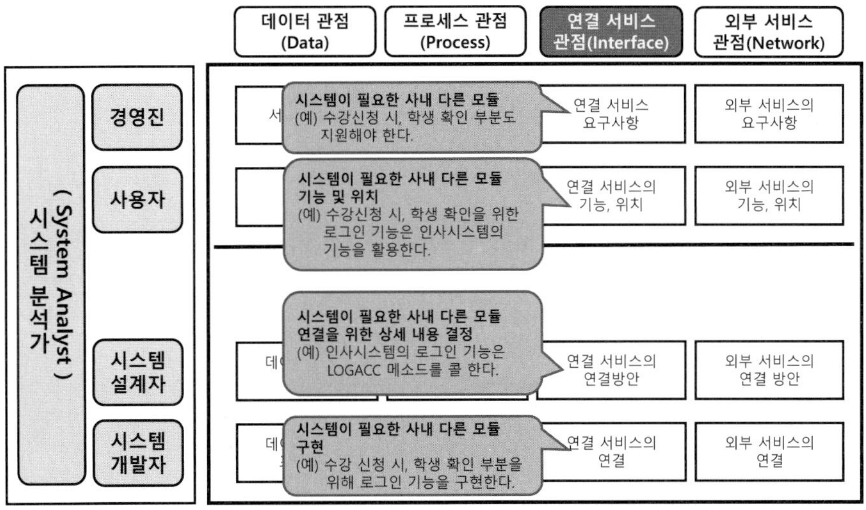

[그림 2-7] 수강신청 시스템의 연결 서비스 관점

다음으로 외부 서비스 관점에서 '경영진', '사용자', '시스템 설계자', '시스템 개발자'의 입장에서 파악해야 하는 내용에 대하여 [그림 2-8]에 정리하였다.

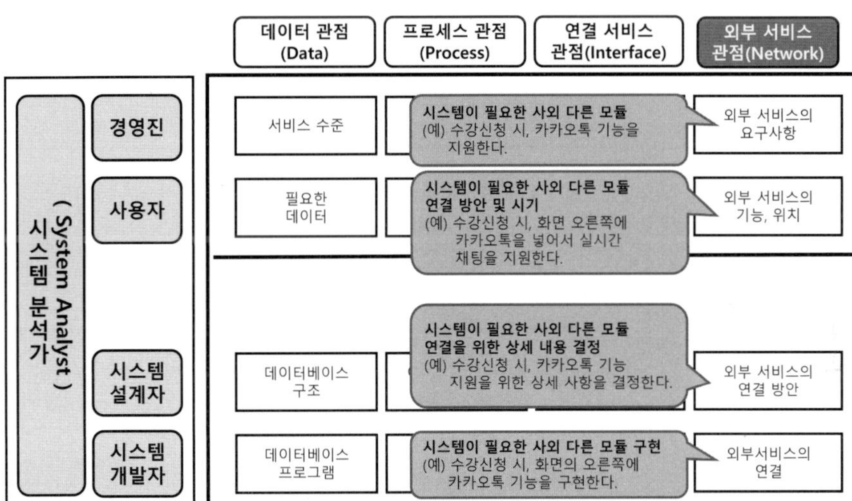

[그림 2-8] 수강신청 시스템의 외부 서비스 관점

[그림 2-5] ~ [그림 2-8]을 통하여 정보시스템을 개발할 때 파악해야 하는 16개 항목의 내용에 대하여 이해했을 것으로 생각된다.

이제 드디어 정보시스템 아키텍처(Information System Architecture)를 소개할 시간이 되었다. 앞의 설명으로도 충분히 정보시스템의 개발에 필요한 것을 파악할 수 있다. 하지만, 한 가지 보완할 것이 있다. 소프트웨어 공학이 대상으로 하는 큰 시스템은 단순한 프로그래밍만으로는 해결될 수 없다는 점이다.

개발자들이 정보시스템의 개발을 위해 알아야 할 것들이 많이 있다. 아래는 그 예를 정리한 것이다.

【 대규모 정보시스템의 개발을 위해 개발자가 알아야 하는 것 】

- 객체지향 프로그램의 개념 및 객체지향답게 프로그램을 제작하는 요령
- 프레임워크의 개념과 적용
- CBD(Component Based Development)의 개념과 적용
- 디자인 패턴의 아이디어를 코딩에 적용하는 것
- 리팩토링을 적용한 코딩 마무리
- TDD의 개념을 적용한 반복적 개발 수행
- Unified Process 개념을 적용한 프로젝트의 수행 등

항목별 상세한 내용은 뒷부분에서 설명한다. 여기에서는 앞에서 설명한 그림에 위의 내용을 추가해서 정보시스템 개발에 대한 아키텍처를 완성한다. [그림 2-9]에 보완된 정보시스템 구성 개념도를 나타내었다.

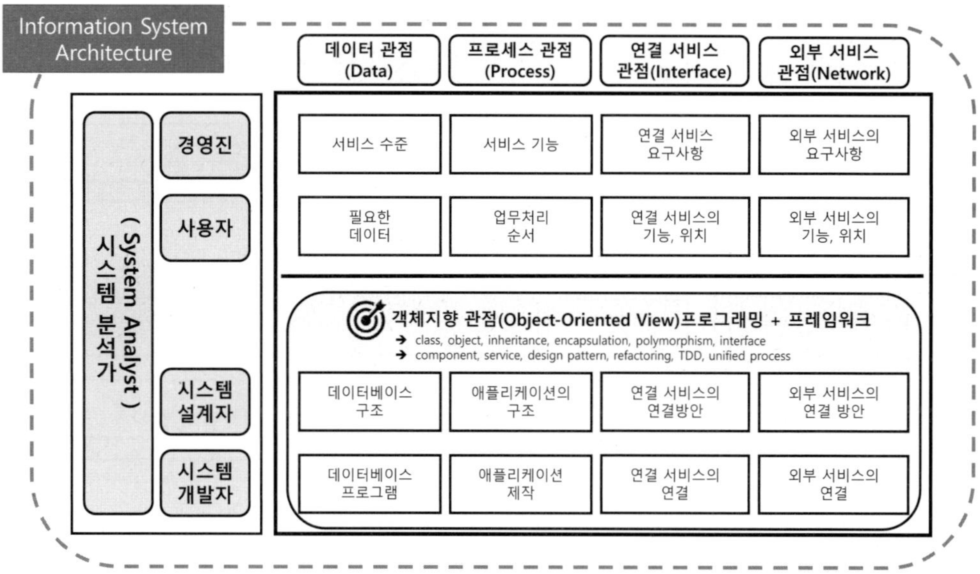

[그림 2-9] 정보시스템의 아키텍처

[그림 2-9]는 소프트웨어 공학을 통해 개발하고자 하는 정보시스템에 '시스템 설계자'와 '시스템 개발자'가 알아야 하는 객체지향과 프레임워크에 대한 부분을 추가해서 정리한 것이다.

드디어 정보시스템 개발에 필요한 사항에 대하여 정리를 완료하였다. 또 다른 관점도 있을 수 있겠지만, [그림 2-9]는 현재 시점에서 많은 전문가들의 의견을 반영하여 정리한 것이다. [그림 2-9]를 통하여 정보시스템을 개발할 때, 실무에서 파악할 내용과 필요한 기술이 무엇인지 확인할 수 있다.

2.6 정보시스템의 전체적 관점

[그림 2-9]는 정보시스템 자체에 대한 관점을 정리한 것이다. 하지만 소프트웨어 공학의 관점에서 보면 프로젝트 수행과 환경에 대하여 고려해야 한다.

【 정보시스템의 개발에 추가로 고려할 내용 】

- 요구사항 관리에 대한 것
- 정보시스템의 개발을 수행하는 프로젝트의 수행에 대한 것 – 프로젝트 수행
- 요구사항 분석을 위한 체계(PIECES 프레임워크)
- 고객과의 대화 및 문서화 기술
- 실제 수행에 필요한 장비와 소프트웨어 – 환경

위의 내용을 추가하여 보완한 정보시스템 개발에 대한 전체적 관점이 [그림 2-10]이다.

[그림 2-10] 정보시스템의 전체 아키텍처

[그림 2-10]에서 주의해야 할 것은 정보시스템의 개발을 위해 필요한 '공통 기술', '요구사항 관리' 그리고 '프로젝트 관리'에 대한 부분이다. 이 부분이 앞에서 설명한 '프로젝트 수행'과 '환경'에 대한 부분을 구체화한 것이다.

'공통 기술'에 대한 부분은 3장에서 설명할 것이고, '요구사항 관리' 부분은 4장과 5장, '프로젝트 관리'에 대한 부분은 6장에서 자세히 설명할 것이다. 현재 단계에서는 정보시스템의 개발을 위해서 이런 요소들이 추가적으로 더 필요하다는 것과 소프트웨어 공학에서 이 부분이 중요한 역할을 한다는 것만을 이해하면 된다. 그러면 지금까지 설명한 내용을 간단하게 정리해 보도록 하자.

【 정보시스템 전체 아키텍처를 통해 얻을 수 있는 것 】

- 소프트웨어 공학을 통해 구현하고자 하는 것은 정보시스템이다.
- 정보시스템은 '정보시스템 관련자'와 '정보시스템 분석 관점'을 기반으로 분석하면 구현에 필요한 것을 모두 얻을 수 있다.
- 정보시스템 구현의 관련자는 아래의 5가지로 나누어 볼 수 있다.
  - 경영진, 사용자, 시스템 설계자, 시스템 개발자, 시스템 분석가
- 정보시스템 구현의 분석 관점은 아래의 4가지로 나누어 볼 수 있다.
  - 데이터 관점
  - 프로세스 관점
  - 연결 서비스 관점
  - 외부 서비스 관점
- 정보 시스템을 구현함에 있어서 분석해야 하는 내용은 총 16가지이다. 이에 대한 설명은 [그림 2-5] ~ [그림 2-8]에서 확인할 수 있다.
- 정보시스템은 큰 프로그램을 대상으로 하므로, 대부분의 경우 객체지향 기술이 적용되며 '시스템 설계자'와 '시스템 개발자'는 이에 대한 지식과 기술을 가지고 있어야 한다. 이에 대한 내용은 [그림 2-9]에서 확인할 수 있다.
- 정보시스템 개발을 수행하는 요구사항 관리와 프로젝트 관리도 중요한 요소이다.
- 정보시스템의 구현을 위한 분석 단계에서 PIECES Framework와 의사소통, 문서화는 정보시스템 개발에 관여하는 사람에게 공통적으로 요구되는 것이다.
- 마지막으로 필요한 하드웨어와 소프트웨어 제품에 대한 지식도 필요하다. 그러므로 대형 프로젝트의 경우에는 관련된 제품 엔지니어와 제품 컨설턴트도 프로젝트에 참여하는 것이 일반적이다.
- **[그림 2-10]의 정보시스템 모델은 소프트웨어 공학을 통해 정보시스템을 개발하고자 하는 경우 필요한 것을 파악하기 위한 기본체계를 제공한다. 이것을 이용하면 대규모 소프트웨어 개발에 필요한 데이터와 정보를 빠짐없이 얻고, 고객의 요구사항을 효과적으로 정리하며, 구현 프로젝트를 성공적으로 수행할 수 있다. (만약 다른 모델이 익숙하다면 그것을 사용해도 된다.)**

2.7 정보시스템의 종류

[그림 2-10]의 구성에 따라 개발하는 정보시스템은 어떤 종류가 있는지에 대하여 설명한다. 소프트웨어 공학을 이용하여 개발할 수 있는 정보시스템의 종류에 대한 설명이기도 하다.

프런트 또는 백 오피스 정보시스템(Front and Back office Information System)

- 프런트 오피스 정보시스템(Front Office Information System)

  : 고객과 관련된 업무를 지원하는 정보시스템을 말한다.

  【예】 영업 시스템, 고객관리 시스템, 마케팅 시스템

- 백 오피스 정보시스템(Back Office Information System)

  : 내부 직원과 관련된 업무를 지원하는 정보시스템을 말한다.

  【예】 인사관리, 재무관리, 재고관리 등

거래 처리(Transaction Processing) 시스템

트랜잭션 기반으로 업무를 처리하는 정보시스템을 말한다.

【예】 은행에서 입/출금, 계좌 송금 등의 업무

『 트랜잭션의 정의 』

▶ 트랜잭션은 시작하면 반드시 수행되어야 하는 작업 수행의 논리적 단위이다. 수행 중간에 에러가 발생하면 처음의 상태로 돌아가야 한다(Roll-Back).

▶ 트랜잭션의 4가지 특성

① **원자성(Atomicity)** : 더 이상 쪼갤 수 없는 작업 단위로서, 정상적으로 함께 수행되거나 전혀 수행되지 않음을 보장해야 한다.

② **일관성(Consistency)** : 트랜잭션이 성공한 경우, 데이터의 무결성과 데이터 간의 정합성이 유지되어야 한다.

③ **독립성(Isolation)** : 여러 트랜잭션이 동시에 실행되어도 각 트랜잭션은 다른 트랜잭션과 독립적으로 수행되어야 한다.

④ **지속성(Durability)** : 트랜잭션이 성공적으로 완료된 후, 다른 트랜잭션에 의해 변경되기 전까지 소프트웨어나 하드웨어의 장애가 발생되어도 수정되지 않고 보존되어야 한다.

경영정보시스템(Management Information System : MIS)

기업의 경영 목표를 달성하기 위하여 다른 하위 시스템들이 효율적으로 작용하도록 지원하는 시스템이다.

〖 경영정보시스템의 종류 〗

① **공급망 관리 시스템**(Supply Chain Management : SCM)

공급 업체, 구매 기업, 유통 업체, 물류 회사들이 주문, 생산, 재고 수준, 제품과 서비스의 배송에 대한 정보를 공유하도록 하여 제품과 서비스를 효율적으로 구매, 생산, 배송할 수 있도록 지원하는 시스템

② **고객 관계 관리 시스템**(Customer Relationship Management : CRM)

수익과 고객 만족, 고객 유지를 최적화 할 수 있도록 고객과 관련된 판매, 마케팅, 서비스 부분의 모든 비즈니스 프로세스를 조정하는 데 필요한 정보를 제공하는 시스템

③ **지식 관리 시스템**(Knowledge Management System : KMS)

조직원의 지식과 전문 기술의 획득, 공유, 적용을 위한 프로세스를 관리하는 시스템

의사 결정 지원 시스템(Decision Support System : DSS)

1978년 킨(Keen)과 스캇 모턴(Scott Morton)의 저서에서 처음 사용된 것으로 단순한 정보의 수집, 저장, 분배를 넘어서 기업의 의사 결정을 지원할 수 있도록 분석의 기능을 수행하는 시스템으로 중역정보 시스템(Executive Information System : EIS)이라고도 한다.

효과적인 DSS의 구성을 위해서는 필요한 데이터를 한 곳에서 관리하는 데이터 웨어하우스(Data Warehouse)와 특정 분야의 데이터를 한 곳에서 관리하는 데이터 마트(Data Mart)의 환경이 필요하다.

DSS의 구현에 필요한 데이터 조작, 분석, 접근, 표현을 지원하는 데이터 및 소프트웨어 도구들을 비즈니스 인텔리전스 시스템(Business Intelligence System)이라고 한다.

전문가 시스템(Expert System)

인간의 전문 지식을 컴퓨터에 입력시켜서 일반인이 이용할 수 있도록 하는 시스템으로 인공지능 기술을 사용한다.

【예】 의료 진단 시스템, 건축 설계 시스템

사무자동화 시스템(Office Automation)

직원의 위치와 무관하게 직원 간의 업무 처리, 의사소통, 정보 공유, 일정 관리, 문서 작업, 메일 기능, 보고서 작성 등의 기능을 지원하는 시스템을 말한다.

지금까지 설명한 시스템을 한 장으로 정리하면 [그림 2-11]과 같다.

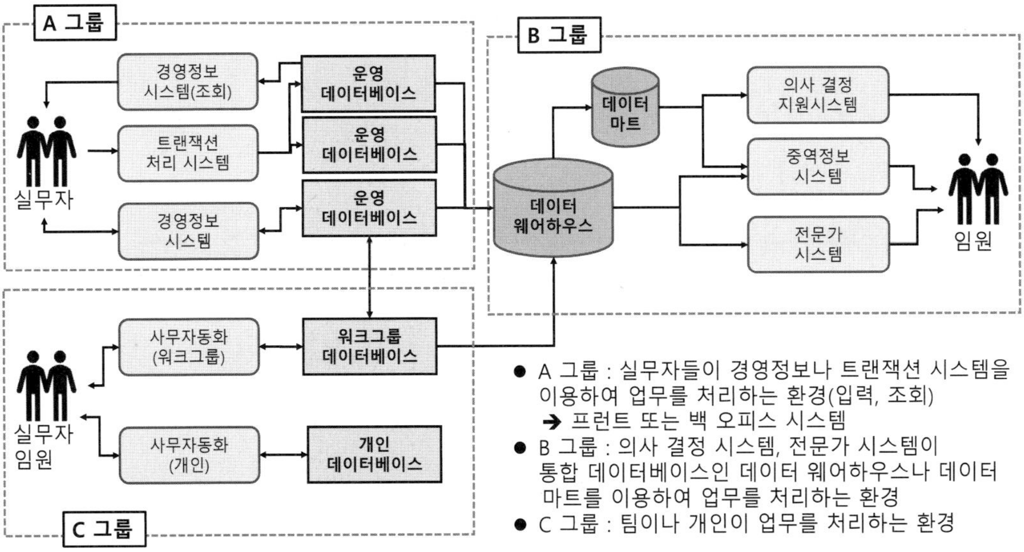

[그림 2-11] 정보시스템 종류의 정리

[그림 2-11]에서 확인할 수 있는 비즈니스 환경의 정보시스템은 다음과 같다.

- 실무자들은 트랜잭션 시스템과 경영정보 시스템을 이용하여 업무를 수행한다.
- 실무자들은 경영정보 시스템을 통하여 필요한 정보를 조회한다.
- 실무자들이 입력/수정/삭제한 정보는 운영 데이터베이스에 저장된다.
- 실무자와 임원은 그룹웨어와 개인 사무자동화 시스템을 사용한다.
- 실무자와 임원의 그룹웨어 정보(일정, 메일, 공지사항 등)는 워크그룹 데이터베이스에 저장되고, 운영 데이터베이스, 데이터 웨어하우스와 연동된다.
- 운영 데이터베이스, 워크그룹 데이터베이스의 정보 중에서 임원이 필요한 정보는 데이터 웨어하우스에 저장된다.
- 데이터 웨어하우스의 정보 중에서 특정 분야 정보의 사용이 많은 경우에는 그 분야에 대한 데이터 마트를 구성한다.
- 의사 결정 지원 시스템, 전문가 시스템, 중역정보 시스템은 데이터 웨어하우스나 데이터 마트에서 필요한 정보를 얻어서 필요한 임원에게 제공한다.

[그림 2-11]은 소프트웨어 공학을 통해 개발하는 정보시스템이 실제 비즈니스 환경에서 어떤 종류로 분리되어 누가 어떤 목적으로 어떻게 사용되는지를 보여준다. 추가로 정보시스템 간의 상호 연결성과 활용 범위에 대해서도 보여준다.

2.8 정보시스템 관련 중요 개념 정리

앞에서 정보시스템과 정보시스템의 종류 및 실제 적용에 대하여 설명하였다. 이제 정보시스템의 이해를 위해 필요한 중요 용어에 대하여 정리해보자.

소프트웨어 아키텍처(Software Architecture)는 소프트웨어의 구성 요소와 요소의 기능 그리고 요소 간의 상호관계를 Top-Down으로 정리한 것이다.

소프트웨어 아키텍처는 개발하고자 하는 정보시스템의 '경영진', '사용자', '시스템 설계자', '시스템 개발자', '시스템 분석가' 사이의 의사소통을 위한 기반을 제공한다.

엔터프라이즈 아키텍처(Enterprise Architecture)는 전체 조직의 관점에서 소프트웨어 아키텍처(Application/Software Architecture), 기술 아키텍처(Technology Architecture), 정보 아키텍처(Information/Data Architecture), 조직 아키텍처(Organization/Business Architecture)를 포함하는 개념으로, 전체 조직을 구성하는 각 요소들의 일치성, 통합성, 연결성, 보안, 유연성, 재사용성을 높여서 비용 절감과 경쟁력을 향상하고자 하는 개념이다.

소프트웨어 아키텍처의 성공을 기반으로 도입된 개념으로 소프트웨어 외에 전사적 자원에 대한 통합 관리를 수행하고자 하는 개념이다.

BPR(Business Process Reengineering)은 워크플로우(Workflow)를 확장한 개념으로, 기업의 핵심 프로세스를 최적화하도록 재설계하는 것을 말한다.

일반적으로 ISP(Information Strategy Plan)과 연계하여 진행한다.

【 BPR의 수행을 위한 방법론 】

- IDEF(Integration DEFinition) 방법론
- EDS의 BPR 방법론
- BCG의 W Reengineering 방법론
- IBM의 BTC 방법론

BPM(Business Process Management)는 비즈니스 프로세스 모델링을 위한 표준이다.

RTE(Real Time Enterprise)는 기업 내/외부의 지속적인 프로세스 개선과 실시간 정보 제공으로 업무 지연을 최소화하고 의사결정 스피드를 높여서 경쟁력을 극대화한 기업을 말한다.

RTE의 성공적인 구현을 위해서는 BPM의 도입이 중요하다.

ERP(Enterprise Resource Planning)는 기업이 필요한 정보시스템을 통합하여 제공하는 것이다. 하지만 단순히 기능(인사, 재무, 생산 등)의 통합으로만 보면 안 되고, 기업이 필요한 자원(프로그램, 프로세스, 일정, 직원, 기물 등)을 통합적으로 제공, 관리하는 개념이다. ERP를 도입한다는 것은 단순한 제품의 도입을 넘어서서 ERP 제품에 구현되어 있는 업무 처리 절차, 필요 데이터, 직원 관리 등을 구매하는 것으로 보아야 한다.

그래서 일반적으로 ERP는 화면을 포함한 간단한 수정만 수행하고 대부분의 기능은 그대로 사용한다.(물론, 아닌 경우도 있지만 예외로 생각하면 된다.)

EC(Electronic Commerce)는 미군이 물자 조달을 위해 개발한 CALS(Commerce At Light Speed)가 발전하여 성립된 개념으로 인터넷을 기반으로 비즈니스를 수행하는 것을 말한다.

【 EC의 다양한 종류 】

- B2B : 기업과 기업 간에 인터넷으로 비즈니스를 하는 것
- B2C : 기업과 고객 간에 인터넷으로 비즈니스를 하는 것
- B2G : 기업과 정부 간에 인터넷으로 비즈니스를 하는 것

KMS(Knowledge Management System)은 기업이 필요로 하는 지식(Knowledge)을 체계적으로 관리하기 위한 시스템을 말한다.

지식(Knowledge)과 유사 개념의 관계를 [그림 2-12]에 정리하였다.

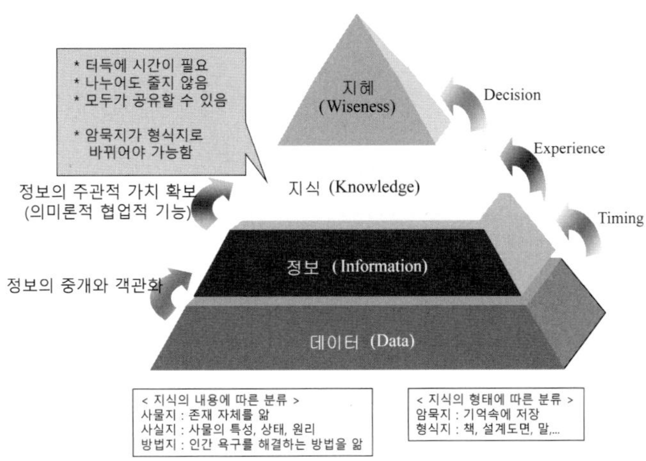

[그림 2-12] 데이터, 정보, 지식, 지혜의 관계

【 지식을 형태로 분류 】

- **암묵지** : 기억 속에 있는 지식
- **형식지** : 책이나 글로 표현되어 있는 지식

【 지식을 내용으로 분류 】

- **사물지** : 존재 자체에 대한 지식

  【예】 과장님이 있다.

- **사실지** : 사물의 특성, 상태, 원리에 대한 지식

  【예】 과장님이 매우 화가 나있다.

- **방법지** : 사실에 대한 경험적 지식

  【예】 과장님이 화가 나면, 눈에 보이지 않는 것이 좋다.

BOS(Business Operating System)는 비즈니스의 수행을 위해 기본적으로 필요한 시스템을 말한다.

【 BOS의 구성 요소 】

- EAI(Enterprise Application Integration) : 전사적 응용 프로그램 통합
- EIP(Enterprise Information Portal) : 전사적 정보 포털
- Groupware
- KM(Knowledge Management)
- SCM(Supply Chain Management) : 공급망 관리
- CRM(Customer Relationship Management) : 고객관리 시스템
- SRM(Supplier Relationship Management) : 공급업체 관계 관리 시스템

SEM(Strategy Enterprise Management : **경영 전략적 기업 경영**)은 기업과 경영자가 전략적 목표를 달성하고 가치를 창출하도록 지원하는 것을 말한다.

【 SEM의 구성 요소 】

- VBM(Value Based Management) : 가치 중심 경영

  : 주주와 투자자에게 최대의 이익이 가도록 각종 의사 결정 및 평가를 수행

- ABC/ABM(Activity Based Costing/Activity Based Management)

  : 원가 관리 체계를 활동에 근거하여 측정

- BSC(Balanced Score Card)

  : 기업의 성과 관리 체계를 재무적 관점에서 벗어나 기업이 추구하는 핵심적인 관점(예: 고객만족, 내부 프로세스의 효율적 운영, 팀워크 및 팀학습 등)을 균형있게 측정하고 관리하여 반영하는 것

CMM(Capability Maturity Model)은 카네기 멜론 대학의 SEI(Software Engineering Institute)에서 개발한 모델로서 미국 국방성에서 발주하는 소프트웨어 개발의 성공 가능성을 높이고, 일관된 심사 체계의 필요로 인해 개발되었으나 현재는 소프트웨어 개선과 평가를 위한 실질적인 산업 표준이다.

2.9 정리

이번 장에서 설명한 내용을 한 장의 그림으로 요약하면 아래 그림과 같다.

위의 그림을 통하여 아래의 내용을 확인해보기 바란다.

- 소프트웨어 공학에서 개발하는 정보시스템의 관련자는 어떻게 분류할 수 있는가?
- 정보시스템 개발을 위해서 파악해야 하는 관점 4가지는 무엇인가?
- 정보시스템 개발 프로젝트는 어떤 단계로 수행되는가?
- 정보시스템 개발에 필요한 추가적인 요소는 무엇이 있는가?
- 정보시스템을 만들기 위해 어떤 능력을 가진 사람들이 필요할 것으로 생각하는가?
- 객체지향프로그래밍이 정보시스템에 필수적 요소로 도입되는 이유는 무엇인가?

결론적으로 정보시스템 전체 아키텍처는 정보시스템을 개발할 때 고려해야 하는 것을 체계적으로 정리한 것이다. 이것을 이용하여 시스템 분석가나 시스템 설계자는 고객과의 면담 자료를 제작하고 개발하기 전이나 개발하는 과정에서 확인해야 하는 사항에 대한 가이드로 활용할 수 있다.

연습문제

01. 개발할 정보시스템을 '카카오톡'이라고 전제한다. '카카오톡'을 개발하기 위하여 16가지 관점에서 어떤 작업을 해야 하는지 정리하시오.

- 데이터 관점, 프로세스 관점, 연결 서비스 관점, 외부 서비스 관점을 고정하고, 각 관점별로 경영진, 사용자, 시스템 설계자, 시스템 개발자가 어떤 것을 요구하고 어떤 일을 하면 되는지 생각해보자. (구체적으로 서술한다.)
- 이미 카카오톡 시스템에 대하여 잘 알고 있으므로 그것을 활용하여 작성해보자.

02. 정보시스템 개발을 하기 위한 팀을 구성하고자 하면, 구체적으로 어떤 일을 하는 사람이 필요한지 설명하시오.

03. 다음 용어들에 대해 정의하시오.

① 소프트웨어 아키텍처

② 프레임워크의 정의와 필요성

③ 정보시스템

④ 트랜잭션 시스템과 트랜잭션의 4가지 특징

⑤ ERP

⑥ 데이터, 정보, 지식, 지혜의 차이와 KMS

⑦ EC(Electronic Commerce)

⑧ CMM

04. 당신이 학교의 학생관리 시스템을 개발하기 위하여 시스템 분석가로 투입되었다고 가정하면, 당신은 학교의 누구와 어떤 이야기를 나누어야 하는지에 대해 정리하시오.

- 정답은 없다. 다만, 막연하게 생각하지 말고 '정보시스템 전체 아키텍처'에 기반하여 누구에게 무엇을 물어보고, 어떤 것을 확인해야 하는지 생각해보라.

3

정보시스템 구현

이 장에서는 정보시스템의 전체 모습을 살펴보고, 정보시스템을 개발하기 위해 필요한 기본원칙과 PIECES 프레임워크에 대해 설명한다. 그리고 정보시스템을 개발하는 단계(Life Cycle)에 대해 자세하게 알아본다. 마지막으로 정보시스템을 개발할 때 지켜야하는 공통 원칙에 대해서도 정리한다.
이 장을 통하여 정보시스템 구현에 필요한 단계나 원칙을 전체적으로 정리함으로써, 앞으로 이어질 장의 내용에 대한 나침반 역할을 하게 될 것이다.

3.1 정보시스템의 모습

소프트웨어 공학을 이용하여 개발해야 하는 정보시스템의 전체 모습은 2장에서 자세하게 설명하였다. 이번 장 학습을 하기 전에 [그림 3-1]의 정보시스템 전체 모습을 보며 다시 복습해보기 바란다.

[그림 3-1] 정보시스템의 전체 모습

[그림 3-1]은 소프트웨어 공학을 이용하여 개발하고자 하는 정보시스템에 대한 분석의 관점을 16가지로 나누어서 제시하고, 객체지향 기술과 프레임워크의 필요성에 대하여 나타내고 있다. 그리고 이러한 정보시스템을 개발함에 있어서 공통적으로 필요한 요구사항 관리 절차와 프로젝트 관리 절차 그리고 공통 기술인 PIECES 프레임워크, 의사소통 및 문서화 기술(Communication & Documentation Skill), 하드웨어/소프트웨어 제품에 대한 지식이 필요하다는 것을 보여준다.

이번 장에서는 정보시스템 개발 시에 지켜야 하는 기본 원칙과 정보시스템에 개발에 필요한 공통 기술에 대하여 설명하고, 요구사항 관리, 프로젝트 관리 절차에 대한 개요를 제공한다.

요구사항 관리에 대한 상세한 내용은 4, 5장에서 다루며, 일반적인 프로젝트를 수행하는 것에 대한 부분은 6장에서 다룬다. 공통 기술 중에서 하드웨어/소프트웨어 제품 지식 및 표준화 동향에 대한 것과 의사소통 및 문서화 기술(Communication & Documentation Skill) 부분은 내용을 일반적으로 파악할 수 있으므로 별도의 설명은 하지 않지만, 모델링과 방법론 부분에서 일부 다룰 것이다.

3.2 정보시스템 개발의 기본 원칙

[그림 3-1]에 정리한 정보시스템을 개발하는 과정에서 지켜야 하는 기본적인 원칙이 있다. 기본 원칙을 정하는 이유는 '이것은 반드시 명심해야 한다.'는 의미라고 이해하면 된다.

3.2.1 정보시스템 개발의 기본 원칙

1) 경영진과 사용자가 개발에 참여해야 한다.

경영진이 참여한다는 의미는 경영진이 개발팀에 들어와서 방향이나 기대치를 적극적으로 표현하고, 책임을 공유한다는 의미이다.

사용자(고객)도 개발팀원으로 들어와 정보시스템의 분석, 개발 단계에 참여하여 성공적인 개발이 될 수 있도록 활동해야 한다는 뜻이다.

2) 문제해결 절차를 사용해야 한다.

【 문제해결 절차 】

- 문제를 구체적으로 정의한다.
- 문제가 발생한 이유를 파악한다. 이때, 잠재적 원인도 살펴야 한다.
- 문제의 해결을 위한 방안을 정리한다.
- 정리된 방안 중에서 최적의 방안을 선정한다.
- 선정된 방안의 수행을 위한 계획을 수립하고 실행에 옮긴다.
- 실행 상황을 점검한다.
- 문제가 해결되었는지를 확인하고, 미해결되었으면 위의 과정을 반복한다.

문제해결 절차는 정보시스템을 개발하면서 진행하는 모든 과정에서 적용하는 것이다. 정보시스템 개발 자체가 대부분 처음 해보는 것이 많기 때문에, 의사결정을 해야 하는 순간에 지켜야 하는 가이드를 제공하고 있다.

아래의 두 가지 키워드를 기억해야 한다.

- **최고가 아닌 최적의 방안을 선정**
- **한번이 아닌 과정의 반복을 통한 해결**

3) 개발해야 하는 업무를 큰 단위에서 작은 단위로(Top-Down) 단계별로 분리하여 구성하고, 구성된 부분에 대하여 구체적인 내용을 정리한다.

【예】 인사관리 시스템을 개발하기 위하여 Top-Down으로 분리하여 구성한 예

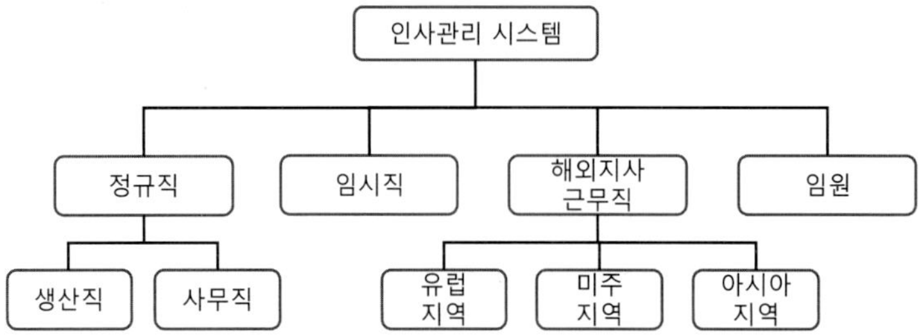

[그림 3-2] 인사관리 시스템을 Top-Down으로 분리하여 구성한 예

다양한 경우가 존재하겠지만, [그림 3-2]를 기준으로 보면 우리가 개발하려는 인사관리 시스템은 아래의 상황에서 제작되었다고 볼 수 있다.

- 시스템이 다루는 인사관리 대상은 정규직, 임시직, 해외지사 근무직, 임원으로 분리할 수 있다. 만약, 고객이 '지방 근무직'을 별도로 관리해야 한다고 이야기하면 당연히 '지방 근무직'을 새로 추가해야 한다.
- 고객이 정규직은 생산직과 사무직으로 나누어서 관리해야 하고, 임금 체계나 승진 규정 등은 별도로 정의된다고 이야기 하였다.
- 그리고 해외지사 근무직은 유럽, 미주, 아시아로 분리하여 임금 체계, 경비 지원, 승진 규정이 별도로 정의되어 적용된다고 하였다.
- 이해를 위하여 몇 가지만 설명하였으나, 고객의 의견에 따라 [그림 3-2]는 바뀔 수 있다.

한 가지 기억할 점은 고객의 요구사항이나 답변을 듣고, 이것을 Top-Down으로 정리하는 것은 모든 분석 및 작업의 가장 기본이 된다는 것이다.

4) 개발에 관련된 표준을 세워서 적용해야 한다.

【 표준을 적용해야 하는 대상의 예 】

- 사용하는 문서의 양식
- 업무 처리 절차
- 사용하는 용어의 통일
- 개발자의 개발 환경

- 공용 라이브러리의 구성 및 위치, 등록 및 활용
- 프로그래밍 가이드
- 산출물 표준 양식 설정

소프트웨어 공학이 적용되는 정보시스템은 대규모이고 많은 개발자와 오랜 기간이 투여되는 것을 전제로 한다. 이런 경우에, 프로젝트에 관련된 사람들의 '의사소통', '업무의 효율적 처리'를 위하여 관련된 것들을 표준화하는 것이 중요하다.

문서의 양식이나 용어의 정리, 업무 처리 절차, 산출물 생성을 제공하기 위하여 일반적으로 '방법론(Methodology)'을 이용한다. 객체지향의 경우에는 UML 방법론이 표준으로 사용된다.

개발자와 관련한 표준화로는 '프레임워크'를 이용하는 것이 일반적이다. 자바로 개발하는 경우에는 스프링 프레임워크가 주로 사용된다.

5) 예산에 맞는 시스템 개발 범위를 정해야 한다.

고객과 컨설턴트는 개발해야 하는 범위를 예산에 맞게 조정해야 한다. 예산의 범위를 초과하는 경우에는 반드시 이것의 처리 방식에 대하여 고객과 합의해야 한다.

개발자는 자신에게 부여된 기능만을 개발해야 한다. 개발자 자신의 의견을 반영하는 개발은 전체 시스템의 안정성과 유지보수에 영향을 미치므로 제한해야 한다.

6) 개발 요구사항의 변경, 취소, 추가는 당연한 것으로 받아들여야 한다.

소프트웨어 공학이 적용되는 정보시스템은 장기간에 걸쳐 많이 사용되는 핵심 업무이다. 당연히 개발해야 하는 내용에 대하여 추가, 변경, 취소가 자주 발생한다.

요구사항의 변화는 사전에 합의된 절차에 따라 공식화하여 처리해야 한다. 공식화한다는 의미는 관련자(경영진, 사용자, 시스템 설계자, 시스템 개발자, 시스템 분석가)들이 모두 모여 평가하고 관련된 사항을 합의하여 문서로 만든 다음, 처리하는 것(기간의 연장, 예산의 증가 등)을 말한다.

7) 발생하는 문제는 Divide and Conquer 방법을 이용해 분할하여 해결한다.

대부분의 경우, 발생하는 문제는 그 상태로 해결방안을 찾기 어렵다. 이런 경우 주어진 문제를 작은 문제로 분할해서 하나씩 해결하는 방법(Divide and Conquer)이 좋은 접근 방식이다.

【예】 정보시스템을 개발하여 성능테스트를 수행하는데 목표했던 성능이 나오지 않는 문제가 발생한 경우

이런 문제가 발생한 경우에는 Divide and Conquer 기법을 적용하여 해결할 수 있다.

- Divide and Conquer
  - ▶ Divide : 성능의 저하를 발생시킬 수 있는 것을 분리해서 정리한다.
    - 네트워크의 성능 저하
    - DB의 설계 미흡
    - Query문 작성 시, 성능을 고려하지 않은 것
    - 하드웨어의 용량 부족(특히, 메모리의 부족)
  - ▶ Conquer : 분리된 항목별로 성능에 문제가 없는지 점검한다.

위와 같이 발생한 문제를 분해해서, 분해된 항목별로 점검하는 방식을 Divide and Conquer라고 한다.

8) 시스템의 확장이나 변화에 대비하여 설계를 수행한다.

소프트웨어 공학이 적용되는 정보시스템은 고객의 핵심 업무이다. 고객의 비즈니스 상황의 변화에 맞추어 확장이나 축소, 변형이 당연히 발생한다. 시스템의 확장이나 변화에 대응할 수 있는 구조를 가지도록 배려할 필요가 있다.

【 시스템의 확장이나 변화에 대비하는 설계의 예 】

- 수행되는 하드웨어 아키텍처를 확장 가능하도록 설계해야 한다.
- 모듈 추가, 변동이 다른 것에 영향을 미치지 않도록 정보시스템 소프트웨어의 구조를 설계해야 한다(객체지향다운 객체지향 프로그램의 작성).
- 데이터베이스, 네트워크의 설계 시에도 변화와 확장을 고려해야 한다.

지금까지 핵심 업무를 처리하는 정보시스템을 설계할 때 지켜야 하는 원칙에 대해 학습하였다. 이번 절에서 학습한 내용을 정리하면 아래와 같다.

- **경영진과 사용자가 개발에 참여해야 한다.**
- **문제해결 절차를 사용해야 한다.**
- **개발해야 하는 업무를 Top-Down으로 단계별로 분리하여 구성하고, 구성된 부분에 대하여 구체적인 내용을 정리한다.**
- **개발에 관련된 표준을 세워서 적용해야 한다.**

- 예산에 맞는 시스템 개발 범위를 정해야 한다.
- 개발 요구사항의 변경, 취소, 추가는 당연한 것으로 받아들여야 한다.
- 발생하는 문제는 Divide and Conquer 방법을 이용해 분할하여 해결한다.
- 시스템의 확장이나 변화에 대비하여 설계를 수행한다.

3.3 정보시스템 개발의 공통 기술

정보시스템을 개발하는 과정에서 사용되는 공통 기술 중의 하나가 PIECES 프레임워크(Framework)이고, 이것은 기존 정보시스템의 문제점을 식별할 때 사용하는 체크리스트이다.

PIECES 프레임워크에 대한 자세한 정보는 아래 주소를 접속하여 확인할 수 있다.

www.scribd.com/doc/7298188/PIECES-Framework

이번 절에서는 PIECES 프레임워크를 소개하고 이것의 활용 방법에 대하여 정리한다. 그리고 PIECES 이외의 공통 기술에 대하여 알아보도록 하자.

3.3.1 PIECES 프레임워크의 내용

- P : the need to improve **Performance**
  (성능이나 반응속도의 개선 필요성을 확인하라)
- I : the need to improve **Information** (and data)
  (출력, 입력, 저장된 데이터의 정확성, 중복성, 필요 데이터의 존재, 접근성, 확장성에 대한 부분의 개선 필요성을 확인하라)
- E : **the need to improve** Economics, control costs or increase profits
  (운영 비용이나 이윤 증가를 포함한 경제성의 개선 필요성을 확인하라)
- C : the need to improve **Control** or Security
  (입출력 데이터의 조작성, 보안성, 데이터의 에러, 보안 정책의 적정성에 관하여 개선 필요성을 확인하라)
- E : the need to improve **Efficiency** of people and processes
  (업무 지원 기능의 적절성, 사용하기 위해 필요한 것이 너무 많은지에 관하여 개선 필요성을 확인하라)
- S : the need to improve **Service** to customer, supplier, partner, employeea, etc.
  (고객, 공급사, 협력사 직원들이 배우고, 사용하고, 변경하기 쉬우며 정확한 결과와 손쉬운 타 시스템 연결성을 제공하는지에 대하여 개선 필요성을 확인하라)

위의 내용을 보면 소프트웨어 공학의 대상이 되는 대규모 정보시스템에 대하여 어떤 점을 확인해야 하는지를 체계적으로 정리했다는 것을 알 수 있다.

3.3.2 PIECES 프레임워크의 활용 예

정보시스템 개발을 위하여 고객과 인터뷰를 하거나 시스템을 분석하는 경우에 PIECES 프레임워크에서 제공하는 6가지 관점을 가지고 질문 리스트를 만들거나 분석을 수행하면 필요한 정보를 정확하게 얻을 수 있다.

【예】 경영진에게 정보시스템에 대한 질문 리스트를 만드는 경우

어떤 것을 질문해야 할지 막막하다면 아래의 두 가지 관점을 기준으로 시작하면 된다.

- 데이터 관점, 프로세스 관점, 연결 서비스 관점, 외부 서비스 관점
- PIECES 프레임워크 관점

【 고객에 대한 질문리스트의 예 】

▶ 현재 시스템에서 보이는 데이터의 내용에 만족하시는지? 혹은 좀 더 보고 싶은 데이터가 있는지?
―――― 데이터 관점 / PIECES 중 Information 관점

▶ 현재 시스템은 A 화면에서 B 화면으로 넘어가는데, 화면 전환 순서가 마음에 드는지?
―――― 프로세스 관점 / PIECES 중 Control, Service 관점

▶ 현재 시스템에서 C 화면의 성능이 5초 정도를 나타낸다. 좀 더 개선되기를 원하는지?
―――― PIECES 중 Performance 관점

▶ 현재 시스템에서 사용자에 대한 정보를 추가로 보기 원하는지?
―――― 연결 서비스 관점 / PIECES 중 Efficiency 관점

고객으로부터 개발하거나 개선하고자 하는 정보시스템에 대한 요구사항을 얻기 위해서는 위와 같이, 데이터 관점, 프로세스 관점, 연결 서비스 관점, 외부 서비스 관점에 PIECES 프레임워크를 추가하여 질문하고 답을 얻으면 된다. 물론 다른 방법도 많이 있지만, 위의 두 가지 관점에서 작업하는 것이 효과적이라는 것이 검증되었으므로 이를 사용하는 것을 추천한다.

3.3.3 정보시스템 개발의 기타 공통 기술

PIECES 이외에 공통 기술에 속하는 나머지 두 개의 항목에 대하여 간단히 알아보자.

【 의사소통 및 문서화 기술 】

- 상대방의 입장에서 대화하는 자세
- 편견을 갖지 않고 상대방의 의견을 듣는 자세
- 파악된 모든 사항에 대하여 문서화를 수행하는데, 양식과 절차를 표준화하는 것

【 하드웨어/소프트웨어 및 표준화 동향 】

- 하드웨어 제품의 기능과 동향 파악(예: 서버, 네트워크 장비 등)
- 소프트웨어 제품의 기능과 동향 파악(예: 데이터베이스, 개발 도구 등)
- 하드웨어, 소프트웨어, 네트워크 등에 대한 표준화 동향 파악

3.4 정보시스템 개발 단계

[그림 3-1]을 보면 정보시스템에 대한 공통 요소 중에서 앞에서 설명한 '공통 기술' 외에도 '요구사항 관리'와 '프로젝트 관리'의 과정이 있다.

이 두 개의 과정은 4, 5, 6장에서 별도로 설명하므로 이번 절에서는 이런 부분이 전체 정보시스템을 구성하는 중요 요소의 하나라는 점을 강조하고 전체 개요만을 제공한다.

요구사항 관리는 정보시스템의 개발에 있어 중요한 요소이다. 요구사항 관리가 잘못되면 이후의 모든 과정이 의미가 없다고 할 수 있다. 그래서 요구사항 관리는 주어진 절차대로 문서화와 고객 동의를 기반으로 진행하여야 한다.

요구사항 관리 단계에 대한 상세 내용을 [그림 3-3]에 정리하였다.

요구사항 관리는 '사전 탐색', '문제 분석', '요구사항 분석', '제안 요청 및 업체 결정'의 단계로 이루어진다. 각 단계별 입력과 출력의 내용도 확인하기 바란다. 각 항목에 대해서는 4, 5장에서 상세한 예와 함께 설명할 것이다.

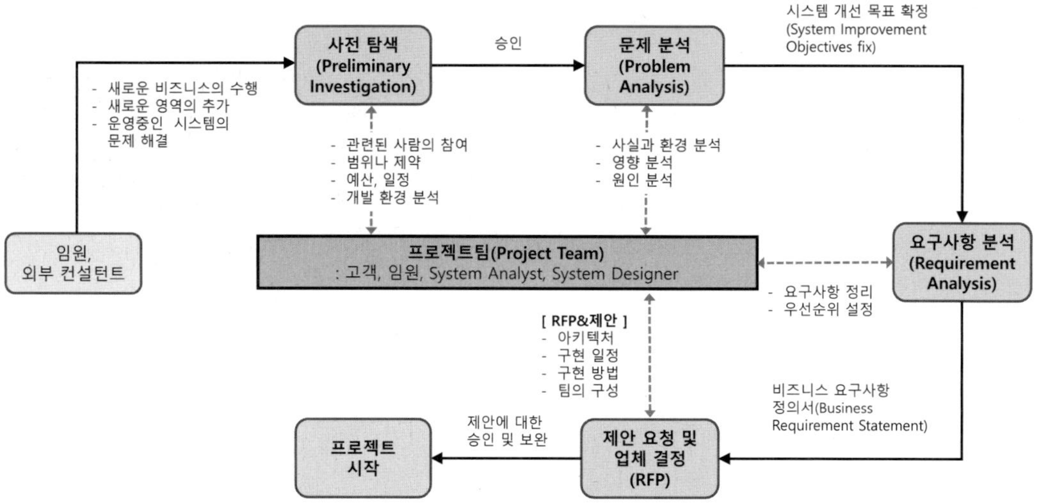

[그림 3-3] 요구사항 관리 단계 정리

프로젝트 관리는 정보시스템 외에도 일반적으로 수행되는 것이다. 6장에서 자세히 설명하겠지만 [그림 3-4]에 간단하게 전체 개념을 도표로 정리하였다.

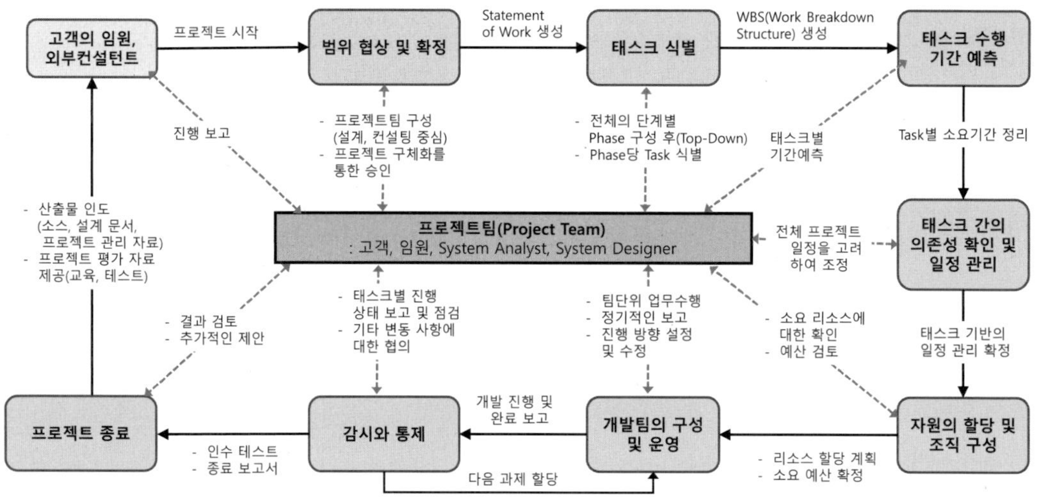

[그림 3-4] 프로젝트 관리 단계 정리

[그림 3-3]에서 업체가 결정되면 이어서 바로 [그림 3-4]의 프로젝트의 수행에 들어가게 된다. 프로젝트의 수행은 '범위 협상 및 확정', '태스크 식별', '태스크 수행 기간 예측', '태스크 간의 의존성 확인 및 일정 관리', '자원의 할당 및 조직 구성', '개발팀의 구성 및 운영', '감시와 통제' 그리고 '프로젝트 종료'로 진행된다.

상세한 설명은 6장에서 하겠지만 각 단계별 입력과 출력의 내용을 미리 확인해보길 바란다. 특히 중요한 것은 '요구명세서(Statement of Work)'와 'WBS'이다.

3.5 정보시스템 개발의 공통 원칙

앞에서 정보시스템의 개발 단계에 대하여 알아보았다. 이제는 개발 단계를 진행하면서 반드시 지켜야 하는 원칙에 대하여 정리해보자.

- **사실 중심**
  사실에 근거하여 판단하고 행동한다. 짐작이나 예측을 기반으로 행동하지 않는다.
- **문서화**
  모든 사항은 문서로 정리되고 보관되어야 한다.
- **공유**
  개발에 관련된 사람이 수행한 모든 것에 대해서 전체가 공유해야 한다.
- **고객의 의견 반영**
  개발되는 시스템에 대해 고객의 반응을 확인해야 하며, 개발자 중심으로 개발되어서는 안 된다.
- **절차의 표준화**
  모든 업무는 미리 합의된 절차에 의해 수행되어야 한다.
- **프로젝트 관리 기법의 적용**
  표준화되고 공식화된 관리 기법의 적용을 통해 객관적 시각에서 시스템이 개발되어야 한다.

정보시스템의 개발은 위에서 언급한 것처럼, '객관적이고', '문서화된', '표준 절차'에 의해 개발되어야 하며, 항상 사용자의 관점에서 보아야 한다.

3.6 정리

이번 장의 내용을 한 장의 그림으로 요약하면 아래 그림과 같다.

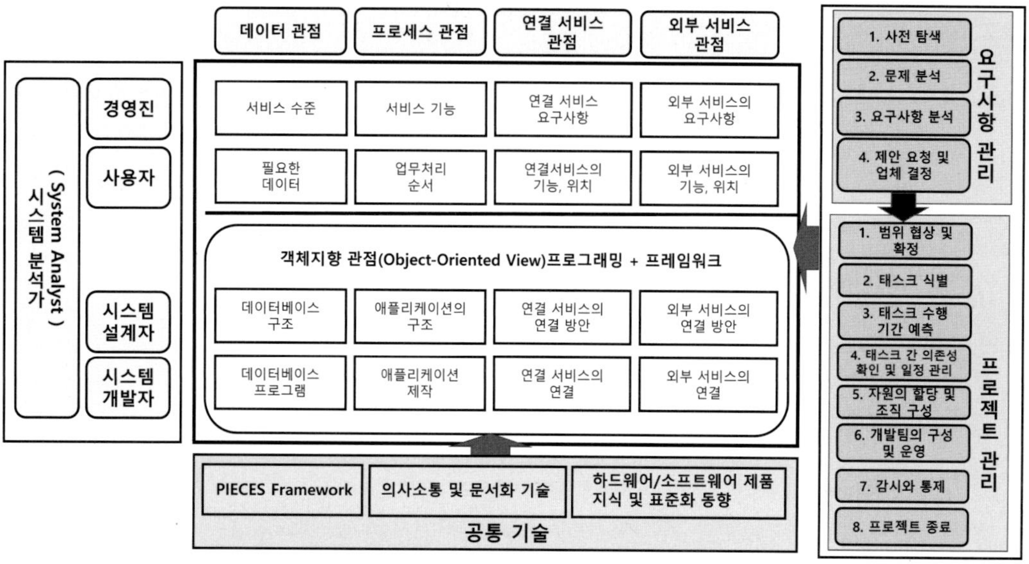

위의 그림을 통해 이번 장에서 배운 개념들에 대하여 익숙해지기를 바란다.

- 정보시스템의 16가지 분류의 이해
- 3가지 공통 기술
- 요구사항 관리의 4단계
- 프로젝트 관리의 8단계

위의 모든 단계는 상호 연결되어 수행된다. 그러므로 어떤 부분의 작업이 미흡하면 다음 단계에 영향을 미치게 된다. 그리고 이것은 전체 과정에 부담으로 작용한다.

만약 '요구사항 관리'를 제대로 하지 않게 되면, 이후에 수행되는 모든 과정이 올바른 방향으로 흘러갈 수 없다.

개발자는 개발자로서, 고객은 고객으로서 역할을 다할 때 우리가 개발하는 정보시스템은 고객의 요구사항에 맞는 모습으로 개발된다.

마지막으로 '정보시스템 개발의 공통 원칙'과 '정보시스템 개발의 기본 원칙'을 숙지하길 바란다.

01. 정보시스템을 개발할 때 지켜야 하는 기본 원칙 8가지를 정리하시오.

02. PIECES 프레임워크에 대하여 설명하시오.

03. 물류회사에서 시스템을 개발하고자 한다. 아래의 고객 의견을 보고, 개발해야 하는 시스템을 Top-Down으로 분해하시오.

- 우리 회사는 택배회사입니다.
- 택배는 국내, 해외 택배로 나누어 처리됩니다.
- 택배는 가격에 따라 VIP, 일반, 보통으로 나누어집니다.
- 택배는 무게에 따라 무거운 것, 일반, 가벼운 것으로 나누어집니다.
- 택배는 취급에 따라 부서짐, 조심, 일반으로 나누어집니다.

04. 정보시스템 개발에 대한 각 단계의 입력과 출력을 정리하시오.

05. "영업시스템에 대한 고객의 불만이 많다."는 문제를 해결하기 위하여 분할정복(Divide and Conquer) 방법을 적용해 문제를 분할해보시오.

06. 정보시스템 개발의 공통 원칙을 정리하시오.

PART

II

소프트웨어 공학 일반론

일반적으로 소프트웨어 공학에서 다루는 내용을 포함하는 부분이다. '요구사항 관리', '프로젝트 관리' 외에도 소프트웨어의 분석 및 설계 그리고 개발에 관련된 프로세스, 테스팅, 유지보수, 품질보증 등 다양한 주제를 다루게 된다.

소프트웨어 공학을 공부한다면 기본적으로 알아야 하는 내용이다. 다소 지루한 감은 있겠지만 실무를 수행할 때 필요한 다양한 정보와 개념을 얻을 수 있을 것이다.

[중요 내용]

- 요구사항 관리
- 요구사항 발견 기법
- 프로젝트 관리
- 소프트웨어 분석 및 설계
- 소프트웨어 프로세스
- 소프트웨어 테스팅
- 소프트웨어 유지보수
- 소프트웨어 품질보증

4

요구사항 관리

정보시스템 구축을 목적으로 수행되는 프로젝트의 특화된 부분에 대하여 설명한다. 대부분 분석 과정에 중점을 두고 설명을 진행하게 된다. 요구사항 분석에 관련된 실무의 지식을 배울 수 있다. 특히 정보시스템 개발을 위한 프로젝트의 분석 과정과 양식 및 기법을 예를 중심으로 설명한다. 컴퓨터공학을 전공하는 사람이라면 주의 깊게 읽어보아야 할 부분이다.

4.1 요구사항 관리의 개념

요구사항 관리는 요구사항의 발견, 문제 분석, 정리의 과정을 통칭하는 개념이다. 정보시스템에 대한 요구사항 관리는 정보시스템 관련자(임원, 사용자, 시스템 설계자, 시스템 개발자, 아키텍처) 관점과 정보시스템 분석 관점(데이터, 프로세스, 연결 서비스, 외부 서비스)에서 수행된다.

4.1.1 요구사항의 종류

- **기능적 요구사항**(Functional Requirement) : 정보시스템에서 구현해야 하는 기능적 요구사항을 정리한 것을 말한다.

  【예】 기능 관점 : 입력 기능, 보고서 기능 등

  데이터 관점 : 입력 데이터, 출력 데이터 등

  입출력 관점 : 모바일 지원, 외부 연결 등

  화면 구동 방식 : 화면의 구성 및 연결

- **비기능적 요구사항**(Nonfunctional Requirement) : 정보시스템의 기능 외에 다른 것에 대한 요구사항을 말한다.

  【예】 요구되는 성능 수준, 산출물의 품질/형식, 시스템의 보안 수준, 사용의 편리성 등

4.1.2 관련 용어 정의

- **요구사항의 발견**(Requirement Discovery) : 시스템의 문제를 발견하거나 도출시키고 고객이 원하는 것을 발견하고, 정리하기 위한 것으로 시스템 분석가에 의해 사용되는 기법을 포함하는 개념이다.
- **문제 분석**(Problem Analysis) : 문제를 이해하고 문제를 인식하며 문제에 해당하는 제약 사항을 확인하는 것을 말한다.
- **시스템 요구사항**(System Requirement) : 정보시스템의 필요성과 수행되어야 하는 기능을 서술하는 것이다. 이때 요구사항은 기능적, 비기능적 그리고 제약 사항을 포함한다.
- **요구사항의 정리** : 정리되거나 발견된 요구사항을 주어진 목적에 맞추어 분류하는 과정을 말한다.

4.2 요구사항의 발견

4.2.1 요구사항 발견이 어려운 이유

- **고객과 개발자는 각각 다른 분야에서 일하기 때문에 각기 사용하는 용어가 다르다. 그러므로 정확한 의미 전달이 부족한 경우가 많다.**
- 개발자는 고객의 상황과 환경에 대해 잘 알지 못한다.
- 고객은 개발자가 가지는 기술적 한계와 문제점에 대해 잘 알지 못한다.
- **고객은 자신이 원하는 것을 개발자가 이해하도록 정확하게 표현하지 못하거나, 또는 자신이 필요한 기능을 정확하게 인식하지 못한다.**
- 고객은 자신의 입장에서 생각하며, 고객들 중 임원과 사용자는 각각 관점이 다르다.
- **고객의 요구사항은 고정되어 있지 않으며, 고객이 표현하지 않은 요구사항도 많다.**
- 고객의 기능적 요구사항 외에도 비기능적 요구사항을 동시에 만족하기를 바라지만, 개발자는 기능적 요구사항에 집중하는 경우가 많다.

4.2.2 요구사항 발견에서 고려할 사항

요구사항의 발견(Requirement Discovery)에서 중요한 것은 동일한 단어에 대해서 사람마다 느끼는 점이 다르다는 걸 이해하는 것부터 시작해야 한다는 것이다. 그러므로 요구사항은 누구나 동일하게 이해할 수 있는 표준적인 형식과 용어를 사용하여 기술되어야 한다.

【예】 "이번에 개발하는 시스템은 웹을 지원해야 한다."라는 요구사항은 명확하지 않다. 사용자는 더 이상 무슨 설명이 필요하냐고 물어보겠지만, 개발자의 관점에서는 부족한점이 많다. 예를 들면 아래와 같다.

- 모바일 웹도 지원해야 하는가?
- 어떤 브라우저의 어떤 버전을 지원해야 하는가?
- 화면의 구성을 위한 도구는 어떤 것을 사용해야 하는가?
  (간단하고 호환성 있는 화면을 원하는지 아니면 예쁘고 멋진 화면이지만 사용할 때 몇 가지 프로그램을 설치해도 되는지의 여부)

잘못된 요구사항은 개발 비용을 증가시키거나 개발 기간을 맞추지 못하게 하고 고객의 만족을 얻을 수 없다. 요구사항 오류를 발견한 시점과 이것을 수정하기 위해 필요한 상대 비용을 정리하면 [표 6-1]과 같다.

[표 4-1] 오류 발견 시점에 따른 상대 비용 평가

요구사항 오류의 발견 시점	상대 비용
요구사항 수렴 단계	1
설계 단계	4~7
코딩 단계	11
통합 테스트 단계(개발자)	20~60
인수 테스트 단계(고객 참여)	40~80
운영 단계	50~2000

4.3 요구사항의 발견 절차

요구사항을 발견하고 관리하는 전체 절차를 [그림 4-1]에 정리하여 나타내었다.

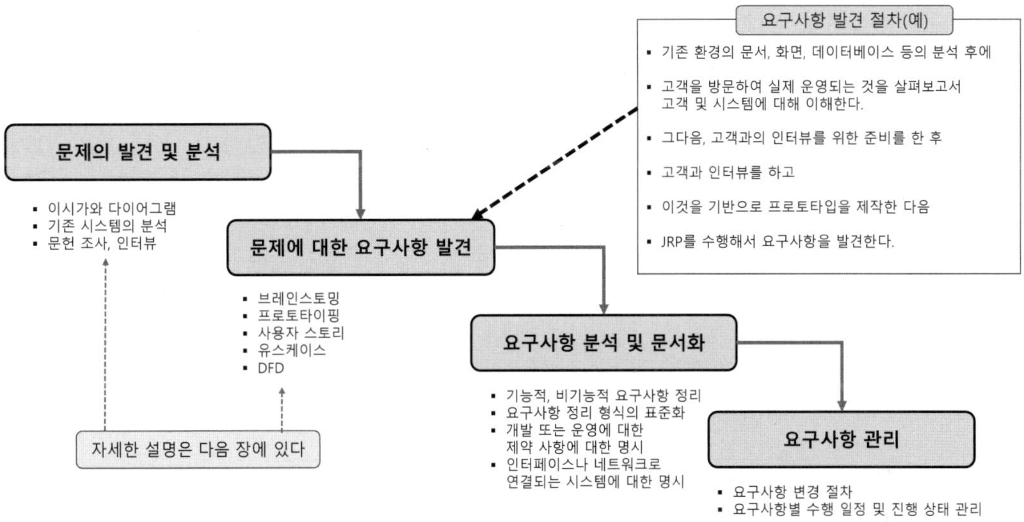

[그림 4-1] 요구사항 관리의 절차

요구사항을 발견하는 절차는 문제의 발견 및 분석 이후에 문제에 대한 요구사항을 발견하고 발견된 요구사항을 분석한 다음, 문서화해서 고객과 합의한 후 요구사항에 대한 관리에 들어가게 된다.

문제의 발견 및 분석을 위해 자주 사용하는 기법은 다음과 같다.

- 이시가와 다이어그램
- 기존 시스템의 분석
- 기존 시스템 결과물(=문헌 분석)
- 사용자와의 인터뷰

문제에 대한 요구사항 발견에 자주 사용하는 기법은 다음과 같다.

- 브레인스토밍
- 프로토타이핑
- 사용자 스토리
- DFD와 유스케이스 분석

[그림 4-1]에서 요구사항을 발견하는 절차를 나타었는데, 그 중 가장 중요한 점은 새로운 시스템을 개발하기 위해서는 기존 시스템에 대한 정확한 분석이 먼저 이루어져야 한다는 것이다. 그리고 사용자와 인터뷰를 하는 것도 잊으면 안 된다. 모든 것을 취합해서 프로토타입을 만들고, 이것을 기반으로 고객과 협의해서 요구사항을 발견하고 확정하게 된다.

4.4 정보시스템에서 요구사항 관리의 위치

개발하고자 하는 정보시스템과 요구사항 관리의 연계성에 대하여 설명하고자 한다. 요구사항 관리가 정보시스템 개발에 어떤 역할을 하며, 이후 어떤 작업과 연결되는지에 대하여 이해하기 위함이다.

[그림 4-2]를 보면 요구사항 관리는 정보시스템을 개발하는 과정을 지원하는 것으로 볼 수 있고, 이것은 바로 프로젝트 관리로 이어져서 개발을 수행하는 프로젝트의 수행에 많은 영향을 미치고 있다.

요구사항 관리는 '사전 탐색', '문제 분석', '요구사항 분석', '제안 요청 및 업체 결정'의 4단계로 구성된다. 각 단계에서 수행하는 업무에 대해서는 이후의 내용에서 다루도록 하겠다.

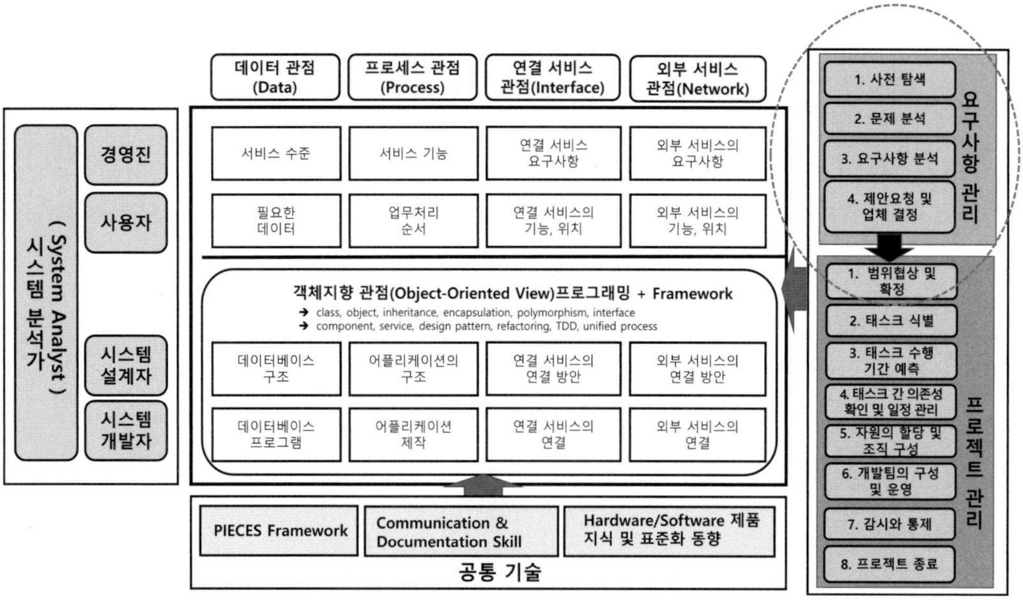

[그림 4-2] 정보시스템의 전체 구성과 요구사항 관리의 관계

4.5 정보시스템 요구사항 관리 라이프 사이클

3장에서 살펴보았던 정보시스템 요구사항 관리 라이프 사이클을 [그림 4-3]에 다시 한 번 나타내었다. 이번 장에서는 각 단계에 대하여 자세히 설명한다.

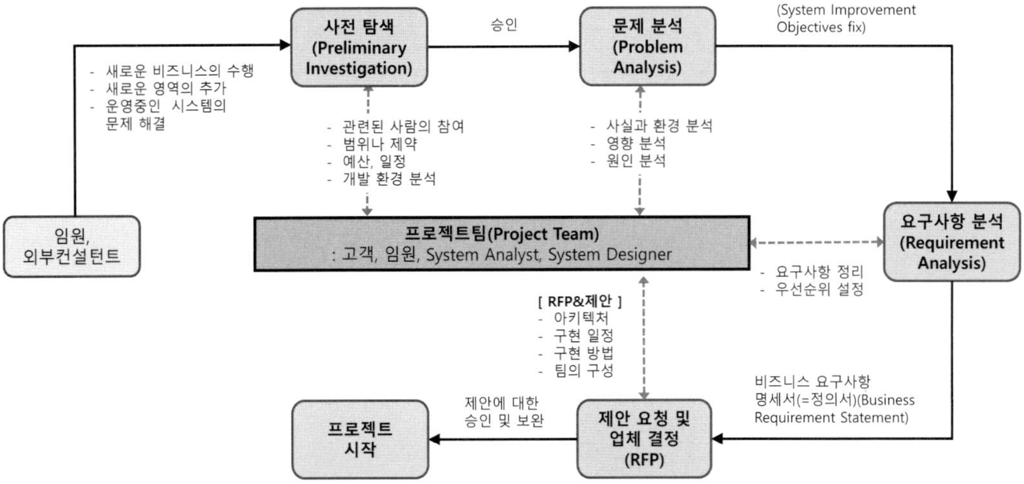

[그림 4-3] 정보시스템 요구사항 관리 라이프 사이클

[그림 4-3]을 통해 전체적인 흐름을 정리하였으니 이 장에서 사용하게 될 용어를 정의하면서 설명을 시작해보자.

- **시스템 분석**(System Analysis) : 시스템이 수행해야 하는 목적에 맞추어 컴포넌트(Component) 단위로 시스템을 분해하는 문제해결 기법을 말한다.

  ＊ 컴포넌트 : 개발자의 관점에서 개발을 수행하면서 구성하는 재사용 단위를 말한다.
  【예】 검색 컴포넌트, RDB 조회 컴포넌트, 버튼, 리스트박스

- **시스템 디자인**(System Design) : 시스템의 컴포넌트를 재조립해서 보다 나은 시스템을 구성하는 기법을 말한다. 이때, 기존 시스템과 비교해서 추가/삭제/변화된 부분이 있다.
  시스템 분석과 시스템 디자인은 용어의 정의로 보면 서로 반대되는 개념이다.

- **정보시스템 분석**(Information System Analysis) : 기술적인 면을 고려하지 않고 비즈니스와 고객의 요구에 중점을 두고 진행하는 프로젝트 개발 단계를 말한다. **구체적으로 '사전 탐색', '문제 분석', '요구사항 분석', '제안 요청 및 업체 결정'의 4단계가 정보시스템 분석에 속한다.**

4.6 사전 탐색 단계

[그림 4-4]는 사전 탐색 단계에서 수행하는 업무에 대해 정리한 것이다.

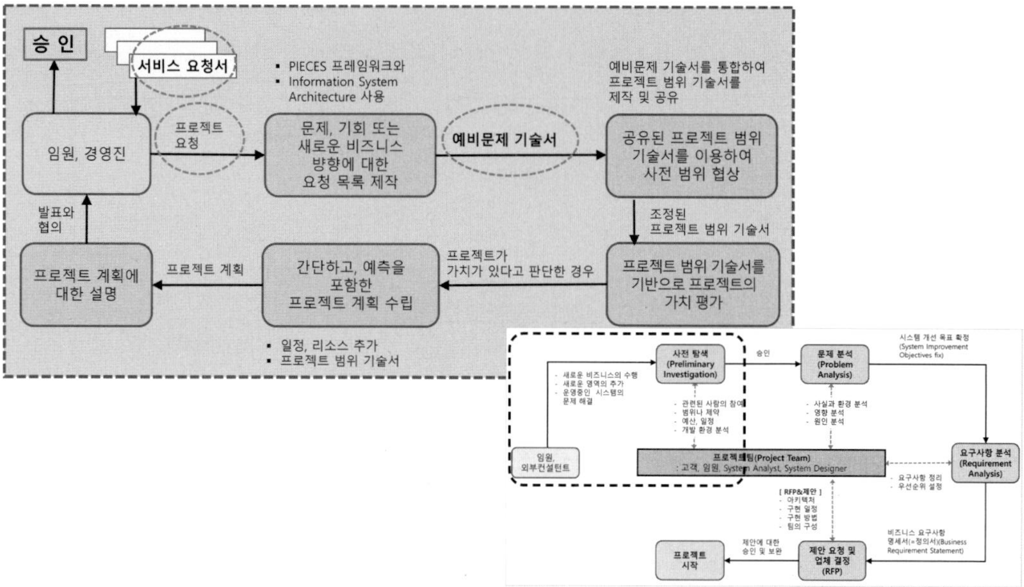

[그림 4-4] 사전 탐색 단계의 상세

[그림 4-4]는 [그림 4-3]의 범위에서 사전탐색을 수행하는 경우에 내부적으로 어떤 일이 수행되는지에 대하여 자세하게 설명한 것이다.

사전 탐색 단계는 실무에서 수행할 때 아래의 4단계를 거친다.

- 문제, 기회 또는 새로운 비즈니스 방향에 대한 요청 목록 제작
- 공유된 프로젝트 범위 기술서를 이용하여 사전 범위 협상
- 프로젝트 범위 기술서를 기반으로 프로젝트의 가치 평가
- 예측을 포함하여 간단한 프로젝트 계획 수립

사전 탐색은 임원, 경영진이 새로운 비즈니스를 수행하려고 하거나 기존에 수행하던 비즈니스를 확대(새로운 기회의 창출) 하거나 기존 시스템의 문제에 대한 서비스 요청서를 받은 경우에 팀을 구성하고, 프로젝트를 요청함으로써 시작된다.

구성된 프로젝트 팀은 부여받은 상황에 대한 방향성을 결정하기 위하여 요청받은 것에 대해 상세히 정리한다. 이것을 '예비문제 기술서'라고 한다.

'예비문제 기술서'를 기반으로 우선순위와 중요성, 예산을 고려하여 프로젝트의 범위를 결정하는 과정이 '사전 범위 협상'이다. 이 과정을 통해서 프로젝트의 범위에 맞춘 '예비문제 기술서'가 준비된다.

프로젝트 범위에 맞춘 '예비문제 기술서'를 기반으로 수행해야 하는 프로젝트의 가치를 평가한다. 가치가 있다고 판단되면 프로젝트에 대한 기본적인 계획을 수립한다. 이때, 아래의 내용들을 포함한다.

- 기간
- 필요한 리소스
- 소요 예산
- 프로젝트 범위

수립된 프로젝트 계획을 임원, 경영진에게 발표하고 그들의 의사결정을 받는다. 승인을 받으면 '문제 분석' 단계를 수행한다.

위에서 설명한 것이 '사전 탐색'에서 수행하는 내용이다. 사전 탐색의 단계의 이해와 실무 사용을 지원하기 위하여 [그림 4-5]와 [그림 4-6]에서 '서비스 요청서'와 '예비문제 기술서'의 예시를 보여준다.

▶ [그림 4-5]는 A 대학의 학사운영 담당자가 '수강신청' 기능에 대한 '서비스 요청서'를 작성한 예이다.

서비스 요청서	
요구일자 : 2019. 2. 11	요구부서 : A대학교 학사운영팀
요구 담당자 : 조현희 (학사운영팀 대리)	이전요구날짜 :

[요구사항 설명]

- 현재의 학사 운영 시스템에서 가장 중요하고 많이 사용하는 기능이 수강신청 기능이다.
- 수강신청 기능은 늘 사용하는 것이 아니고, 일년에 2번 단기간에 많은 학생이 사용하는 특징이 있다.
- 현재 시스템은 평상시에는 3초 이내의 속도를 보이는데, 수강신청 기간에는 제대로 속도가 나지 않아서 많은 학생들의 불만이 많은 상황이다.
- 특이한 경우에는 신청된 수강신청 내역이 늦은 속도로 인하여 두 번 입력되거나, 다른 것으로 바뀌어 들어가는 경우가 있다.

[요구사항에 대한 기대]

- 현재의 수강신청 시스템을 학생들이 몰리는 시기에도 5초 이내의 성능을 나타내도록 보완해야 한다.
- 수강신청 시스템의 성능이 늦어지더라도, 잘못 입력되거나 두 번 입력되는 경우가 발생하지 않도록 보완해야 한다.

[비용 및 중요성 정리]

긴급성 : ASAP ☐, 3개월 ☐, 6개월 ☐, 1년 ☐

소요비용 : W ______________

[승인] 전산팀장 ______________ 경영기획실장 ______________

[그림 4-5] '서비스 요청서'의 작성 예

- A 대학의 학사운영 시스템 중에서 '수강신청' 부분에 대한 '서비스 요청서'이다.
- 신청자와 요구사항 설명, 요구사항에 대한 기대, 긴급성을 명시해야 한다.
- 서비스의 요청은 명확하고 자세하게 서술해야 하고, 기대치는 가능한 수치로 표현해야 한다.
- 서비스 요청은 문서화되고, 관련 임원의 사인을 받은 경우에만 유효하다.

▶ [그림 4-6]는 A 대학의 학사운영 시스템에 대한 '서비스 요청서'를 통합하여 정리한 '예비문제 기술서'의 예이다.

예비문제기술서 양식

프로젝트명 : A대 학사운영 시스템 개발	프로젝트 관리자 : 조민호
작성 : 조현영, 조현익	처음 작성일 : 2019. 3. 1
개정일(1차) : 2019. 4. 1	개정일(2차)

문제나 기회 또는 개발하기를 원하는 방향	급한 정도	리스트 중 우선순위	연관된 요구사항	타시스템에 대한 영향도	제안된 방법
1. 학사운영 시스템이 수강신청 기간에 반응 속도가 30초 이상인데 이것을 5초 이내로 작동하기를 원한다.	ASAP	1			DB, H/W를 포함한 재개발
2. 학사운영 시스템에서 수강신청 화면에 이전에 수강했던 과목에 대한 정보가 동시에 보여지기를 원한다.	ASAP	2	6	수강DB연결	수강 DB와 연결 기능 개발
3. 학사운영 시스템에 로그온 시 다른 시스템과 동일한 ID/PWD를 사용하도록 만들고 싶다.	1 Year	5		통합 로그온	통합 로그온 기능을 사용하도록 변경
4. 학사운영 시스템의 화면 색과 라인이 너무 흐려서 전체 내용을 볼 때, 위, 아래의 항목을 식별하기 어렵다.	1 Year	6			화면 디자인 보완
5. 학사운영 시스템을 외국인도 사용할 수 있도록 영어, 중국어를 지원해야 한다.	ASAP	3			별도 개발
6. 학사운영 시스템에서 수강신청이 가능한 항목을 별도로 보여주어야 한다.	6 Month	4	2	수강DB연결	수강 DB와 연결 기능 개발

- 예비문서 기술서는 각 문제나 기회, 개발을 원하는 요청을 지정된 양식으로 받아서 정리한 것이다
- 프로젝트의 범위가 정해지면, 예비문서 기술서의 내용 중에서 프로젝트 범위 기술서에 속하는 것이 새로 정리되어 '범위에 맞춘 예비문서 기술서'를 구성한다.

[그림 4-6] '예비문제 기술서'의 작성 예

- '예비문제 기술서'는 접수된 '서비스 요청서'를 모아서 정리한 것이다.
- 정리된 내용에 급한 정도, 우선순위, 서비스 요청 간의 연관성, 타 시스템에 대한 영향도 등을 추가하여 정리한다.
- **'예비문제 기술서'를 기반으로 이번 프로젝트에서 수행할 일의 범위가 정해지고, 이것을 기반으로 수행할 프로젝트의 가치가 평가된다.**

일단 수행할 가치가 있다고 평가되면, 정해진 일의 범위에 기반을 두어서 간단한 프로젝트 계획서가 수립된다. 수립된 프로젝트 계획서에 근거하여 임원과 경영진이 승인을 하게 된다.

4.7 문제 분석 단계

[그림 4-7]은 문제 분석 단계에서 수행하는 업무에 대한 것을 정리한 것이다.

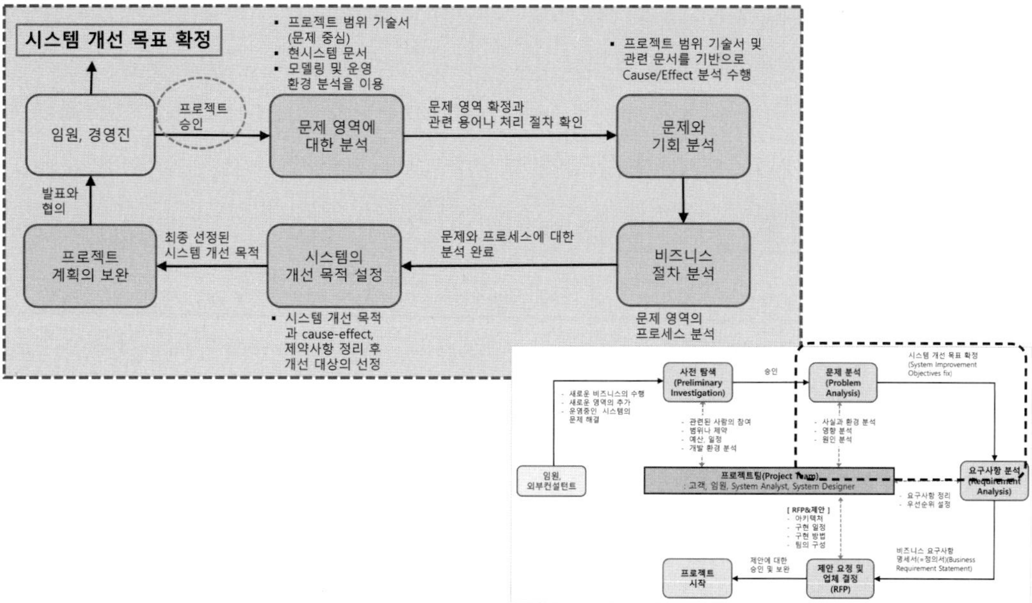

[그림 4-7] 문제 분석 단계의 상세

[그림 4-7]은 [그림 4-3]의 범위에서 문제 분석을 수행하는 경우에 내부적으로 어떤 일이 수행되는지에 대하여 자세하게 나타낸 것이다.

문제 분석 단계는 실무에서 수행할 때 아래의 4단계를 거치게 된다.

- 문제 영역에 대한 분석
- 문제와 기회 분석
- 비즈니스 절차 분석
- 시스템의 개선 목적 설정

'사전 탐색' 단계를 통해 승인을 얻은 경우 '문제 분석' 단계를 수행하게 된다.

'문제 분석' 단계는 앞 단계에서 제작된 '프로젝트 범위 기술서' 외에 현 시스템의 문서 및 화면, 운영 매뉴얼을 참고하여 '문제 영역 확정'을 수행하고 관련 용어와 프로세스를 정리한다. 정리된 내용은 '프로젝트 범위 기술서(문제 기술서)'라고 하며, '문제와 기회 분석' 단계에서 'Cause/Effect 분석' 수행으로 연결된다.

'프로젝트 범위 기술서'와 'Cause/Effect 분석'을 마무리하면 관련된 프로세스 분석을 수행한다.

'프로젝트 범위 기술서', 'Cause/Effect 분석', '프로세스 분석'을 기반으로 '시스템의 개선 목적 설정'을 수행한다. 이때, 제약사항에 대한 부분은 반드시 명시하여야 한다.

- '시스템 개선 목적(System Improvement Objectives)'의 설정은 프로젝트의 성공적 수행을 위한 첫걸음이다. 그러므로 반드시 구체적으로 명시해야 한다.
  【예】 3초 이내에 작업 종료
- **제약사항(Constrain)은 '시스템 개선 목적'을 수행할 때, 반드시 지켜야 하는 사항이다. 이 단계에서 설정된 제약사항은 이후에 변경될 수 없다.**

'시스템의 개선 목적'을 기반으로 '프로젝트 계획서'를 보완하고 임원, 경영진에 보고한 후에 최종적인 '시스템 개선 목적'이 확정된다.

'문제 분석 단계'의 수행에서 제작해야 하는 'Cause and Effect 분석'은 주어진 문제에 대하여 원인(Cause)과 영향(Effect)을 분석하는 기법이다. 분석은 단위 작업 수준까지 내려가서 수행되어야 한다. (단위 작업은 더 이상 분리해서는 의미가 없는 기본적인 작업 단위이다.)

[그림 4-8]에서 'Cause and Effect 분석'의 수행 예를 확인할 수 있다. 하나의 양식에 '문제나 기회', '원인과 영향'으로 구성된 '원인과 영향 분석(Cause and Effect analysis)'과 시스템 개선 목적이 각 항목별로 정리되어 있는 점을 주목하기 바란다.

시스템 개선 목적은 이런 과정을 거쳐서 정의되어야 하는 것이며, 관련된 시스템의 제약사항도 고려되어야 한다.

[그림 4-8]은 주어진 문제나 기회에 대하여 '원인과 영향', '해결하기 위한 시스템의 목적' 그리고 '시스템의 제약사항'에 대하여 구체적으로 정리한 것이다. 이해를 위하여 구체적인 예를 제시하였으니 [그림 4-8]의 내용을 자세히 살펴보기 바란다.

프로젝트명 : A대 학사운영 시스템 개발	프로젝트 관리자 : 조민호
작성 : 김민중, 박연수	처음 작성일 : 2019. 3. 1
개정일(1차) : 2019. 4. 1	개정일(2차)

Cause and Effect Analysis(원인과 영향 분석)		System Improvement Objectives(시스템 개선 목적)	
문제나 기회	원인과 영향	시스템의 목적	시스템의 제약사항
1. 학사운영 시스템이 수강신청 기간에 반응 속도가 30초 이상인데, 이것을 5초 이내로 작동하기를 원한다	▪ 단기간에 너무 많은 접속자 수로 인해 발생 ▪ 교육이나 학교에 대한 만족도에 영향을 미치고 있음 ▪ 잘못된 입력으로 사후 수정에 많은 노력이 들어가고 있음	▪ 수강신청 기간동안 5초 이내의 성능이 필요함	▪ 외부 인터넷망의 속도는 증가될 수 없음 ▪ 하드웨어, 데이터베이스를 모두 개선할 예산이 없음
2. 학사운영 시스템에서 수강신청 화면에 이전에 수강했던 과목에 대한 정보가 동시에 보여지기를 원한다	▪ 복학생들이나 편입생의 경우, 본인이 수강한 과목에 대한 것을 기억하지 못함 ▪ 수강신청을 위해 여러 개의 윈도우를 수행하는 것은 화면이 복잡해져서 사용이 어려움	▪ 수강신청 화면에 이전에 수강했던 과목을 리스트로 보여주어야 함	▪ 현재 시스템에서 수강 테이블을 조작하는 기능을 추가해야 하는데 개발자가 퇴사해서 지원 불가
3. 학사운영 시스템에 로그온 시에 다른 시스템과 동일한 ID/PWD를 사용하도록 만들고 싶다	▪ 별도의 ID/PWD를 기억하는 것이 번거로움 ▪ 학생들이 여러 번 로그인하는 과정에 대하여 불편을 호소함	▪ 이미 사용 중인 통합 로그온 시스템과 연계하여 운영해야 함	▪ 학사운영 시스템의 로그온 부분의 연결은 프로젝트팀이 수행해야 함
....			

[그림 4-8] Cause and Effect 분석의 예

> **TIP**
>
> 이쯤 되면 '서비스 요청서', '예비문제 기술서', 'Cause and Effect 분석' 등을 수행하는 것이 너무 복잡하다고 생각될 것이다. 하지만, 소프트웨어 공학이 적용되는 프로젝트는 크고, 오랫동안, 많은 사람들이 관여한다는 사실을 잊지 말기를 바란다.
>
> **사실 이 책에서 서술하고 있는 과정, 양식, 절차는 복잡한 것이 아니라, 수많은 프로젝트 경험을 통해서 반드시 수행해야 하는 최소한의 것을 말하고 있다.** 이것이 끝이 아니고 나머지 단계에서도 계속 다양한 문서를 만들게 된다. 하지만, 이 과정들이 꼭 해야만 하는 것임을 기억하길 바란다.
>
> 저자가 프로젝트를 하면서 몇몇 단계들을 건너뛰면서 급하게 대충 개발에만 중점을 두고 진행했던 경우가 많이 있었는데, 결국엔 이 책에서 서술한 것들을 다 만들게 되었다. 그저 만드는 시기만 다를 뿐이었다.
>
> 우리 속담에 "아무리 바빠도 바늘 허리 매어 쓰지 못한다."는 말이 있다. 지금은 조금 복잡해 보여도 이런 과정을 거쳐야만 여러 명이 합의하고 만족하는 시스템을 만들 수 있다. 그래서 이 책의 처음에 소프트웨어 공학은 너무 작은 시스템에 적용하면 오히려 독이 된다고 말한 것이다.

4.8 요구사항 분석 단계

[그림 4-9]는 요구사항 분석 단계에서 수행하는 업무에 대한 것을 정리한 것이다.

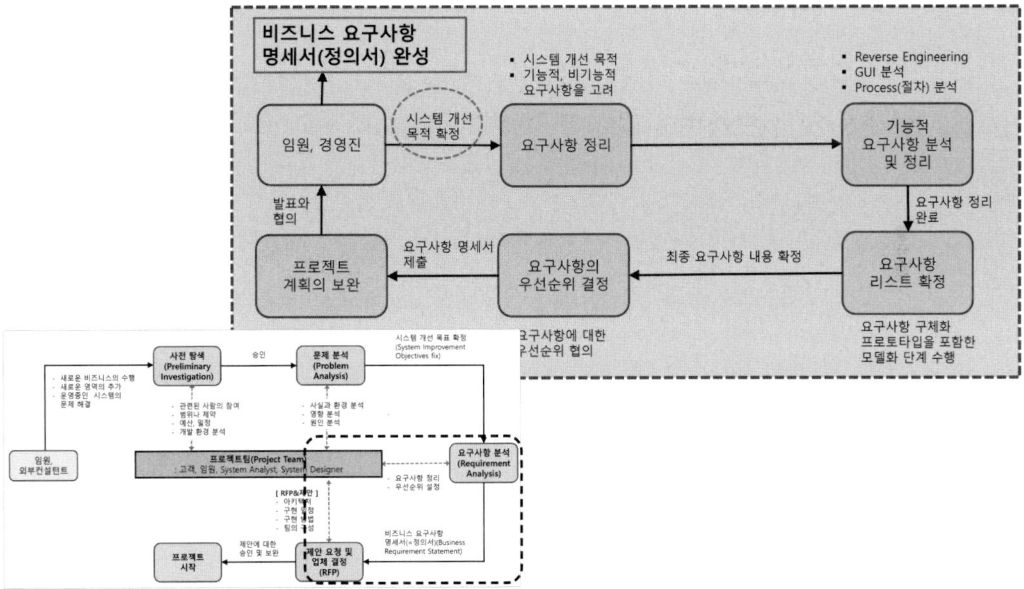

[그림 4-9] 요구사항 분석 단계의 상세

[그림 4-9]는 [그림 4-3]의 범위에서 요구사항 분석을 수행하는 경우에 내부적으로 어떤 일이 수행되는지에 대하여 자세하게 나타낸 것이다.

요구사항 분석 단계는 실무에서 수행할 때 아래의 4단계를 거치게 된다.

- 요구사항 정리
- 기능적 요구사항 분석 및 정리
- 요구사항 리스트 확정
- 요구사항의 우선순위 결정

'문제 분석' 단계를 통해서 '시스템 개선 목적'이 확정되었으면, 이제 프로젝트에 적용할 '요구사항 정의서'를 만들어야 한다. 이때, '시스템 개선 목적'에 기반을 두어 요구사항을 정의할 필요가 있다. 요구사항은 기능적 요구사항과 비기능적 요구사항으로 분류할 수 있다(4.1절 참조).

기능적 요구사항 분석을 위하여 요구사항 정리 외에도 아래의 기법들을 사용한다.

- Reverse Engineering : 고객이 현재 사용 중인 시스템의 프로그램 소스를 Reverse Engineering에 의해 모듈, 변수 등의 구성이나 상태를 점검하는 것. 또는 사용 중인 시스템 관련 문서를 기반으로 시스템에 대한 구성이나 상태를 점검하는 것.
- **GUI 분석** : 현재 사용 중인 시스템의 화면 구성, 화면 간의 연계를 분석하여 업무 흐름 분석을 수행하는 것.
- **절차(Process) 분석** : 단위 업무의 처리 절차를 분석하여 화면, 모듈, 시스템의 연관성을 분석하는 것.

기능적 요구사항과 비기능적 요구사항에 대한 분석을 통하여 '요구사항 정리'를 완료한다. 완료된 '요구사항 리스트'는 필요시 고객 면담이나 프로토타입을 통해 구체화해서 최종 요구사항 리스트를 확정하게 된다.

최종적으로 확정된 요구사항 리스트는 우선순위를 고려하여 '요구사항 명세서'가 된다. 준비된 '요구사항 명세서'는 프로젝트 계획에 추가되고, 임원과 경영진에게 보고한 다음 '비즈니스 요구사항 정의서'로 확정된다.

독자의 이해를 위하여 '요구사항 명세서'에 포함되어야 하는 내용을 정리하였다.

【 요구사항 정의서에 포함되어야 하는 내용 】

- 기능 요구사항
- 성능 요구사항
- 인터페이스 요구사항
- 운영 및 유지보수 요구사항

- 지원 요구사항
- 문서화 요구사항
- 보안 요구사항
- 이식성 요구사항
- 품질 요구사항
- 신뢰성 요구사항
- 안전 및 인수 테스트 요구사항

'요구사항 명세서'는 프로젝트를 수행하기 전에 진행하는 모든 작업의 최종 결과물이라고 할 수 있다. 이것을 기반으로 RFP가 만들어지고 업체들의 제안서가 준비된다.

그러므로 가능한 자세히 준비하는 것이 성공적인 프로젝트 수행의 시작이라고 할 수 있다. '요구사항 명세서'에 포함되어야 하는 내용을 모두 준비해야 하는 것은 아니다. 하지만 가능한 자세히 준비하는 것이 중요하다.

'요구사항 명세서'를 만드는 과정이 쉽지 않기 때문에 특정 고객들은 '요구사항 명세서'를 만드는 과정을 외부에 의뢰하는 경우도 있다. 이것을 RFI(Request for Investigation)이라고 하며, '요구사항 명세서' 작성을 포함하여 '제안 요청서(RFP)'를 작성하는 작업을 수행한다.

4.9 제안 요청 및 업체 결정 단계

[그림 4-10]은 제안 요청 및 업체 결정의 업무에 대한 것을 정리한 것이다.

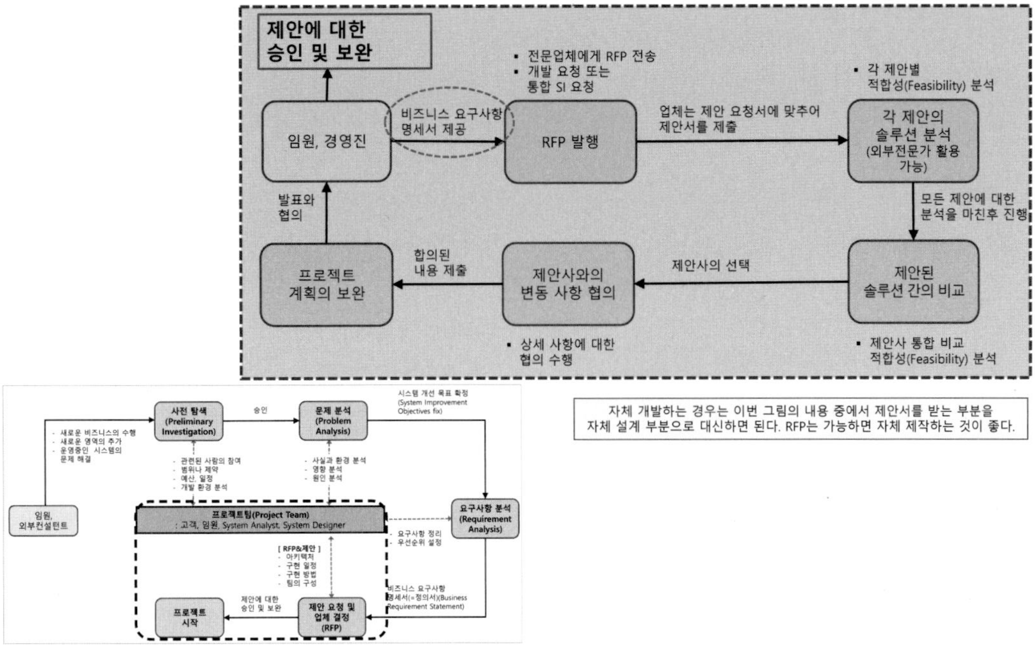

[그림 4-10] 제안 요청 및 업체 결정 상세

[그림 4-10]은 [그림 4-3]의 범위에서 요구사항 분석을 수행하는 경우에 내부적으로 어떤 일이 수행되는지에 대하여 자세하게 나타낸 것이다.

제안 요청 및 업체 결정 단계는 실무에서 수행할 때 아래의 4단계를 거치게 된다.

- RFP 발행
- 각 제안의 솔루션 분석
- 제안된 솔루션 간의 비교
- 제안사와의 변동 사항 협의

'요구사항 명세서'를 기반으로 '제안 요청서(RFP : Request for Proposal)'를 준비한다.

【 RFP에 포함되어야 하는 내용 】

- 사업명
- 사업 기간 및 목적
- 사업 범위 및 예산 규모
- 비즈니스 요구 사항(상세 내역)

- 개발 및 운영 환경
- 제안서 작성 시 고려사항
- 제안서 작성 기준(목차 포함)
- 제출 기한 및 제출 방법
- 제안서 평가 기준

준비된 RFP는 전문 업체(예: SI 업체, 솔루션 업체)에 전달되고 RFP를 받은 업체는 제안서를 준비한다.

【 제안서에 포함되어야 하는 내용 】

- 제안 업체 일반 사항 : 회사명, 대표자, 회사 연혁, 자본금, 사업 수행 실적 등
- 제안 목적
- 사업명, 사업 기간, 사업 목적
- 사업 범위
- 사업 추진 체계
- 개발 방법론
- 제안 시스템 아키텍처
- 제안 시스템의 구현 방안
- 개발팀의 구성 방안
- 일정 계획 개요
- 투입 인력 정보(분야, 시기, 인원, 개인별 경력 정보)
- 기술 이전 계획
- 제안 금액(별지)

고객은 업체로부터 접수된 제안서를 분석한다. 이때, 분석의 과정은 두 가지로 나누어 진행된다.

1단계 : 각 제안별 솔루션 분석(핵심 사항에 대한 점검)

고객이 관심을 가지고 있는 사항에 대하여 제안 업체의 방안을 비교하는 것이다.

[표 4-2] 핵심 사항에 대한 제안서 비교 사례

특징	제안사 A	제안사 B	제안사 C	제안사 D
웹을 지원하는가? (Explorer, Chrome, Firefox)	Yes	Firefox, Chrom Only	Firefox, Chrom Only	Firefox, Chrom Only
웹서버는 어떤 환경인가?	MS WebServer	Apache Tomcat	Apache Tomcat	Apache Tomcat
클라이언트 개발 언어는 무엇인가?	HTMS, CSS, JavaScript	jQuery, HTML, CSS	JQuery, HTML, CSS	Sencha Touch, HTML, CSS
수행을 위해 필요한 서버 수는?	MS Window 8대	Linux 8대	Linux/MS Server 각 4대	Linux 8대
패키지나 개발인가?	개발	패키지	패키지 + 개발	개발
수행되는 운영체제는?	MS Window	MS Window+Linux	MS Window+Linux	MS Window+Linux
시스템 아키텍처는?	3 Tier	3 Tier	3 Tier	3 Tier
사용하는 DBMS는?	MySQL	Oracle	Oracle	Oracle
서버 모듈 개발 언어는?	ASP	JSP	JSP	JSP
서버 프로그램의 프레임워크는?	MVVC	MVC	MVC	MVC
....	....	....		

고객은 자신의 시스템에서 요구하는 특징을 정리하고 여기에 맞추어 각 제안사의 제안서를 분석하여, 고객의 요구사항에 얼마나 적합한지에 대하여 정리해야 한다. 이것을 통하여 기본적으로 부족한 제안을 발견, 제거할 수 있고, 나중에 선택된 제안사와의 업무 협의를 위한 기초 자료로 활용된다.

[표 4-2]는 업체의 제안서 4개를 고객이 관심을 가지는 특징을 중심으로 비교하여 정리한 것이다. 이 과정을 통하여 제안서에 대한 솔루션 분석 및 기술적 평가를 수행하게 된다.

2단계 : 적합성(가능성) 분석(Feasibility Analysis)

고객이 받은 제안서를 대상으로 적합성 분석을 수행하는 것이다. 적합성 분석은 아래의 4가지로 분류할 수 있다.

- 기술 적합성(Technical Feasibility)

  : 제안이 기술적으로 적합하고 가능성이 있는가?

  : 관여된 사람들이 제안한 솔루션에 대하여 경험이 충분한가?

- 운영 적합성(Operational Feasibility)

  : 사용자의 요구를 충실히 반영하고 있는가?

  : 사용자가 느끼는 운영 환경은 쉬운가?

  : 환경의 변화에 대하여 어떻게 대처하는가?

- 경제적 적합성(Economic Feasibility)

  : 비용 대비 효과가 적절한가?

- 일정 적합성(Schedule Feasibility)

  : 원하는 기간과 일정에 맞출 수 있는가?

[표 4-3] 제안 적합성 분석의 예

적합성(Feasibility) 범위	비중	제안사 A	제안사 B	제안사 C
Operational(운영) 적합성 - 현재 사용중인 NMS와 연결되어야 한다 - 운영팀에 의한 기능 추가가 가능해야 한다 - Explorer는 전 버전을 지원해야 한다	35%	- NMS, 기능 추가 불가 - Explorer 지원 점수 : 60	- NMS 무상 연결 - 기능 추가 가능 - Explorer 지원 점수 : 100	- NMS, 기능 추가 불가 - Explorer 지원 점수 : 60
Technical(기술) 적합성 - 서버는 Linux의 TomCat 환경을 지원한다 - JSP/Servlet을 사용한다 - 백업툴과 연계되어야 한다 - HTML 5가 지원하는 그래픽기능을 사용한다(CANVAS, SVG)	15%	- TomCat, Linux 사용 - SVG, CANVAS 사용 - JSP/Servlet 사용 점수 : 100	- SVG, CANVAS 사용 - Explorer 지원 - Tomcat, Linux 미지원 점수 : 40	- SVG, CANVAS 사용 - Explorer 지원 - Tomcat, Linux 미지원 점수 : 40
Economic(경제) 적합성 - 개발 비용은 3억 이내 - 연간 유지보수는 5천이내 - 1년간 무상 유지보수 지원	30%	- 2억 제안 - 3천 유지보수 - 2년 무상 보증 점수 100	- 5억 제안 - 5천 유지보수 - 1년 유지보수 점수 : 60	- 2억 제안 - 3천 유지보수 - 2년 무상보증 점수 100
Schedule(일정) 적합성 - 2019년 10월 1일 오픈해야 한다 - 오픈 전 한달간 정밀 테스트 기간을 가진다	20%	- 가능 점수 100	- 한달 테스트는 불가 점수 : 50	- 가능 점수 100

[표 4-3]은 업체의 제안에 대하여 4가지 적합성 영역별로 분류하고 점수를 부여한 사례이다. 각 적합성별 비중을 주고 각 항목별로 100점 만점으로 계산한 다음, 점수를 부여한 이유에 대하여 정리하는 것이 기본 가이드이다.

1단계와 2단계를 거치면서 프로젝트에 관련된 사람들의 의견을 모을 수 있고, 수행해야 하는 프로젝트에 대한 공감대를 형성할 수 있다.

모든 단계를 거쳐서 업체가 선정되면 프로젝트를 수행한 준비가 된 것이다. 프로젝트 수행에 대한 내용은 6장에서 설명한다.

프로젝트를 수행하기 전에 만들어지는 프로젝트 계획서는 아래의 내용을 포함한다.

【 프로젝트 계획서에 포함되어야 하는 내용 】

- 요구사항 정의서에 포함되었던 내용을 기본적으로 포함한다.
- 제안서에 포함되었던 내용은 기본적으로 포함된다.

- 시스템 구조도
- 데이터베이스 설계 방안
- 프로그램 작성 지침 및 모듈 구성도
- 산출물 계획
- 일정 계획 및 중간 점검 일정/ 내용
- 품질 관리 계획

- 보고 계획
- 위기 관리 및 보안 대책
- 형상 관리 방안(Configuration Management) : 산출물의 버전 관리
- 교육 계획
- 연계 기관 및 시스템 정리 및 협조 요청 계획

- GUI(사용자 인터페이스) 구성 및 연계도

  : 저자의 경우 설계 단계에서 중요한 화면의 경우 (대략 30개 정도의 화면), 대부분을 미리 제작해서 고객과 합의하여 프로젝트 계획서에 포함시키는 것을 선호한다.

4.10 정리

이번 장의 내용을 한 장의 그림으로 요약하면 아래 그림과 같다.

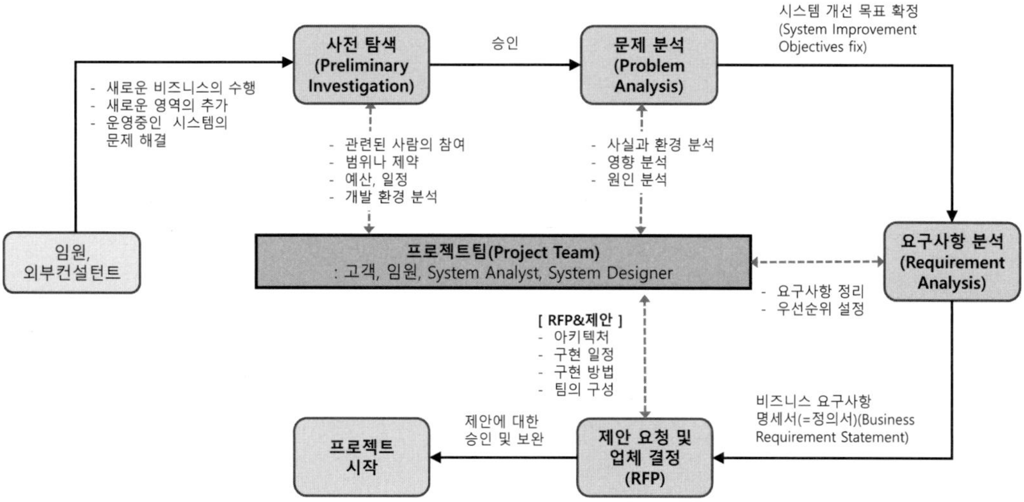

정보시스템 개발 과정에서 요구사항 분석 과정은 위의 그림과 같은 절차로 진행된다. 다시 한번 강조하지만 이 책에서 서술한 단계와 내용은 여러분을 괴롭히기 위하여 복잡하게 준비한 것이 아니고, 여러 명이 오랜 기간 동안 복잡한 시스템을 개발할 때 필요한 최소한의 단계와 내용을 정리한 것이다. 처음에는 복잡해 보이지만 팀원들이 함께 모여서 진행하다 보면 쉽고 신속하게 진행된다. 서두르거나 생략하지 말고 하나씩 진행하기 바란다.

01. 사전 탐색 단계에서 실제 수행해야 하는 업무에 대하여 설명하시오.

02. 문제 분석 단계에서 실제 수행해야 하는 업무에 대하여 설명하시오.

03. 요구사항 분석 단계에서 실제 수행해야 하는 업무에 대하여 설명하시오.

04. 제안 요청 및 업체 선정 단계에서 실제 수행해야 하는 업무에 대하여 설명하시오.

05. [그림 4-5], [그림 4-6], [그림 4-8], [표 4-2], [표 4-3]의 내용을 읽어보고, 주어진 목적에 맞게 제작되었는지 확인하시오.

06. 요구사항을 발견하기 어려운 이유를 서술하시오.

07. 요구사항의 발견에 대한 절차를 요약하시오.

5

요구사항 발견 기법

정보시스템의 개발 과정에서 가장 중요한 것은 요구사항의 발견이다. 4장에서는 요구사항을 발견하는 절차에 대하여 설명하였다. 이번에는 요구사항 발견을 위하여 사용하는 다양한 기법에 대하여 알아보겠다. 이 장에서 설명하는 기법들은 간단하지만 유용하게 사용할 수 있는 것이다. 하지만 정확한 개념을 알고 사용하는 것이 중요하다. 4장의 요구사항 발견 절차와 이번 장의 요구사항 발견 기법은 다른 장으로 분리되어 있지만 하나로 취급되어야 한다.

5.1 요구사항 발견에서 사용하는 기법

요구사항의 발견에 자주 사용하는 기법들은 다음과 같다. 소프트웨어 공학에서 사용하는 기법은 언제나 간단하고 명료하다. 이유는 누구나 쉽게 배워서 사용할 수 있도록 하기 위함이다. 기법들은 간단하지만 이 기법을 잘 이용하였을 경우의 효과는 매우 좋다.

【 기법의 종류 】

- 이시가와 다이어그램
- 고객의 발표
- 기존 시스템의 분석
- 문헌조사, 업무 절차, 설문조사
- 인터뷰
- 브레인스토밍, JAD, JRP
- 프로토타이핑
- 사용자 스토리
- 유스케이스
- DFD

5.2 이시가와 다이어그램

이시가와 다이어그램은 주로 결함이나 문제에 대한 원인을 분석하기 위하여 사용하는 기법이다. Fishbone Diagram, Cause-Effect Diagram, Fishikawa, Herringbone이라고도 한다.

이시가와 다이어그램은 [그림 5-1]과 같은 모습을 가지게 된다. 즉 특정 결과나 특성에 영향을 미치는 요인을 구분하여 표시하게 된다.

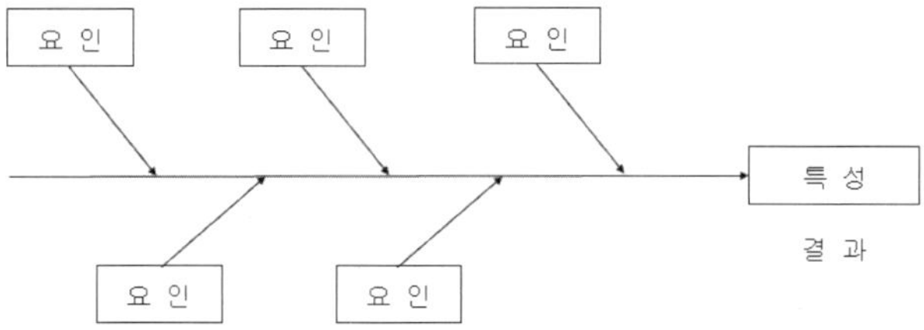

[그림 5-1] 이시가와 다이어그램의 모습

이시가와 다이어그램의 제작 과정

【예】 중원전자의 고객 만족도가 점점 낮아지고 있다. 그래서 이유를 파악하기 위하여 중원전자의 실무자와 임원들이 워크숍 장소에 모두 모였다. 그들은 고객 만족도가 낮아지는 것에 대한 심각성을 인식하고 왜 그런 일이 발생하는지에 대한 분석을 하고자 한다.

01. **1단계** : 전체 진행을 담당하는 김현수 전무가 앞으로 나가서 벽에 있는 칠판에 화살표를 그리고 모임의 목표인 "고객 만족이 낮아지고 있다"를 적었다. [그림 5-2] 와 같이 표시된 상태에서 그 다음에 참석자들에게 각자의 입장에서 의견을 부탁했다.

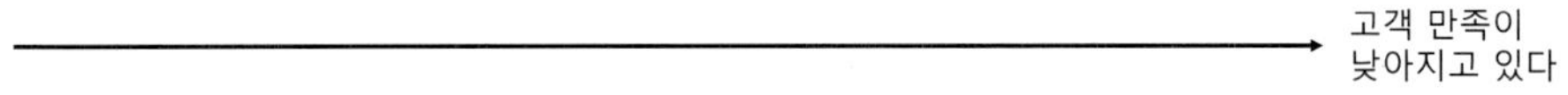

[그림 5-2] 최초 이시가와 다이어그램의 모습

02. **2단계** : 서비스 센터의 직원이 의견을 내었다. "직원이 불친절하기 때문입니다."

의견을 들은 김현수 전무는 "직원의 태도에 대한 것이군요. 그러면 이렇게 표시하면 되겠네요." 라고 하면서 [그림 5-3]과 같이 표시하였다.

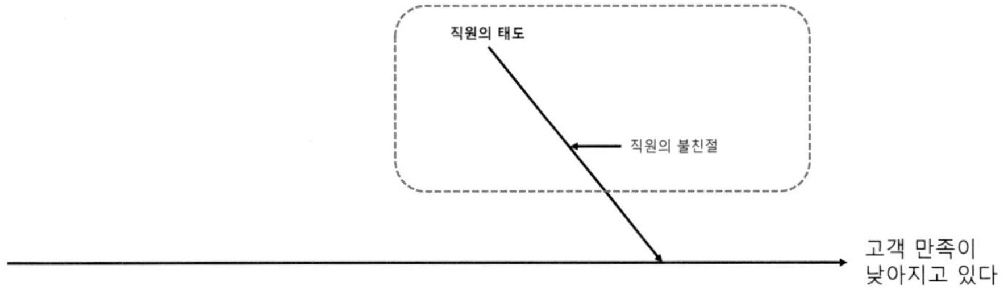

[그림 5-3] 보완된 이시가와 다이어그램의 모습

03. **3단계** : 영업 및 서비스 센터의 직원이 의견을 내었다.

- 제품의 품질이 나쁘게 출시되고 있습니다.
- 제품의 보증기간이 2년에서 1년으로 줄어서 그런 것 같습니다.
- 서비스 센터에서 비정규직을 활용하므로 고객에게 불친절한 것 같습니다.

의견을 들은 김현수 전무는 "'직원의 태도'와 '제품 품질'에 대한 것이군요."라고 하면서 [그림 5-4]와 같이 표시하였다.

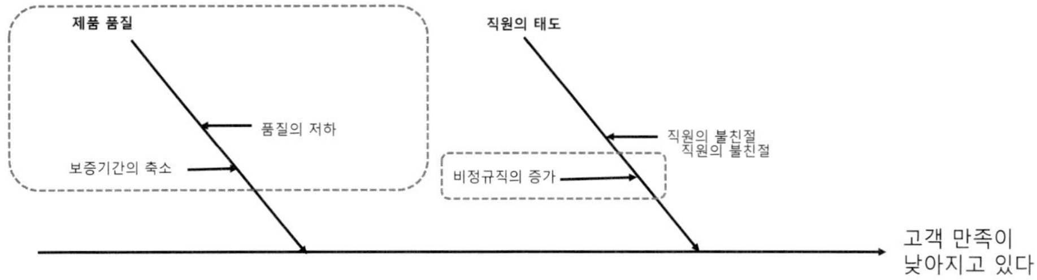

[그림 5-4] 보완된 이시가와 다이어그램의 모습

04. 4단계 : 이어서 참석자들이 아래와 같은 의견을 내었다.

- 경쟁사가 서비스를 강화하기 때문입니다.
- 유사 제품이 많이 출시되어 비교하기 때문입니다.
- 주말에 고객지원 센터를 운영하지 않기 때문입니다.
- 고객지원에 대한 안내가 부실하기 때문입니다.

위의 요구사항을 들은 김현수 전무는 "'주변 환경의 문제'와 '조직의 문제'라고 볼 수 있겠네요."라고 하면서 [그림 5-5]와 같이 표시하였다.

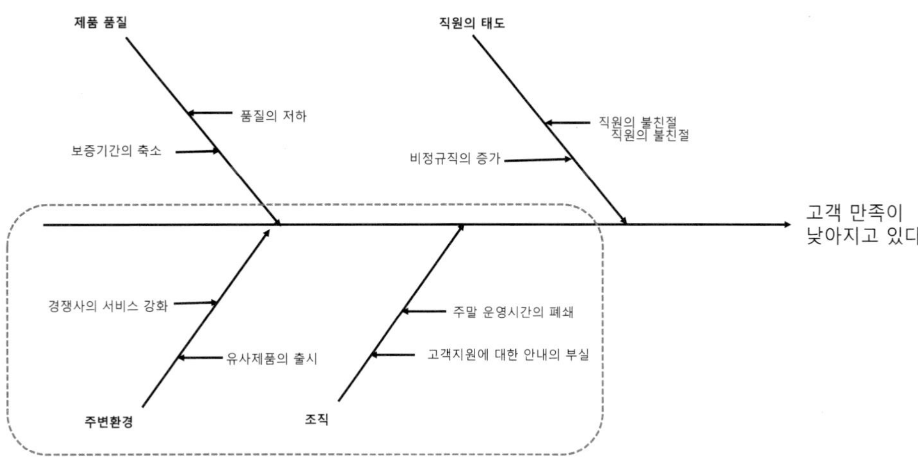

[그림 5-5] 보완된 이시가와 다이어그램

05. **5단계** : 이어서 참석자들이 아래와 같은 의견을 내었다.

- 고객지원 예산이 축소되었기 때문입니다.
  : 고객지원 예산이 축소되어서 주말에 고객지원 센터를 운영하지 않게 되었으므로 [그림 5-5]를 [그림 5-6]과 같이 변경한다.
- 보증범위와 대상에 대한 인식부족 때문입니다.

: 이 의견은 '고객 지원에 대한 안내의 부실'에 대한 세부사항이 되므로 [그림 5-5]를 [그림 5-6]과 같이 변경한다.

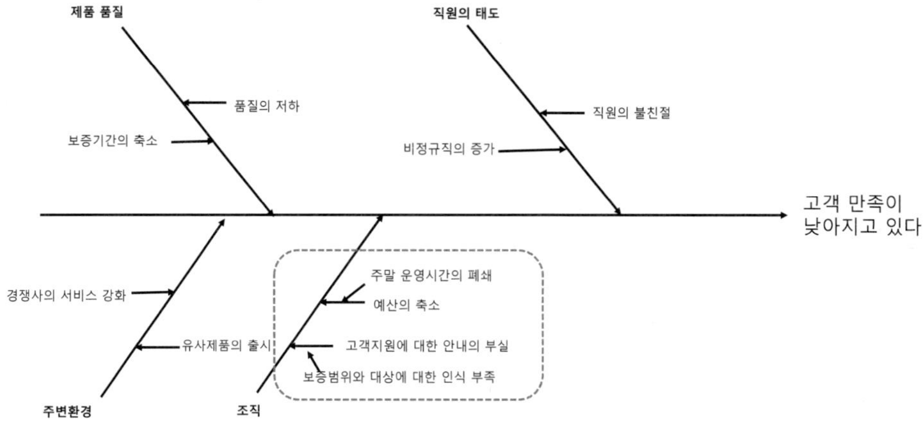

[그림 5-6] 보완된 이시가와 다이어그램

1~5단계를 거치면서 이시가와 다이어그램의 제작 과정을 설명하였다. 전체적으로 어떤 방식에 의해 제작되는지에 대해서는 이해했을 것으로 생각한다.

이시가와 다이어그램을 사용할 때, 분석을 위한 특성 또는 목적을 구체적으로 정하는 것이 중요하다. 그 다음 나온 의견을 기반으로 요인을 식별하고, 요인에 속하는 세부사항을 분리하여 적는 과정을 반복하면 된다. 이시가와 다이어그램은 간단하지만 그리고 보면 의외로 문제의 주변 상황에 대한 정리가 쉽게 이루어지는 기적을 보게 된다.

이시가와 다이어그램은 최근 유행하는 마인드맵과도 일맥상통하는 면이 있다. 그래서 이시가와 다이어그램이 조금 옛날 것이어서 망설여진다면 마인드맵을 대신 사용하여도 거의 동일한 결과를 얻을 수 있다. 마인드맵은 유사제품이 많이 있으므로 웹에서 검색해보면 무료로 사용할 수 있는 제품을 얻을 수 있다.

5.3 고객의 발표

새로운 시스템에 대한 문제의 발견을 위하여 '고객의 발표'는 좋은 방법이다. 이것을 위한 가이드는 다음과 같다.

【 고객의 발표를 위한 가이드 】

- 고객 발표 시에 임원과 사용자를 나누어서 발표하도록 조정한다. 즉 **임원의 요구사항과 사용자의 요구사항을 분리하여 듣도록 한다.**
- 고객이 문제점이나 요구사항을 발표할 때, '데이터에 대한 부분', '프로세스에 대한 부분', '연결 서비스에 대한 부분', '외부 서비스에 대한 부분'의 관점으로 분리하여 발표하도록 조정한다.
- **고객은 고객의 언어와 표현을 사용해서 발표한다.**
- 시스템 분석가나 개발자는 고객의 발표에 대하여 기술적 관점이 아닌 고객의 관점에서 이해하도록 한다.
- 가능하다면 발표 자료를 참석자들에게 미리 배포하여 발표 전에 사전 검토의 시간을 주도록 한다.
- 고객 발표 시에 정보시스템 개발에 관련된 사람들은 가능한 모두 참석하도록 한다.
- **발표는 일방적인 설명이 아니라 프로젝트에 관련된 사람들 간의 의견 교환의 장이 되도록 한다.**

5.4 기존 시스템의 분석

시스템을 개발할 때 새로 개발하는 경우는 거의 발생하지 않는다. 그러므로 기존에 사용하는 시스템에 대한 분석은 고객의 요구사항을 이해하고, 향후 개발을 수행하는 데 중요한 과정이다.

- 기존 시스템의 분석을 통하여 개발하고자 하는 시스템이 수행하는 업무에 대한 기본 자료를 확보한다.
  - 사용자에게 제공하는 화면
  - 시스템의 각 단계에서 취급하는 데이터
  - 업무의 진행 프로세스와 시스템의 연계
  - 예외 사항에 대한 대처 방안(데이터 타입, 프로세스 오류, 프로그램 장애)
  - 현재 시스템에 대한 문제 확인(사용자, 임원)
- 기존 시스템의 소스 분석을 통하여 중요 핵심 로직에 대한 절차와 처리 방법을 확인하고, 기존 시스템의 자료가 부족한 경우 역공학(Reverse Engineering)을 통해서 핵심 로직을 파악한다.
- 기존 시스템의 산출물을 통하여 아래 사항을 확인한다.
  - 제공하는 기능 목록
  - 사용하는 기능 목록 및 사용하지 않는 기능 목록
  - DBMS의 구조
  - 하드웨어의 구조

- 소프트웨어 아키텍처
- 상용 시스템의 배치도
- 컴포넌트 목록 및 소스/실행파일

5.5 문헌조사, 업무 절차, 설문조사

시스템을 개발하는 경우에 새로 개발해야 하는 시스템에 대한 파악을 위하여 아래의 과정을 수행할 수 있다. 이 과정을 통하여 숨어있는 요구사항이나 불필요한 요구사항을 식별할 수 있는 기본 자료를 확보할 수 있다. 기존 시스템의 부족한 부분, 고객이 말하지 않지만 필요한 부분을 확인하는 중요한 단계이다.

【 문헌조사 】

- 업무 관련 규정집
- 업무 운영 매뉴얼
- 각 팀별로 만들어진 가이드라인
- 산업 및 기업 표준
- 관련 정부 정책 및 규제 가이드
- 해당 도메인에 대한 교육 자료나 튜토리얼

【 업무 절차 】

- 사용 중인 양식의 분석
- 결재 관련 절차의 분석(양식별로 진행)
- 결재에 준하는 절차에 대한 분석(전결, 대결, 비결재 항목)

【 설문조사 】

- 필요한 경우에 사용자를 대상으로 설문조사를 수행해서 요구사항에 대한 발견 및 확인의 절차를 수행한다.
- 설문은 '분석된 내용에 대한 확인의 측면'과 '표현하기 어려운 요구사항에 대한 발견'의 관점에서 수행한다.
- 설문은 자체에서 수행하거나 외부에 의뢰하여 진행한다.

5.6 인터뷰

시스템을 개발하는 경우에 고객의 의견을 듣기 위하여 인터뷰를 수행한다. 이번 장에서는 인터뷰를 진행하는 절차와 요령, 주의할 점에 대하여 정리한다.

【 인터뷰 진행 절차 】

- 필요성의 확인
- 고객과의 협의에 의한 대상 및 일정 확인
- 인터뷰 계획서의 작성
- 인터뷰의 수행
- 결과의 분석 및 반영

【 인터뷰 수행 시의 주의사항 】

- 인터뷰는 '시간'과 '어떤 고객을 대상으로 할 것인가'가 중요하다. 그러므로 확인해야 하는 내용에 따라서 적당한 대상을 선정하고 최장 1시간 이내에 완료해야 한다.
- 질문서는 인터뷰를 하기 전에 작성되어야 하며, 정확한 내용과 시간이 명시되어야 한다. 그리고 고객에게 질문서를 미리 제공하는 것도 좋은 방법이다.
- 인터뷰 수행 시의 주의사항을 [표 5-1]에 나타내었다.

[표 5-1] 인터뷰 수행 시의 주의사항

실천해야 할 것	피해야 할 것
예의바른 질문과 태도를 유지할 것	불필요한 내용은 피할 것
고객의 답변을 주의깊게 들을 것	결과를 가정하여 이야기하지 말 것
고객이 이해할 수 있는 용어를 사용할 것	질문자는 말을 줄일 것
명확한 표현을 사용할 것	녹음하지 말 것
고객이 설명할 수 있도록 질문할 것	개인적 편견을 가지고 듣지 말 것
정해진 주제에 대해서만 이야기 할 것	고객이 결론을 말하기 전에 미리 가정하거나 말하지 말 것

[그림 5-7]은 독자의 이해를 위해 인터뷰 계획서의 예를 보여준다.

인터뷰 담당자 : 조민호, 인터뷰 일자 : 2019. 12. 15 15:00 ~ 16:00) 인터뷰 장소 : 프로젝트 회의실 인터뷰 목적 : 학사운영 시스템의 기능 추가 인터뷰 대상 : 학사 시스템 운영자		
시간	**질문**	**대답**
1~2분	- 소개, 감사의 말 - 인터뷰의 필요성	
5 분	질문 1 - 학사 시스템에서 과거 수강 정보를 보여주는 것이 왜 필요합니까?	
5 분	질문 2 - 중국어로된 버전을 이번에 출시해야 하는지, 아니면 미루어도 되나요?	
.....		
1~2분	- 참석자에 대한 감사의 말 - 인터뷰 자료가 어떻게 사용되는지 설명	
인터뷰에 대한 의견(담당자가 작성)		

[그림 5-7] 인터뷰 계획서의 예

5.7 브레인스토밍(Brainstorming)

브레인스토밍(Brainstorming)은 창의적인 아이디어를 생산하기 위한 학습 도구이자 회의 기법이다. 브레인스토밍은 집단적인 창의력 발상 기법으로 집단에 소속된 인원들이 자발적으로 제시된 주제에 대하여 의견을 제시하고 이것을 통하여 해답을 찾고자 노력하는 것이다.

1930년 알렉스 오스본(Alex Faickney Osborn)의 저서인 "Applied Imagination"을 통해 대중화 되었다.

브레인스토밍의 핵심은 자유롭고 익명성을 보장하며 다른 참가자의 의견에 이의 제기나 기타 활동을 하지 않고 자신의 의견을 표현하는 것이다.

정보시스템을 개발하는 프로젝트에서 브레인스토밍을 하는 방법 중의 하나가 JAD(Joint Application Development)이다.

JAD는 프로젝트에 관련된 사람들이 외부와 격리된 장소에서 만나서 요구사항을 정의하기 위하여 공동작업을 수행하는 것이다. 이때, 요구사항 도출에만 집중하고 다른 업무의 방해를 받지 않아야 하며 결과는 요구사항에 대한 문서로 작성되어야 한다.

참고로, JRP(Joint Requirement Planning)는 JAD를 수행하는 기법으로 요구사항 정의나 문제의 분석을 위하여 구성된 그룹의 회의 절차를 말한다.
(【예】 회의실의 구성, 회의 결과의 정리 템플릿, 회의 진행 방법 등에 대한 절차)

5.8 프로토타이핑(Prototyping)

프로토타입(Prototype)을 수행하는 것을 프로토타이핑(Prototyping)이라 한다. 프로토타입은 시스템의 예상 기능이나 화면을 미리 구현하여 고객과 협의하는 것을 말하며, 사용자의 숨겨진 혹은 미처 인식하지 못한 요구사항을 발견하는 데 유용한 기법이다.

프로토타입은 전용 언어를 사용할 수도 있지만 일반적인 툴을 이용하여 진행할 수 있다.

【예】 프로젝트를 진행하기 전에 중요한 화면 10~20개 정도를 파워포인트를 이용하여 미리 제작한다. A 화면에서 B, C 화면으로 넘어가는 절차와 각 화면에서 보이는 자료의 종류, 화면의 구성(버튼, 리스트박스, 색의 구성)과 작동 방법에 대하여 고객과 화면을 중심으로 협의를 진행한다. 팀원 중의 하나는 웹 프로젝트를 수행하는 경우에 드림위버를 이용하여 화면을 미리 구성하고 이것을 기반으로 고객과 협의하는 경우도 있다.

프로젝트 결과물에 대한 고객의 만족도는 시스템의 성능이나 확장성 등 보다는 화면의 구성, 사용의 편리성에 의해 결정되는 경우가 많다.

이런 점을 고려한다면 프로토타입은 성공적인 프로젝트를 위한 요구사항의 발견 및 개발에 대한 기대치를 조율하는 데 유용한 기법이다.

5.9 사용자 스토리(User Story)

사용자 스토리는 XP/애자일 방법에서 사용자의 요구사항을 발견하기 위하여 사용하는 방법으로, 사용자와 개발자가 함께 제작하며 특별한 형식을 갖추지는 않는다.

사용자 스토리는 시스템에 대한 고객의 요구사항을 고객의 언어로 기술한 것이다.

사용자 스토리는 '사용자 역할', '행위와 목표' 그리고 '이유'를 포함하도록 서술한다.

사용자 스토리는 대부분 사용자 스토리 카드를 사용한다. 작성 예는 다음과 같다.

스토리ID	M102	작성일자	2014-08-22
우선순위	상□ 중□ 하□	추정	1주
담당개발자	홍길동		
스토리 쇼핑몰 회원은 카테고리를 선택하여 카테고리에 속한 상품의 목록을 조회한다.			
비고 하위 카테고리가 존재하는 카테고리에는 상품이 포함되지 않는다. 최하위 카테고리를 선택한 경우에만 상품 목록이 조회되어야 한다.			

[그림 5-8] 사용자 스토리 카드의 예

또 다른 방법으로는 주어진 요구사항에 대하여 고객의 언어로 상세하게 작성하는 방법도 많이 사용한다.

【 사용자 스토리를 구체적으로 서술하는 예 】

- 수강신청 시스템은 로그인 후에 기동되어야 한다. 인증되지 않은 사람의 접근은 제한되어야 한다.
- 수강신청 화면의 모든 데이터가 입력되고, 입력된 데이터의 형태가 올바른지 검증한 다음에 수강신청 버튼이 활성화되어야 한다. 이유는 잘못된 데이터의 입력을 방지하기 위해서이다.
- 수강신청 작업이 완료되기 전에 동일 사용자가 다른 작업을 하면 안 된다.
- 로그인한 후에 학생, 교수, 보직교수, 직원에 따라서 메뉴를 분리하여 보여주어야 한다.

5.10 유스케이스, DFD

실무에서 유스케이스와 DFD는 사용자의 요구사항을 발견하기 위해 일반적으로 사용하는 기법이다.

유스케이스는 15장에서 별도로 설명하며, DFD는 13장에서 별도로 설명한다.

사용자 스토리와 유스케이스는 객체지향 개발 프로젝트에서 사용하는 경우가 많은데, 유스케이스는 Top-Down으로 개발할 시스템을 분해하면서 요구사항을 발견할 때 사용하고, 사용자 스토리는 유스케이스로 분리된 단위 작업의 기술에 사용하는 경우가 많다(개발 환경과 상황에 따라 변동이 가능하나 이 정도로만 이해하면 된다).

5.11 요구사항 관리 도구

요구사항의 관리를 위해서 별도의 도구를 사용한다. 이때 도구가 제공하는 기능은 다음과 같다.

- 요구사항 정리 기능
- 요구사항의 변경 및 이력 관리
- 필요한 용어 정리
- 요구사항의 우선순위 설정
- 요구사항에 대한 일정 관리

요구사항 관리를 위한 대표적인 도구는 다음과 같다.

- IBM의 RequisitePro

  www.ibm.com/developerworks/rational/library/445.html

- DOORS

  https://www.ibm.com/support/knowledgecenter/en/SSYQBZ_9.6.1/com.ibm.doors.requirements.doc/helpindex_doors.html

- **ProR : 이클립스에서 수행되는 공개 소프트웨어**

  www.eclipse.org/rmf/

독자들의 이해를 위하여 ProP의 웹페이지 화면을 [그림 5-9]에 나타내었다. 무료로 제공되니 관심이 있다면 다운로드하여 사용해 보기 바란다.

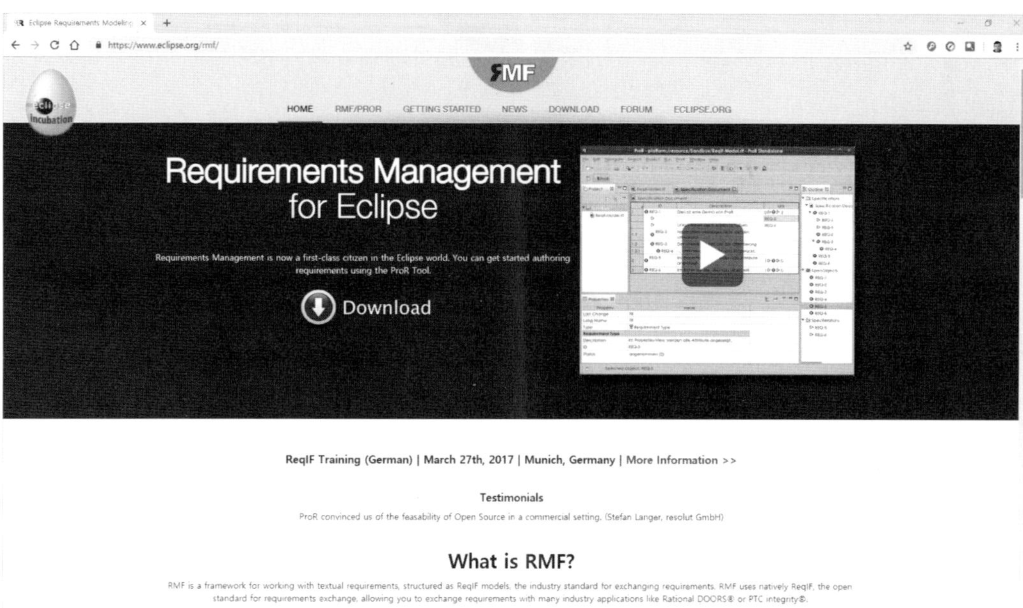

[그림 5-9] 이클립스에서 제공하는 요구사항 관리 도구의 웹페이지

5.12 도메인(Domain) 분석

정보시스템을 개발하기 전에, 요구사항 분석을 성공적으로 수행하기 위해서는 고객이 종사하는 분야(도메인)에 대한 업무 지식이 필요하다.

마치 은행에서 사용하는 정보시스템을 제대로 개발하려면 은행 업무에 대한 지식이 필요한 것과 같다.

[그림 5-10]은 도메인 분석에 대한 개념을 정리한 것이다.

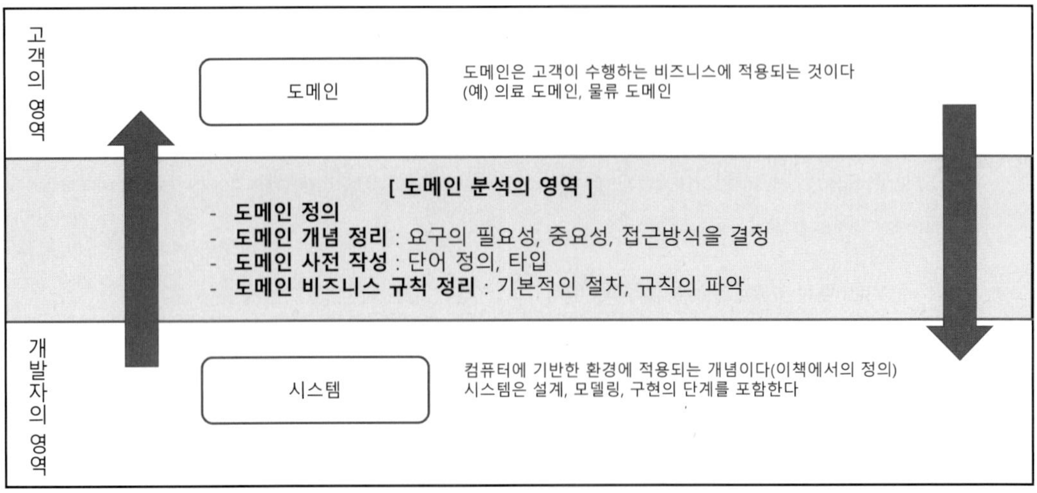

[그림 5-10] 도메인 분석의 개념과 영역

프로젝트를 수행하는 PM이나 분석가는 고객의 비즈니스 영역에 대하여 자세히 알고 있어야 하며 이를 도메인 전문가라고 한다.

따라서 어떤 사람이 모든 프로젝트의 PM을 할 수 있는 것은 아니다. PM은 고객의 업무에 대하여 전문적인 지식을 가진 사람이어야 한다.

5.13 정리

정보시스템을 개발함에 있어서 초기에 수행되는 '요구사항 발견'에 관련된 이론과 사용 기법에 대하여 설명하였다.

요구사항의 발견에 자주 사용하는 기법들은 다음과 같다.

【 기법의 종류 】

- 이시가와 다이어그램
- 고객의 발표
- 기존 시스템의 분석
- 문헌조사, 업무 절차, 설문조사
- 인터뷰
- 브레인스토밍, JAD, JRP
- 프로토타이핑
- 사용자 스토리
- 유스케이스
- DFD

앞에서 설명한 기법의 효과적 적용을 위해서는 기법 자체에 익숙해지는 것이 무엇보다 중요하다. 하지만 그것만큼 중요한 것이 도메인 지식이다. 내가 개발해야 하는 시스템이 사용되는 업종(금융, 유통 등)에 대한 지식을 말한다.

연습문제

01. 요구사항 발견에 사용되는 10가지 기법에 대하여 설명하시오.

02. 5.2절의 이시가와 다이어그램에서 아래의 요청을 다이어그램에 추가하시오.

(A) 경쟁사는 보증기간을 2년으로 확장하였습니다.

(B) 직원에 대한 서비스 교육이 필요합니다.

(C) 제품 포장재의 불량이 많아지고 있습니다.

(D) 환율 급등으로 인한 수입품의 증가가 눈에 띄게 많아졌습니다.

03. 고객과의 인터뷰에 실천해야 할 것과 피해야 할 것을 정리하시오.

04. 브레인스토밍과 JAD/JRP에 대하여 설명하시오.

05. 프로토타이핑이 무엇이고 왜 중요한지 설명하시오.

06. 도메인 분석에 대하여 설명하시오.

6

프로젝트 관리

정보시스템은 프로젝트의 수행을 통해서 구현된다. 이때, 일반적인 관점에서 프로젝트는 무엇이고, 어떤 단계로 수행되며, 사용되는 기법과 도구는 무엇이 있는지 설명하는 것이 이번 장의 목적이다. 소프트웨어 공학의 분야에서 중요한 역할을 하는 부분이고, 실무에서 많이 사용하는 기법, 개념, 용어를 배울 수 있다. 이 장을 통하여 프로젝트 수행에 대한 통찰력을 얻길 바란다.

6.1 프로젝트 관리와 정보시스템의 관계

1장 ~ 5장에서 학습한 내용을 간단히 정리해보자.

- 소프트웨어 공학의 대상이 되는 대규모 정보시스템의 구성
- 정보시스템의 분석을 위한 관점과 분석을 위한 16가지 관점
- 대규모 정보시스템의 개발을 위한 요구사항 관리와 기법
- PIECES 프레임워크를 포함한 정보시스템 개발에 대한 기본 및 공통 원칙

이전에 학습하였던 정보시스템의 전체 구성에 대한 그림을 [그림 6-1]에 다시 나타내었다. 이미 여러 번 본 구성이지만 다시 한번 살펴보기 바란다.

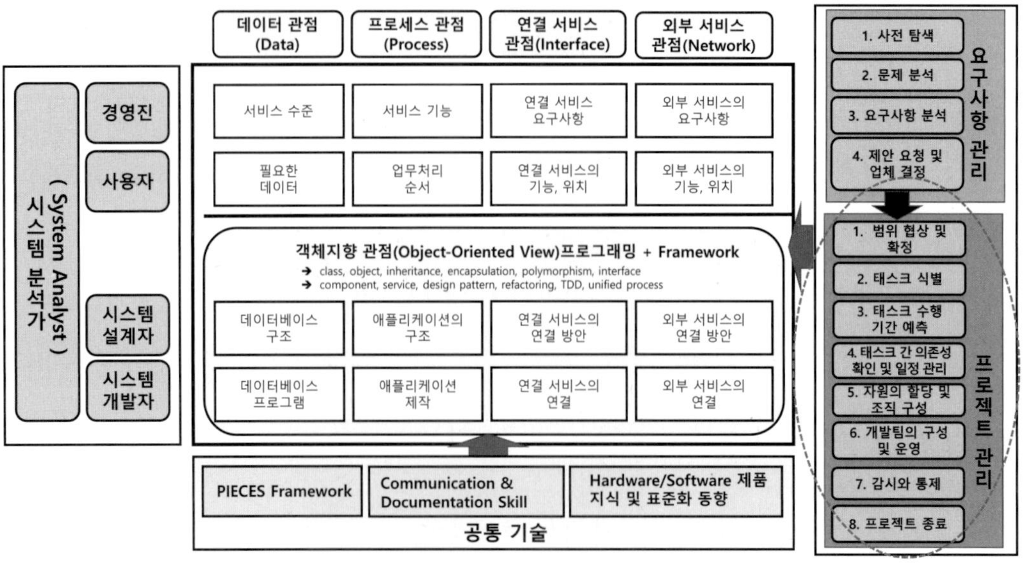

[그림 6-1] 정보시스템의 전체 구성

[그림 6-1]의 내용 중 이번 장에서 설명할 것은 '프로젝트 관리' 부분이다. 일반적인 관점에서 수행하는 프로젝트 수행의 단계와 산출물, 수행 업무에 대하여 설명한다.

프로젝트 관리는 실무에서 늘 사용하는 것이다. 소프트웨어 공학을 공부하였다면 반드시 알아야 하는 부분이다. 이 장을 통하여 프로젝트 관리에 대해 정확히 이해하기를 바란다.

6.2 프로젝트 및 프로젝트 관리

프로젝트에 대한 본격적인 설명을 하기 전에, 관련된 기본적인 용어에 대해 알아보자.

프로젝트(Project)는 특정 시간대(Specific Time Frame)에 제한된 예산(Within Budget)으로 사전 협의된 내용(Specification)에 따라 정의된 목적(Goal)을 달성하기 위한 상호 연결된 활동(Connected Activity)의 연속(Sequence)을 말한다.

즉, 프로젝트는 제한된 시간과 예산으로 사전에 합의된 목적을 달성하기 위한 활동을 말한다. 그러므로 목적이 없는 프로젝트는 있을 수 없고, '상시 수행하는 프로젝트'라는 말도 적당한 표현이 아니다. 예를 들어, 회사에서 규정을 개정할 목적으로 관련 부서의 사람을 모아서 2달간, 회사 내의 회의실을 사용해서 작업하는 것은 프로젝트라고 할 수 있다.

프로젝트 관리(Project Management)는 프로젝트에서 수행해야 하는 8가지 기능을 특정 시간대(Specific Time Frame)에 최소한의 비용(Minimum Cost)으로 수행하는 표준화된 절차를 말한다.

프로젝트 관리의 정확한 이해를 위해서는 프로젝트에서 수행해야 하는 8가지 기능을 알아야 한다. 아래의 8가지 기능이 이번 장의 중요 주제이다.

【 프로젝트 관리에서 수행해야 하는 8가지 기능 】

- 범위 협상 및 확정
- 태스크(Task) 식별
- 태스크 수행 기간 예측
- 태스크 의존성 확인 및 일정 관리
- 자원의 할당 및 조직 구성
- 개발팀의 구성 및 운영
- 감시와 통제
- 종료

프로세스 관리(Process Management)는 시스템 개발을 위하여 조직이 선택한 방법론(Methodology)의 사용 및 개선, 문서화 작업에 관련되어 진행하는 활동을 말한다.

프로세스 관리는 방법론의 사용 및 개선에 관련된 활동이므로 각종 표준화를 포함하고 있다. 구체적으로 '문서 표준화' 외에도 '업무 처리 절차의 표준화', '개발 방법의 표준화', '테스트 절차의 표준화'와 같이 프로젝트의 관리에 필요한 표준화 활동을 말한다.

PMBOK의 소개

PMBOK는 Project Management Body Of Knowledge의 약자로, 국제 프로젝트 관리 협회인 PMI(Project Management Institute)에서 발행 및 배포한 프로젝트 관리에 대한 지식 체계의 지침서이다.

PMI에서 발행하는 PMBOK Guide는 2019년 6판까지 출시된 상태이며, 상세 내용은 "https://www.pmi.org/pmbok-guide-standards"에서 확인할 수 있다.

PMBOK는 10개의 지식 영역(Knowledge Area)과 5개의 프로젝트 관리 프로세스 그룹(Project Management Group)으로 구분되어 있다.

[표 6-1] PMBOK의 구성

PMBOK의 구성	
지식 영역(Knowledge Area)	**프로젝트 관리 프로세스 그룹 (Project Management Process Group)**
● 통합 관리(Project Integration Management) ● 범위 관리(Project Scope Management) ● 시간 관리(Project Time Management) ● 원가 관리(Project Cost Management) ● 품질 관리(Project Quality Management) ● 인력자원 관리(Project Human Resource Management) ● 의사소통 관리(Project Communication Management) ● 위험 관리(Project Risk Management) ● 조달 관리(Project Procurement Management) ● 이해관계자 관리(Project Stackeholder Management)	● 착수 (Initial Process) ● 기획 (Planning Process) ● 실행 (Executing Process) ● 감시 및 통제 (Project Monitoring & Controlling) ● 종료 (Project Closing)

[표 6-1]을 통하여 국제 표준에서 생각하는 프로젝트 관리의 범위를 알 수 있다.

프로젝트 관리는 10개 분야로 나누어 관리하고, 프로젝트의 수행을 위한 절차는 5개로 나누어서 생각하고 있음을 확인할 수 있다.

PMBOK의 구성은 이 책에서 생각하는 프로젝트 관리의 절차와 많은 부분이 동일하지만 일부 다른 부분도 있다. 왜냐하면 이 책의 프로젝트 관리는 PMBOK에서 지식과 프로세스로 분리한 것을 병합하여 하나의 절차로 구성하였기 때문이다. PMBOK 표준을 통하여 국제 표준의 흐름을 파악하고 이 책의 순서대로 공부하면 프로젝트 관리의 개념을 이해하는 데 문제가 없을 것이다.

이제 필요한 개념과 표준의 정의가 마무리 되었으므로 프로젝트의 수행에 대한 본격적인 설명을 시작한다. 먼저, '프로젝트 관리 라이프사이클'에 대해 알아보자.

6.3 프로젝트 관리 라이프사이클

6.2절에서 프로젝트 관리는 프로젝트에서 수행해야 하는 8가지 기능을 수행하는 표준화된 절차라고 설명하였다. 8가지 기능이 수행해야 하는 작업과 작업 간의 연계성에 대하여 [그림 6-2]에 정리하였다.

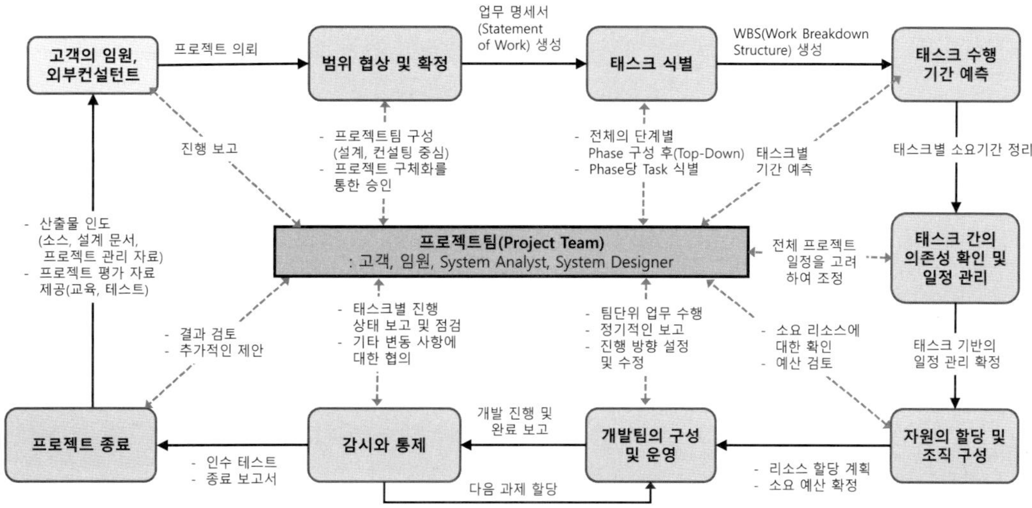

[그림 6-2] 프로젝트 관리 라이프사이클

[그림 6-2]는 프로젝트에서 수행해야 하는 8가지 작업들의 연관 관계와 각 단계에서 수행해야 하는 업무를 그림으로 정리한 것이다.

[그림 6-2]의 이해를 위해 [그림 6-1]과 4장의 내용을 생각해보면, 프로젝트는 아래의 과정을 거쳐서 시작된다.

- 임원 또는 외부 컨설턴트의 요청에 의해 '프로젝트팀'이 구성되어 프로젝트를 수행할 내용을 결정하기 위한 '요구사항 분석' 과정을 아래의 4단계를 거쳐서 수행한다.
  - 사전 탐색 단계
  - 문제 분석 단계
  - 요구사항 분석 단계
  - 제안 요청 및 업체 결정 단계
- 선정된 업체는 임원 또는 외부 컨설턴트로부터 '프로젝트 의뢰'를 받게 된다.

프로젝트 의뢰를 받은 회사는 프로젝트팀의 구성을 시작으로 [그림 6-2]에 명시된 8단계의 작업을 수행하게 된다. 이제 각각의 단계에 대한 자세한 내용을 설명하도록 하겠다.

6.4 범위 협상 및 확정

[그림 6-2]를 보면 범위 협상 및 확정 단계는 입력으로 '프로젝트 의뢰'를 받고 출력으로 '업무 명세서'를 작성한다.

프로젝트 의뢰를 받은 회사는 개발 과제를 수행하기 위하여 '프로젝트팀'을 구성하게 된다. 이때 구성되는 팀은 기존에 운영하던 '프로젝트팀'을 확대하여 구성할 수도 있고, 새로운 팀으로 구성할 수도 있다.

구성된 '프로젝트팀'은 개발이 목적이므로 아래의 사람들로 구성된다.

【 프로젝트팀의 구성 】

- 고객과 임원
- 시스템 분석가(System Analyst)
- 시스템 설계자(System Designer)
- 프로젝트 관리자(Project Management : PM) 및 PMO(프로젝트 관리자 및 지원팀)
- 하드웨어/소프트웨어 제품 엔지니어
- 고객사의 전산 환경 담당자
- 소수의 개발자

개발자는 현 단계에서 투입되지 않는다. 소수의 개발자가 포함되기는 하는데, 이들의 역할은 테스트와 검증을 위한 데모 환경을 위하여 투입하는 것이다.

구성된 팀은 PM을 중심으로 운영되며, PM은 고객이나 임원에게 진행 상황을 보고하고 협의하는 책임을 가진다.

PM은 프로젝트팀을 통하여 진행할 프로젝트의 범위를 구체화한다.

【 범위 협상에서 확인해야 하는 것 】

- 무엇을 위하여 개발하는가.
- 어떤 리소스를 가지고 개발하는가.
- 어느 정도의 품질로 개발하는가.
- 어느 정도의 시간을 가지고 개발하는가.
- 얼마의 비용으로 개발할 것인가.

구체화된 프로젝트 범위는 프로젝트팀의 협의를 거쳐 고객에게 보고되고, 상호 합의하에 확정하는 절차를 거치게 된다. 프로젝트의 범위가 확정되면 그 결과물로 '업무 명세서(Statement of Work)'가 만들어진다.

[그림 6-3]은 업무 명세서가 포함해야 하는 내용에 대한 개요를 나타낸다. 프로젝트마다 내용은 변형될 수 있지만, 큰 관점에서 업무 명세서가 포함해야 하는 내용을 정리한 것이다.

업무 명세서는 프로젝트의 범위를 결정하는 문서이다. 그러므로 프로젝트의 시작 전에 필요한 내용들을 고객과의 협의를 거쳐 확정하고 문서화한 다음 고객의 승인을 얻어야 한다.

업무 명세서는 프로젝트 계획서의 한 부분으로 프로젝트에서 수행해야 하는 업무에 대한 부분을 자세히 정리한 것이다. 즉 프로젝트 계획서는 전체의 내용을 다루고 업무 명세서는 수행할 업무에 대한 상세 내용을 다룬다. [그림 6-3]에 명시되어 있지 않아도 프로젝트의 특성상 결정해야 할 내용이 있다면 업무 명세서에 포함해야 한다.

저자의 경우 개발해야 하는 대상의 핵심 업무에 대한 화면 구성과 화면 간의 연계를 파워포인트를 이용하여 제작하고, 이것을 업무 명세서에 포함시키는 경우가 많았다. 대략, 30개 정도의 화면을 그리면 된다.

이렇게 하는 이유는 개발한 프로그램에 대해서 고객이 주로 관심을 가지는 것은 내부의 로직이나 데이터의 구성보다 화면의 구성과 화면 간의 연계에 대한 부분이기 때문이다. 즉 개발한 프로그램에 대한 고객 만족을 얻기 위한 방안 중 하나라고 할 수 있다.

1. 목적

2. 배경
   2.1 해결해야 하는 상황 정리
   2.2 프로젝트 진행의 과정
   2.3 프로젝트의 목표 및 방향
   2.4 프로젝트에 대한 설명

3. 범위
   3.1 프로젝트에 관련된 사람
   3.2 프로젝트 관련 데이터 정보
   3.3 프로젝트 관련 업무 처리 절차
   3.4 프로젝트 관련 연결 서비스 관련 정보
   3.5 프로젝트 관련 외부 서비스 관련 정보

4. 프로젝트의 접근 방식
   4.1 프로젝트 수행 단계
   4.2 단계별 산출물

5. 관리 포인트
   5.1 팀 구성
   5.2 관리자와 개발자의 요구 스펙
   5.3 필요한 교육 과정
   5.4 회의 일정
   5.5 보고 방법 및 빈도
   5.6 의견 조율 방법 및 절차
   5.7 프로젝트 수행 내용 변경 절차

6. 제약사항
   6.1 시작일
   6.2 종료일
   6.3 예산 범위
   6.4 필요한 기술 및 제약사항

7. 프로젝트 일정 및 예산 집행
   7.1 프로젝트 일정
   7.2 예산 집행 시기

8. 고객 만족 조건
   8.1 고객의 필수 요구사항
   8.2 프로젝트의 기본 전제 사항
   8.3 프로젝트의 위험 요소
   8.4 프로젝트 성공 기준

9. 첨부

[그림 6-3] 업무 명세서 목차의 예

6.5 태스크 식별

[그림 6-2]를 보면 태스크 식별은 입력으로 '업무 명세서'를 받고 출력으로 'WBS'를 제작한다.

앞 단계에서 작업한 업무 명세서는 전체 프로젝트의 범위를 결정하는 역할을 한다. **이후에 진행되는 모든 작업은 업무 명세서의 범위를 벗어나서는 안 된다.** 그것이 업무 명세서를 만드는 이유이고, 이후 작업의 성공을 보장하는 첫걸음이다.

'태스크 식별' 단계에서는 업무 명세서에 의해 결정된 프로젝트의 범위를 기반으로 수행해야 하는 업무들을 단위 작업으로 분해하고, 결과를 태스크(Task)를 식별하는 과정을 수행한다.

WBS(Work Breakdown Structure)란, **프로젝트를 단계**(Phase), **활동**(Activity), **일**(Task)**의 개념을 적용하여** Top-Down**으로 분해하는 것을 말한다.** WBS의 궁극적인 목적은 전체 프로젝트의 범위에서 수행해야 하는 일(Task)을 식별하는 것이다.

【 WBS 관련 용어의 정의 】

- **단계**(Phase) : 프로젝트를 성격을 기준으로 분리하는 단계
- **활동**(Activity) : 단계를 구성하는 작업 중에서 특정 목적을 위해 순차적으로 수행해야 하는 것들의 모임
- **일**(Task) : 활동(Activity)을 구성하는 단위 활동(아래의 설명 참조)

【 단위 활동의 의미 】

단위 활동은 더 이상 분리하면 의미가 없어지는 업무 단위를 말한다.

【예】 '사용자 인증'이라는 단위 활동은 'ID 넣기', '패스워드 넣기'의 활동으로 분리할 수 있으나, 분리하면 '사용자 인증'이라는 단위 활동을 수행할 수 없다. 그러므로 더 이상 분리하지 않는다.

태스크 식별을 위하여 수행하는 WBS 작업의 이해를 위해 인사관리 시스템을 개발하는 프로젝트를 가정하여 WBS를 수행해보자.

【예】 고객의 요청에 의하여 A 회사의 '인사관리 시스템'을 개발하고자 한다. 업무 명세서는 작성하여 고객과 합의한 상태이다. 업무 명세서의 내용을 기준으로 해야 하는 업무에 대한 태스크를 식별한다. 태스크 식별을 위하여 개발하고자 하는 '인사관리 시스템'을 대상으로 WBS 작업을 진행한다.

인사관리 시스템의 WBS 작업 예

WBS의 정확한 이해를 위하여 [그림 6-4] 아래의 설명을 주의 깊게 읽어보길 바란다.

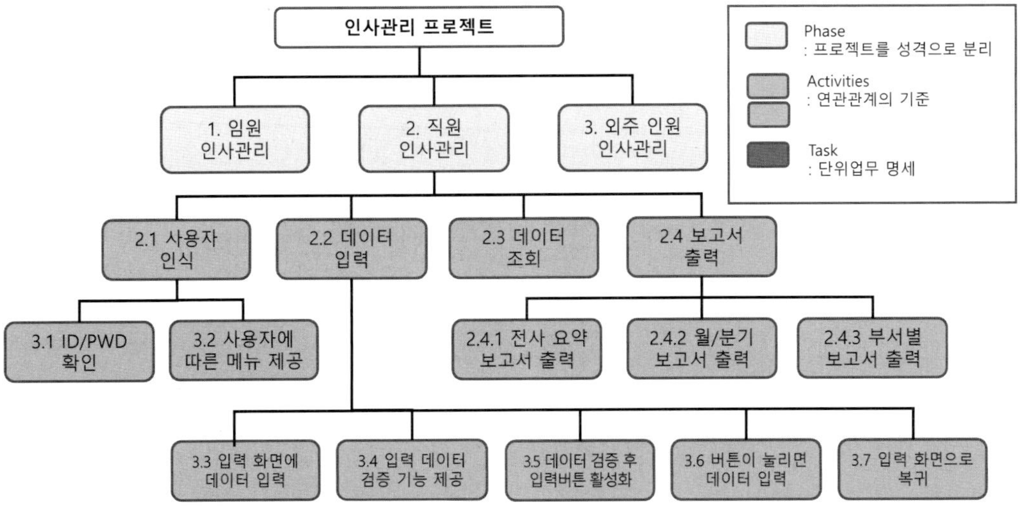

[그림 6-4] WBS의 예

고객이 말하기를 '인사관리 시스템'은 임원, 직원, 외주 직원용으로 분리할 수 있다고 한다. 그러므로 인사관리 시스템을 성격에 따라 '임원 인사관리', '직원 인사관리', '외주 인원 인사관리'로 분리하였다(Phase 분리).

3개의 Phase 중에서 '직원 인사관리' 부분을 분석해보자. 다른 부분은 지면 관계상 생략한다(거의 동일하다).

'직원 인사관리' 부분을 분석하면서 시스템에서 제공해야 하는 기능을 기준으로 분류해보면 아래와 같이 나누어 볼 수 있다.

- 사용자 인식 기능
- 데이터 입력 기능
- 데이터 조회 기능
- 보고서 출력 기능

'사용자 인식' 기능에서 수행해야 하는 작업의 내용은 아래와 같다.

- ID/PWD 확인

  사용자를 확인하고 ID/PWD 등록/수정 기능 제공

- 사용자에 따른 메뉴 제공

  사용자가 할 수 있는 업무의 내용에 맞추어 메뉴를 제공하는 기능

위의 2개의 작업은 독립된 작업이므로 별도의 일(Task)로 분리하였고, '사용자 인식' 부분은 2개의 연속적인 단위 작업(일, 태스크)로 구성되므로 활동(Activity)으로 식별한다(만약, 어떤 분석가에 따라서 'ID/PWD 확인' 부분과 '사용자에 따른 메뉴 제공' 부분을 별도로 분리하지 않고 하나의 작업으로 보았다면, '사용자 인식 기능'은 태스크가 된다. 하지만 이런 분석은 'ID/PWD 확인'이 다른 곳에서도 사용될 수 있으므로 올바른 분석이라고 할 수 없다).

'데이터 입력' 기능에서 수행해야 하는 작업의 내용은 아래와 같다.

- 입력 화면에 데이터 입력
- 입력 데이터 형태의 검증
- 데이터 형태의 검증에서 문제가 없으면 입력 버튼 활성화
- 버튼이 눌리면 데이터를 데이터베이스에 입력(DB 조작 기능 포함)
- 성공하면 입력 화면으로 복귀

  실패하면 에러 메시지를 화면 하단에 보이고 입력 화면으로 복귀

위의 5개의 작업은 별도로 분리하여 일(Task)로 식별하고, '데이터 입력' 기능은 5개 태스크로 구성된 하나의 작업이므로 활동(Activity)으로 식별한다. 그러나 분석가에 따라 다른 의견을 가질 수 있음을 기억하라.

'데이터 조회' 기능에 대한 설명은 지면 관계상 생략한다.

'보고서 출력'은 분석해보니, 아래와 같은 작업을 수행해야 한다.

- 전사 요약 보고서 출력
- 월/분기 보고서 출력
- 부서별 보고서 출력

위의 3개의 작업은 하나의 단위 작업으로 보기에는 무리가 있다. 그 이유는 전사 요약 보고서의 경우 부서별/사용자별로 내용이 다르게 출력되어야 하고, 월/분기 보고서도 부서별/사용자별/기간별로 내용이 다르게 출력되어야 하며, 부서별 보고서도 부서에 따라 형식과 내용이 변경되는 특성이 있기 때문이다.

따라서 '보고서 출력'은 활동이기는 하지만 그 아래에 또 다른 3개의 활동을 포함하게 분석된다. 즉 '전사 요약 보고서', '월/분기 보고서', '부서별 보고서'로 구성된 3개의 활동(Activity)이 '보고서 출력'을 구성한다.

참고로 '전사 요약 보고서'는 아래의 작업을 수행한 후에 보고서가 출력되므로 활동(Activity)이라고 할 수 있다.

- 사용자 인증
- 사용자에 맞는 메뉴의 제공
- 사용자가 전사 요약 보고서를 선택한 경우: 보고서에 포함될 내용, 기간, 형식의 선정
- 보고서의 화면 출력
- 화면상의 보고서에 대한 처리(프린트, 메일 전송, 그룹웨어 연동)

**** 눈치 채셨나요?**

'사용자 인식' 활동에도 '사용자 인증' 기능이 필요하고, '전사 요약 보고서' 활동에도 '사용자 인증' 기능이 필요하다. WBS를 잘 구성하면 일(Task)의 재활용이 가능해져서, 전체 시스템의 개발 기간의 단축 외에 안정성에도 좋은 영향을 미친다.

다른 보고서에 대한 부분은 거의 동일한 내용이므로 설명을 생략한다. 여러분들이 가상의 환경을 만들어서 직접 해보기를 추천한다.

[그림 6-4]에서 각 항목마다 앞에 목차를 설정한 것을 유심히 보기 바란다. 꼭 이렇게 할 필요는 없지만 이런 사소한 규칙을 지키는 것이 문서의 가독성을 높이고 프로젝트 진행에 도움이 된다.

- 단계(Phase)는 1, 2, 3으로 시작한다.
  "1. 임원 인사관리", "2. 직원 인사관리", "3. 외주 인원 인사관리"

- "2. 직원 인사관리" 단계의 활동(Activity)은 2.1, 2.2로 시작한다.
  "2.1 사용자 인식", "2.2 데이터 입력", "2.3 데이터 조회", "2.4 보고서 출력"

- "2.4 보고서 출력" 활동에 속하는 활동(Activity)은 2.4.1, 2.4.2로 시작한다.
  "2.4.1 전사 요약 보고서 출력", "2.4.2 월/분기 보고서 출력"

- "2.1 사용자 인식" 활동에 속하는 일(Task)은 3.1, 3.2로 시작한다.
  "3.1 ID/PWD 확인", "3.2 사용자에 따른 메뉴 제공"

위와 같이 글머리 기호를 체계적으로 붙이게 되면, 문서를 읽는 사람이 문서의 글머리 기호만 보아도 어떤 단계인지 알 수 있다.

【예】 3으로 시작하면 일(Entity)이다.

2로 시작하면 활동(Activity)이다.

2.4.2인 경우에는 활동 중에서 4번째로 분리된 것에 속하는 2번째 활동으로

[그림 6-4]에서 "월/분기 보고서 출력"이다.

여기까지 WBS를 만드는 과정을 설명하였다. **WBS는 주어진 과제를 Top-Down으로 분해하여 태스크를 식별하는 데 목적이 있다.** 이때, 태스크를 어떤 단위로 만들 것인가는 분석가의 역할이라고 할 수 있다. 너무 작은 단위로 분리하면 태스크의 종류가 너무 많고 재사용이 안 되며, 너무 큰 단위로 분리하면 개발할 때 고려할 사항이 많아 다루거나 표현하기 힘들어진다.

WBS에서 가장 중요한 것은 적정 수준을 찾는 것이다. 앞의 '인사관리 시스템' 사례를 통해 적정 수준의 의미를 확인하기 바란다.

WBS를 만드는 방법에 대하여 학습하였으니 이제는 WBS 작성의 이유를 정리해보자.

【 WBS 작성의 이유 】

- 수행해야 하는 프로젝트의 활동을 분할하고 정의하면서 프로젝트에서 수행해야 하는 업무의 이해도가 높아진다.
- 프로젝트의 일정 및 자원 소요량에 대한 예측을 할 수 있다.
- 세분화된 작업을 기준으로 업무를 할당할 수 있다.
- 세분화된 업무를 이용하여 팀 내, 팀 간 그리고 고객과 팀 간의 의사소통을 원활하게 할 수 있다.
- 수행해야 하는 작업 간의 논리적 선후 관계를 파악할 수 있다.
- 작업 진행의 통제를 위한 기본 자료를 확보할 수 있다.

【 WBS에 대한 추가 내용 정리 】

- 1950년대에 미 국방성에서 최초로 사용하였다.
- WBS는 한국말로 '작업 분류 체계'라고 한다.
- WBS는 PM에 의하여 Activity 정도까지 정의하고, 구체적인 Task는 PL 또는 담당 개발자가 정하는 경우가 많다.
- **프로젝트 수행에 있어 실무자들에게 가장 중요한 두 가지 단계는 '업무 명세서(Statement of Work)'와 '작업 분류 체계(WBS)' 작성의 단계이다.**

- **마일스톤**(Milestones) : 프로젝트 기간 동안 중요한 단계가 완료된 경우, 이것을 확인하는 이벤트를 말한다.
  【예】 화면 구성이 완료된 시점, 단위 개발이 완료된 시점

【 WBS 작성 도구 소개 및 작성 사례 】

실무에서 WBS는 전문 도구를 이용하여 제작하게 된다. 대표적인 도구로는 아래의 것들이 있다. 어떤 것을 사용하여도 좋다.

- MS Project
- Taskworld : www.taskworld.com
- XLGantt : xlworks.net/en/xlgantt-project-scheduler
- ProjectLibre : projectlibre.com (오픈소스이고 클라우드 버전도 지원)
- MindView : www.matchware.com

MS Project를 사용하여 웹환경을 개발하는 프로젝트를 대상으로 WBS를 작성한 예를 [그림 6-5]에 나타내었다. 프로젝트가 웹환경 개발이므로 프로젝트를 성격에 따라 나눌 필요는 없다. 그러므로 활동은 '분석', '설계', '구현', '테스트', '이관'으로 설정된다. 이후 태스크의 식별은 프로젝트 팀의 역할이다.

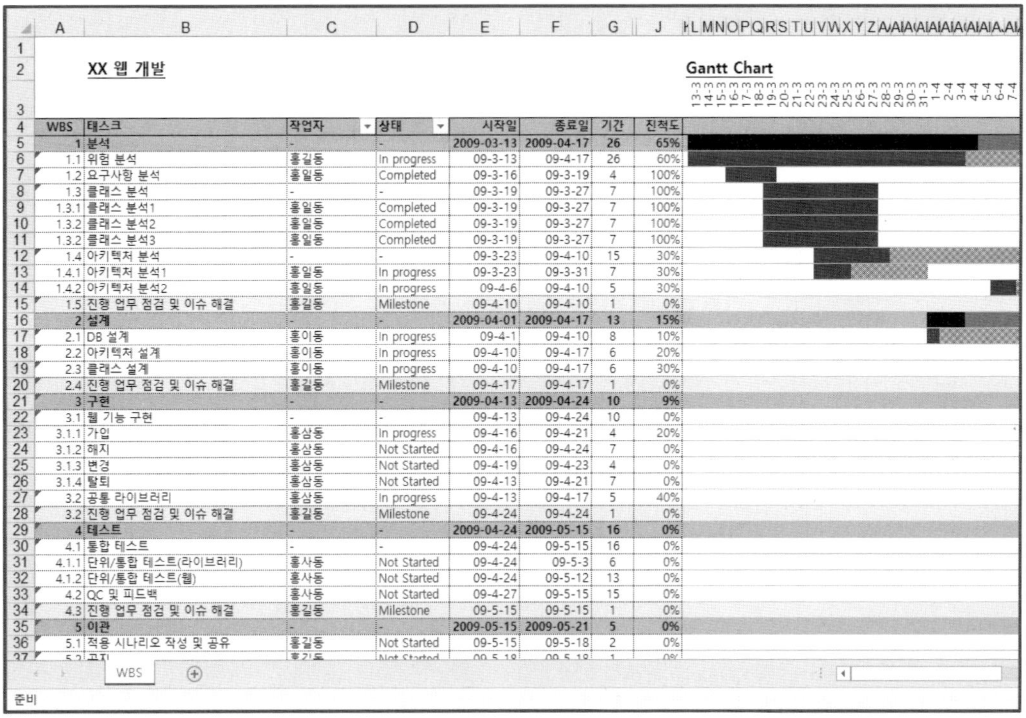

WBS	태스크	작업자	상태	시작일	종료일	기간	진척도
1	분석	-	-	2009-03-13	2009-04-17	26	65%
1.1	위험 분석	홍길동	In progress	09-3-13	09-4-17	26	60%
1.2	요구사항 분석	홍일동	Completed	09-3-16	09-3-19	4	100%
1.3	클래스 분석	-	-	09-3-19	09-3-27	7	100%
1.3.1	클래스 분석1	홍일동	Completed	09-3-19	09-3-27	7	100%
1.3.2	클래스 분석2	홍일동	Completed	09-3-19	09-3-27	7	100%
1.3.2	클래스 분석3	홍일동	Completed	09-3-19	09-3-27	7	100%
1.4	아키텍처 분석	-	-	09-3-23	09-4-10	15	30%
1.4.1	아키텍처 분석1	홍일동	In progress	09-3-23	09-3-31	7	30%
1.4.2	아키텍처 분석2	홍일동	In progress	09-4-6	09-4-10	5	30%
1.5	진행 업무 점검 및 이슈 해결	홍길동	Milestone	09-4-10	09-4-10	1	0%
2	설계	-	-	2009-04-01	2009-04-17	13	15%
2.1	DB 설계	홍이동	In progress	09-4-1	09-4-10	8	10%
2.2	아키텍처 설계	홍이동	In progress	09-4-10	09-4-17	6	20%
2.3	클래스 설계	홍이동	In progress	09-4-10	09-4-17	6	30%
2.4	진행 업무 점검 및 이슈 해결	홍길동	Milestone	09-4-17	09-4-17	1	0%
3	구현	-	-	2009-04-13	2009-04-24	10	9%
3.1	웹 기능 구현	-	-	09-4-13	09-4-24	10	0%
3.1.1	가입	홍삼동	In progress	09-4-16	09-4-21	4	20%
3.1.2	해지	홍삼동	Not Started	09-4-16	09-4-24	7	0%
3.1.3	변경	홍삼동	Not Started	09-4-19	09-4-23	4	0%
3.1.4	탈퇴	홍삼동	Not Started	09-4-13	09-4-21	7	0%
3.2	공통 라이브러리	홍삼동	In progress	09-4-13	09-4-17	5	40%
3.2	진행 업무 점검 및 이슈 해결	홍길동	Milestone	09-4-24	09-4-24	1	0%
4	테스트	-	-	2009-04-24	2009-05-15	16	0%
4.1	통합 테스트	-	-	09-4-24	09-5-15	16	0%
4.1.1	단위/통합 테스트(라이브러리)	홍사동	Not Started	09-4-24	09-5-3	6	0%
4.1.2	단위/통합 테스트(웹)	홍사동	Not Started	09-4-24	09-5-12	13	0%
4.2	QC 및 피드백	홍사동	Not Started	09-4-27	09-5-15	15	0%
4.3	진행 업무 점검 및 이슈 해결	홍길동	Milestone	09-5-15	09-5-15	1	0%
5	이관	-	-	2009-05-15	2009-05-21	5	0%
5.1	적용 시나리오 작성 및 공유	홍길동	Not Started	09-5-15	09-5-18	2	0%

[그림 6-5] WBS 작성의 예

TIP **프로젝트를 수행하려고 하는데 일(Task)을 식별하기가 어렵고 고객이 말한 것을 이해하기 어려우며, 좋은 개발팀을 구성하기 힘들다면 당신은 아직 PM을 할 준비가 안 된 것이다.**

PM은 나이가 많거나 직급이 높거나 학벌이 좋아서 하는 것이 아니고,

- 수행하고자 하는 프로젝트에 관련한 업무 지식을 가지고 있고
- 관리에 필요한 기법과 분석 능력을 보유하고 있으며
- 사람과 대화하고 협상할 줄 알며 리더십이 있는 사람이 하는 것이다.

그러므로 금융 관련 PM, 물류 분야 PM과 같이 산업체 별로 PM이 생겨나게 된다. 만약, 금융 분야 PM을 하고 싶으면 금융 프로젝트에 개발이나 PMO 등의 역할로 참여해서 경험을 쌓아보도록 해라. 경험 없이 나이가 많다고 PM을 할 수 있는 것은 아니다.

6.6 태스크 수행 기간 예측

[그림 6-2]의 3단계인 '태스크 식별'을 통하여 태스크가 식별되면, 각 태스크별로 수행에 필요한 시간을 추정해야 한다. 이때, 태스크별로 수행에 필요한 시간의 추정이 어렵다면 태스크가 너무 큰 단위로 구성되었다고 생각하면 된다. 이런 경우에는 시간의 추정이 가능할 정도로 태스크를 분리해서 태스크 수행 시간을 예측하면 된다.

[그림 6-5]에서 왼쪽의 태스크별로 오른쪽에 파란색으로 막대가 표시된 것이 각 태스크별로 수행 시간을 예측한 것이다.

[그림 6-5]를 통하여 활동(Activity)을 구성하는 태스크는 어떤 것이 있고, 활동의 수행에 필요한 시간이 얼마인지를 예측할 수 있다. [그림 6-5]의 오른쪽 부분의 검은색 막대기가 활동 수행에 필요한 기간을 보여주는 것이다.

- 아래는 각 태스크별로 수행 기간을 예측하는 방법을 소개한다. 태스크의 수행 기간 예측은 사람마다 차이가 날 수 밖에 없다.

【 태스크 수행 기간 예측 방법 】

- 팀원들이 해당 태스크에 대해서 긍정적인 관점에서 본 소요 시간(OD)
- 팀원들이 해당 태스크에 대해서 부정적인 관점에서 본 소요 시간(PD)
- 팀원들이 해당 태스크에 대해서 기대하는 소요 시간(ED)

바람직한 소요 시간(D) = ((1 * OD) + (4 * ED) + (1 * PD)) / 6

【예】 주어진 태스크에 대해서 팀원들의 의견을 수렴한 결과는 아래와 같다.

OD = 4, PD = 8, ED = 6이라고 하면

소요시간 = (4 + 4 * 6 + 8) / 6 = 6 시간이다.

6.7 태스크 간의 의존성 확인 및 일정 관리

- 앞 단계에서,
  - 프로젝트의 요구사항이 정해지고
  - 프로젝트의 WBS가 만들어진 후에
  - 각 태스크별로 수행 시간을 정하였다면
  - **이제는 수행되어야 하는 작업 간의 연관성을 정리할 시점이다.**

WBS는 프로젝트를 단계(Phase), 활동(Activity), 일(Task)의 3단계로 나누어서 Top-Down으로 정리한 것이다.

이때, 작업 간의 연관성은 활동(Activity)별로 정해지게 된다. 한 활동(Activity) 내의 태스크는 일반적으로 순서대로 진행되는 경우가 대부분이다. 태스크 의존성 확인은 태스크들이 순차적으로 수행되어야 하는 것과 동시에 수행해도 되는 것들을 식별하는 것이고, 일정 관리는 식별된 태스크 수행의 선후 관계를 이용하여 전체 진행 계획을 수립하는 것이다.

[그림 6-4]를 기준으로 살펴보면, 활동(Activity)에 해당하는 "2.1 사용자 인식", "2.2 데이터 입력", "2.3 데이터 조회" 등이 의존성을 확인하기 위한 대상이 된다고 볼 수 있다.

- 연관성을 이용하여 프로젝트의 일정을 구성하는 방법은 두 가지가 있다.
  - **전진 일정 관리**(Forward Scheduling)

    프로젝트의 시작일을 기준으로 활동(Activity)과 일(Task)별 일정을 잡아서 일정 관리를 하는 방법
  - **후진 일정 관리**(Reverse Scheduling)

    프로젝트의 종료일을 기준으로 활동(Activity)과 일(Task)별 일정을 잡아서 일정 관리를 하는 방법

태스크 의존성 및 일정 관리는 전문 도구를 이용하여 수행한다. 도구의 종류는 '태스크 식별' 부분에서 설명하였다.

- [그림 6-6]과 [그림 6-7]에서는 도구를 이용하여 연관성을 정리하는 예를 나타낸다.

[그림 6-6]은 ProjectLibre를 이용하여 프로젝트가 단계, 활동, 일로 구성되는 것을 간트차트(Gantt Chart) 형식으로 보여주고 있다.

▶ "1 Initial transmedia project" 활동(Activity)이 끝나야,

"2 Develop storyworld" 활동이 시작될 수 있다는 것을 보여주고 있다.

▶ "1 Initial transmedia project" 활동(Activity)은 10가지 일(Task)로 구성되어 있으며

각 일의 수행에 필요한 시간을 붉은 막대의 길이로 표시하고 있다.

▶ "1 Initial transmedia project" 활동(Activity)을 구성하는 10가지 일은

순차적으로 수행되어야 하는 작업이며 병행으로 수행될 수 없다.

[그림 6–7]은 ProjectLibre의 프로젝트 네트워크(Project Network)를 이용하여 중요 일정 및 일정 간의 연관 관계를 정리한 예를 보여주고 있다. 캘린더를 통하여 활동(activity)과 일(Task)의 수행 순서와 일정, 선후 관계를 정리할 수 있다.

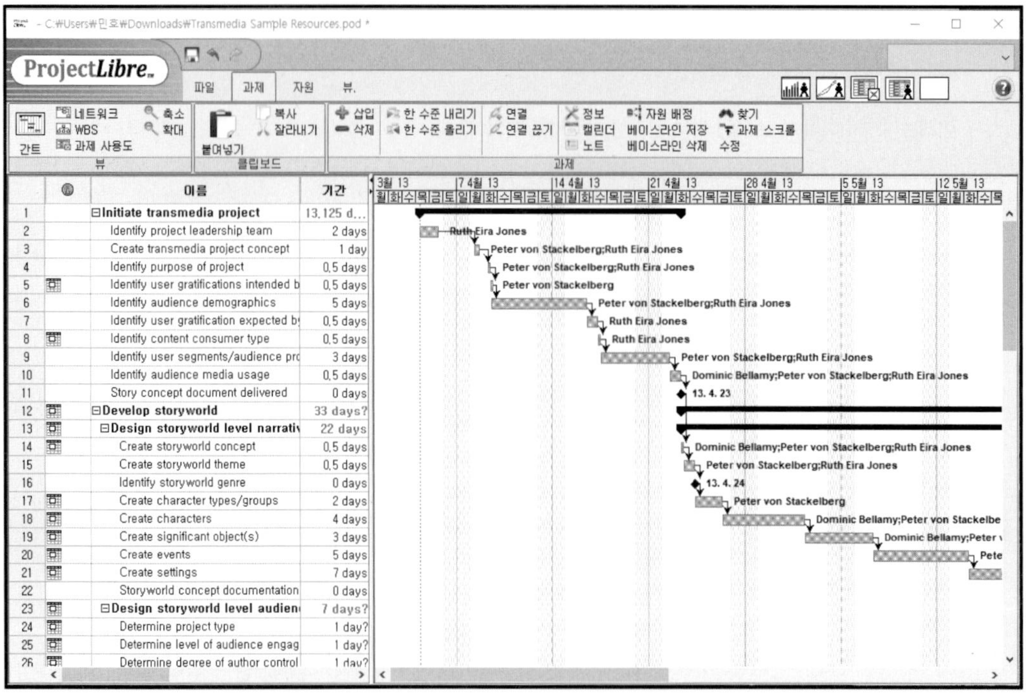

[그림 6–6] 태스크 의존성 확인(간트 차트)

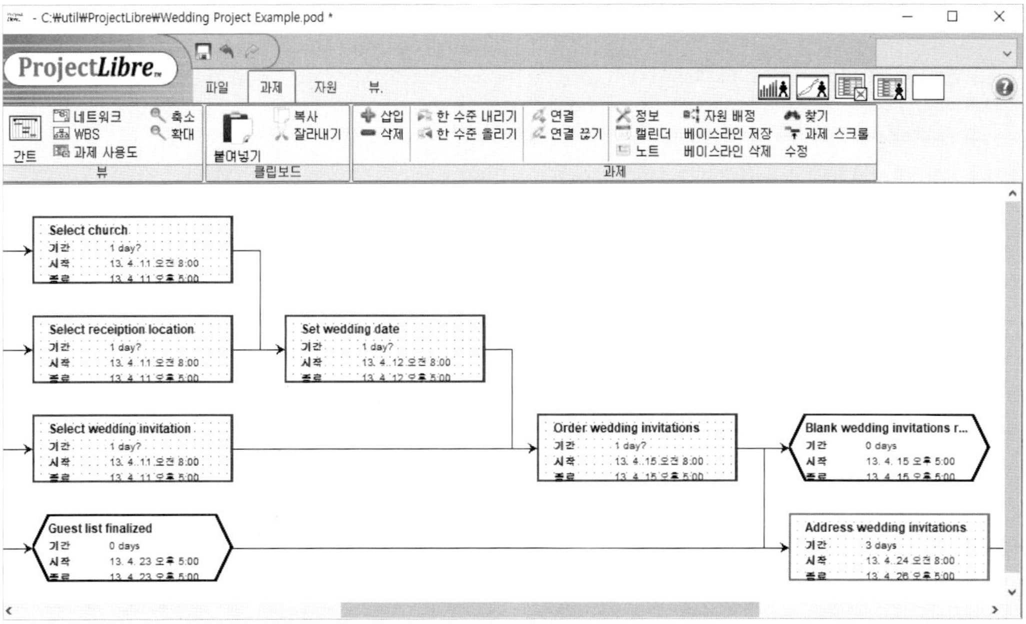

[그림 6-7] 태스크 의존성 확인(프로젝트 캘린더)

6.8 자원의 할당 및 조직 구성

앞 단계에서,

- 프로젝트의 요구사항이 정해지고
- 프로젝트의 WBS가 만들어진 후에
- 각 태스크별로 수행 시간을 정하였고
- 태스크 의존성과 일정을 확정하였다면
- **이제 분석된 태스크와 일정을 기반으로 어떤 자원이 언제, 얼마의 기간 동안 투입 되어야 하는지 정리해야 한다.**

프로젝트를 수행할 때 필요한 자원은 사람만이 아니다. 프로젝트에 소요되는 자원의 종류를 정리하면 다음과 같다.

【 프로젝트 자원의 종류 】

– **사람(People)** : 프로젝트에 관여하는 임원(Owner), 사용자(User), 분석가(Analyst), 설계자(Designer), 개발자(Builder, Developer), 제품 엔지니어(Product Engineer), 외부 컨설턴트(External Consultant) 등을 말한다.

– **서비스(Service)** : 품질 관리(Quality Control), 형상 관리(Configuration Management), 방법론(Methodology) 전문가들을 말한다.

- **환경과 장비**(Facility and Equipment) : 프로젝트에 사용되는 장비나 회의실, 개발실 등을 말한다.
- **물자와 소모품**(Supplies and Material) : 연필, 복사지, 노트북, 프린터, 카트리지 등의 소모품을 말한다.
- **자금**(Money) : 소요되는 예산을 말한다.

▪ 소요되는 자원을 언제, 어떻게, 얼마동안 투입되어야 하는지에 대한 계획의 수립은 도구를 이용하여 진행한다.([그림 6-6] 참조)

[그림 6-8]은 ProjectLibre를 활용한 자원 관리 화면이다.

프로젝트에 투입하는 자원인 인력 자원에 대하여 누가, 어떤 역할로, 어느 정도 비중으로 투입되는지를 정리하고 있다. 그리고 아래의 그림에서는 투입 자원의 투입 시기에 대해 달력의 형태로 제공하는 것을 확인할 수 있다.

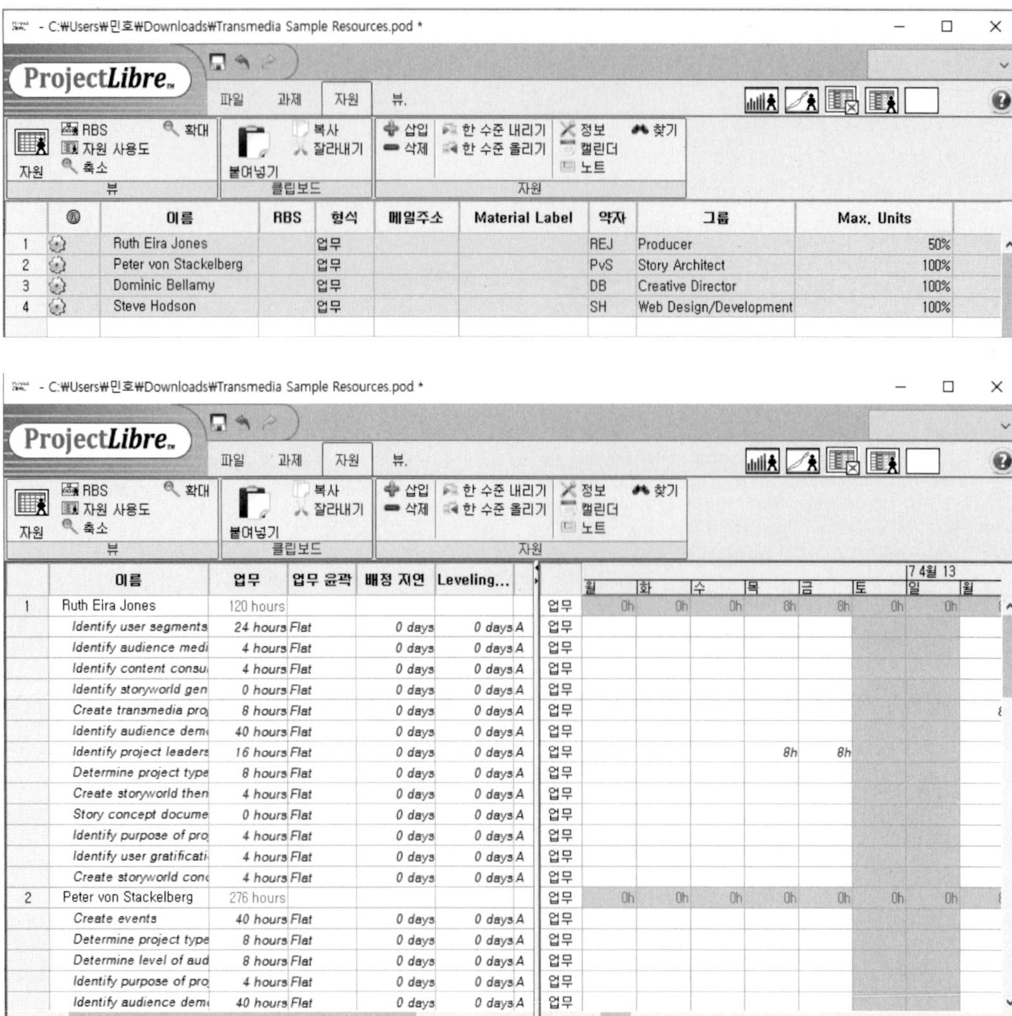

[그림 6-8] ProjectLibre의 자원 관리 화면

6.9 개발팀의 구성 및 운영

앞 단계에서,

- 프로젝트의 요구사항이 정해지고
- 프로젝트의 WBS가 만들어진 후에
- 각 태스크별로 수행 시간을 정하였고
- 태스크간의 의존성과 일정을 확정한 후,
- 태스크와 일정을 기반으로 어떤 자원이 언제, 얼마의 기간 동안 투입되어야 하는지 정리하였다면,
- **이제 개발팀을 구성하고 운영할 단계이다.**

프로젝트를 위하여 팀을 구성하는 경우 프로젝트의 성격에 따라 여러 가지 형태를 가질 수 있다.

【 프로젝트 팀의 종류 】

〔 계층적(Hierarchical) 팀 구성 〕

– 큰 규모의 프로젝트에서 적용하는 형태이다.

– 많은 개발자가 투입되고, 개발 범위가 넓은 경우에 적용된다.

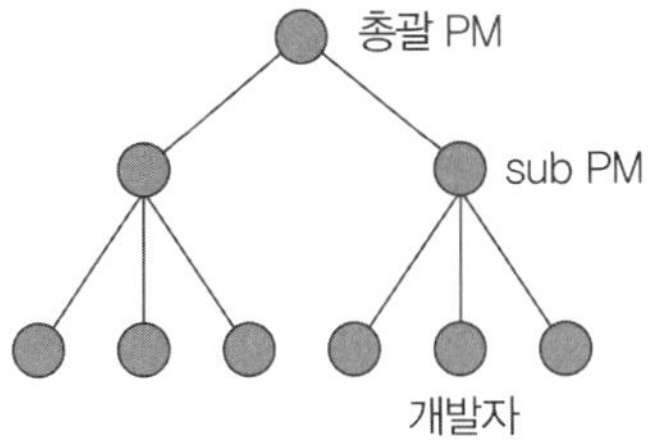

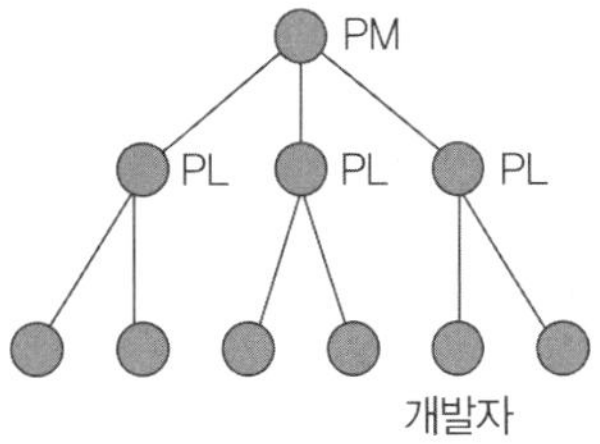

〔 에고레스(Egoless)팀 구성 〕

– 소규모 프로젝트에서 적용하는 형태이다.

– 개발자 중심의 팀 구성에 적용된다.

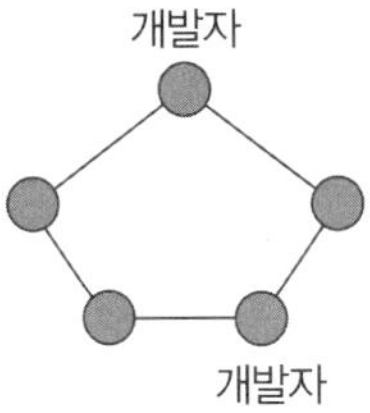

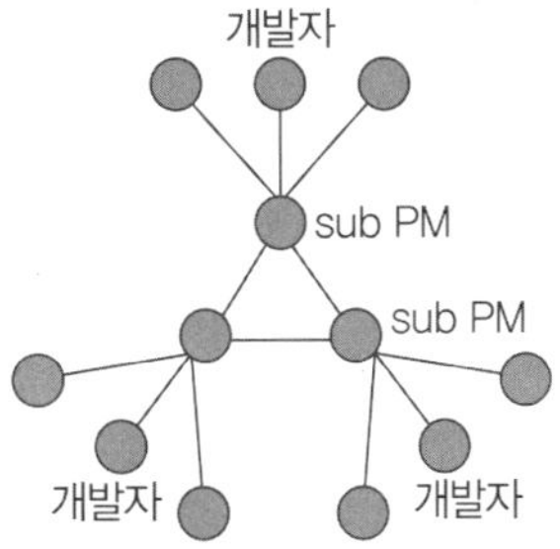

〔 **책임 프로그래머(Chief Programmer)팀 구성** 〕

– 특정 목적을 위한 팀 구성의 형태이다.

– 책임 프로그래머 중심으로 운영된다.

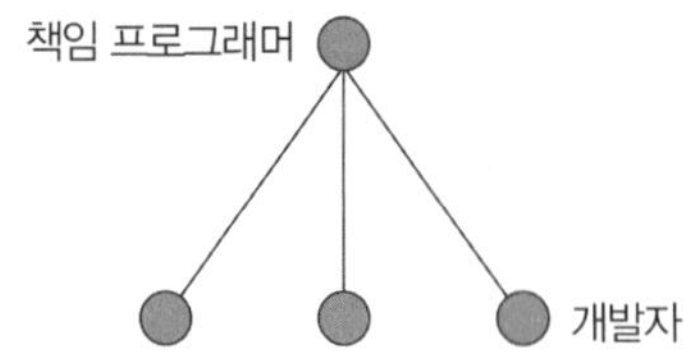

프로젝트 팀의 모습은 프로젝트의 환경에 따라서 여러 가지 모습을 가질 수 있다. 예는 다음과 같다.

- 택배 회사에서 전 사의 택배시스템을 총괄하는 프로젝트를 수행하고자 하는 경우에 프로젝트가 50명 이상의 인원이 투입되고, 개발 기간이 1년이 소요되며 장비와 소프트웨어 제품 외에 개발 인원이 투입되는 프로젝트이므로 **계층적 팀 구성이 적합하다.**
- 스마트폰용 게임 회사에서 중년층을 위한 게임을 개발하는 프로젝트를 수행하고자 하는 경우에는 프로젝트가 소규모 인원이 투입되고 빠른 시간에 개발되어야 하며 개발하는 동안 개발 관련자들 사이에 긴밀한 협조가 필수적이므로 **에고레스팀의 구성이 적합하다.**
- 회사에서 운영 중인 인사 시스템에 외국인 직원에 대한 지원 기능을 추가하고자 하는 경우에는 인사 시스템 개발 프로젝트 팀원 중에서 3명의 개발자가 3개월의 기간 동안 개발하게 된다. 이런 경우에는 별도의 PM을 두는 것보다 책임 개발자 중심으로 팀을 구성하는 것이 합리적이다. 그러므로 **책임 프로그래머팀의 구성이 적합하다.**

프로젝트 팀을 구성하는 경우에 가지는 특수성은 다음과 같다.

【 프로젝트 팀의 특수성 】

- 팀원들이 서로 알지 못하는 사이이다.
- 팀원들이 프로젝트에서 수행하는 업무가 다르다.
- 팀원들이 프로젝트에 투입되기 전에 일 해온 환경과 업무가 다르다.
- 단기간에 공통의 목적을 향해 일해야 한다.
- 한 사람의 업무가 다른 사람의 업무에 긴밀한 연관관계를 가진다.
- 프로젝트가 종료되면 서로 관련이 없다.

프로젝트 팀이 가지는 특수성 때문에 프로젝트팀의 구성은 다음의 4단계로 진행된다.

【 구성 단계(Orientation Stage) 】

- 팀의 구조와 규정을 정한다.
- 팀 멤버 간의 관계를 명확히 한다.
- 팀의 책임을 인식한다.
- 목표 달성을 위한 계획을 세운다.

【 내부 문제의 해결 단계(Internal Problem–Solving Stage) 】

- 팀원 간의 갈등을 해소한다.
- 팀의 규정과 목표를 명확히 이해한다.
- 적극적 참여를 유도하는 환경을 만든다.

【 성장과 생산성을 올리는 단계(Growth and Productivity Stage) 】

- 목표 달성을 위해 노력한다.
- 고객이나 내부의 의견을 받고 반영한다.
- 새로운 아이디어를 공유한다.
- 각 구성원에 대한 존중의 분위기를 가진다.

【 평가 및 조정 단계(Evaluation and Control Stage) 】

- 내부 의견과 평가를 받는다.
- 팀의 강점을 극대화한다.
- 공유된 목적의 달성을 이룩한다.

프로젝트팀은 구성한 후에 바로 작동되는 것이 아니다. 프로젝트팀이 가지는 특수성 때문에 팀의 구성은 4단계의 과정을 거치게 된다. **개략적으로 팀을 구성한 후에 2달 이상은 지나야 제대로 팀이 작동한다고 볼 수 있다.**

프로젝트를 계획하는 사람은 프로젝트의 일정을 수립함에 있어서 이런 사항을 고려할 필요가 있다. 실제 프로젝트 수행 시에 어떻게 고려하는지에 대하여 예를 들어 설명한다.

【예】 프로젝트를 수행하기 위하여 초기 팀을 구성할 때, 프로젝트 팀 전체에 대한 구상을 한 다음 각 부분의 책임자들을 먼저 투입한다.

예를 들어, 웹 기반 프로젝트를 수행하는 경우, 초기 팀의 구성은 다음과 같다.

- PMO(프로젝트 관리팀) 1명,
- GUI(화면 개발팀) 1명,
- DataBase(데이터베이스 개발팀) 1명,
- JQuery(로직 개발팀) 1명
- 그리고 원래의 팀원들(컨설턴트, 아키텍터)

초기 팀을 구성하고 운영하게 되면 향후, GUI 개발자가 추가 투입되는 경우에 업무에 대한 조정과 가이드 등의 업무는 초기 투입된 사람이 담당하게 된다. 데이터베이스 개발팀이나 로직개발팀도 동일하게 운영된다.

초기 투입된 인원은 프로젝트 범위나 태스크 식별, 일정 관리 설계 등의 과정에 참여하여 정확한 계획의 수립을 가능하게 하는 역할을 한다.

6.10 감시와 통제

앞 단계에서,

- 프로젝트의 요구사항이 정해지고
- 프로젝트의 WBS가 만들어진 후에
- 각 태스크별로 수행시간을 정하였고
- 태스크 의존성과 일정을 확정한 후,
- 태스크 일정을 기반으로 어떤 자원이 언제, 얼마의 기간 동안 투입되어야 하는지 정리하고,
- 개발팀을 구성하고 운영하고 있다면,
- **이제 감시와 통제를 수행할 단계이다.**

프로젝트의 수행은 제한된 시간 내에 원하는 결과를 얻기 위한 과정이다. 그러므로 프로젝트를 진행하는 과정에서 발생하는 문제의 해결이 중요하다. 프로젝트에서 수행해야 하는 관리 작업의 종류에 대하여 아래에 정리하였다.

【 프로젝트에서 수행해야 하는 관리 작업 】

- 프로젝트 위험 요소의 식별 및 관리
- 프로젝트 진도 관리 보고서(Progress Report)
- 프로젝트 형상 관리(Configuration Management)
- 프로젝트 일정의 변경(Scheduling Adjustment)
- 리소스 식별, 조달 및 관리

'프로젝트 위험 요소의 식별 및 관리'는 여러 가지를 고려할 수 있지만, 여기에서는 Boehm의 '프로젝트 위험 요소와 관리 기법'에 대하여 [표 6-2]에 정리하였다.

[표 6-2] Boehm의 프로젝트 위험 요소 및 관리 기법

위험 요소	관리 기법
인력의 부족, 능력의 부족	분야에 맞는 인력의 충원, 활용 가능한 시기에 인원을 투입, 인원의 투입 전에 관련 환경 정리
예산 및 일정	WBS와 요구사항 분석의 구체화를 통한 상황 파악 및 구체적 논리에 근거한 고객과의 협상
잘못된 개발 방향	고객과 함께하는 WBS와 요구사항 분석 수행, 기존에 사용 중인 환경에 대한 구체적 분석 수행 고객과의 심층 면접
잘못된 인터페이스의 개발	프로토타이핑이나 RAD(Rapid Application Development) 기반의 방법 동입
불필요한 기능의 개발	고객과의 협의를 통한 범위의 재조정
잦은 요구사항 변경 요청	요구사항 변경에 대한 절차의 정례화, 문서화 과정 수행, 고객과의 면담을 통한 요구사항의 재확인과 프로젝트 범위의 조정
컴포넌트의 빈약	개발자 환경에 대한 재검토, 기존 컴포넌트의 활용 방안에 대한 방안 수립
기능의 빈약	요구사항에 대한 구체적 확인 작업 수행, 숨겨진 기능의 발견
실시간 성능의 저하	DB 구성에 대한 검토, 프로그램 모듈의 컴포넌트화와 활용에 대한 재검토, 하드웨어 환경에 대한 검토, 네트워크에 대한 검토
컴퓨터 기술의 조합	DB, 운영체제, 네트워크, 프로그램, 컴포넌트 등 프로젝트에 관련된 모든 부분의 상호 연결성 및 기술적 지원에 대한 재검토

"프로젝트 진도 관리 보고서"는 프로젝트를 수행하면서 진행 상황에 대한 것을 문서화 하여 고객, 개발자와 관련된 사람들과 공유하는 것을 말한다. 일반적으로 진도 관리에 대한 회의는 주당 1회 정도가 일반적이며, 이때 프로젝트에 관련된 사람들이 모두 모여서 현재의 진행 상황과 문제, 향후 진행 방향에 대한 의견을 나누게 된다. 이해를 위하여 '프로젝트 진도 관리 보고서'의 목차를 [그림 6-9]에 나타내었다.

1. 개요
1.1 프로젝트 이름 및 내용 요약
1.2 프로젝트 관리자
1.3 제작일

2. 진행 상황 요약
2.1 프로젝트 일정과 현재 진행 상태
2.2 예산 및 집행 상황
2.3 프로젝트 범위 분석
2.4 현재 진행 단계
2.5 진행에 대한 간트 차트

3. 활동 분석
3.1 수행해야 할 태스크 및 완료된 태스크
3.2 미 수행된 태스크 정리 및 원인 분석
3.3 프로젝트 관련 특이 상황

4. 이전 문제
4.1 이전 문제 및 현재의 상황
4.2 해결 안 된 문제의 정리 및 진행 계획(기간 포함)

5. 새로운 문제
5.1 새로운 문제
5.2 문제 해결을 위한 지원 사항(기간 포함)

6. 추가 사항

[그림 6-9] 프로젝트 진도 관리 보고서 목차

'**프로젝트 형상 관리 및 일정의 변경**'은 프로젝트를 수행하면서 발생하는 요구사항의 변화나 일정의 변경에 대한 처리를 말하는 것이다. 프로젝트의 수행에서 가장 문제를 많이 발생시키는 부분이기 때문에 문서에 기반을 둔 공식적인 처리 절차가 중요하다.

[그림 6-10]은 형상 관리를 위한 절차를 그림으로 나타낸 것이다. 일정의 변경도 동일한 과정을 거쳐서 수행된다고 보면 된다.

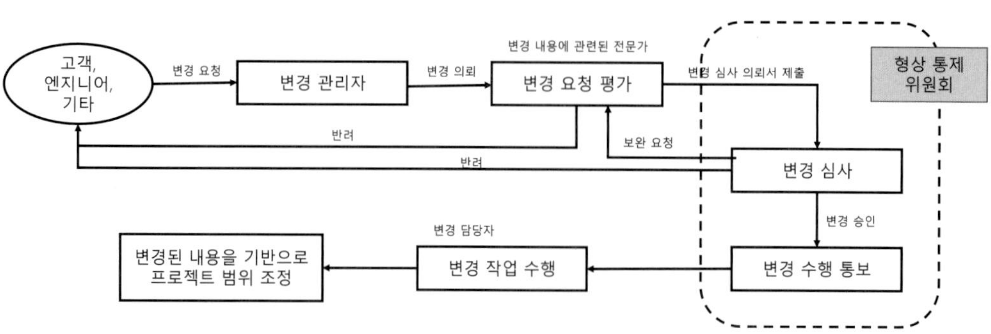

[그림 6-10] 형상 관리 절차

'리소스 식별, 조달 및 관리'는 프로젝트를 수행하면서 아래의 작업들을 수행하는 것을 말한다.

- 각 수행 단계별,
  - 필요 기술,
  - 필요 인원의 수,
  - 필요 인원의 능력,
  - 필요 인원의 투입/철수 시기,
  - 투입 인원의 평가 기준을 수행하는 것이다.
- 프로젝트 수행에 필요한
  - 장비의 조달,
  - 개발 및 테스트 환경의 구축을 수행하는 것이다.
- 프로젝트 수행에 필요한
  - 외부 컨설팅,
  - 제품이나 장비 기술 지원자의 투입을 수행하는 것이다.

6.11 프로젝트 종료

프로젝트의 종료는

- 개발된 소프트웨어에 대한 인수 테스트를 완료하고
- 사전에 합의된 산출물을 인도한 다음 고객의 승인을 받고
- 고객으로부터 '프로젝트 종료 확인서'를 받으면 된다.

프로젝트의 종료를 위한 산출물은 고객과의 합의에 따라 변경될 수 있다. 독자의 이해를 위하여 대표적인 산출물의 예를 아래에 정리하였다.

- 수행 가능한 제품
- 개발된 소프트웨어 소스코드
- 개발된 제품에 대한 교육 매뉴얼, 관리자 매뉴얼
- 프로젝트 회의 자료 모음
- 소프트웨어 아키텍처 자료
- 요구사항을 포함한 관련 자료
- 프로젝트 종료 확인서

6.12 프로젝트의 관리 기법

이번에는 프로젝트의 수행에서 자주 사용되는 기법에 대하여 정리한다. 소개할 내용은 다음과 같다.

【 프로젝트 관리 기법 및 도구 】

- 간트차트(Gantt Chart)
- 퍼트차트(Pert Chart)
- CPM(Critical Path Method)

간트차트는 프로젝트 일정 관리를 위한 바 형태의 도구로서 각 업무의 시작과 끝을 시간을 축으로 하는 도표에 바의 형태로 표현함으로써 전체 일정을 한눈에 확인할 수 있다.

간트차트는 프로젝트 관리 도구에서 일반적으로 지원하는데, 활동(Activity)을 구성하는 일(Task)의 시작일과 종료일을 입력하면 자동적으로 그려진다.

간트차트의 작성 예는 [그림 6-5], [그림 6-6]에서 확인할 수 있다.

퍼트(Pert)차트는 여러 작업 사이의 의존성과 흐름을 표현한 것으로 각 작업은 박스로 표현되는데, 일반적으로 실제 시작일, 종료일과 일정상의 시작일, 종료일을 표현하여 전체 지연 상황과 연관 상황을 파악할 수 있다.

퍼트차트의 작성 예는 아래 [그림 6-11]과 같다.

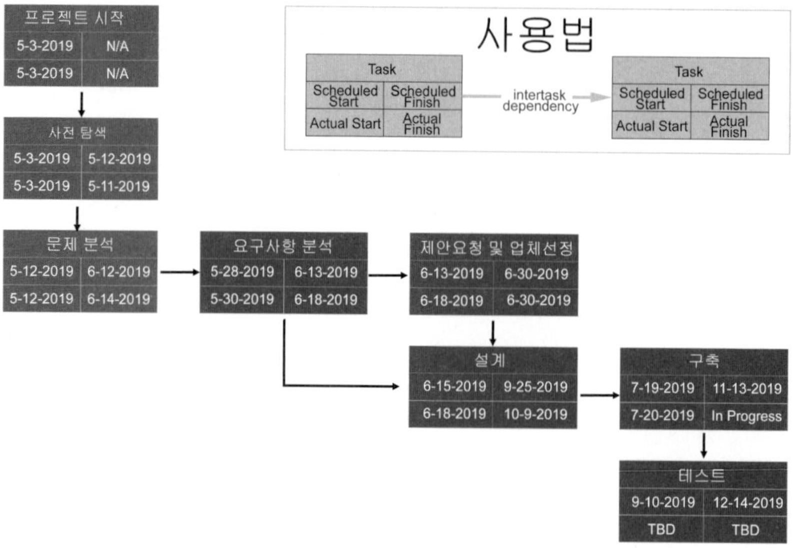

[그림 6-11] 퍼트차트 작성 예와 작성법

CPM(Critical Path Method)은

- 프로젝트의 진행 상황을 퍼트차트나 간트차트로 표현한 상태에서
- 어떤 작업 경로가 가장 긴 경로인지를 확인하여
- 이것을 집중적으로 관리하는 기법을 말한다.

소요기간이 가장 긴 경로가 지연되면 전체 프로젝트의 일정이 지연되기 때문에 중점적으로 관리해야 한다. 실무에서는 프로젝트 관리를 지원하는 도구(4.5절 참조)를 이용하여 작성한다.

[그림 6-12]는 CPM을 작성한 예이다.

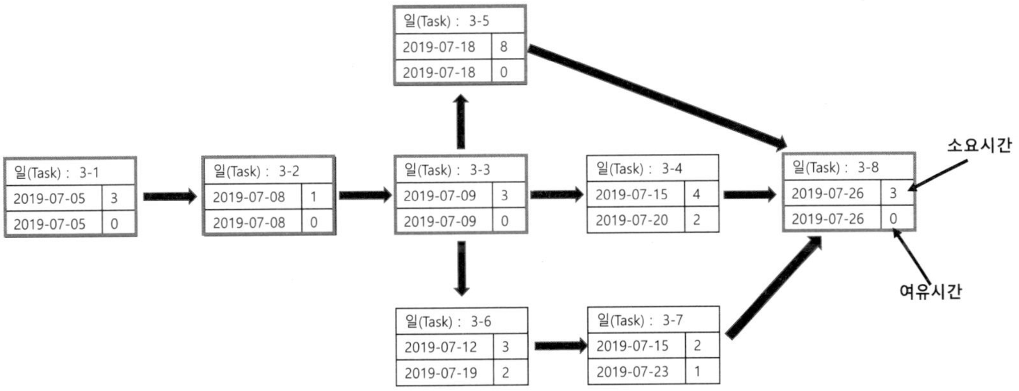

[그림 6-12] CPM 작성 예와 작성법

【 그림 6-12에 대한 설명 】

- WBS를 수행하여 Task를 구분하고, Task 간의 연관 관계를 표현하였다.
- 일(Task) 3-8이 수행되려면, 3-5, 3-4, 3-7이 완료되어야 한다.
- 일(Task) 3-3이 수행된 후에, 3-4, 3-4, 3-6은 병행하여 수행할 수 있다.
- 이때, 각 일(Task)의 수행에 필요한 소요시간을 정한다.
- 시작일을 기준으로 소요시간을 계산하여 일(Task)별 시작일을 적는다.
- 일(Task) 3-8을 기준으로 소요시간을 기준하여 역으로 시작일을 적는다.
- 이때, 여유시간이 0이 되는(가장 소요시간이 긴) 것이 생기는데, 이것이 Critical Path이다(그림 6-12에서 붉은 색으로 표현된 경로)
- 참고로 일(Task) 3-4는 7/26 전까지 완료되면 되고, 자신의 일 수행에 4일이 소요되므로, 여유있게 7/20에 시작하면 2일의 여유를 가질 수 있다(나머지 노드들도 이런 방법으로 작성한다).

6.13 프로젝트의 비용 추정

프로젝트를 수행하면서 비용이 얼마나 필요한지 예측하는 것은 중요한 업무이다. 하지만 업무의 특성상 정확한 예측은 어렵다.

비용 추정에 대하여 개발된 방법들에 대해서 간단한 개념을 소개한다(자세한 자료와 규정 및 적용 가이드는 정보통신연구진흥원의 소프트웨어 공학 센터에서 발행하는 자료를 참고하면 된다).

소프트웨어 개발 비용 추정 방법

소요기간을 기준으로 하는 방법

- 프로젝트를 구성하는 단계(Phase)를 나누고,
- 최종 단계를 구현하는 활동(Activity)을 식별한 후에
- 각 활동에 투입될 인력과 참여도를 곱하여 인건비를 산출한다.

프로그램의 규모를 기준으로 하는 방법

- COCOMO(COnstruction COst MOdel) 방법
  - 프로그램 라인 수와 개발에 필요한 MM(월 필요 인원)의 관계, 과거 프로젝트 경험을 기반으로 구하는 방법
  - COCOMO 방법에는 COCOMO와 COCOMO II 의 두 가지 방법이 있다

  〔 COCOMO 방법 〕

  • B. Boehm이 1981년 제안한 방식으로 COCOMO 81 모델이라 한다.

  〔 COCOMO II 방법 〕

  • 1995년 제안된 것으로 프로젝트를 "프로토타이핑", "초기 설계", "설계 이후"로 나누어서 각 단계마다 인건비, 개발 속도 등에 대한 다른 기준을 적용하도록 개선된 것

- 기능 점수(Function Point) 방법
  - 소프트웨어를 구성하는 입출력, 질의어, 인터페이스, 파일들을 기초로 규모를 산정하는 방법
  - 1979년 IBM의 Allen J. Albrecht에 의해 제안되었다.
  - 미국에 본부를 둔 IFPUG(International Function Point User Group)에서 관련 매뉴얼 제작과 확산을 담당하고 있다.

COCOMO 방법을 통한 프로젝트 비용 추정 예

COCOMO 방법을 사용하는 간단한 예를 제시한다. 실제 관련 문서를 보면 좀 더 복잡한 설명을 하고 있는데, 개념적인 이해를 위하여 간단하게 정리하여 설명한다.

COCOMO 방법을 위한 가이드

✓ 개발에 대한 노력(PM) = a * $(KDSI)^k$ * 노력승수

유형	공식	설명
Organic Mode(유기적모드)	PM = 2.4 * $(KDSI)^{1.05}$ * 노력승수	소규모, 일반적인 응용 프로그램
Semi-detached Mode (반결합형 모드)	PM = 3.0 * $(KDSI)^{1.12}$ * 노력승수	트랜잭션, 운영체제, 데이터베이스 처리 프로그램 등
Embedded Mode(내장모드)	PM = 3.6 * $(KDSI)^{1.20}$ * 노력승수	실시간처리시스템, 신호제어 외에 하드웨어가 포함된 프로그램

- KDSI는 Kilo Delivered Source Instruction의 약자로서, 프로그램 라인 수를 1000라인 단위로 묶은 것이다
- 노력승수는 비용에 대한 추가 요소를 고려하기 위한 것으로, 요소별 승수의 값이 별도의 테이블로 정의되어 있다(여기에서는 고려하지 않음)

✓ 개발 기간(TDEV) = c * $(PM)^d$
✓ 적정 투입 인원(FPS) = MM/TDEV
✓ 인적 비용(COST) = MM * 인당 월평균 급여

【예】 14,000라인의 응용 프로그램을 개발하는 프로젝트 비용을 COCOMO 모델을 이용하여 계산하면 다음과 같다.

- 경험을 기반으로 변수의 값을 확정한다.

  a=2.4, k=1, c=0.5, d=1

- PM(개발에 대한 노력) = 2.4 * 14 = 33.6 MM(월 투입 인원)
- TDEV(개발 기간) = 0.5 * 33.6 = 16.8 Month
- FPS(적정 투입 인원) = 33.6 / 16.8 = 2 명
- COST(인적 비용) = 2 * 500만원 = 1000 만원

기능 점수(Function Point) 방법을 통한 프로젝트 비용 추정 예

기능 점수 방법에 대한 간단한 예를 제시한다. 관련 문서를 보면 복잡한 내용이 많이 있다. 개념적인 이해를 위하여 간단하게 정리하여 설명한다.

기능 점수 방법을 위한 가이드

[기능 점수 방법 실습 – 개념 이해를 위한 간편 방식]

① 다섯 가지 기능 분야에 해당하는 개수를 파악해서 <기능 점수 구하는 표>를 채운다.
② 각 기능에 대한 복잡도를 결정하여 표시한다.
③ 총 기능 점수(GFP)를 구한다.
④ <처리복잡도 계산표>의 항목에 0(복잡하지 않음) ~5(복잡) 중에 적당한 값을 넣는다.
⑤ 처리복잡도 보정계수(PCA)를 구한다.
PCA = 0.65 + 0.01$\sum_{i=1}^{14} P * C$
⑥ 기능 점수를 구한다. FP = GFP * PCA
⑦ 노력을 구한다. E = FP / Productivity

< 기능 점수 구하는 표(실습용 예) >

: 국내 환경에 대한 것은 정보통신연구진흥원의 소프트웨어공학센터 자료를 참조할 것

	기능 분야(예) : 국내는 항목이 다르다	개수	복잡도(예)			FP=개수*가중
			단순	보통	복잡	
1	입력 작성(트랜잭션)		3	4	6	
2	출력(화면 및 출력 양식)		4	5	7	
3	질의 화면 작성		3	4	6	
4	파일 개수		7	10	15	
5	외부 인터페이스		5	7	10	
GFP						

< 처리복잡도 계산표(실습용 예) >

특 성	처리복잡도
운영중에 백업과 복구를 요구하는가?	
통신 기능을 사용하는가?	
확장을 위해 재사용성을 고려해야 하는가?	
타시스템과의 연동을 위한 변환이 필요한가?	
데이터베이스가 온라인으로 처리되어야 하는가?	
변경이 자주 발생하는가?	
분산처리 환경을 지원해야 하는가?	
입,출력 및 DB처리가 복잡한가?	
로직의 구성이 어려운가?	
운영중에 부하가 많이 걸리는 경우가 있는가?	
온라인 기능을 지원하는가?	
업무 특성상, 처리 성능이 중요한가	
업무 처리를 위해 트랜잭션을 사용하는가?	
여러 환경에 설치되어야 하는가?	

【예】 개발할 소프트웨어의 기능별 개수가

– 사용자 입력 : 5

– 출력 화면 : 10

– 질의 화면 : 5

– 파일 개수 : 20

– 외부 연결 : 3이고,

– 복잡도는 단순, 처리복잡도는 백업과 통신은 5이고, 나머지는 2라고 가정한다.

먼저 기능 점수표를 이용해서 GFP를 계산한다.

기능 점수 합(GFP) = 5*3 + 10*4 + 5*3 + 20*7 + 3*5 = 225 FP

처리복잡도 계산표를 이용해서 PCA를 계산한다.

PCA = 0.65 + 0.01(2*5 + 12*2) = 0.99 // 백업과 통신은 5이고, 나머지는 2이다.

기능 점수(FP) = 225 * 0.99 = 222.75 FP

노력(E) = 222.75 / 23.4 = 9.5 MM

(23.4는 Productivity값으로 2012년 소프트웨어 공학 백서의 내용에서 발췌하였고, 매년 조정되는 값이다.)

6.14 프로젝트 수행의 실무 단계 및 산출물 요약

지금까지 설명한 프로젝트 수행의 단계를 모두 이해하였으면, 이번에는 3장부터 6장까지 설명한 내용들이 실제 업무의 수행에서 어떻게 연결되는지를 정리해보도록 하자.

RFI부터 프로젝트의 종료 단계까지 다루어야 하는 범위를 [그림 6-13]에 정리하였다. 정보시스템 개발에 관련된 각 단계에서 어떤 일을 수행하는지에 대한 정리와 요약의 의미를 가지고 있으므로 살펴보기 바란다.

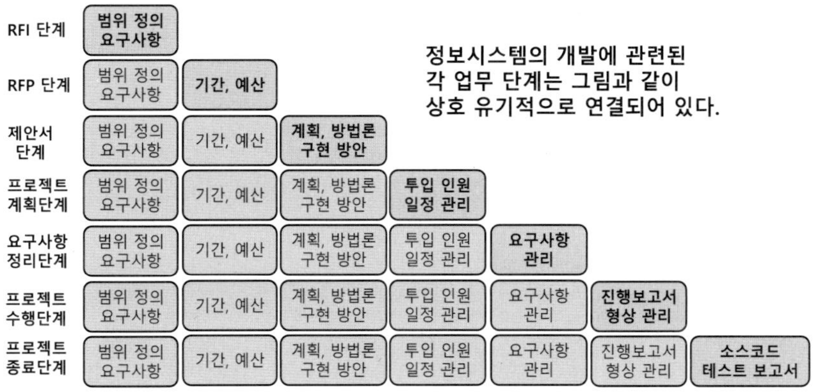

[그림 6-13] 정보시스템 관련 단계의 연결서

정보시스템 개발에 관련된 활동에서 만들어지는 중요 프로젝트 산출물은 다음과 같다.

- 자료 의뢰서(RFI : Request For Information)
- 제안 요청서(RFP : Request For Proposal)
- 제안서(Proposal)
- 프로젝트 계획서(Project Plan)
- 요구사항 명세서(Requirement Specification)
- 설계 명세서(Design Specification)

이 중에서 '제안 요청서', '제안서', '요구사항 명세서', '설계 명세서'에 포함되어야 하는 내용을 이해를 위하여 간략하게 설명한다. 문서의 성격 파악을 위한 예시로 이해하면 된다. '자료 의뢰서'는 다양한 형태가 있고 간단하므로 별도의 예를 제시하지 않는다.

【 제안 요청서에 포함되어야 하는 내용 】

- 사업명
- 사업 기간
- 사업 목적
- 사업 범위
- 예산 규모
- 비즈니스 요구사항 명세서 : 4장에서 제작한 것
- 개발 환경(기존 시스템 환경)
- 제안서 작성 시 고려 사항
- 제안서 작성 기준(목차, 서술 예시)
- 제안 기한 및 제출 방법
- 제안서 평가 기준

【 제안서에 포함되어야 하는 내용 】

- 제안 업체 일반 사항 : 회사명, 대표자, 회사 연혁, 자본금, 규모 등
- 제안 목적
- 사업명
- 사업 기간
- 사업 목적
- 비즈니스 요구사항 명세서
- 사업 범위
- 사업 추진 체계
- 개발 방법론
- 일정 계획
- 투입인력
- 기술이전 계획
- 제안 업체의 사업 수행 실적
- 제안 금액(별지)

【 프로젝트 계획서에 포함되어야 하는 내용 】

- 사업명
- 사업 기간
- 사업 목적
- 사업 범위
- 사업 추진 체계
- 개발 방법론
- 비즈니스 요구사항 명세서
- 산출물 계획
- 일정 계획
- 품질관리 계획
- 보고 계획
- 위기관리 및 보안 대책
- 교육 계획
- 주관 기관 협조 요청 사항

【 요구사항 명세서에 포함되어야 하는 내용 】

- 기능 요구사항
- 성능 요구사항
- 인터페이스 요구사항
- 운영 요구사항
- 자원 요구사항
- 검증 요구사항
- 인수 테스트 요구사항
- 문서화 요구사항
- 보안 요구사항
- 이식성 요구사항
- 품질 요구사항

- 신뢰성 요구사항
- 유지보수성 요구사항
- 안전 요구사항

【 설계 명세서에 표함되어야 하는 내용 】

- 시스템 구조도
- 데이터베이스 설계 문서
- 프로그램 작성 지침
- 인터페이스 설계 문서
- 방법론 산출 문서(예: UML의 클래스, 시퀀스, 패키지 등의 산출물)
- 모듈 구성도

6.15 정리

이번 장의 내용을 한 장의 그림으로 요약하면 아래 그림과 같다.

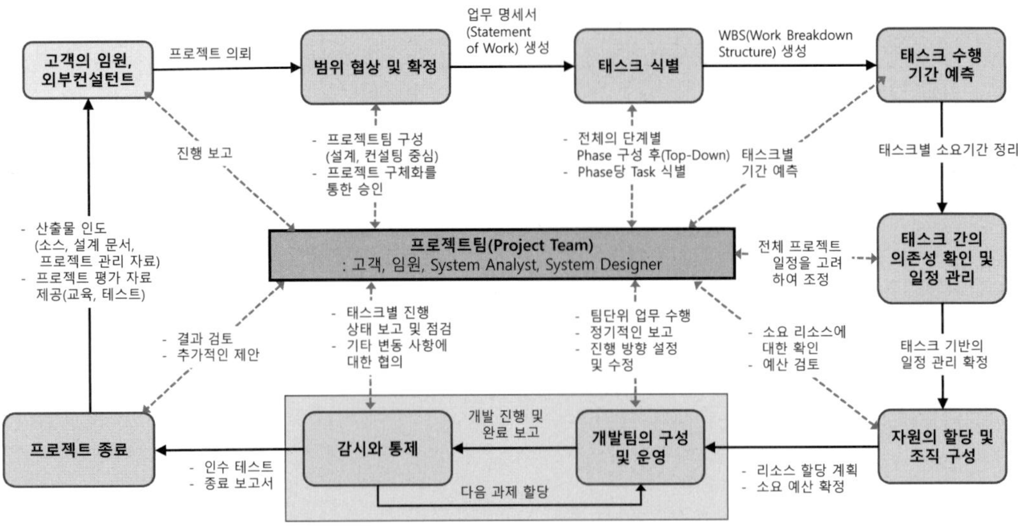

이 그림을 통하여

- 프로젝트를 수행할 때,
- 수행해야 하는 8가지의 작업과 순서를 확인하고
- 각 단계에서 수행하는 작업 내용과 각 단계의 수행 결과는 무엇인지를 정리하기 바란다.

프로젝트의 수행은 정보시스템의 구축을 위한 과정이다. 그러므로 소프트웨어 공학에서 프로젝트 수행이 가지는 비중은 중요하다. 특히, 프로젝트 수행에서 진행해야 하는 "Statement of Work"와 WBS는 전체 과정의 방향을 결정하는 중요한 과정이다.

이번 장의 내용은 앞뒤로 연결된 다른 활동과의 연결선상에서 이해해야 한다. 특히 산출물의 경우에는 앞의 단계에서 만들어진 산출물이 다음 단계의 기반이 된다는 점을 이해하고 어떤 내용이 언제 만들어져야 하는지 확인하기 바란다.

연습문제

01. 프로젝트, 프로젝트 관리, 프로세스 관리를 정의하시오.

02. 프로젝트에서 수행해야 하는 8가지 작업에 대하여 설명하시오.

03. [그림 6-4] 인사관리 프로젝트에서 "임원 인사관리"를 활동과 일로 분해하여 정리해보시오.

04. WBS를 왜 작성해야 하는지 이유를 설명하시오.

05. 프로젝트의 자원은 어떤 것이 있는지 정리하시오.

06. 프로젝트에서 수행해야 하는 관리 작업은 어떤 것이 있는지 정리하시오 .

07. 프로젝트 종료 시에 고객에게 인도할 산출물의 종류를 정리하시오.

08. 임의의 도구를 선택해서 다운받고, WBS를 작성해보시오.
【예】 ProjectLibre를 다운로드 받고 ProjectLibre Tutorial.pdf를 이용하여 실습하시오.

09. 엄마의 심부름으로 마트에서 우유, 상추, 삼겹살을 사는 과정을 WBS로 작성하시오(크리티컬 패스를 설정하고 이유를 설명하시오).

10. [그림 6-12]의 내용을 본인이 선택한 도구를 이용하여 WBS로 작성해보시오.

7

소프트웨어 분석 및 설계

소프트웨어 분석 및 설계의 개념과 관련된 지식에 대하여 학습하고, 이어서 소프트웨어 설계를 정리하고 활용하기 위한 소프트웨어 아키텍처에 대하여 종합적으로 정리한다.

이미 용어에서 확인할 수 있는 바와 같이, 소프트웨어 공학을 공부하는 사람들은 필수적으로 이해하고 활용할 줄 알아야 하는 분야이다. 이 분야가 소프트웨어 공학의 중심이 되는 내용이라고 생각한다.

이 장을 통하여 소프트웨어 아키텍처에 대한 정확한 개념을 잡길 바란다. 이는 두고두고 유용하게 사용할 수 있을 것이다.

7.1 소프트웨어 분석 및 설계의 개념

2장과 3장에서 설명한 정보시스템의 내용을 기반으로 정보시스템을 만들기 위해 수행해야 하는 분석 및 설계의 과정에 대해 자세하게 살펴보겠다. 먼저 기본 개념부터 정리하자.

소프트웨어 분석(Software Analysis)의 개념

소프트웨어 분석은 소프트웨어가 수행해야 하는 목적에 맞추어 소프트웨어를 분해하는 문제 해결 기법이다. 비즈니스의 관점에서 전체 작업을 수행한다.

정보시스템의 개발 단계 중에서 요구사항 관리 부분에 속하는 활동이다. 구체적으로 '사전 탐색', '문제 분석', '요구사항 분석'의 과정에 해당한다.

소프트웨어 분석의 반대 개념이 소프트웨어 설계(Software Design)이다.

소프트웨어 설계(Software Design)의 개념

소프트웨어 설계는 소프트웨어 구현의 첫 번째 단계로서, 소프트웨어의 전체 구조를 결정하는 단계이다. 구현하고자 하는 시스템을 여러 서브시스템으로 분할하고 분할된 서브시스템 단위로 구현 계획을 수립하는 것이다.

소프트웨어 설계는 비즈니스에 초점을 맞추는 소프트웨어 분석과는 달리 실제 구현을 염두에 두고 기술적인 부분에 집중한다.

작업의 내용으로 보면 소프트웨어 설계는 소프트웨어 분석에서 분류된 부분을 재조립하여 보다 나은 시스템을 구성하는 것이다. 소프트웨어 설계가 수행되면 기존 시스템과 비교해서 추가/삭제/변경된 부분이 발생한다.

소프트웨어 설계는 2단계로 이루어진다.

- 기본 설계(Preliminary Design)

  상위 설계(High Level Design)라고 한다. 소프트웨어 구조와 데이터의 모습을 결정하고 사용자 인터페이스를 확정하며 큰 프로세스를 정의한다. 프로그램의 내부/외부 인터페이스를 정의, 확정하고 외부와의 연결을 위한 네트워크 부분도 정리한다.

- 상세 설계(Detail Design)

  전체를 구성하는 각 모듈의 프로세스와 알고리즘에 집중하여 상세 내용을 정의하고 확정한다.

7.2 소프트웨어 설계의 기술적인 관점

소프트웨어 설계는 아래와 같은 4가지 설계로 구성된다.

소프트웨어 설계를 구성하는 4가지 설계

1. **데이터 설계(Data Design)** : 데이터베이스 구조(Database Schema) 부분

   : 요구사항 분석과 정보공학 방법론의 개체-관계 모델링(E-R Modeling)과 정규화(Normalization) 자료에 기반을 두어서 자료구조와 데이터베이스 설계를 수행한다.

2. **구조 설계(Architecture Design)** : 프로그램 구조(Application Schema) 부분

   : 기능 모델링이나 동적 모델링(예: 순차 다이어그램)에 표시된 결과를 기반으로 각 프로그램의 모듈이나 모듈 사이의 관계를 기술하는 것이다.

3. **프로시저 설계(Procedural Design)** : 프로그램 로직(Application Logic) 부분

   : Top-Down으로 구성된 각 단위 모듈의 내부 로직을 구현하는 것이다.

4. **사용자 인터페이스 설계(User Interface Design)** : 인터페이스 상세(Interface Specification)와 네트워크 부분

   : 프로그램이 사용자에게 제공하는 화면과 화면 사이의 연계 부분을 구현하는 것이다.

소프트웨어 설계 시 만들어야 하는 4가지를 확인하였다. 이 4가지 요소를 살펴보면 소프트웨어의 설계와 개발을 위해 우리가 해야 하는 일이 무엇이 있는지 확인할 수 있다.

정보시스템의 관점에서 소프트웨어 설계를 바라보겠다. 우선 데이터에 대한 것이 있다. 이것은 정보시스템의 '데이터' 부분과 일치한다. 다음으로 구조와 프로시저 설계에 대한 것이 있다. 이것은 정보시스템의 '프로세스' 부분을 구체화한 것이다. 다음으로 사용자 인터페이스 부분이 있다. 이것은 정보시스템 아키텍처에서 별도로 고려하지는 않았지만 내/외부 인터페이스 부분을 설계하면서 만들어지는 부분이다.

7.3 소프트웨어 설계의 가이드라인

소프트웨어 설계를 수행하는 데 참고해야 하는 가이드라인을 정리하면 다음과 같다.

- 실제 구현을 목표로 관리적 시각(기본 설계, 상세 설계)과 기술적 시각(데이터 설계, 구조 설계, 프로시저 설계, 사용자 인터페이스 설계)을 동시에 고려한다.

- **설계는 Top-Down으로 수행하며 기능별 단위 구성 요소(모듈)는 독자적인 기능을 수행하도록 설계한다.**
- 모듈 내부의 응집도가 높도록 하고, 모듈 사이의 결합도는 최소가 되도록 설계한다.
- 모듈 사이의 계층화와 연관성을 명확하게 정리하면서 진행한다.
- 분석과 모델링 결과물에 기반을 두어 소프트웨어 설계가 수행되어야 한다. 즉 **설계는 요구사항 분석 과정의 연장선상에서 수행되어야 하며, 추측과 추정에 기반을 두고 수행되면 안 된다.**
- 기본 설계 단계에서
  - 전체 데이터 구조를 정의하고
  - 사용자 인터페이스와 인터페이스 간의 연계성을 명확히 하며
  - 모듈의 구분과 모듈 간의 관계를 정확히 하고
  - 구현에 사용되는 사용자 정의 자료형(클래스)의 정의와 관련성(상속, 인터페이스)에 대한 것을 설정한다.
- 핵심 프로세스를 중심으로 상세 로직을 정의함으로써, 나머지 부분에 대한 상세 구현의 가이드를 설정한다.

가이드라인을 요약하면 Top-Down으로 기능을 분리해서 단위 모듈을 구분하는 것이 가장 중요한 것임을 설명하고 있다. 단위 모듈의 분리가 잘 되어야 이후의 모든 과정이 정상적으로 수행된다. 단위 모듈을 잘 분리하는 요령은 13장의 DFD와 15장의 유스케이스에서 사례를 가지고 설명하도록 하겠다.

7.4 소프트웨어 설계의 품질 요소

소프트웨어 설계의 평가를 위한 척도는 다음과 같다.

- **기능적 독립성**(Independent Function)

  구현하는 각 모듈이 기능적으로 분리되어 있는지를 보는 것이다.

- **결합도**(Coupling)

  모듈 사이의 상호 연관성의 복잡도를 보는 것으로, 한 모듈의 수정이 다른 모듈의 수정을 요구하면 결합도가 높은 것이다. 결합도는 낮을수록 좋다.

- **이해도**(Understandability)

  프로그램 요소의 기능을 이해하기 쉽게 만든 정도를 말한다. 소프트웨어만으로 기능에 대하여 얼마큼 이해할 수 있는지를 보는 것이다.

- **적응도(Adaptability)**

  소프트웨어의 변경이 용이한 정도를 보는 것이다. 적응도가 높으려면 결합도가 낮아야 하며 이해도가 높아야 한다. 적응도가 높으면 이식성(Portability)이 좋아서 다른 곳에서 활용하기 쉽다.

- **응집도(Cohesion)**

  소프트웨어를 구성하는 모듈이 여러 가지 기능을 수행하는 것이 아니고, 하나의 작업을 수행하도록 구성되어 있다면 응집도가 높은 것이다. 즉 하나의 모듈은 하나의 역할을 수행하도록 설계하는 것이 중요하다.

소프트웨어 설계 평가의 5가지 요소는 중요한 개념이다. 평가 척도를 이해하고 모듈을 구성하도록 노력하는 것이 중요하다. 현 단계에서는 5가지 평가 기준을 이해하는 것으로 마무리하고 이후의 과정을 통해서 실무 적용 능력을 기르도록 하겠다.

7.5 소프트웨어 아키텍처의 필요성

이제 소프트웨어 아키텍처에 대하여 설명할 시간이다. 이 부분은 랜 베스, 폴 클레멘츠, 릭 캐즈먼이 공저한 "소프트웨어 아키텍처 이론과 실제"에서 많은 부분을 참고하였음을 밝힌다.

앞에서 설명한 소프트웨어 설계의 결과물이 소프트웨어 아키텍처이다.

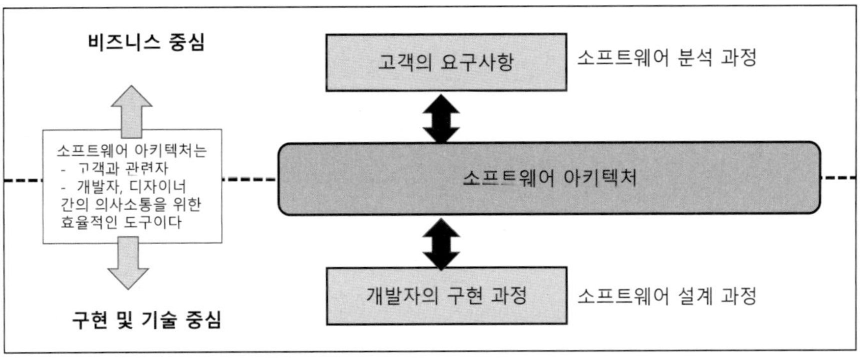

[그림 7-1] 소프트웨어 아키텍처의 역할

소프트웨어 아키텍처는

- 요구사항 분석을 수행한 이후에 제작된다.
- 시스템 개발의 각 단계별로 만들어지거나 취합된 내용이 소프트웨어 아키텍처에 추가된다.
- 정보시스템의 개발에 관여하는 사람들은 소프트웨어 아키텍처를 통해서 개발하고자 하는 시스템의 범위, 내용, 방향, 진행 상태, 구성 등 모든 내용을 공유하고 확인할 수 있다.

- 프로젝트가 진행되면서 소프트웨어 아키텍처는 관련자(사용자, 개발자, 아키텍터 등)에 의해 지속적으로 추가/보완/생성/삭제의 과정을 거치게 된다.
- 프로젝트의 종료 시 산출물로 고객에게 제공된다.

위의 설명을 그림으로 정리하면 [그림 7-2]와 같다.

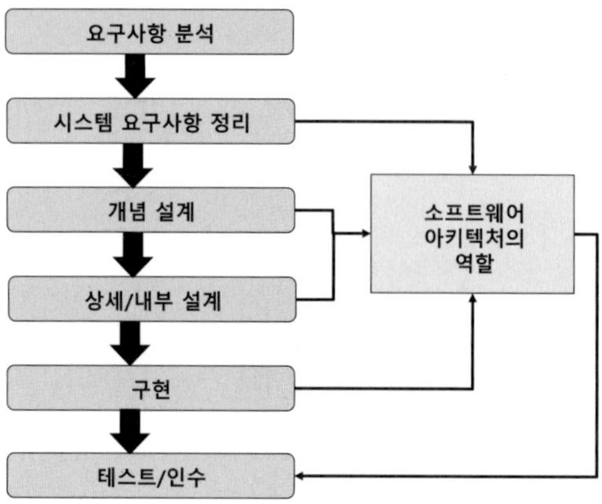

[그림 7-2] 소프트웨어 아키텍처 라이프사이클

7.6 소프트웨어 아키텍처의 정의 및 개념

소프트웨어 아키텍처의 정의

프로그램이나 컴퓨팅 시스템의 소프트웨어 아키텍처는 소프트웨어 구성 요소와 그들이 지니고 있는 특성 중에 외부로 드러나는 특성 그리고 구성 요소들의 관계를 표현하는 시스템의 구조나 구조체를 표현한 것을 말한다. 그리고 아키텍처 설계는 아키텍처를 정하는 의사결정의 과정이다.

소프트웨어 아키텍처는 소프트웨어의 요소를 정의하며, 상위 수준의 전체적인 구조 표현에 집중하여 제작한다. 그리고 프로그램이나 시스템을 구성하는 컴포넌트들의 구조, 그들 간의 상호관계 및 시스템 설계를 통제하고 향후 진화에 영향을 주는 원칙이며 가이드라인이다.

소프트웨어 아키텍처가 중요한 이유

- 소프트웨어 개발에 관여하는 이해관계자(사용자, 개발자, 컨설턴트, 제품 엔지니어 등) 간의 대화를 위한 수단이다.
- 소프트웨어 아키텍처를 통하여 설계나 구성에 대한 결정 사항이 정리된다.
- 소프트웨어 아키텍처를 통해 개발된 시스템을 추상화할 수 있고 타 시스템 개발자와 업무 협의를 할 수 있다.

아키텍처 비즈니스 사이클

소프트웨어 아키텍처는 기술과 비즈니스, 사회적인 영향 요소의 결과물이며, 아키텍처는 기술과 비즈니스, 사회 환경에 영향을 준다. 또한 이런 환경 요소들은 다시 미래의 아키텍처에 영향을 미친다.

이것을 아키텍처 비즈니스 사이클(Architecture Business Cycle : ABC)이라고 한다.

아키텍처에 영향을 주는 요인

아키텍처를 제작하는 데 영향을 줄 수 있는 요인들을 분류해서 정리하였다.

- **이해관계자**

  : 소프트웨어를 개발하는 기업의 임원, 사용하는 직원을 말하며 비용, 성능, 신뢰성, 변경 용이성, 운영성에 관심을 가지고 있다.

- **개발 조직**

  : 소프트웨어 개발에 관여하는 컨설턴트, 개발자를 말하며 개발팀의 팀워크, 개발자의 능력 및 경험 등에 관심을 가지고 있다.

- **배경과 경험**

  : 소프트웨어를 개발하게 된 개발 동기, 개발에 대한 기대치, 이전에 수행했던 과제의 결과로 인하여 만들어지는 분위기와 상황을 말한다.

- **기술적 환경**

  : DBMS, 개발 언어, 네트워크, 하드웨어 등 현재 시스템의 기술적 환경을 말한다.

- **잠재적 요구사항**

좋은 아키텍처의 요건

잘 제작된 아키텍처가 가져야 하는 요건에 대하여 정리한다.

- 아키텍처는 아키텍처팀에 의해 수립되어야 한다.
- 아키텍처는 요구사항에 기반을 두어 제작되고, 이해관계자에게 배포, 공유되어야 한다.
- 아키텍처는 기능 모듈 단위로 제작되며 상세 내용은 보이지 않아야 한다.
- 아키텍처는 데이터를 생성하는 모듈과 사용하는 모듈을 분리해야 한다.
- 아키텍처는 점진적으로 만들어 가는 것이며, 어느 순간 완성되어야 하는 것은 아니다.

  : 다양한 이해관계자가 제작에 참여하여 다양한 시각과 내용을 포함하도록 한다.

- 아키텍처의 제작 시에 품질 속성에 대해서는 구체적으로 명시되어야 한다.
  - ▶ 성능 : 처리량, 반응시간, 필요한 하드웨어 사양 등을 구체적으로 명시
  - ▶ 확장성 : 동시 접속자 수, 데이터의 크기 등을 구체적으로 명시
  - ▶ 변경 용이성
  - ▶ 보안성
  - ▶ 가용성 : 가동률 등을 구체적으로 명시
  - ▶ 통합성 : 다른 시스템과의 통합 가능성 등을 구체적으로 명시

(참고) 아키텍처 품질 속성에 대한 기준은 위의 내용 외에도 아래와 같이 여러 가지가 있다. 각각에 대한 상세 내용은 앞의 설명과 유사하므로 별도로 설명하지 않는다.

- McCall
- Boehm
- HP's FURPS(Functionality, Usability, Reliability, Performance, Supportability)
- IBM's CUPRIMDSO(Capability, Usability, Performance, Reliability, Installability, Maintainability, Documentation, Serviceability, Overall)
- SEI(Software Engineering Institute)'s SAiP(Software Architecture in Practice)

아키텍처 제작의 기본 원리

- **분할 및 계층화** : Top-Down으로 분할하여 단위 작업(모듈, 컴포넌트) 수준까지 내려간다.
- **추상화** : 관점에 맞추어 필요한 부분만을 다룬다.
- **단순화** : 복잡함을 제거하고 기본 기능 중심으로 다룬다.
- **모듈화** : 기능별로 모듈화하여 구성한다.
- **효율화** : 필요한 자원의 효과적 이용이 가능하도록 한다.

여기까지 소프트웨어 아키텍처에 대한 정의와 원리, 요건 등에 대하여 정리하였다.

7.7 소프트웨어 아키텍처의 문서화

앞에서 소프트웨어 아키텍처에 대한 많은 내용을 정리하였다.

그렇다면 실제 소프트웨어 아키텍처는 어떻게 제작할까? 정확한 답은 없다. 저자의 경우 프로젝트를 시작할 때 소프트웨어 아키텍처에 포함시킬 내용을 일단 정하고, 각 목차별로 간지를 끼워서 바인더를 만들어 놓는다. 그리고 업무를 진행하면서 조사되거나 준비된 내용을 바인더의 해당 목차에 하나씩 끼워 넣는 방식으로 소프트웨어 아키텍처를 만들었다.

만약 소프트웨어 아키텍처에 어떤 내용이 들어가는지 모르겠다면 아직 컨설팅을 수행할 준비가 되지 않았다고 보면 된다. 업계의 컨설턴트들은 해당 분야에 대한 소프트웨어 아키텍처의 목차와 표준적인 제작 방법 등을 다양한 경험을 통하여 알고 있다.

[그림 7-3]에 소프트웨어 아키텍처 바인더의 목차를 참고하라. 제공된 목차는 완전한 것은 아니고 여러 분들의 이해를 위해 준비한 것이다. 예시를 기반으로 필요한 목차를 추가해서 본인만의 소프트웨어 아키텍처를 개발해보기 바란다. 어떠한 목차를 추가해야 할지에 대한 기준은 앞에서 설명한 소프트웨어 아키텍처의 개념과 필요성, 영향을 주는 요인 등을 통해서 결정하면 된다.

개요
- 시스템의 범위
- 시스템 기능 요구사항
- 논리적 모듈 구성
- 기술적 모듈 구성
- 사용되는 도구 정리

시스템의 분할
- 전체 시스템 1차 View(통합 View)
- 전체 시스템 2차 View(기능별 분할 View)
- 전체 시스템 3차 View(각 기능 단위별 처리 과정 View)

개발 모듈 분할
- 2차 View에 기반하는 PL 레벨 분할
- 3차 View에 기반하는 개발 인력별 분할

코딩 규칙
- 기본 규칙
- 들여쓰기 규칙
- 변수, 함수명 명명 규칙
- 변수의 적용 범위에 따른 명명 규칙
- 주석 처리 규칙
- 개발 매뉴얼 작성 규칙

로그 시스템 사양
- 로그의 출력 형식
- 로그의 저장 형태/위치
- 로그의 수준 정의
- 3차 view에 기반하는 로그 수준 정의

[목차 외 내용]
커버
버전 이력
목차
목차별 페이지
(페이지 형식은 현재 버전/페이지 번호/현재 목차를 포함해야 함)
... 이후에 상세한 내용은 지속적으로 보완

사용자 정의 자료형
- 자료형 리스트& 설명
- 상속구성도
- 인터페이스 기능도
- 기능별 연관 클래스 Map

DB 정보
- Table 연관도
- DB Access 모듈 인터페이스
- 어플리케이션에서 사용하는 방법 정의
- 에러 처리 규정

인터페이스 규격
- 외부 인터페이스 정의 규칙
- 내부 인터페이스 정의 규칙
- 에러 처리 규정

에러 처리

[그림 7-3] 소프트웨어 아키텍처 바인더의 목차(예시)

7.8 소프트웨어 아키텍처의 설계 과정

소프트웨어 아키텍처에 대한 일반론과 문서화 방법에 대하여 설명하였다. 이제는 소프트웨어 아키텍처의 설계 과정에 대하여 정리할 시간이다. 소프트웨어 아키텍처를 설계할 때, 관련자들의 마음에는 이미 2, 3장에서 설명한 정보시스템의 구성에 대한 개념이 서 있어야 한다는 점을 강조한다.

소프트웨어 아키텍처 설계 과정을 [그림 7-4]에 도표로 정리하였다.

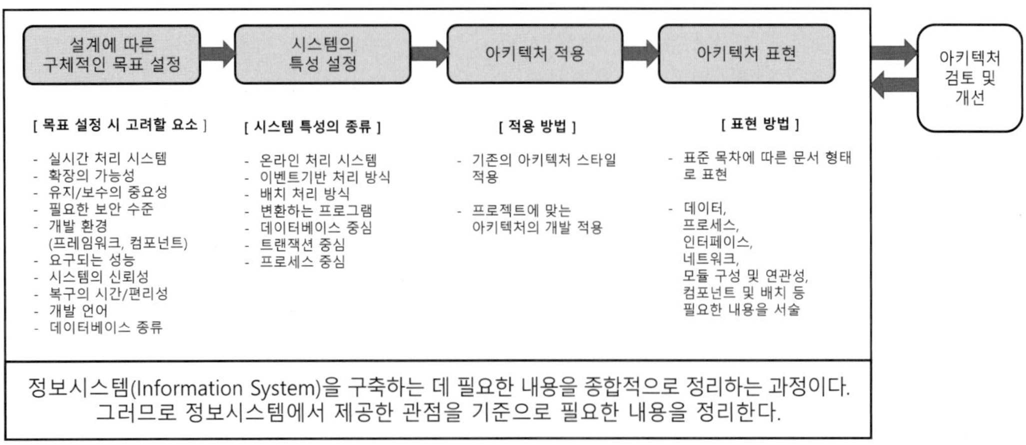

[그림 7-4] 소프트웨어 아키텍처의 설계 과정

[그림 7-4]의 과정은 '구체적인 목표 설정', '시스템의 특성 설정', '아키텍처 적용', '아키텍처 표현'의 4단계로 구성되며 이 과정은 반복을 통해 보완되면서 점차적으로 완성되어 가는 모습을 보여주고 있다.

[그림 7-4]에서 사용되는 많은 용어들은 7.9절, 7.10절에서 자세하게 설명한다.

최근에는 객체지향 프로그래밍 환경이 널리 사용되면서 자연스럽게 객체지향 모델링도 많이 사용되고 있다. 이 중에서 객체지향 모델링 방법인 UML이 많이 사용된다. UML에서 제안하는 아키텍처 구성의 관점을 4+1 관점이라고 하는데 이를 [그림 7-5]에 정리하였다. (객체지향이나 UML, 모델링에 대한 개념은 12장과 15장에서 확인할 수 있다.)

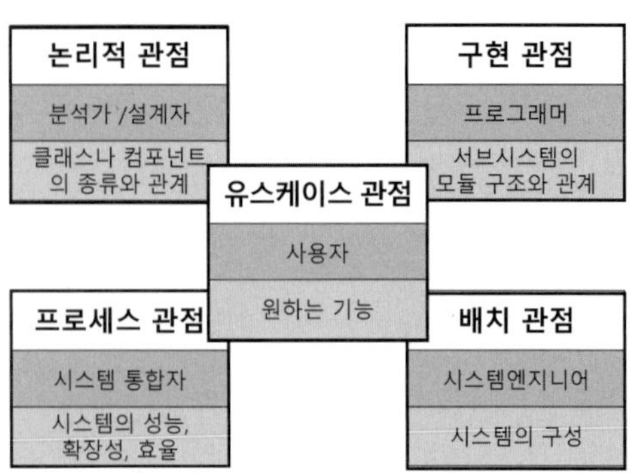

[그림 7-5] UML의 아키텍처 구성 관점(4+1 관점)

UML의 4+1에서는 소프트웨어의 아키텍처를 작성할 때, 구현을 위한 4가지 관점과 사용자의 관점을 고려하도록 분리하여 강조하고 있다. 구현을 위한 4가지 관점은 분석가, 설계자의 '논리적 관점', 시스템 통합자의 '프로세스 관점', 시스템 엔지니어의 '배치 관점' 그리고 프로그래머의 '구현 관점'을 말한다. 우리가 정의했던 정보시스템과 많은 부분이 공통되는 것을 확인할 수 있다.

7.9 소프트웨어 아키텍처의 작성을 위한 관점

소프트웨어 아키텍처는 개발하고자 하는 소프트웨어가 어떤 기능을 어떻게 수행하는지를 정리한 문서이다. 그러므로 개발에 관련된 사람들이 참고하는 것이며, 필요한 경우 추가/삭제/변경을 할 수 있다.

소프트웨어 아키텍처를 작성할 때 작성자가 가져야 하는 관점을 정리하면 [표 7-1]과 같다.

주의할 점은 어느 관점만을 사용하는 것이 아니고 필요에 따라 관점이 변경될 수 있다는 것이다. 실제 아키텍처 작성 시에는 [표 7-1]의 관점 중에서 필요한 여러 개의 관점을 고려하면서 작성한다. 일반적으로는 [표 7-1]의 6개 관점을 모두 사용하는 경우가 많다.

[표 7-1] 소프트웨어 아키텍처 제작의 관점 정리

관점	중요 역할	사례
데이터베이스	전체 시스템이 사용하는 데이터베이스에 대한 내용을 중심으로 구성하는 것	E-R Model 자료 테이블 상세 구성 자료
클래스 중심	객체지향의 프로그램에서 사용하는 데이터 단위인 클래스의 정의와 클래스 간의 연관관계를 중심으로 서술하는 것	클래스 다이어그램 시퀀스 다이어그램 외 필요한 UML 다이어그램
GUI 중심	사용자가 사용하는 화면을 중심으로 전체 시스템을 표현하는 것	GUI 중심의 핵심 프로세스 흐름 표현
모듈구성도	프로그램을 구성하는 단위 모듈을 정의하고, 이들 간의 관계를 표현하는 것	단위 업무별 모듈구성도 전체 시스템 모듈구성도
공용 컴포넌트 및 커넥터	프로그램이 사용하는 공용 또는 외부의 컴포넌트 구성과 모듈 간 또는 외부와의 연결성에 대한 것을 표현하는 것	컴포넌트 정의서 모듈 간, 외부와의 커넥터 명세서 (예) DB Access 공용 컴포넌트
설치 및 운영	완성된 프로그램이 운용되는 장비/네트워크에 대한 상세 사항을 정리하는 문서	UML의 Deployment Diagram

7.10 소프트웨어 아키텍처의 적용 대상

소프트웨어 아키텍처를 제작하는 소프트웨어의 기능을 대상으로 분류한 것이 [표 7-2]이다. [표 7-2]를 통해서 우리가 사용하는 소프트웨어에 대한 기능별 분류를 확인할 수 있다. 정보시스템의 종류를 소개했던 2.7절에서도 동일한 내용을 확인할 수 있다.

[표 7-2] 소프트웨어 아키텍처의 적용 환경 분류

적용 대상	특징	사례
일반적인 업무용 프로그램	기능이 다양하고, 여러 모듈로 구성되는 다양한 인터페이스가 존재하는 특징을 가진다. ➔ 아키텍처의 구성을 위해서는 Top-Down 분할을 수행한 다음 계층별로 아키텍처를 구성한다.	인사관리 시스템 재무관리 시스템 통신 시스템
클라이언트/서버 프로그램	사용자 단말기와 서버 간의 역할이 클라이언트/서버의 구조를 가지는 경우이다.	영업관리 시스템 인사/재무관리 시스템
트랜잭션 프로그램	업무의 수행에 있어 여러 작업이 하나의 단위로 수행되어야 하는 경우이다.	항공기 예약, 은행 계좌 관리
MVC(Model/View/Control) 프로그램	웹상에서 수행되는 대용량 프로그램을 대상으로 소스코드를 Model과 View, Control에 대한 것으로 분리하여 개발, 운영하는 경우이다.	회사의 ERP 시스템
이벤트 중심 프로그램	GUI를 사용하는 프로그램이 가지는 특징으로 사용자가 이벤트를 발생했을 때 작동하는 경우이다.	윈도우 기반 환경의 프로그램
미들웨어 사용 프로그램	데이터의 처리를 위하여 미들웨어를 도입하여 사용하는 프로그램이다.	다음 페이지에 자세히 설명

[표 7-2]의 내용 중에서 중요한 개념(단어)에 대하여 설명한다.

미들웨어(Middleware) 및 클라이언트/서버

미들웨어는 클라이언트와 서버 사이에 존재하는 부분으로 대용량 시스템에서 주로 사용한다.

클라이언트는 요청하는 역할을 수행하는 컴퓨터를 말하고, 서버는 요청을 받아서 처리하는 역할을 수행하는 컴퓨터를 말한다. 즉 클라이언트/서버는 컴퓨터가 어떤 역할을 하느냐에 따라 구분하는 개념이다.

미들웨어는 소프트웨어가 하나로 구성되어 있지 않고, 클라이언트 모듈과 서버 모듈이 네트워크로 연결되어 있는 구조에서 클라이언트와 서버 간의 연결을 담당하는 부분을 말한다.

일반적으로 미들웨어를 사용하는 소프트웨어는 대용량이고 사용자가 많은 경우가 대부분이다. 미들웨어는 아키텍처를 정리할 때 전체 시스템의 구성에 중요한 영향을 미친다.

미들웨어에 대한 이해를 위하여 계층(tier)의 개념을 정리한다.

- 클라이언트/서버로 구성되는 소프트웨어는 2 tier 시스템이라고 한다.
- 클라이언트/미들웨어/서버로 구성되는 소프트웨어는 3 tier 시스템이라고 한다.

소프트웨어는 구성에 따라 1 tier, 2 tier, 3 tier, 4 tier 등 다양하게 구성할 수 있다. 큰 웹환경의 경우에는 클라이언트/웹서버/어플리케이션 서버/DB 서버의 형태로 구성되어, 서버 쪽이 웹서버, 어플리케이션 서버, DB 서버의 3 tier로 구성되는 경우가 많다.

tier는 하드웨어에 의해 나누어지는 개념이 아니고, 소프트웨어의 모듈이 역할별로 어떻게 분리되어 있느냐에 따라 구분되는 개념이다.

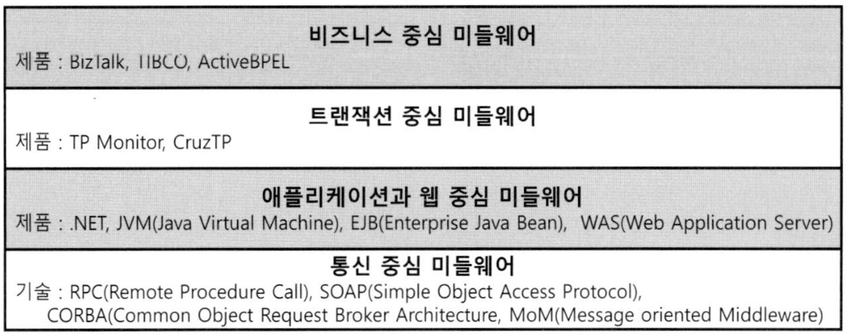

통신중심 미들웨어는 제품이 아닌 기술 중심으로 서술하였다.

[그림 7–6] 미들웨어의 분류

한 개의 하드웨어에서 4 tier의 아키텍처를 가진 소프트웨어를 구성할 수 있다. 물론 실무에서 이렇게 만들지는 않지만 개념의 이해를 위하여 예로 제시하였다.

MVC 프로그램 = MVC 모델을 적용한 프로그램

MVC는 Model, View, Control의 약자이다. 주로 웹 프로그램을 제작할 때 한 개의 프로그램 소스에 화면 구성(View), 입출력 조정(Control), 프로그램 흐름(Model)에 대한 것이 섞여 있어서 읽기 어려운 문제가 발생한다. 그래서 최근의 개발 환경에서는 소스를 Model, View, Control의 3개 부분으로 나누어서 제작하도록 하는데 이것을 MVC 모델이라고 한다.

대표적인 제품이 스프링(Spring), 스트럿츠(Struts) 프레임워크이다. 최근에 특정 회사에서는 MVC모델을 확장해서 MVVC모델 등을 출시하기도 한다.

트랜잭션 프로그램

트랜잭션 프로그램에 관련하여 2.7절에서 설명하였다. 은행과 같이 데이터의 정확성이 필요한 경우에 특정 작업이 수행 중간에 문제가 발생하면, 이것을 감지하고 작업 수행 전으로 데이터를 원상 복귀하는 기능을 제공하는 제품을 말한다. 주로 금융 분야에서 사용하고 있다. [그림 7–6]의 TP Monitor가 대표적인 제품이다.

이벤트 중심 프로그램

프로그램이 정해진 순서로 수행되는 것이 아니고, 수행 중에 사용자의 입력이나 조작에 따라 수행되도록 제작된 프로그램을 이벤트 중심 프로그램이라고 한다. MS-Window에서 수행되는 엑셀, 한글 같은 프로그램이 대표적인 이벤트 중심 프로그램이라고 할 수 있다.

한글은 수행한 후에 사용자가 새 파일을 열거나 기존 파일을 열어서 편집하는 등의 사용자 명령(이벤트)에 따라서 다른 기능을 수행하게 된다. 요즘 사용하는 대부분의 프로그램은 이벤트 중심 프로그램이다.

수능 시험을 보고 이것을 채점하는 프로그램은 이벤트 중심 프로그램이 아니라고 할 수 있다. 매달 정해진 보고서를 출력하는 프로그램도 이벤트 중심 프로그램이 아니다.

7.11 정리

이번 장에서 배운 내용을 중요 주제별로 정리해보자.

소프트웨어 설계의 개념과 관점 그리고 소프트웨어 설계를 구성하는 4가지 설계에 대해서 정리하면 다음과 같다.

- 데이터 설계
- 구조 설계
- 프로시저 설계
- 사용자 인터페이스 설계

소프트웨어 설계의 가이드라인과 품질 요소에 대하여 정리하면 다음과 같다.

- 기능적 독립성
- 결합도
- 이해도
- 적응도
- 응집도

소프트웨어 아키텍처의 개념과 용도, 중요 요소 등에 대하여 학습하였고, 소프트웨어 아키텍처의 개략적인 목차도 제시하였다.

개요
- 시스템의 범위
- 시스템 기능 요구사항
- 논리적 모듈 구성
- 기술적 모듈 구성
- 사용되는 도구 정리

시스템의 분할
- 전체 시스템 1차 View(통합 View)
- 전체 시스템 2차 View(기능별 분할 View)
- 전체 시스템 3차 View(각 기능 단위별 처리 과정 View)

개발 모듈 분할
- 2차 View에 기반하는 PL 레벨 분할
- 3차 View에 기반하는 개발 인력별 분할

코딩 규칙
- 기본 규칙
- 들여쓰기 규칙
- 변수, 함수명 명명 규칙
- 변수의 적용 범위에 따른 명명 규칙
- 주석 처리 규칙
- 개발 매뉴얼 작성 규칙

로그 시스템 사양
- 로그의 출력 형식
- 로그의 저장 형태/위치
- 로그의 수준 정의
- 3차 view에 기반하는 로그 수준 정의

[목차 외 내용]

커버
버전 이력
목차
목차별 페이지
(페이지 형식은 현재 버전/페이지 번호/현재 목차를 포함해야 함)
... 이후에 상세한 내용은 지속적으로 보완

사용자 정의 자료형
- 자료형 리스트& 설명
- 상속구성도
- 인터페이스 기능도
- 기능별 연관 클래스 Map

DB 정보
- Table 연관도
- DB Access 모듈 인터페이스
- 어플리케이션에서 사용하는 방법 정의
- 에러 처리 규정

인터페이스 규격
- 외부 인터페이스 정의 규칙
- 내부 인터페이스 정의 규칙
- 에러 처리 규정

에러 처리

마지막으로 소프트웨어 아키텍처의 종류와 구성 요소별 분류를 학습하고, 개발하는 단계에 대하여 정리하였다.

연습문제

01. 소프트웨어 설계 시에 고려해야 하는 4가지 설계를 정리하시오.

02. 소프트웨어 설계의 품질요소 5가지를 정리하시오.

03. 소프트웨어 아키텍처를 정의하시오.

04. 소프트웨어 아키텍처가 왜 중요한지 설명하시오.

05. 소프트웨어 아키텍처를 만드는 과정을 설명하시오.

06. 소프트웨어 아키텍처에 포함되어야 하는 내용은 어떤 것이 있는가?

07. 소프트웨어 아키텍처를 제작하는 관점은 어떤 것이 있는가?

08. 소프트웨어 아키텍처의 적용대상은 어떻게 분류할 수 있는가?

09. 미들웨어의 종류를 정리하시오.

8

소프트웨어 프로세스

정보시스템의 개발에 사용되는 방법론과 프로세스에 대해서 정리하는 부분이다. 여러 개발 프로세스에 대해서 알아보고, 개발의 필수 요소인 지원 프로세스에 대해서도 정리한다. 마지막으로 앞으로 설명할 개발 방법론에 대해서도 개념 중심으로 정리한다.
일반적인 소프트웨어 공학의 관점에서 볼 때, 반드시 다루어야 하는 내용이고 여러 시험에도 많이 나오는 부분이다. 이미 앞에서 배웠던 요구사항 관리, 프로젝트 관리, 소프트웨어 분석 및 설계의 실천에 대한 내용이다.

8.1 소프트웨어 프로세스와 방법론의 개념

소프트웨어 프로세스와 방법론에 대하여 알아보고 둘의 차이에 대해서 정리해보자. 여러 소프트웨어 공학 책들에서 혼돈되어 사용되는 경우가 많다. 이번 장을 통해서 정확한 내용을 이해하기 바란다.

- **프로세스**(Process)는 "특정 결과나 변화가 일어나는 과정"을 나타내는 단어이다.

  소프트웨어 공학에서의 프로세스는 "소프트웨어 시스템을 개발하기 위하여 수행하는 일의 과정"라고 정의한다.

- **방법론**(Methodology)은 "소프트웨어 개발에 필요한 작업이나 단계"를 어떤 순서나 절차로 할 것인지를 다루는 것이다.

두 용어의 의미를 정리하면 [표 8-1]과 같다.

[표 8-1] 프로세스와 방법론의 비교

	프로세스	방법론
설명	- 소프트웨어를 개발하는 작업이나 단계를 말한다. - 무엇을 할 것인가에 중점을 둔다. - 필요에 따라 다양한 방법이 적용된다. - 결과보다 과정이 중요하다.	- 프로세스의 체계적 수행 방법이다. - 어떻게 할 것인가에 중점을 둔다. - 각 단계별 기술, 과정을 구체적으로 제시한다. - 결과를 중시한다.
예	- 폭포수 프로세스 - 원형 프로세스 - 나선형 프로세스 - 4세대 기법 - Unified 프로세스 - XP 프로세스	- 구조적 방법론 - 객체지향 방법론 - 정보공학 방법론 - CBD 방법론 - 애자일 방법론

소프트웨어 프로세스는 소프트웨어 개발에 관련된 작업이나 단계를 지칭하는 개념이고, 소프트웨어 프로세스를 체계화한 것(=절차와 단계, 산출물 등을 표준화하고 규정한 것)을 방법론이라고 할 수 있다.

소프트웨어 프로세스의 종류

소프트웨어 프로세스는 관점과 목적에 따라 여러 가지로 나누어 볼 수 있다. [그림 8-1]에 소프트웨어 프로세스를 분류하여 정리하였다.

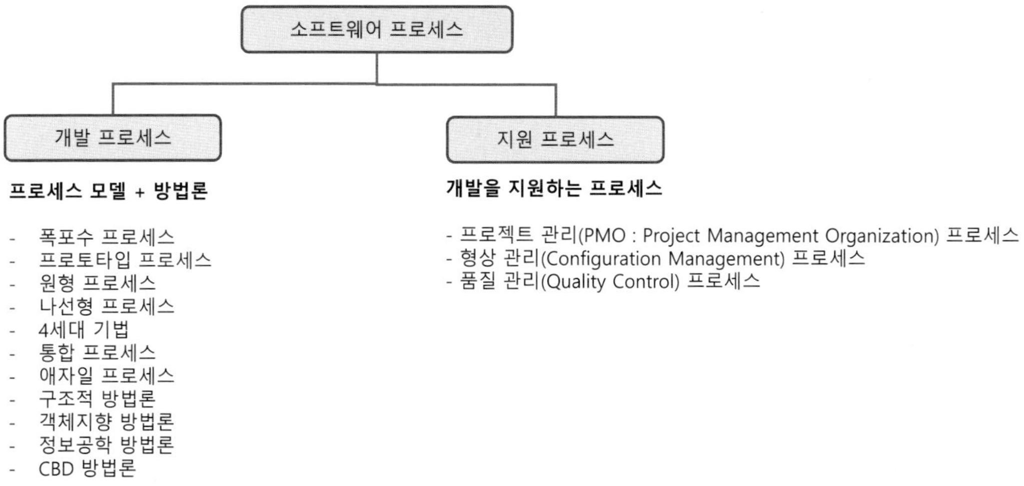

[그림 8-1] 소프트웨어 프로세스의 종류

- **개발 프로세스** : 소프트웨어 개발에 관련되어 수행해야 하는 절차나 단계를 말한다.

  [그림 8-2]는 소프트웨어 개발 프로세스 중 폭포수 프로세스를 예로 나타내었다. 다른 프로세스들은 8.4절과 8.5절에서 자세하게 설명한다.

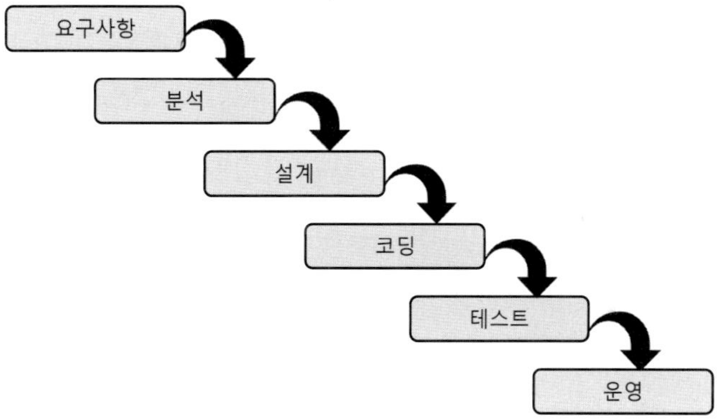

[그림 8-2] 개발에 관련된 소프트웨어 프로세스

- **지원 프로세스 중 프로젝트 관리 프로세스** : 프로젝트를 관리하는 과정에 대한 프로세스를 말한다. 8.6절에서 자세히 설명한다.
- **지원 프로세스 중 형상 관리 프로세스** : 프로젝트의 사양이나 요구사항의 변동에 대한 처리 프로세스를 말한다. 8.6절에서 자세히 설명한다.
- **지원 프로세스 중 품질 관리 프로세스** : 구성된 소프트웨어, 하드웨어의 품질유지에 대한 과정과 절차를 말한다. 8.6절에서 자세히 설명한다.

[그림 8-1]에 명시한 것 외에도 필요에 따라 다양한 개발 프로세스가 존재할 수 있다.

예를 들어 개발 프로세스 중에서 소프트웨어 설계에 대한 부분의 프로세스를 정의해서 사용할 수 있다.

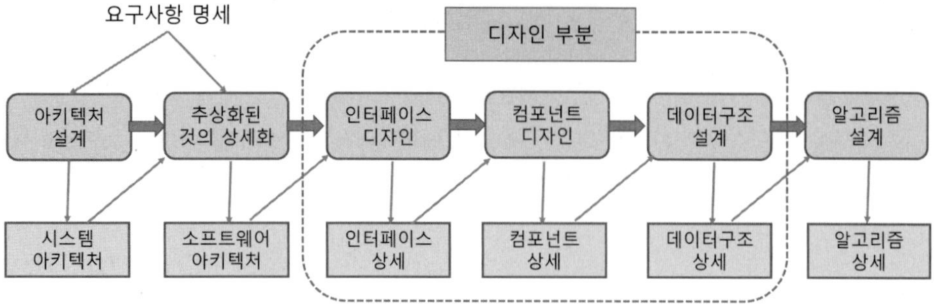

[그림 8-3] 소프트웨어 설계에 대한 프로세스의 예

[그림 8-3]은 소프트웨어 설계에 관련된 행동들이 어떤 순서로 어떻게 진행되는지에 대하여 해당 프로젝트의 성격에 맞추어 프로세스를 별도로 구성한 것이다.

【 그림 8-3의 프로세스를 보는 관점 정리 】

- 요구사항 명세(Requirement Specification)와 아키텍처 설계 및 시스템 아키텍처의 관계 그리고 소프트웨어 아키텍처가 만들어지기 전에 수행되어야 하는 일
- 소프트웨어 개발을 위하여 인터페이스 설계와 컴포넌트 설계, 데이터 설계의 단계가 어떤 순서로 진행되어야 하며, 그전에 수행해야 하는 단계
- 프로그램을 구성하는 알고리즘을 만들기 전에 어떤 과정이 수행되어서 어떤 결과를 가지고 있어야 하는지에 대한 절차

프로세스는 그 자체로 수정할 수 없는 확정된 형태의 것이 아니고, 필요에 따라 수정되어 적용할 수 있다.

프로세스를 정의하면 관여한 모든 사람들이 전체 업무의 흐름과 진행 방향을 공유할 수 있으므로 업무의 수행과 관련된 사람이나 조직 간의 협의에 큰 도움이 된다. 그러므로 소프트웨어를 개발할 때, 필요한 프로세스를 사전에 정의하고 적용하는 것이 일반적이다.

8.2 소프트웨어 개발 생명주기

소프트웨어 개발 과정을 정리하는 데 자주 사용되는 소프트웨어 개발 생명주기(SDLC : Software Development Lift Cycle)에 대하여 설명한다. [그림 8-4]를 참고하기 바란다.

소프트웨어 개발 생명주기(SDLC)

소프트웨어 자체를 하나의 생명체로 보고 탄생에서 사망까지의 변환 과정을 정리한 것으로 소프트웨어 개발 과정을 정의 단계, 개발 단계, 지원 단계로 나눈다. 이 중 '정의 단계'는 타당성 검토, 분석, 설계의 3단계로 분리하고, '개발 단계'는 개발, 시험으로 분리하여 총 6단계로 구성된 절차를 말한다.

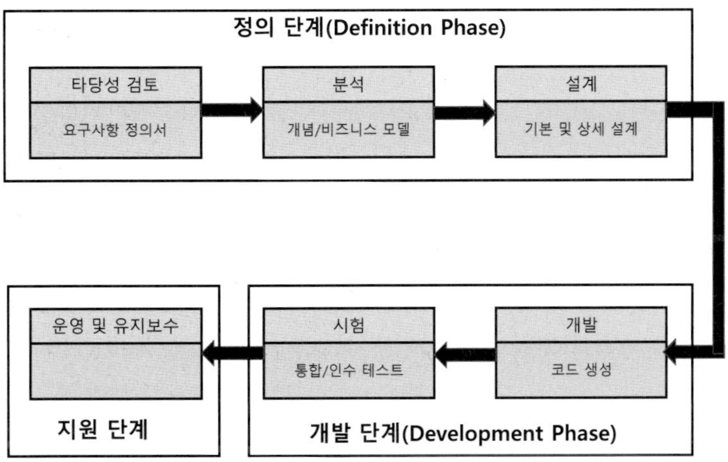

[그림 8-4] SDLC 단계의 요약

SDLC의 대표적인 유형

- 폭포수 프로세스 : 8.4.1 참조
- 원형 프로세스 : 8.4.2 참조
- 나선형 프로세스 : 8.4.3 참조
- 반복적(Iteration, Incremental) 프로세스 : 단계별로 점차 기능을 추가하며 개발해 가는 것. 애자일에서 사용함.
- RAD(Rapid Application Development) 프로세스 : 화면과 화면 사이의 연결을 확인한 다음 구체적인 개발을 수행하는 것
- 4세대 기법 : 8.4.4 참조

- 애자일 프로세스 : 8.4.6 참조
- Unified 프로세스 : 8.4.5 참조

8.3 소프트웨어 프로세스를 통해 얻을 수 있는 것

소프트웨어 프로세스는 소프트웨어 시스템을 개발하기 위하여 수행하는 일의 과정이라고 정의한다.

소프트웨어 프로세스를 통해 얻을 수 있는 것은 아래와 같이 정리할 수 있다.

- **예측성(Predictability)**

  소프트웨어 프로세스의 각 단계별 결과를 예측할 수 있다. 즉, 각 단계를 구성하는 관리 변수를 식별하고, 이들을 통하여 일관된 품질의 예측 가능한 결과를 얻을 수 있다.

- **테스팅(Testing)과 유지보수의 편리성을 통한 비용 절감**

  정형화된 프로세스를 통해서 소프트웨어 개발 중에 테스트와 유지보수 관련 작업을 수행함으로써 개발에 대한 전체 비용을 낮출 수 있다.

- **변경의 발견**

  정형화된 프로세스를 통해서 개발해야 하는 소프트웨어의 사양에 대한 추가/변경을 효과적으로 관리할 수 있다.

- **결함의 제거**

  정형화된 프로세스를 통해서 개발 중인 소프트웨어의 외적/잠재적 결함을 발견하고 대처할 수 있다.

- **일정의 조정**

  프로세스와 이를 구성하는 단계를 통해 소프트웨어 개발 일정에 대한 조정이 가능하다.

8.4 개발 프로세스의 종류

개발 프로세스의 다양한 종류에 대하여 설명한다. 이는 소프트웨어 개발 생명주기(SDLC)를 구체화한 것이다. 어떤 프로세스가 좋다고 말할 수 없다. 개발하고자 하는 소프트웨어의 특징에 따라 적합한 개발 프로세스를 선택하여 사용하면 된다.

8.4.1 폭포수(Waterfall) 프로세스

폭포수 프로세스는 [그림 8-5]와 같이 계단형으로 진행하는 프로세스를 말한다. 다른 이름으로 고전적 라이프사이클 패러다임이라고 한다.

각 단계가 끝나면 과정의 끝을 알리고 다음 단계로 진행하는 모델이다. 이 모델은 시스템의 문제가 프로젝트 후반부에 확인되므로 문제가 발생하면 수습이 어렵다.

간단한 개발의 경우에 사용하는 프로세스이며, 소프트웨어 개발 프로세스의 가장 기본적인 형태이다. [그림 8-5]는 웹상에서 발췌한 것인데 폭포수 모델을 구체적으로 표현한 사례이다. 대표적으로 개발 계획부터 운영 유지보수 단계까지 포함하는 전체적인 소프트웨어 개발 생명주기를 프로세스의 형태로 표현한 것이다.

[그림 8-2]에서 보여주었던 폭포수 모델보다 현실적이고 자세한 모델이다. 특이한 점은 각 단계 간의 연결에서 검증이나 피드백 과정이 있다는 점을 유의해서 보기 바란다. 다만 폭포수 모델이므로 연결된 단계를 벗어나서 그 이상의 단계로 피드백 하는 경우는 없다.

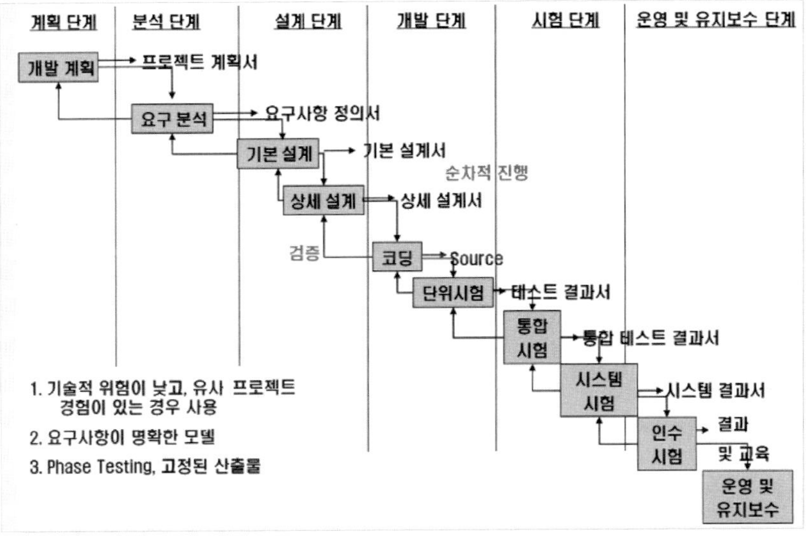

[그림 8-5] 폭포수 모델의 사례

폭포수 모델은 레퍼런스 없이 최초로 개발하는 경우나 난이도가 낮고 요구사항이 명확한 프로젝트를 수행하는 경우에 적합하다.

8.4.2 원형(Prototype) 프로세스

원형프로세스는 개념-프로토타입-테스트의 단계를 반복하는 개발 방법이다. 소프트웨어의 개발에서 정식 절차에 따라 완전한 소프트웨어를 만들기 전에 사용자의 일차적인 요구를 받아 모형을 만들고 이것을 이용하여 사용자의 추가적인 요구사항을 파악한 다음, 개발한 것을 보완하고 다시 요구사항을 받아 개발을 보완하는 과정을 반복하는 모델이다.

【 원형 프로세스의 수행 단계 】

- 개발팀은 고객 및 사용자와의 대화를 통하여 전반적인 기능을 파악한다.
- 파악된 기능의 기반을 간단한 설계를 거쳐 시제품(Prototype)을 만들어서 사용자에게 보여준다.
- 사용자는 시제품을 보고 만들어질 완제품의 모습을 파악한다.
- 사용자는 시제품을 평가하고 의견을 제출한다.
- 개발팀은 사용자의 의견을 받아서 2단계 시제품을 만든다.
- 사용자는 시제품을 평가한다.
- 위의 단계를 최종 제품이 나올 때까지 반복한다.

위의 설명을 [그림 8-6]에 도식화하여 나타내었다.

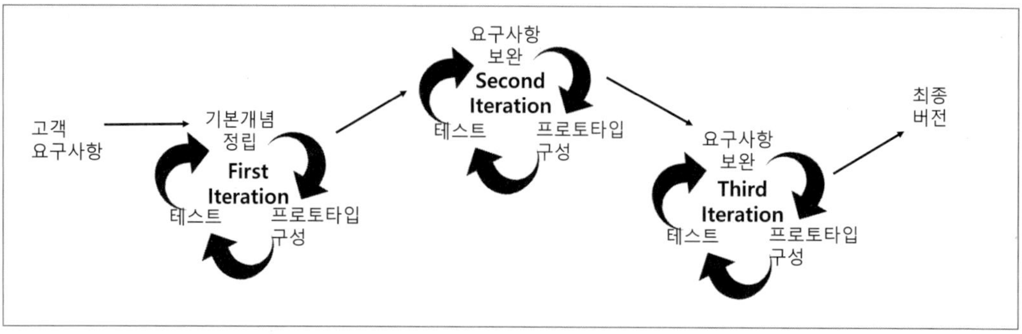

[그림 8-6] 원형 프로세스의 진행 개념 요약

원형 프로세스는 개발해야 하는 소프트웨어의 요구사항이 불명확하고 구현할 때 필요한 기술 분야에서 위험 요소가 많은 프로젝트를 수행하는 경우에 적합하다.

【 원형 프로세스와 폭포수 프로세스의 관계 】

원형프로세스는 그 자체로도 가치가 있지만, **개발 역사로 보면 소프트웨어 개발 프로세스에 최초로 개발된 폭포수 프로세스에서 분석 단계를 강화하기 위하여 개발된 것이다.**

폭포수 프로세스의 분석 단계를 수행할 때, 원형 프로세스를 사용하는 것이 폭포수 프로세스의 성공적 운영에 큰 도움이 된다. [그림 8-7]에 폭포수 프로세스를 보완하는 역할로서의 원형프로세스의 역할을 정리하였다.

물론 원형 프로세스 자체로도 유용하며 요구사항이 불명확한 프로젝트에서 적용하여 사용하면 큰 효과를 볼 수 있다.

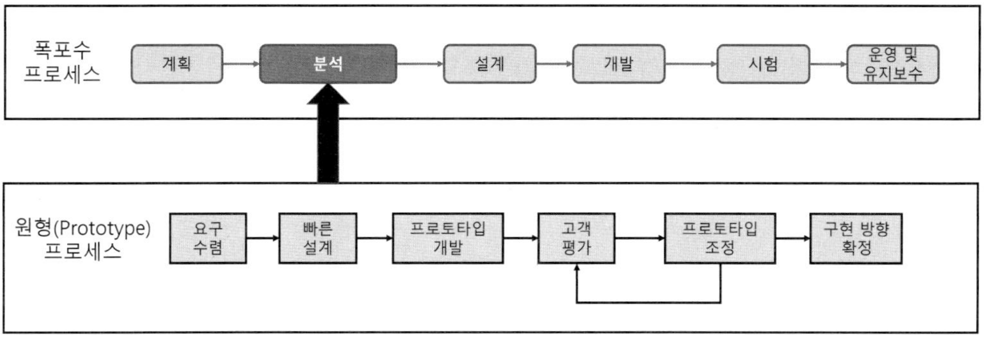

[그림 8-7] 폭포수 프로세스와 원형 프로세스 연결 활용

8.4.3 나선형(Spiral) 프로세스

소프트웨어가 커지고 고객의 요구사항이 많아지고 소프트웨어의 사용 환경이 계속 변화하면서 소프트웨어의 개발도 폭포수나 원형 프로세스를 이용해서는 감당할 수 없는 경우가 많이 발생하게 되었다.

이런 분위기에 맞추어 새로운 소프트웨어의 개발 프로세스가 필요하게 되었고, 이때 개발된 것이 나선형 프로세스이다. 나선형 프로세스는 소프트웨어 개발을 4단계로 나누고 각 단계를 반복하면서 점차 확대해 나가는 프로세스를 말한다.

【 나선형 프로세스의 4단계 】

- 목표 설정(Determine Objective) : 목표, 방법, 제약조건의 결정 및 계획 수립
- 위험 분석(Risk Analysis) : 위험 요소 분석 및 해결
- 개발과 검증(Development and Test) : 개발 및 검증
- 고객 평가/다음 단계 수립(Evaluation/Plan the next Iteration) : 평가 및 새로운 계획의 수립

【 나선형 프로세스의 특징 】

- 반복적이며 점진적인 개발을 수행함으로써 대규모 소프트웨어 개발에 효율적이다.
- 위험 관리에 중점을 두고 진행하는 방법이지만 관리가 어렵고 복잡한 제품의 개발에는 부적합하다.
- 위험 관리에 따라 성공과 실패가 결정되므로 외부 인원에 의한 개발에는 부적합하고, 내부 직원들을 이용한 개발에 적합해서 연구소의 신제품 개발 등에 많이 사용한다.

【 나선형 프로세스의 절차 설명 】

- 초기 요구사항을 취합한 다음
- 위험분석을 수행하고
- 프로토타입을 구성한다.
- 구성된 프로토타입을 기반으로 평가 및 보완점을 정리하고
- 이것을 기반으로, 다음 요구사항을 확장한 다음
- 위험분석을 하고
- 개선된 프로토타입을 구성한다.
- 위의 과정을 요구사항을 만족할 때까지 반복하고
- 마지막 단계에서 운영 프로토타입을 개발한 다음
- 디자인, 코딩, 테스트, 인수 시험을 수행하고
- 최종 제품의 출시까지 수행한다.

[그림 8-8]에 나선형 프로세스에 대한 설명을 요약하였다.

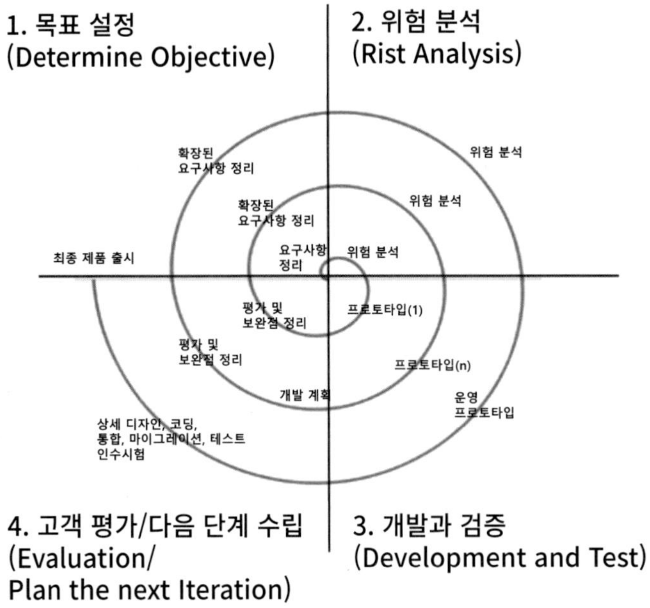

[그림 8-8] 나선형 프로세스의 개념 정리

나선형 프로세스는 큰 규모의 프로그램이, 요구사항이 불명확/가변적이며, 프로젝트의 수행 기간이 길고, 예산이 충분한 경우에 적합한 방법이다.

8.4.4 4세대 기법(4th Generation Technique)

CASE(Computer Aided Software Engineering)를 비롯한 자동화 도구들을 이용하여 요구사항 명세서로부터 실행 코드를 자동적으로 생성하는 방법을 말한다. 이 도구들은 사람이 사용하는 고급 언어 수준에서 요구사항이 명시되면 실행될 수 있는 코드를 자동 생성하여 사용 가능한 제품을 완성하는 것이다.

그러나 현재의 4세대 기법 도구들은 필요한 따라 설정된 내용을 실행 코드로 바꾸어 줄 정도로 정교하지 못하다. 이런 문제의 해결을 위해서 내용의 모호성을 해결하기 위하여 형식 규격 언어로 표현하려는 노력이 진행 중에 있다.

형식 규격 언어를 사용하면 요구사항을 해석하고 이해하는 데 정확성을 기할 수 있으며 개발 과정의 자동화를 이룰 수 있다. 4세대 기법은 현재 ERP 모델로 만들어진 명세서에서 데이터베이스 생성 코드를 자동 생성하는 부분 등에서 사용된다.

현 시점에서 4세대 기법은 정교한 구현이 불가능하여 부분적인 업무에만 사용하고 있다.

8.4.5 통합 프로세스(Unified Process)

객체지향 프로그래밍이 인기가 있고, UML(Unified Modeling Language)이 표준으로 사용되면서 UML에서 정의한 통합 프로세스(Unified Process)도 관심을 받게 되었다.

통합 프로세스(Unified Process)는

- 개념 정립, 정련, 구축, 전이의 4단계로 구성되며
- 각 단계는 반복(Iteration)의 개념에 의해 수행된다.
- 개념정립이 마무리되면 수행하고자 하는 프로젝트의 범위가 결정되고
- 정련이 마무리되면 수행하고자 하는 프로젝트의 아키텍처가 확정된다.
- 구축이 마무리되면 개발한 시스템이 사용자 테스트를 받을 준비가 완료된 것이며
- 전이가 끝나면 개발한 시스템의 사용을 위한 배포 준비가 된 것이다.

통합 프로세스(Unified Process)는 객체지향 프로그래밍을 위한 수행 개념을 정의하고, 객체지향 프로그램이 어떤 단계를 거쳐 만들어지는지에 대하여 정리한 것이다.

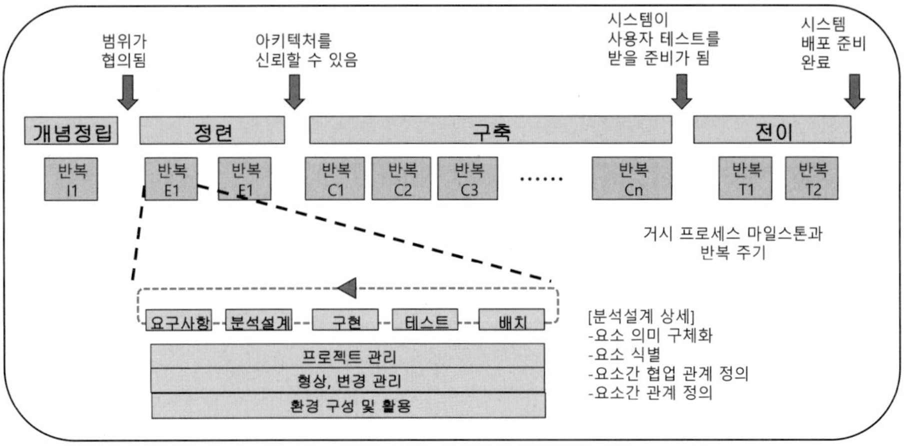

[그림 8-9] 통합 프로세스의 개념

통합 프로세스와 폭포수 프로세스의 관계

통합 프로세스도 내부를 살펴보면 소프트웨어 프로세스의 원형인 폭포수 프로세스를 최근의 환경에 맞추어 조정한 것이다. 즉, 폭포수 모델의 각 단계를 반복 수행하는 프로세스이다. 이것을 그림으로 표현하면 [그림 8-10]과 같다.

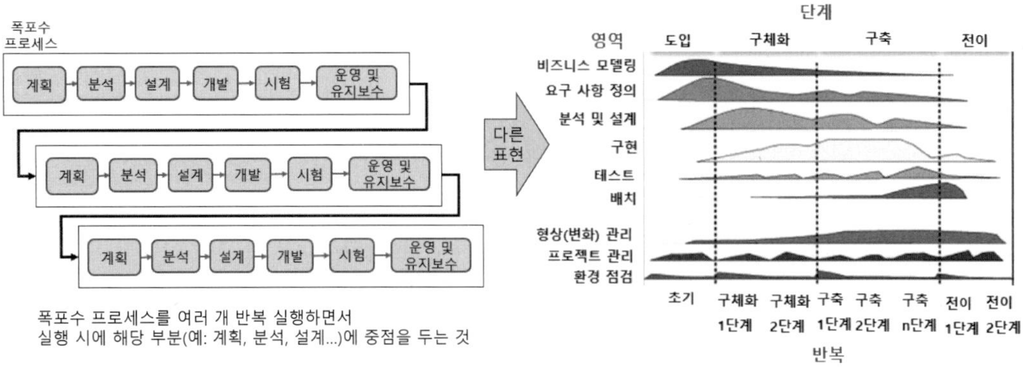

[그림 8-10] 통합 프로세스와 폭포수 프로세스의 관계

[그림 8-10]은 첫 번째 폭포수 프로세스는 계획에 중점을 두고, 두 번째 폭포수 프로세스는 분석에 중점을 두고, 세 번째 프로세스는 설계에 중점을 두고 진행한다는 의미이다. 다만, 첫 번째 프로세스에서도 나머지 단계를 고려해야 하고, 두 번째, 세 번째도 나머지 단계를 고려해야 한다는 것을 말하고 있다. 이것을 UML 매뉴얼에 있는 그림으로 표현하면 [그림 8-10]의 오른쪽과 같이 나타낼 수 있다.

좀 더 정확히 표현한다면 [그림 8-10]의 오른쪽 그림의 영역에 해당하는 항목(비즈니스 모델링, 요구사항 정의, 분석 및 설계, 구현, 환경 점검)별로 폭포수 프로세스가 있고 상호 연결되어 있는 것이라고 보면 된다.

8.4.6 애자일(Agile) 프로세스

UML이 객체지향 프로그래밍을 위한 개발 프로세스인 통합 프로세스를 제공하고 있지만, 과도한 절차와 문서화가 필요한 단점이 있다. 그래서 통합 프로세스를 대신할 목적으로 개발된 간략하고 개발 중심의 방법론이 애자일 프로세스이다.

【 애자일 프로세스 】

- 애자일 프로세스는 실용성(pragmatism)을 강조한 프로세스이다.
- 애자일의 5가지 가치
  - 프로세스와 도구 중심이 아닌 개개인의 상호 소통 중시
  - 문서 중심이 아닌 실행 가능한 소프트웨어 중시
  - 계약과 협상 중심이 아닌 고객과의 협력 중시
  - 계획 중심이 아닌 변화에 대한 민첩한 대응 중심
- 애자일은 객체지향 프로그램 제작에 적합한 프로세스이다.
- 애자일 프로세스를 사용하는 방법론
  - 스크럼(Scrum)
  - 익스트림 프로그래밍(XP : eXtream Programming)
  - 적응형 소프트웨어 개발 방법론(Adaptive software development)
  - 린 소프트웨어 개발 방법론(Lean software development)
  - 크리스털 패밀리(Crystal family)
  - 기능 주도 개발 방법론(FDD : Feature Driven Development)
  - 동적 시스템 개발 방법론(DSDM : Dynamic System Development Method)
  - 애자일 UP(Agile Unified Process)

  앞의 모든 방법론에 대해 설명하기엔 지면 관계상 불가하다. 대신 많이 사용하는 XP 프로그래밍에 대하여 간단하게 설명한다. 웹에서 검색이 가능하니 관심이 있는 분들은 찾아보길 바란다. 그 중 특히 스크럼은 꼭 찾아보길 바란다.

- 애자일 프로세스를 [그림 8-11]에 그림으로 표현하였다. (출처: 네이버 지식백과)
  - 제품 책임자는 실무자나 관계자, 고객의 의견을 받아서 제품 기능 목록을 작성
  - 작성된 목록을 대상으로 스프린트 계획 회의를 수행하고 스프린트 구현 목록을 확정(스프린트(Sprint)는 선정된 기능 목록을 대상으로 4주 이내에 최선을 다해 개발을 수행하는 것을 말한다.)

- 스크럼 마스터에 의해 매일 스프린트 개발 계획과 소멸차트(스프린트 현황판) 운영
- 스프린트 개발 완료 후 반복 수행
- 최종 제품 완료 및 검토 회의

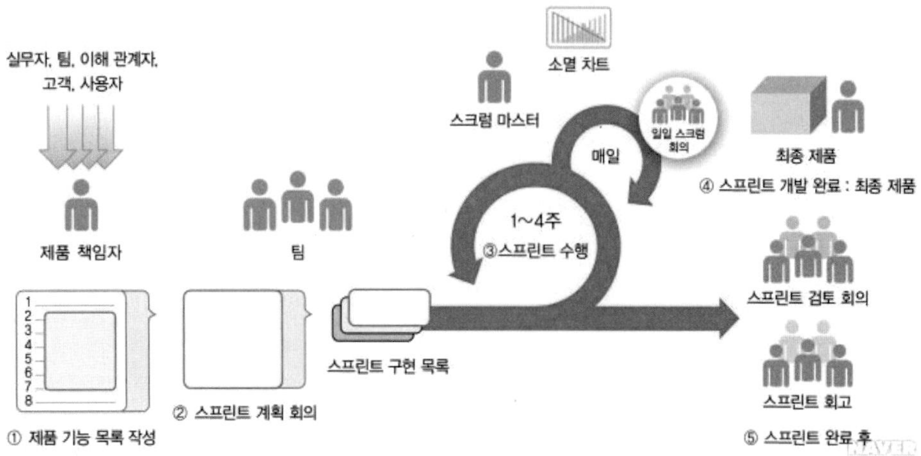

출처 - 네이버 지식백과

[그림 8-11] 애자일 프로세스

【 익스트림 프로그래밍(XP) 】

- XP는 실용성(pragmatism)을 강조한 기법이다.
- XP가 가지는 5가지 가치 또는 특징은 다음과 같다.
  - **의사 소통**(Communication)
    : 관련자들 간의 긴밀한 의사소통이 중요
  - **단순함**(Simplicity)
    : 필요하고 요구한 것에 집중하고, 부가적 기능이나 사용되지 않는 것은 제거
  - **피드백**(Feedback)
    : 지속적 테스트와 통합, 결함 수정 및 빠른 피드백에 의한 개발 수행
  - **용기**(Courage)
    : 고객의 요구 변화에 능동적인 대처, 진행 상황에 대한 공유
  - **존중**(Respect)
    : 관련자들 상호 간의 존중을 통해 팀워크 상승

XP 방법론에 대한 절차와 과정은 [그림 8-12]이며 의미는 다음과 같다.

- 고객의 요구사항(User story), 핵심 기술 사항(Architecture Spike)을 기반으로 공개 계획(Release Plan) 작성
- 공개 계획을 기반으로 단기 집중 개발(Spike Solution)을 수행하여 기술적, 기능적 의문을 해소
- 기술적, 기능적 의문이 해소된 상태에서 사용자 스토리에 기반한 요구사항을 기반으로 개발-테스트의 단계를 반복하면서 개발
- 테스트를 성공하면 부분적인 공개를 하고, 수행 테스트에 실패하면 실패 내용을 반영한 개발을 반복
- 사용자 스토리는 테스트 시나리오의 기반이 됨

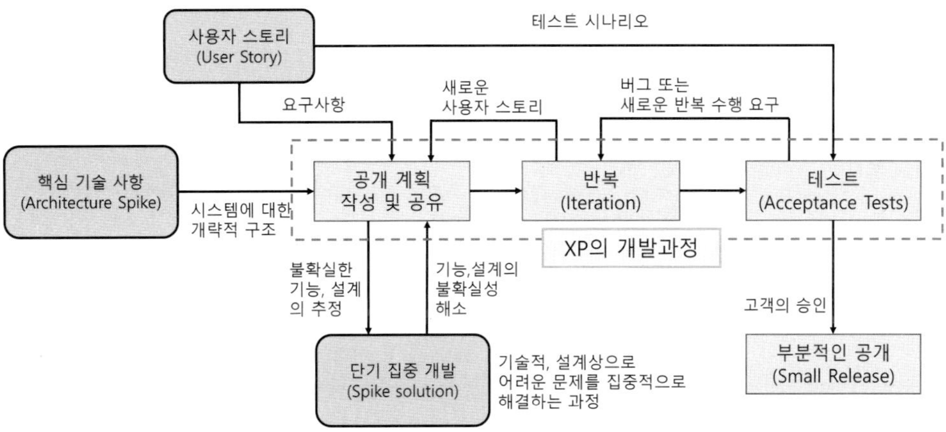

[그림 8-12] XP의 수행 개념 정리

[그림 8-12]의 내용 중에서 사용자 스토리(User Story)는

- 고객과 직접 대면하여 원하는 기능을 파악한 후 정형화하여 표현하는 방법이다.
- 정형화하는 방법의 예를 [그림 8-13]에서 보여 주고 있다.

스토리ID	M102	**작성일자**	2014-08-22
우선순위	상□ 중□ 하□	**추정**	1주
담당개발자	홍길동		
스토리 쇼핑몰 회원은 카테고리를 선택하여 카테고리에 속한 상품의 목록을 조회한다.			
비고 하위 카테고리가 존재하는 카테고리에는 상품이 포함되지 않는다. 최하위 카테고리를 선택한 경우에만 상품 목록이 조회되어야 한다.			

[그림 8-13] 사용자 스토리를 정형화하기 위해 사용하는 사용자 스토리 카드의 예

수집된 사용자 스토리 카드는 특정 장소(예: 벽, 칠판)에 수집된 후에, 공개 계획의 작성이나 요구사항의 정리 작업을 수행할 때 분류되고 정리되어 고객의 요구사항과 테스트 시나리오 구성의 기본 자료로서 활용된다.

8.5 개발 방법론의 종류

방법론의 개념에 대해서는 이미 설명하였다. 이번에는 프로세스를 정형화한 방법론의 역사와 종류 및 활용 방안에 대하여 알아보도록 하겠다.

8.5.1 방법론의 역사 및 정의

방법론의 역사

방법론은 소프트웨어 공학에서 중요한 부분이다. 대부분의 큰 소프트웨어 개발은 소프트웨어 공학을 사용하게 되는데, 그중에서도 방법론은 반드시 사용하게 된다. 소프트웨어의 발전에 맞추어 진화해 온 방법론의 역사를 [그림 8-14]에 정리하였다.

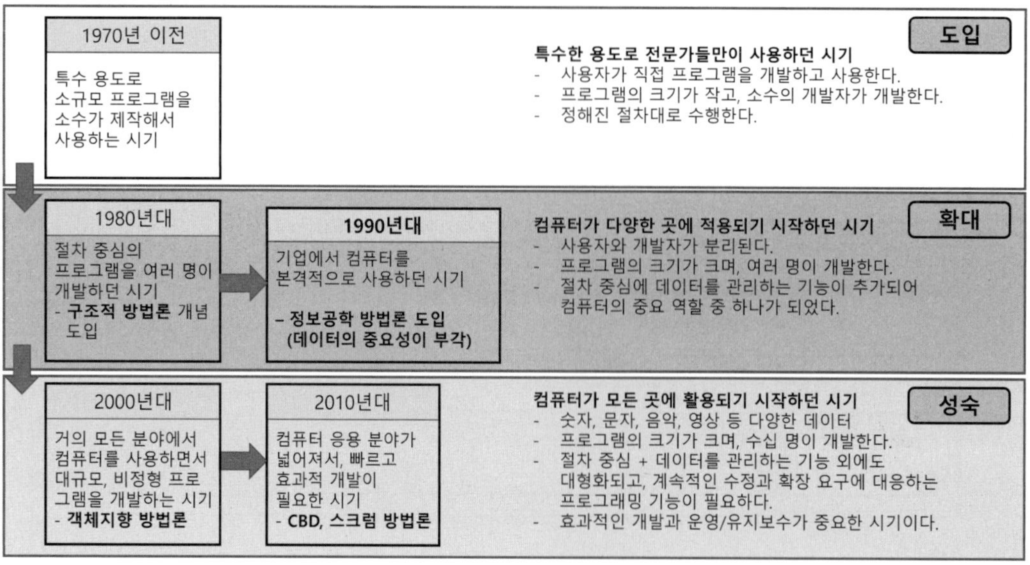

[그림 8-14] 방법론의 역사

[그림 8-14]의 내용을 요약하면, 소프트웨어 공학의 방법론은 다음의 단계를 거쳐 발전되어 왔음을 알 수 있다.

- 1970년 이전에는 특수 용도와 소규모 소프트웨어 개발이므로 별도의 방법론 없이 개발되었다.
- 1980년대에 들어서면서 개발해야 하는 프로그램의 길이가 길어지게 되고, 이러한 환경의 변화에 맞추어 함수와 Goto를 금지하는 구조적 개발이 도입되었고, 이를 지원하기 위하여 모듈(함수)과 단위업무 처리를 식별하는 구조적 방법론이 개발, 보급되었다.
- 1990년대에 들어서면서 컴퓨터가 단순한 숫자의 처리가 아닌 데이터의 처리가 가능해지면서 데이터베이스가 개발 도입되고, 이것을 기반으로 비즈니스에 컴퓨터를 활용하기 위한 필요성에 맞추어 데이터 중심의 정보공학 방법론이 개발되었다.
- 이후 개발해야 하는 프로그램의 크기가 커지면서 개발자를 위한 다양한 기능이 필요해졌고, 이를 위하여 클래스/객체의 개념이 도입되었다. 이를 지원하기 위하여 객체지향 방법론이 개발되어 사용되고 있다.
- 최근에는 큰 프로그램을 빨리 그리고 개발자보다 사용자 중심으로 개발하자는 흐름이 일어났고 이런 흐름에 맞추어 개발된 것이 CBD, 스크럼 방법론이다.

방법론의 적용

소프트웨어 개발 방법론은 개발해야 하는 소프트웨어가 가지는 '범위', '규모', '기간', '개발 환경', '생명주기', '투입 인력', '산업군'에 따라서 적당한 것을 선정하여 적용하면 된다.

소프트웨어 방법론의 적용에 관련된 사항을 [그림 8-15]에 정리하였다.

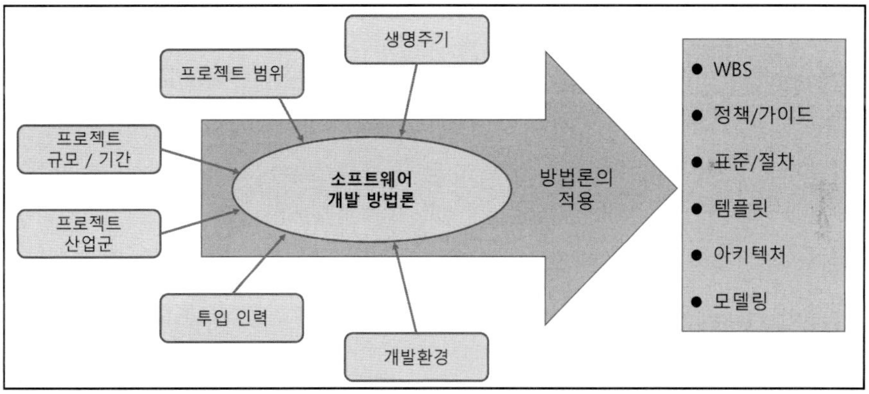

[그림 8-15] 방법론의 적용 개념

소프트웨어 방법론은 환경에 따라 적당한 것을 선정하여 적용할 수 있다. 하지만 방법론의 개념에서 확인할 수 있듯이 어떤 방법론을 적용한다 하여도 수행해야 하는 업무의 내용은 비슷하다.

방법론이 적용되면 개발해야 하는 소프트웨어에 대한 'WBS', '정책/가이드', '개발 표준', '절차', '개발 및 문서 템플릿', '개발할 소프트웨어 아키텍처' 그리고 '모델링' 작업을 수행하게 된다. 이미 앞에서 WBS, 아키텍처, 정책/가이드, 템플릿 등에 대해서 학습하였다.

16장에서는 개발 표준을, 12장에서는 모델링에 대하여 학습할 것이다. 나머지는 별도의 설명이 없어도 이해할 수 있다.

8.5.2 구조적 방법론

구조적 방법론은 13장에서 별도로 분리하여 설명한다. 여기에서는 구조적 방법론이 가지는 의미에 대해서 간단하게 정리한다.

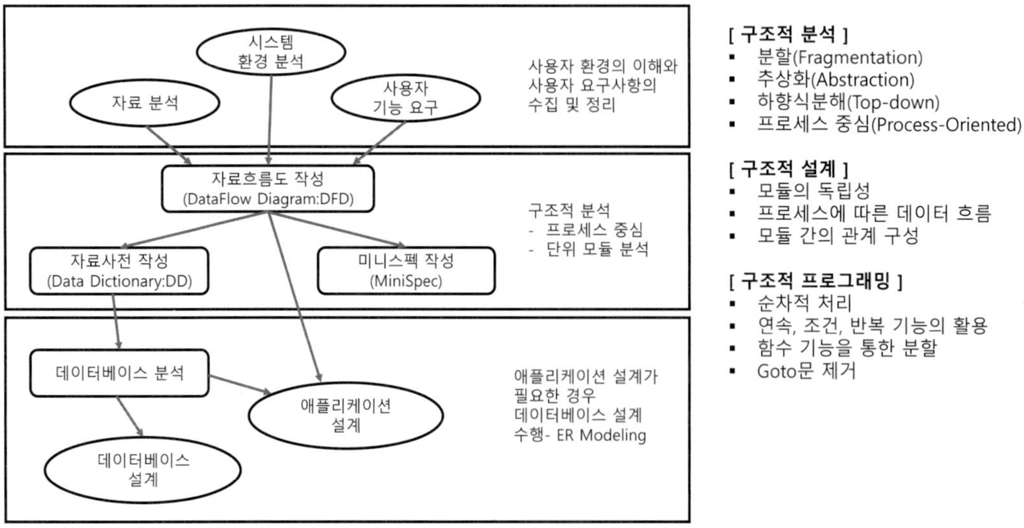

[그림 8-16] 구조적 방법론의 의미 요약

구조적 방법론은 '구조적 분석', '구조적 설계', '구조적 프로그래밍'의 3가지 면을 통칭하는 개념이다. 13장에서는 구조적 분석에 대하여 다루게 되지만, 구조적 프로그래밍의 개념이 포함되어 있다.

구조적 프로그래밍

구조적 프로그래밍은 프로그램을 제작함에 있어서 '순차적 처리', '연속, 조건, 반복 기능의 활용', '함수 기능을 이용한 코드의 분할' 그리고 'Goto문의 제거'를 이용하여 프로그램을 제작하는 것을 말한다. 현재의 시점에서 보면 당연한 것이지만, 70년대에는 구조적 프로그램을 제작하는 것이 개발자들에게 커다란 도전이었다.

구조적 분석 및 설계

구조적 프로그래밍을 가능하게 하려면 개발해야 하는 대상을 '분할', '추상화', '하향식 분해' 그리고 '프로세스 중심'으로 분석해야 한다. 이것을 구조적 분석이라고 한다.

구조적 분석은 자료 흐름도(DFD), 자료 사전, 미니스펙을 이용하여 개발할 대상을 표현한다.

구조적 분석을 이용하여 표현된 대상을 프로그램으로 구현하는 과정에서 "모듈의 독립성", "단위 프로세스의 데이터 흐름" 그리고 "모듈 간의 관계 구성"을 가지도록 설계하는 것이 구조적 설계이다.

구조적 설계는 구조적 분석을 기반으로 하므로 구조적 분석이 가장 핵심적인 역할을 수행한다.

8.5.3 객체지향 방법론

객체지향 방법론을 수행하는 절차를 [그림 8-17]에 정리하였다. 객체지향 방법론은 프로그램 제작에 관여하는 방법론이다. 당연히 개발자의 관점에서 적용되어야 한다. 그러므로 [그림 8-17]은 대형이며 계속 변화하는 프로그램을 개발하는 절차를 개발자의 관점에서 나타내고 있다.

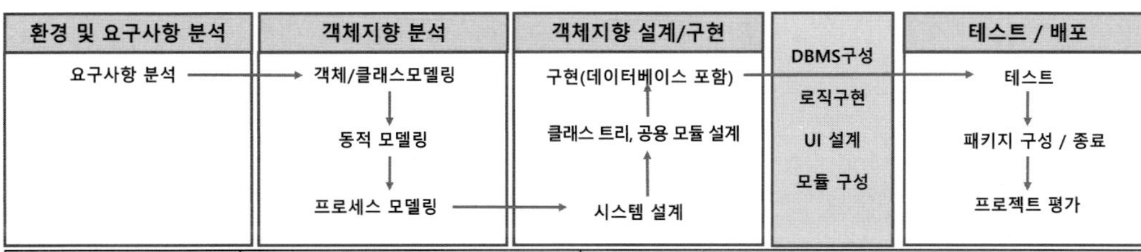

단계	작업항목	설명
환경 및 요구사항 분석	요구사항 분석	유스케이스 다이어그램 이용, Top-Down으로 단위 모듈까지 분할
객체지향 분석	객체, 클래스 모델링	객체 모양의 확인과 클래스 구성(메소드 포함)
	동적 모델링(상태 다이어그램 포함)	객체 간의 연관성과 동작 내용, 주고받는 자료형과 메소드 확인
	프로세스 모델링	전체 시스템의 핵심 프로세스 식별(DFD 이용 가능)
객체지향 설계/구현	시스템 설계	핵심 프로세스와 GUI 기반의 Top-Down 설계
	클래스 트리, 공용 모듈 설계	클래스 설계(상속, 인터페이스, enum, typedef)에 의한 자료형 구성
	구현	클래스를 이용하여 핵심 프로세스 구현 + 데이터베이스 추가
테스트/배포	테스트	개발자별 단위 테스트 수행을 통한 단계별 개발 이후, 통합 테스트, 인수 테스트 수행
	패키지/종료	리팩토링 후, 패키지로 구성
	프로젝트 평가	프로젝트에 대한 평가 수행

[그림 8-17] 객체지향 방법론의 적용 단계 요약

[그림 8-17]에서 객체지향 프로그램의 제작 과정에 대한 전체적인 흐름을 확인할 수 있다. 객체지향 방법론은 '요구사항 분석', '객체지향 분석', '객체지향 설계/구현', '테스트/배포'의 단계를 포함한다. 각 단계별로 수행되는 업무의 순서와 구체적인 내용은 [그림 8-17]의 내용을 확인하기 바란다.

객체지향 방법론을 사용하여도 'DBMS 구성', '사용자 인터페이스(UI)', '모듈 구성' 등은 별도로 수행한다. 이런 점이 [그림 8-17]에 표현되어 있다. 추가적인 상세 내용과 프로그램 규칙은 15장에서 설명할 것이다.

8.5.4 정보공학 방법론

정보공학 방법론은 데이터를 중심으로 프로그램을 모델링하는 것이다. 지금도 정보공학 방법론에 기반을 두어 개발/운영되는 프로그램이 많고, 실제 사용되는 방법론이라고 할 수 있다. MS-Office에 포함되어 있는 MS-Access를 사용하여 프로그램을 제작할 때 데이터베이스를 먼저 만들고, 데이터베이스를 조작할 수 있는 화면과 로직을 만드는 식으로 프로그램을 제작하게 되는데, 이런 방식이 정보공학에서 유래된 방식이고 지금까지도 많이 사용되는 방식이다.

정보공학 방법론은 4단계로 구성되며 ISP, BAA는 비즈니스 중심으로 진행하고 BSD, BSC는 기술 중심으로 진행한다. 당연히 중심이 되는 것은 비즈니스와 기술을 연결하는 역할을 하는 BAA이다. 정보공학 방법론의 전체 구성을 [그림 8-18]에 정리하였다. 상세 내용은 14장에서 설명할 것이다.

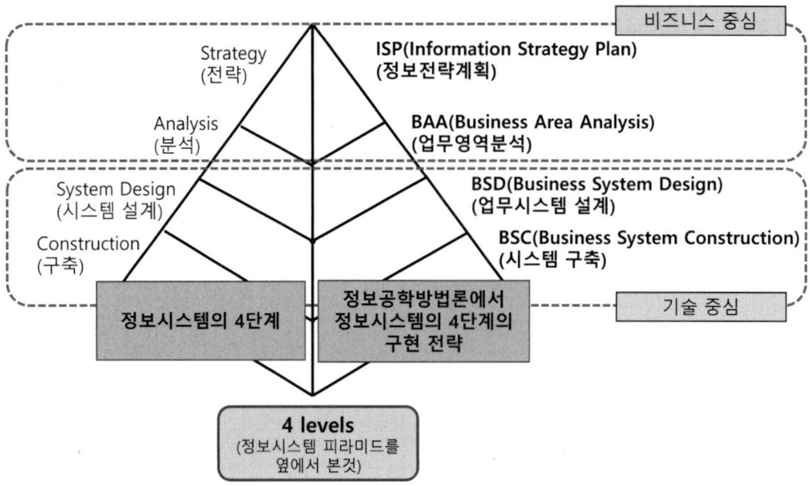

[그림 8-18] 정보공학 방법론의 적용 단계 요약

8.5.5 CBD 방법론

CBD는 개발자 중심의 방법론이다. 대형화되는 프로젝트에서 산출물의 안정화와 빠른 개발을 위하여 개발자가 특정 모듈을 만들고 재활용하는 개념이다. 최근의 프로젝트에서 사용되는 방식이다.

- **CBD는 느슨한 결합도(Loosely-coupled), 큰 입자(Coarse-grained)의 특징을 갖는 컴포넌트를 사용하여 시스템을 개발하는 개념이다.**

  【예】 Visual Basic에서 버튼이나 리스트박스를 사용해서 프로그램 하는 것

- CBD 방법론은 아래의 3과정으로 구성된다.

  - CD과정 : 컴포넌트 개발 과정

– 컴포넌트 저장소

– CBD : 컴포넌트 기반의 개발 과정

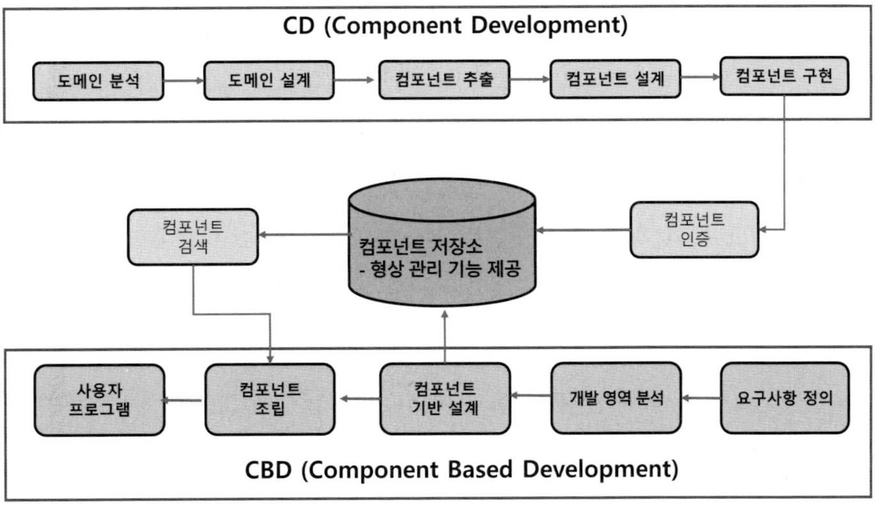

[그림 8–19] CBD의 3요소와 처리 과정 요약

- CD는 Component Development의 약자로서 컴포넌트 개발을 의미한다.
- CBSD는 Component Based Software Development의 약자로서 컴포넌트 기반 소프트웨어 개발을 의미한다.

8.6 지원 프로세스의 의미와 종류

8.6.1 지원 프로세스의 의미

프로젝트에서 개발을 수행하려면 개발 외에 지원에 대한 것들이 필요하다. 이것을 통칭하여 지원 프로세스라고 한다.

지원 프로세스의 종류는 다음과 같다.

- 프로젝트 관리(Project Management Organization : PMO) 프로세스
- 형상 관리(Configuration Management) 프로세스
- 품질 관리(Quality Control) 프로세스

지원 프로세스에 대한 표준은 아래에 정의되어 있다.

"IEEE 12207-2017 – ISO/IEC/IEEE International Standard – Systems and Software Engineering — Software life cycle processes"

(웹주소 : standards.ieee.org/standard/12207-2017.html)

8.6.2 프로젝트 관리 프로세스

프로젝트 관리(PMO : Project Management Organization)는 프로젝트를 관리하는 팀을 말하며 여기에서는 프로젝트에서 수행하는 모든 프로세스에 대하여 종합적인 관리를 수행한다.

프로젝트 관리는 3가지 부분으로 나누어서 수행한다. (ISO 12207의 내용)

- 기본 생명주기
- 조직 생명주기
- 지원 생명주기

기본 생명주기

프로세스	내용
획득(Acquisition)	시스템, 소프트웨어 제품 또는 서비스를 확득하는 사람이나 조직이 수행해야 하는 활동을 정의
공급(Supply)	시스템, 소프트웨어 제품 또는 서비스를 공급하는 사람이나 조직이 수행해야 하는 활동을 정의
개발(Development)	개발할 소프트웨어의 범위와 기능을 정의하고, 개발하는 개발자 또는 조직이 수행해야 하는 활동을 정의
운영(Operation)	개발된 소프트웨어의 운영을 위해 운영자 또는 조직이 수행할 활동을 정의
유지보수(Maintenance)	운영중인 소프트웨어의 유지보수자 또는 조직이 수행할 활동을 정의

조직 생명주기

단계	내용
기반구조(Infrastructure)	조직 생명주기를 확립하기 위한 기본 활동을 정의
관리(Management)	조직 생명주기 동안 프로젝트 관리를 위한 기본 활동을 정의
개선(Improvement)	프로젝트에 관여하는 사람들이 조직 생명주기 확립, 측정, 통제, 개선을 위해 수행하는 기본 활동을 정의
훈련(Training)	운영자의 훈련에 관련된 기본 활동을 정의

지원 생명주기

프로세스	내용
문서화(Documentation)	생명주기 프로세스에 의해 산출되는 정보의 기록을 위한 문서화 형식, 절차를 포함한 모든 활동을 정의
품질보증(Quality Assurance)	개발하는 소프트웨어와 관련 절차, 범위가 이미 수립된 계획에 따라 진행되고 있음을 객관적으로 보증하기 위한 활동을 정의
형상 관리(Configuration Management)	개발하는 제품의 변경사항에 대한 절차, 이력 관리, 공유를 포함하는 모든 활동을 정의
검증(Verification)	개발 중인 제품의 검증을 위한 활동을 정의
확인(Validation)	개발 중인 제품의 확인을 위한 활동을 정의
문제 해결(Problem resolution)	개발, 운영, 유지/보수 또는 다른 프로세스 활동 중에 발견된 문제의 분석, 해결을 위한 활동을 정의
합동 검토(Joint Review)	활동의 상태 및 제품의 평가를 위한 활동을 정의
감사(Audit)	요구사항, 계획 및 계약에 대한 적합성을 확인하기 위한 활동을 정의

프로젝트 관리 프로세스에 대해서는 지면 관계상 간단한 소개만으로 정리한다. 자세한 내용은 웹에서 IEEE에서 제작한 문서를 통해 얻을 수 있다.

지금 단계에서는 표준에서 정한 관리 프로세스의 종류와 각 종류별로 어떤 프로세스와 단계가 있는지를 확인하는 것까지 설명한다.

8.6.3 품질 관리 프로세스

프로젝트의 품질 관리는 [그림 8-20]과 같이 수행된다.

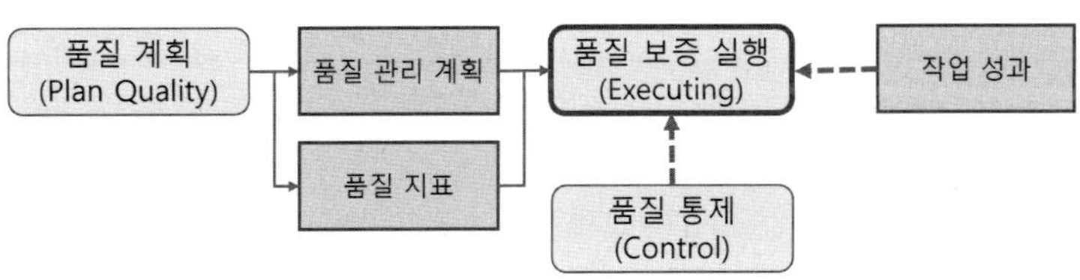

[그림 8-20] 프로젝트 품질 관리 프로세스

즉, 품질 관리 계획과 품질 지표를 기반으로 품질 보증이 실행되고, 실행 과정에서 품질 통제 요인과 작업 성과가 입력되어 품질 보증 과정이 결과를 산출하게 된다.

품질 관리를 위한 7가지 기본 도구(Seven Basic Quality Tools)는 아래의 것들이 있다.

- Cause-and-effect diagram
- Flowcharts
- Control Charts

- Checklists
- Histograms
- Pareto diagrams
- Scatter diagrams

위의 도구들은 대부분 독자 여러분들이 아는 것이다. 이 책에서도 많은 것들을 다루어 보았다. 필요하면 웹을 통하여 관련 자료를 얻어서 배울 수 있다.

품질 관리가 주로 관심을 가지는 품질 비용(Quality Cost)의 구조는 [그림 8-21]과 같다.

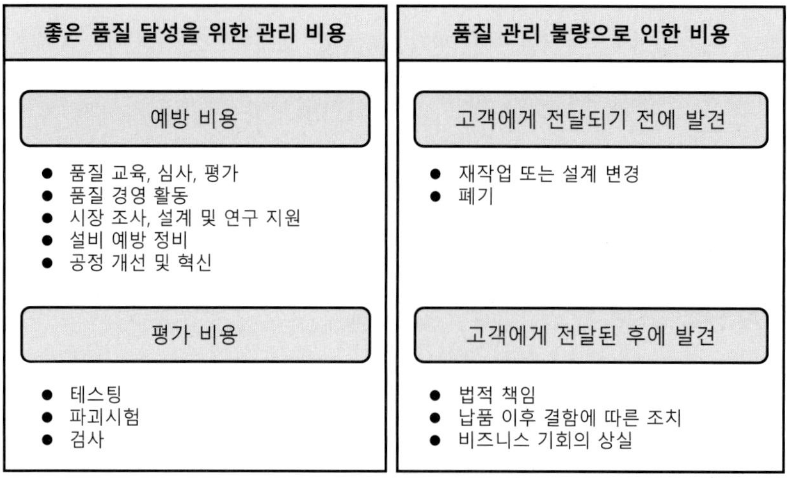

[그림 8-21] 품질 비용의 구조

- 품질 비용은 "좋은 품질 달성을 위한 관리 비용"과 "품질 관리 불량으로 인한 비용"으로 나누어서 생각할 수 있다.
- "좋은 품질 달성을 위한 관리 비용"은 "예방 비용"과 "평가 비용"으로 나눌 수 있고 각 항목별로 비용을 발생하는 항목을 정리하였다.
- "품질 관리 불량으로 인한 비용"은 "고객에게 전달되기 전에 발견"과 "고객에게 전달된 후에 발견"으로 나누어, 각 항목별로 비용이 발생하는 항목을 정리하였다.

마지막으로 효과적인 품질 관리를 위한 점검 리스트는 [표 8-2]와 같다.

[표 8-2] 프로젝트 품질관리를 위한 점검 리스트

프로젝트 단계	점검 리스트
요구사항 수집	- 요구사항 리스트에 대하여 고객이 동의했는가? - 구현 가능한가? - 확실하지 않고 상호 다르게 이해한 것은 없는가?
설계서 작성	- 고객의 요구가 반영되었는가? - 구현 가능하며 결함이나 추가할 것은 없는가? - 구체적이며 고객과 합의했는가?
코딩	- 설계에 따라 진행하는가? - 단계별로 테스트를 하면서 진행하는가? - 진행상황에 대한 점검 계획은 수립되었는가?
시스템 테스트	- 테스트 케이스가 고객의 요구사항에 기준하여 작성되었는가? - 기능적 정확성에 중점을 두어 테스트가 준비되었는가? - 인수 테스트를 위한 고려 사항이 반영되었는가?
프로젝트 관리	- 실현 가능한 계획인가? - 인원, 환경, 시스템의 준비 상황은 확인되었는가? - 산출물의 제작 및 공유를 위한 준비는 되었는가? - 산출물을 포함한 종료 요건에 대하여 고객과 합의했는가?

8.6.4 형상 관리(Configuration Management) 프로세스

형상 관리는 소프트웨어 생명주기에서 발생하는 산출물을 체계적으로 관리하여 소프트웨어의 가시성(Visibility)과 추적성을 부여하고 변경에 따른 품질관리를 수행하는 프로세스이다.

형상 관리의 구성 요소는 아래의 4가지이다.

- 항목별 통제 기준인 기준선(Baseline)
- 관리되는 대상인 형상항목(Configuration item)
- 변경되는 내용인 형상물(Configuration product)
- 변경 이력을 관리하는 형상버전(Configuration version)

형상 관리가 없는 경우에 발생하는 문제

- 소프트웨어 개발에 따른 변경 이력의 파악이 불가
- 승인되지 않은 변경의 발생
- 개발된 소프트웨어의 품질 저하
- 프로젝트의 납기 지연의 주요 원인
- 제품 납품 후 발생하는 문제에 대한 추적이 어려움
- 개발 과정에서 반복 작업이 발생하고, 에러 발생의 원인이 됨

형상 관리 프로세스를 구성하는 핵심 기능에 대하여 요약하면 아래와 같다.

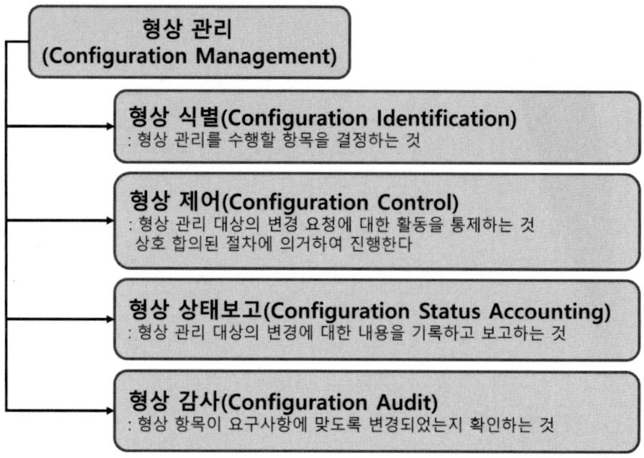

[그림 8-22] 형상 관리의 핵심기능

형상 관리는 여러 명이 참여하는 프로젝트에서 반드시 지켜야 하는 업무 프로세스이다. 이런 절차의 준수가 좋은 결과를 생성하는 기본이 된다.

형상 관리 절차에 대한 것은 [그림 8-23]에 정리하였다.

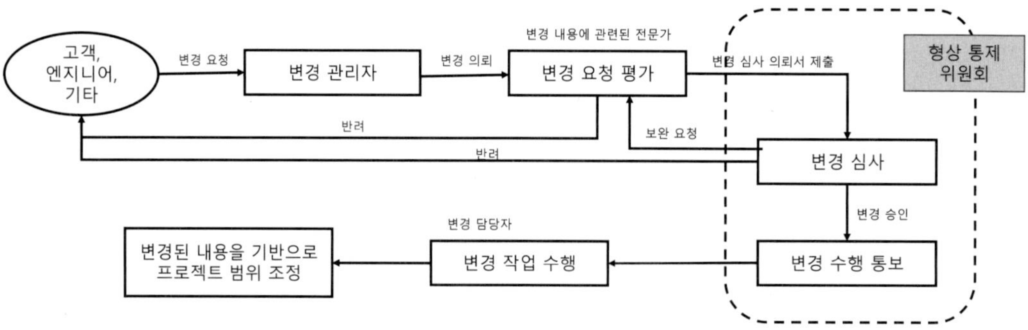

[그림 8-23] 형상 관리의 절차

형상 관리의 중요 기능 3가지

① **변경 관리**

: 형상 항목 변경 요인 등록, 변경 요인에 대한 변경된 형상 항목 추적 관리, 형상 이력의 분석을 통한 소프트웨어 상태 모니터링 수행

② **배포 관리**

: 배포된 형상 항목에 대한 추적성 관리, 버전 관리 시스템에 등록된 소스파일을 연계하여 배포 자동화의 수행

③ **버전 관리**

: 형상 항목의 변경 이력 관리, 동시에 다양한 버전의 형상 관리, 형상 항목의 충돌 방지

형상 관리 도구

- IBM Rational ClearCase
- Perforce
- PTC Integrity
- CVS

  : 1980년대 제작된 것으로 최근에는 SVN으로 대체됨
- Subversion(SVN)

  : 2000년에 CVS를 대체하기 위해 만들어졌으며 현재까지 사용되는 도구
- Git

  : 빠른 속도와 분산형 저장소 그리고 다양한 기능의 오픈소스 환경으로 서버 저장소와 개발자 저장소를 독립적으로 유지

형상 관리 도구는 중요하고 거의 모든 프로젝트에서 사용된다. 최근에는 오픈소스 관련자들을 중심으로 Git을 이용하는 경우가 많다. 관심이 있는 독자는 Git-Hub(git-hub.com)를 방문하여 둘러보면 큰 도움이 될 것이다.

8.7 정리

프로세스와 방법론의 차이

	프로세스	방법론
설명	- 소프트웨어를 개발하는 작업이나 단계를 말한다. - 무엇을 할 것인가에 중점을 둔다. - 필요에 따라 다양한 방법이 적용된다. - 결과보다 과정이 중요하다.	- 프로세스의 체계적 수행 방법이다. - 어떻게 할 것인가에 중점을 둔다. - 각 단계별 기술, 과정을 구체적으로 제시한다. - 결과를 중시한다.
예	- 폭포수 프로세스 - 원형 프로세스 - 나선형 프로세스 - 4세대 기법 - Unified 프로세스 - XP 프로세스	- 구조적 방법론 - 객체지향 방법론 - 정보공학 방법론 - CBD 방법론 - 애자일 방법론

프로세스를 통해서 얻을 수 있는 것

- 예측성
- 테스트와 유지보수의 편리성을 통한 비용 절감
- 변경의 발견, 결함의 제거, 일정의 조정

SDLC(Software Development Life Cycle)

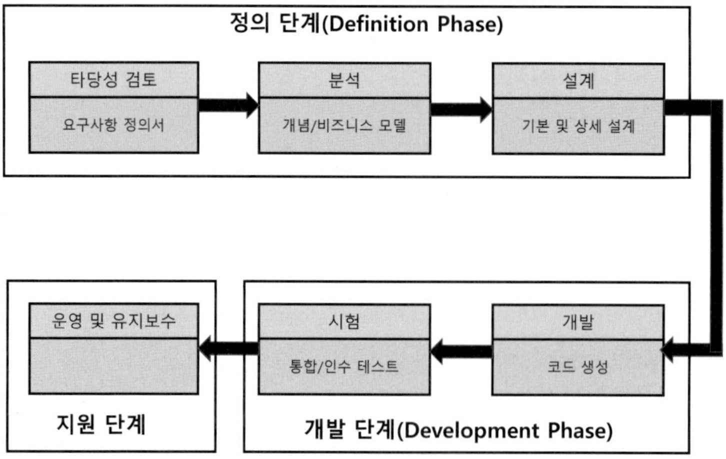

개발 프로세스의 종류

- 폭포수 프로세스
- 원형 프로세스
- 나선형 프로세스
- 4세대 기법
- Unified Process
- XP 프로세스

지원 프로세스의 종류

- 프로젝트 관리 프로세스
- 형상 관리 프로세스
- 품질 관리 프로세스

방법론을 적용하기 위한 단계에 대한 큰 관점의 시작

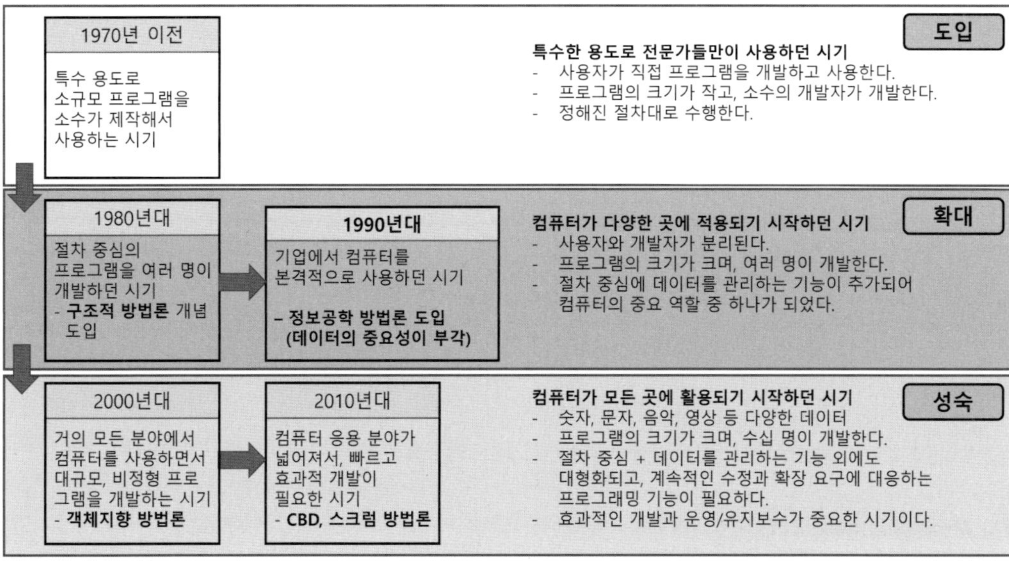

연습문제

01. 프로세스와 방법론을 정의하고 어떻게 다른지 설명하시오.

02. 소프트웨어 프로세스를 왜 사용하는지 이유를 설명하시오.

03. SDLC를 설명하시오.

04. 개발 프로세스의 종류를 정리하시오.

05. XP 프로세스의 5가지 가치를 정리하시오.

06. 지원 프로세스의 종류를 정리하시오.

07. 방법론의 종류를 정리하시오.

08. CBD 방법론에 대하여 설명하시오.

09. XP 프로세스의 수행 절차를 서술하시오.

10. 품질 관리를 위한 7가지 기본 도구의 리스트를 적어보시오.

9

소프트웨어 테스트

정보시스템의 개발 과정도 중요하지만 개발된 것을 테스트하여 에러 없이 잘 수행되도록 만드는 것도 중요하다. 특히, 최근에는 프로그램이 대형화되고 프로그램이 비즈니스에 미치는 영향이 커짐에 따라 개발하는 프로그램에 대한 테스트의 비중이 개발하는 것만큼 커지고 있다. 최근 유행하며 16장에서 배우게 될 TDD와 같은 개념을 통해서 테스팅의 위상을 확인할 수 있다.

9.1 소프트웨어 테스트의 개념

소프트웨어 테스트(Software Test)의 정의

시스템이 정해진 요구를 만족하는지, 예상과 실제 결과가 어떤 결과를 보이는지에 대하여 수동 또는 자동으로 검사하고 평가하는 일련의 과정을 말한다. (IEEE, 1993)

테스트 관련 용어의 정리

- **고장** : 소프트웨어가 설정된 요구에 따라 기능을 제대로 수행하지 못하는 경우
- **결함** : 고장이 일어나기 위한 조건
- **오류** : 실행 결과가 다르거나 결함/고장을 발생시키는 인간의 실수

테스트에서 고려하여야 하는 9가지

- **테스팅은 결함이 존재함을 밝혀내는 것이다. 즉 결함이 없음을 증명하는 행위가 아니다.**
- 완벽한 테스팅은 불가능하다. 그렇지만 다양한 경우를 테스팅 해야 한다.
- 개발 초기에 테스팅을 시작하라.
- 결함은 특정 시점에 집중된다.
- 동일한 테스트 케이스를 반복하는 것이 중요하다. 하지만 다른 시각의 테스트도 그만큼 중요하다.
- 테스팅은 상황에 따라 다양한 형태와 방법이 존재한다.
- 사용자의 요구사항에 부합하지 않는 시스템은 테스트의 필요가 없다.
- 테스팅은 구현과 관계없는 별도의 팀에서 수행해야 한다.
- 테스팅은 소프트웨어 품질 보증을 위한 마지막 단계이다.

소프트웨어 테스트의 목적

- 소프트웨어에 존재하는 오류의 발견
- 사용자 요구사항을 충족하는지 확인
- 개발 명세서의 내용을 충족하는지 확인
- 소프트웨어 출시 이후에 발생할 수 있는 결함을 예방

소프트웨어 테스트의 작업 과정

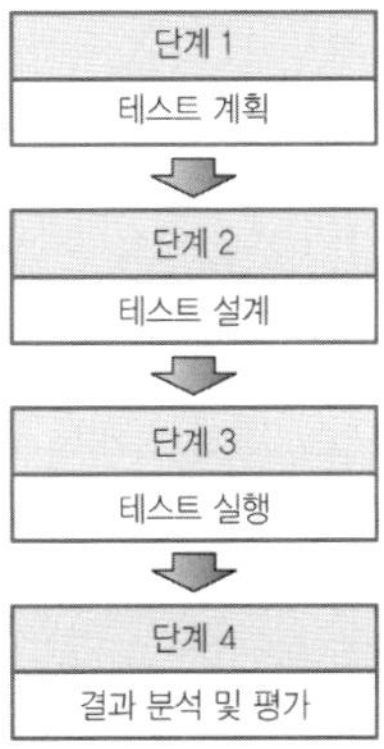

프로젝트 계획서, 요구사항 명세서를 기반으로
테스트 목표와 대상, 범위를 선정한다

테스트 케이스를 설계하는 것,
테스트 설계서와 테스트 케이스 명세서를 작성한다

테스트 케이스를 실행하는것.
(test harness : 테스트를 위해 소프트웨어에 변경을 가하는 경우)

소프트웨어 테스트의 종류

방법의 관점으로 보는 소프트웨어 테스트는 아래의 두 가지로 나누어 볼 수 있다.

- 정적 테스트 : 프로그램 코드를 실행하지 않고 명세나 코드를 검토하면서 수행하는 것

  【예】 개별 검토, 동료 검토, 검토 회의, 소프트웨어 검사, 감사 작업

- 동적 테스트 : 프로그램 코드를 실행하면서 수행하는 것

  【예】 화이트박스 테스트(명세 기반 테스트)

  - 모듈 내부의 구현 로직을 확인하는 테스트

  블랙박스 테스트(구현 기반 테스트)

  - 모듈의 입출력을 중심으로 기능 구현에 대한 테스트

시각의 관점으로 보는 소프트웨어 테스트는 아래의 두 가지로 나누어 볼 수 있다.

- 확인(verification) 테스트 : 존재 여부, 구현 여부에 대한 테스트
- 검증(validation) 테스트 : 존재하는 것이 잘 작동하는지에 대한 테스트

사용 목적의 관점으로 보는 소프트웨어 테스트는 아래의 네 가지로 나누어 볼 수 있다.

- 운용 목적에 대한 적합성 테스트

  : 성능, 신뢰성, 강건(robustness), 스트레스, 부하(load), 보안(security), 사용성(usability), 안정성(safety)에 대한 테스트를 수행한다.

- 수정 용이성에 대한 테스트

  : 테스트 용이성(testability), 유지보수성(maintainability)에 대한 테스트를 수행한다.

- 상호 운영성에 대한 테스트

  : 운영성(compatibility), 일치성(conformance), 이식성(portability), 재사용성(reusability)에 대한 테스트를 수행한다.

- 운영 지원 용이성 테스트

  : 문서화(documentation), 복원 가능성(recovery)에 대한 테스트를 수행한다.

프로그램 실행 여부에 따른 관점으로 보는 소프트웨어 테스트는 프로그램을 실행하면서 생기는 문제의 발견 및 추적, 수정을 수행하는 작업을 말한다.

범위의 관점으로 보는 소프트웨어 테스트는 아래의 두 가지로 나누어 볼 수 있다.

- 기본 경로 테스트(Basic Path Test) : 맥케이브(McCabe)가 제안한 것으로 원시코드의 독립적인 경로가 최소한 한 번은 실행되는 테스트 케이스를 만들어서 수행하는 것을 말한다. 즉 원시코드의 독립적인 경로를 모두 수행하는 것이 목표이다.
- 부분 테스트 : 원시코드의 핵심 부분을 중심으로 테스트하는 것을 말한다.

마지막으로, **소프트웨어 개발 단계에 따른 관점**으로 보는 소프트웨어 테스트는 이어지는 9.2절의 내용을 참고하면 된다.

9.2 소프트웨어 개발과 테스트의 연계

최근에는 개발되는 소프트웨어가 대형화되고 비즈니스에 중대한 영향을 미치게 되면서 소프트웨어 개발과 테스트를 거의 동일한 비중으로 다루고 있다.

[그림 9-1]에는 소프트웨어 테스트의 종류 중에서 '소프트웨어 개발 단계에 따른 관점'으로 보는 테스트의 종류에 대하여 정리하였다. 개발 과정과 테스트 과정을 연결하여 한 장의 그림으로 정리하여 나타내었다.

[그림 9-1]에서 관심 있게 보아야 하는 부분은 다음과 같다.

- 개발 과정과 각 개발 과정별로 수행되어야 하는 테스트를 연결하여 표현하였으므로 개발과 테스트의 연결성을 확인해야 한다.
- 개발 과정과 테스트 과정에서 고객이 참여하는 부분과 참여하지 않는 부분을 식별해야 한다.

- 개발과 테스트가 짝을 이루는 관계를 확인한다.
  – 시스템 설계와 시스템 테스트
  – 아키텍처 설계와 통합 테스트
  – 모듈 설계와 단위 테스트
  – 프로그래밍과 단위 시험
- 개발자가 개발하면서 수행하는 단위 시험이 전체 테스트의 가장 기반이 된다는 점을 전체 과정을 통해서 확인하기를 바란다.

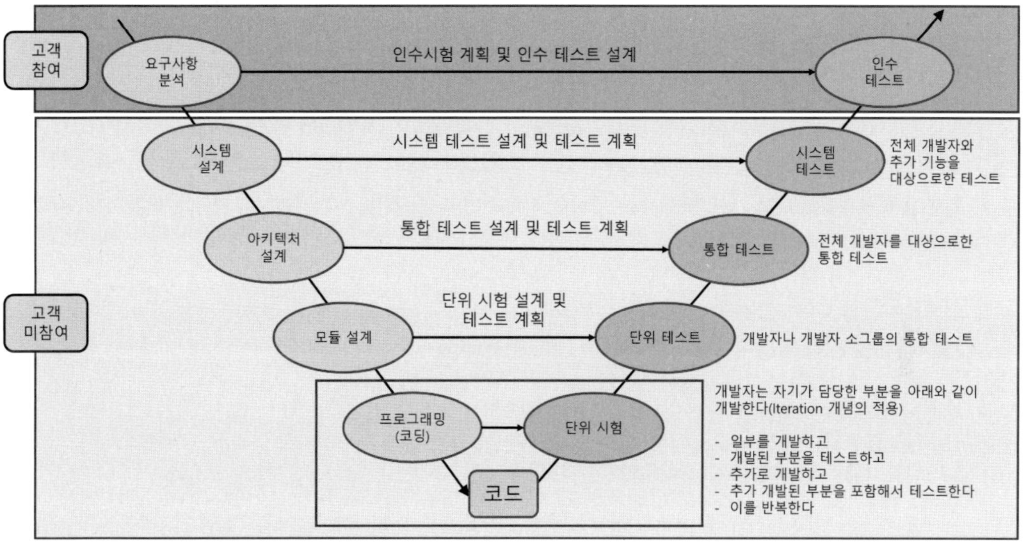

[그림 9–1] 개발 과정과 테스트 과정의 연계성 정리

[그림 9–1]에 있는 많은 용어들에 대해서는 이어지는 절에서 설명한다.

9.3 소프트웨어 테스트의 종류

소프트웨어 테스트는 9.1절에서 설명한 것과 같이 다양한 관점에서 볼 수 있다. 하지만 가장 많이 사용하는 관점은 역시 개발 단계와 연결하여 수행하는 테스트라고 할 수 있다. 이에 대한 내용은 [그림 9–1]에서 정리하였다. 이번에는 [그림 9–1]에서 사용한 다양한 테스트에 대하여 설명한다. 그리고 블랙박스 테스트와 화이트박스 테스트에 대해서도 좀 더 자세히 알아보겠다.

9.3.1 개발과 연결된 테스트의 종류 및 특성

단위 시험 / 단위 테스트

- 프로그램의 기본 단위에 대한 테스트로서 개발자가 수행한다.
  (기능과 코드의 효율성, 코딩 표준의 준수 여부, 설계 지침의 준수 여부가 대상이다.)
- 화이트박스 테스트(Whitebox test) 형태로 진행한다.
  (화이트박스 테스트는 내부 소스를 보면서 테스트하는 것을 말한다.)
- **반복(Iteration)적으로 하나씩 테스트를 수행한다.**
  (한 개의 모듈을 테스트하고 완료되면 기존 모듈에 다른 모듈을 추가해서 테스트하는 과정을 반복한다.)

통합 테스트

- 각 모듈을 통합하여 모듈 간의 인터페이스와 상호 작용에 따른 오류를 발견하는 과정을 말한다. 이는 개발팀에서 수행한다.
- 블랙박스 테스트(Blackbox test) 형태로 진행한다.
  (블랙박스 테스트는 입력과 출력을 확인하는 테스트로서 소스를 보지 않는다.)
- 통합 테스트는 기능 테스팅(Function testing)이라고도 한다.
- 테스트의 수행은 점진적(Incremental)으로 수행한다.
  즉, A를 테스트 하고나서 A, B를 테스트하고, 그 후에는 A, B, C를 테스트하는 방식으로 진행한다.

시스템 테스트

- 시스템을 구성하는 부분과 다른 시스템 요소들과의 통합에 대한 테스트이다.
- 사전에 정의된 사양에 기반을 두어 개발팀이 진행한다.
- **복구(Recovery), 보안(Security), 스트레스(Stress), 성능(Performance) 테스트 등을 수행한다. 기능에 대한 테스트가 아님을 주의하기 바란다.**

인수 테스트

- 고객이 참여하여 수행하는 테스트이다.
- 요구한 기능의 정확한 구현과 사용의 용이성 관리의 편리성, 확장성 등이 테스트의 대상이다.
- 인수 테스트로는 아래의 2가지가 있다.
  – **알파 테스트** : 사용자가 개발 환경에서 테스트하는 것
  – **베타 테스트** : 개발팀이 상용 환경에 설치하고 테스트하는 것

9.3.2 블랙박스 테스트의 상세

블랙박스 테스트는 기능 테스트라고하며, 기능이 누락되는 것을 찾아내기 위해 사용한다.

실제 블랙박스 테스트에서 사용되는 기법을 간단하게 정리하면 다음과 같다(설계 기법은 암기할 필요가 없다. 단지 내용을 읽고 이해하기만 하면 된다. 어차피 직접 사용할 것이기 때문에 이해하는 것으로도 충분하다).

【 블랙박스 테스트의 설계 기법 】

- **등가 분할**(Equivalence Partitioning)

  : 동일한 입력에 대해 나타나는 여러 결과를 각각 테스트 케이스로 설계하는 것

- **경계값 분석**(Boundary Value Analysis)

  : 경계에 해당하는 값을 입력으로 테스트 케이스를 설계하는 것

  【예】 고객 만족도 2.9, 3.0, 3.1에 대하여 테스트

- **결정 테이블 테스팅**(Decision or Branch table)

  : 프로그램이 수행해야 하는 비즈니스 규칙을 테스트 케이스로 설계하는 것

  【예】 구매 금액이 2000이상이면 별도의 할인율을 적용하는 것에 대하여 테스트

- **상태 전이 다이어그램**(State Transition Diagram)

  : 프로그램의 상태 변화를 테스트 케이스로 설계하는 것

  【예】 매년 4분기가 시작될 때 고객에게 제공되는 메뉴의 구성과 순서를 자동 변경하는 것에 대하여 테스트

- **유스케이스**(Use Case)

  : 프로그램의 입력과 결과 사이의 관계를 테스트 케이스로 설계하는 것

  【예】 VIP 고객은 A 타입의 메뉴, 나머지는 B 타입의 메뉴를 제공하는 것에 대하여 테스트

- **신택스**(Syntax)

  : 프로그램 작동 규정 준수 여부를 테스트 케이스로 설계하는 것

  【예】 ID/PWD의 모양과 길이에 대한 제한에 대하여 테스트

9.3.3 화이트박스 테스트의 상세

테스트를 수행할 때 소스코드와 내부 구조를 점검하면서 입력 값에 따른 출력 값의 처리 과정을 정밀하게 테스트하는 것을 말한다.

【 화이트박스 테스트의 설계 기법 】

- **구문 커버리지**(Statement Coverage)

  : 소스 라인 중에서 몇 %를 테스트했는지를 보여주는 것

  【**예**】 구문 커버리지 100% 달성 = 모든 소스 라인을 테스트했다는 의미

- **분기(결정) 커버리지**(Decision or Branch Coverage)

  : 소스 라인 중에서 분기되는 부분의 몇 %를 테스트했는지를 보여주는 것

- **조건 커버리지**(Condition Coverage)

  : 소스 라인 중에서 조건 처리 부분의 몇 %를 테스트했는지를 보여주는 것

- **변경 조건/결정 커버리지**(Modified Condition/Decision Coverage : MC/DC)

  : 조건 커버리지를 개선한 것으로 불필요한 조건 검색을 제거하는 것

9.3.4 통합 테스트의 상세

각각의 소프트웨어 모듈들이 논리적으로 통합되고 그룹으로 테스트되는 것을 말한다. 모듈 사이의 통합성/일치성에 초점을 맞추고 진행되며, 단위 테스트에서 확인할 수 없는 통합으로 인한 문제를 확인하는 과정이다.

【 통합 테스트의 설계 기법 】

- **빅뱅(Big Bang) 통합 방법**

  : 모든 구성 요소를 한꺼번에 통합한 다음 테스트하는 것

- 점증적 통합 방법

  : 하나의 모듈을 테스트하고 완료된 다음 다른 모듈을 추가해서 테스트하는 과정을 반복하는 것

  - 하향식(Top Down) 통합 방법 : 상위 모듈을 테스트하고, 하위로 진행하는 것
  - 상향식(Bottom Up) 통합 방법 : 하위 모듈을 테스트하고, 상위로 진행하는 것
  - 연쇄식(샌드위치식) 통합 방법 : 특정 기능을 수행하는 모듈의 테스트로부터 시작해서 다른 기능을 수행하는 모듈로 점진적으로 확장해 가는 방법

9.3.5 시스템 및 인수 테스트의 상세

시스템 및 인수 테스트는 어떤 구성 요소들이 서로 상호 작용하는지를 확인하기 위하여 주변 장치를 포함해서 전체적으로 통합된 어플리케이션을 테스트하는 것으로 모든 입력 테스트와 사용자 경험 테스트를 포함한다. 일종의 블랙박스 테스트이다.

【 시스템 테스트의 유형 】

- **사용성 테스팅**(Feasibility Testing)

  : 사용하기 쉬운 정도와 제어 처리에 대한 테스트

- **부하 테스팅**(Load Testing)

  : 소프트웨어의 부하에 따른 작동 및 에러 여부에 대한 테스트

- **리그레션 테스팅**(Regression Testing)

  : 시간이 흐르면서 변경 사항 발생에 대한 에러 발생 여부의 테스트

- **복구 테스팅**(Recovery Testing)

  : 장애에 따른 복구 시에 발생할 수 있는 에러에 대한 테스트

- **마이그레이션 테스팅**(Migration Testing)

  : 마이그레이션에서 발생할 수 있는 에러에 대한 테스트

- **기능 테스팅**(Function Testing)

  : 필요한 기능이 제대로 작동하는지에 대한 테스트

- **하드웨어 소프트웨어 테스팅**(Hardware/Software Testing)

  : 특정 환경에 대한 에러 발생 여부에 대한 테스트

【 인수 테스트의 유형 】

- **인수 테스팅**

  : 사용자가 프로젝트 계약에 명시된 기준에 근거하여 사용 용이성, 기능성, 성능을 테스트

- **설치 테스팅**

  : 목표 환경에서의 테스트(알파 테스트, 베타 테스트로 구성)

- **보안 테스팅**

  : 시스템의 보안성에 대한 테스트

【 인수 테스트의 목적 】

- 확신(Confidence) : 시스템이나 기능에 대해 고객의 확신을 얻는 것
- 배포 가능성 평가 : 시스템이 사용할 준비가 되었는지를 평가하는 것
- 준수성 확인 : 계약 혹은 규정에 대한 준수성 확인
- 고객 피드백 : 목표 시장 고객이나 잠재 고객을 위한 피드백의 실시

9.4 테스트 수행 흐름도

실무에서 테스트를 수행하는 흐름에 대한 전체적인 관점을 [그림 9-2]에 정리하였다.

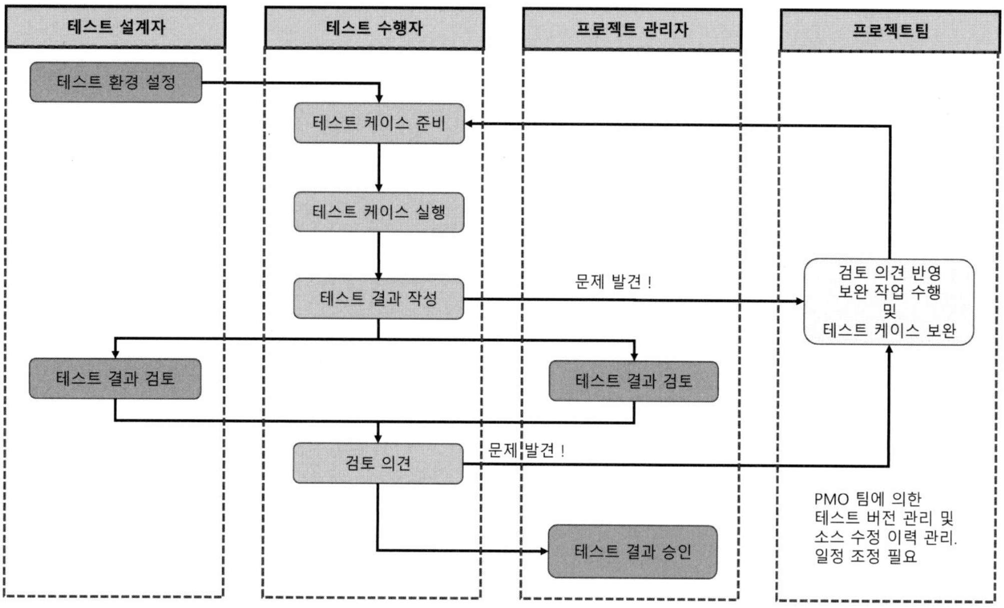

[그림 9-2] 테스트 수행 프로세스 정리

테스트의 수행은 '테스트 설계자', '테스트 수행자', '프로젝트 관리자' 그리고 'PMO 팀(프로젝트팀)'의 유기적인 결합이 중요하다. [그림 9-2]를 통하여 테스트가 전체 프로젝트에서 얼마나 중요하게 다루어지는지를 확인하기 바란다.

9.5 테스트 도구

테스트에 사용되는 다양한 도구의 분류를 [표 9-1]에 정리하였다.

- 테스트는 다양한 도구를 이용하여 진행하게 된다.
- 테스트 도구와 방법을 분류하면 '코드 분석 도구', '테스트 케이스 생성 도구', '테스트 케이스 실행 도구', '단위 테스트 도구'로 분류할 수 있다.
- [표 9-1]에 있는 분류는 제품에 대한 분류만으로 보지 않고, 어떤 방법이 있는지에 대한 분류로 볼 수 있다.
- 실무에서 자바를 사용하는 경우 앞에서 학습한 Junit을 이용하여 [표 9-1]에 있는 다양한 기법의 테스트를 수행할 수 있다.

[표 9-1] 테스트 도구의 분류

범위	대상	설 명
코드 분석 도구	정적 분석 도구	▪ 코드 분석 도구 : 원시코드의 문법 체크 ▪ 구조 분석 도구 : 원시코드의 논리 흐름 체크 ▪ 데이터 분석 도구 : 데이터의 정의, 사용, 링크, 구조, 선언, 인터페이스 체크 ▪ 순서 검사 도구 : 이벤트 처리 순서 검사
	동적 분석 도구	▪ 프로그램 모니터링 및 breakpoint 파악
테스트 케이스 생성 도구	자료흐름도	테스트할 변수에 영향을 주는 요소를 모아 테스트를 수행하는 입력값을 찾아내는 도구
	기능 테스트	주어진 기능을 구동하는 모든 가능한 상태를 파악하여 적당한 입력값 생성 및 테스트
	입력 도메인 분석	소스 분석없이 입력 변수가 가질 수 있는 값의 도메인을 분석하여 테스트 데이터의 생성
	랜덤 테스트	무작위로 테스트하는 도구
테스트 케이스 실행 도구	자동 실행 및 비교	- 자동으로 테스트를 수행하고 결과 화면을 캡처하여 예상 결과와 비교하는 도구 - 테스트에 필요한 드라이버와 인터페이스를 자동 생성할 수 있다. - 테스트를 위해서 데이터베이스, 측정, 분석 등 다양한 기능이 제공된다.
단위 테스트 도구	XUnit(=단위 테스트 프레임워크)	- Junit, CUnit, CppUnit, NUnit, HtmUnit, HttpUnit등의 도구가 제공된다. - Jiunit을 포함한 제품의 사용법은 11.6 TDD에서 자세히 서술하였다.

9.6 객체지향 프로그래밍과 테스트의 관계

객체지향 프로그래밍에서 테스트는 특별한 의미를 가진다.

- 개발과 테스트가 같이 반복적으로 수행되고(Iteration)
- 점진적으로 기능을 확장해 가면서(Incrementation) 개발한다.
- 객체지향 프로그래밍은 다양하게 여러 클래스들이 연관되어 운영되어야 하는 상황이므로
- 이에 대한 대비의 차원에서 개발과 테스트를 병행한다.

앞의 설명 내용을 [그림 9-3]에 정리하였다.

요약하면, 객체지향프로그래밍은 개발과 테스트가 동시에 수행되며, 테스트가 완료되었을 때 비로소 추가 개발이 이루어진다. 추가 개발은 추가적인 테스트를 수행해야 한다. 그래서 개발자별 개발과 테스트를 '단위 테스트'라고 할 수 있으며, 팀에 속하는 개발자들이 자신이 개발/테스트한 것을 모아서 개발/테스트하는 것을 '개발팀 테스트'라고 한다. 여러 개발팀들이 모여서 속한 개발자들이 개발/테스트한 것을 종합적으로 개발/테스트하는 것을 '통합 테스트'라고 한다.

객체지향 프로그래밍은 반드시 개발자 테스트, 개발팀 테스트, 통합 테스트가 개발과 동시에 이루어져야 한다. 이것을 지원하기 위하여 도입된 개념이 TDD(Test-Driven Development)이다.

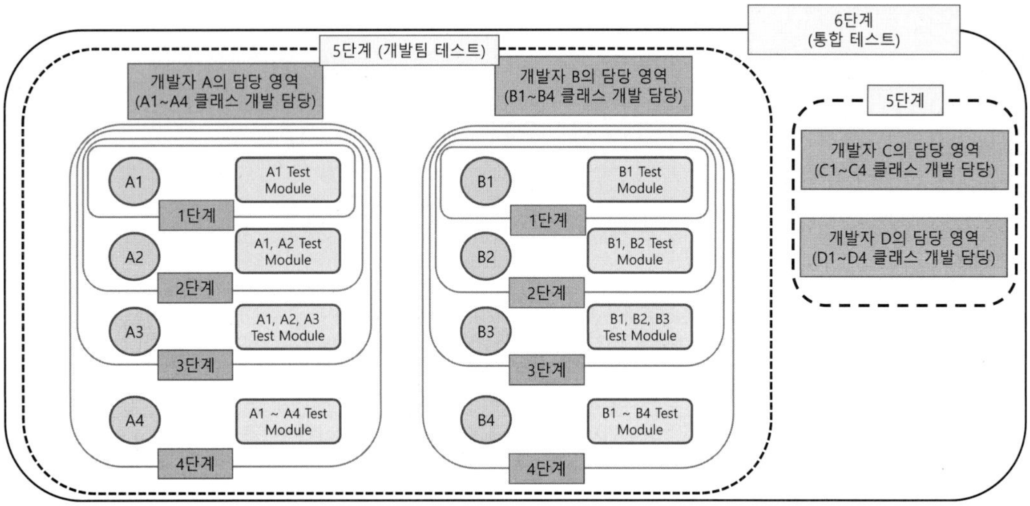

[그림 9-3] 객체지향 개발 과정의 정리

9.7 테스트 케이스의 작성 사례

테스트를 수행하려면 테스트의 목적이나 필요성, 환경에 맞추어 테스트할 내용을 정리하는 과정이 필요하다. 테스트할 내용과 결과를 정리하는 것을 테스트 케이스의 작성이라고 한다.

【 테스트 케이스의 작성 시 필요한 항목 】

- 테스트 케이스 ID
- 테스트 시나리오 내용
- 테스트 단계
- 테스트 데이터
- 예상 결과
- 실제 결과
- 성공 여부 확인

[표 9-2]는 테스트 케이스에 대한 평가와 결과를 정리한 사례를 표로 정리한 것이다.

[표 9-2] 테스트 케이스 결과를 정리한 예

ID	테스트 단계(항목)	테스트 시나리오	테스트 데이터	예상 결과	실제 결과	성공 여부 또는 원인
T-Req1-1	사용자 인증	ID와 PWD를 넣어 사용자를 인증	mimho0926 /jy4118	로그인 실패	실패	ID/PWD에 특수문자 포함 필요
T-Req4-8	사용자에 따른 메뉴 보이기	VIP 사용자에게는 별도의 메뉴를 보여줌	ky114! /hyunhee4로 로그인	VIP 메뉴를 보여줌	성공	성공
T-Req424-8						

소프트웨어를 개발하기 전에 테스트 케이스를 정리하고, 이것을 기반으로 테스트를 수행한 다음 그 결과를 [표 9-2]와 같이 정리한다. 그리고 이것을 관련자들이 공유하는 것이 테스트를 수행하는 기본 과정이다.

테스트 케이스의 정리는 여러 가지 방법이 있는데, 저자의 경우는 다음과 같은 방법으로 정리한다.

- 엑셀을 이용하여 테스트할 내용을 엑셀 워크시트로 분류하고,
- 같은 분류에 속하는 테스트 항목은 엑셀 워크시트에 순서대로 정리해서
- 작성된 워크시트를 관련 팀원과 공유한다.

9.8 정리

테스트에 대한 정리는 아래와 같은 한 장의 그림이면 충분하다.

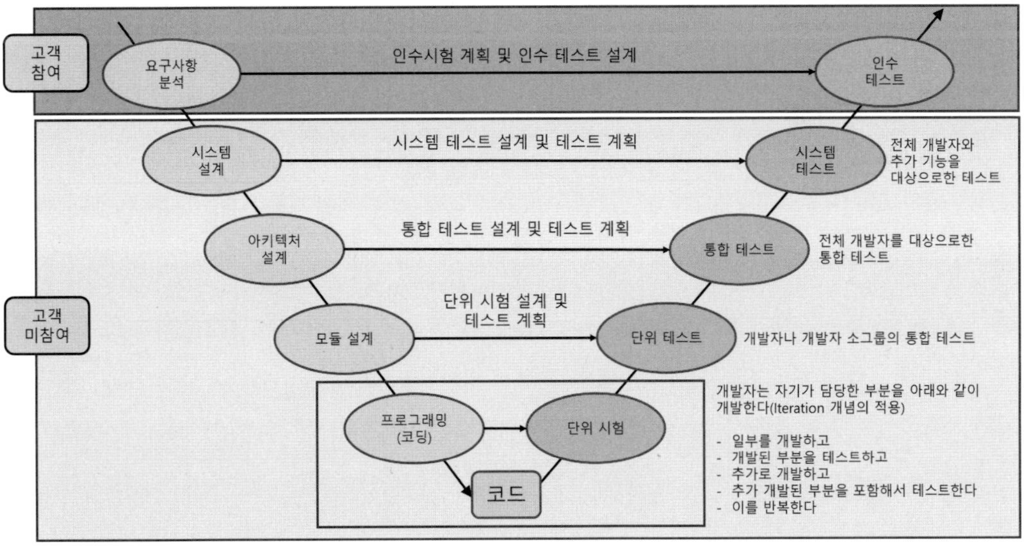

이 그림에 있는 용어와 단계를 잘 이해하고 있다면 테스트에 대한 개념이 서 있다고 볼 수 있다.

객체지향 환경의 경우 테스트 수행은 아래의 그림처럼 진행한다.

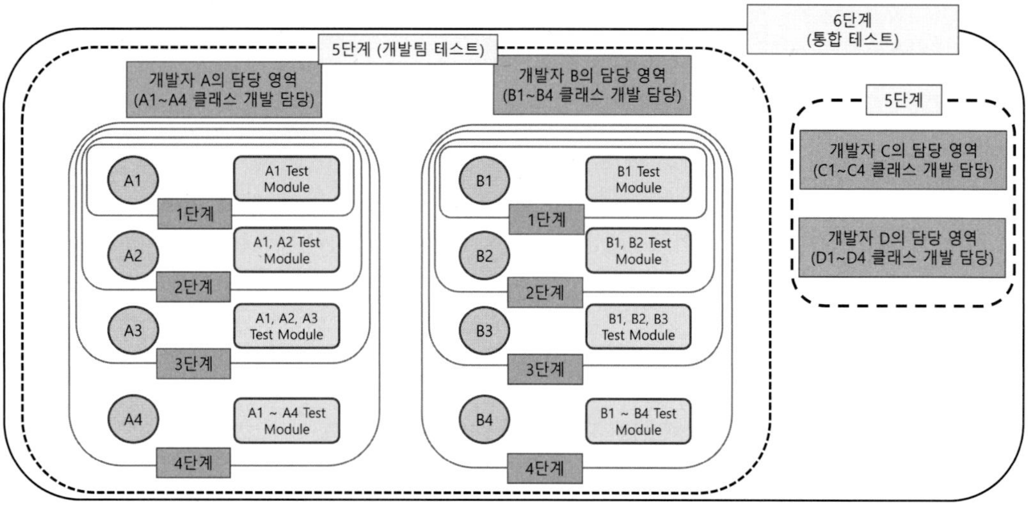

01. 소프트웨어 테스트란 무엇인가?

02. 테스트에서 고려해야하는 사항을 정리하시오(7가지).

03. 소프트웨어 테스트의 목적은 무엇인가?

04. 소프트웨어 개발과 테스트의 연계성에 대하여 설명하시오.

05. 테스트의 종류에 대하여 설명하시오.

06. 객체지향 프로그래밍에서 테스트는 어떻게 진행되는가?

10

소프트웨어 유지보수

최근의 정보시스템은 비즈니스에서 반드시 필요한 것이 되었다. 그러므로 정보시스템이 잘 운영되는 것이 중요한 과제이다. 이번 장에서는 정보시스템의 운영을 위해 필요한 유지보수에 대하여 다룬다. 소프트웨어 유지보수의 개념과 절차 및 관련 도구를 소개한다. 아주 중요하다기 보다는 알아두어야 하는 내용이다.

10.1 소프트웨어 유지보수의 개념

10.1.1 소프트웨어 유지보수의 정의

소프트웨어 유지보수는 소프트웨어의 배포 후에 결함을 수정하거나 성능이나 기타 특성을 개선하는 것을 포함한 운영 관리에 대한 전반적인 행동을 말한다.

10.1.2 소프트웨어 유지보수의 역사

1969년 매리 리먼(Manny Lehman)에 의해 처음 기술되었고, 1997년 유지보수에 대한 가이드라인을 제시하는 리먼의 법칙이 만들어졌다.

【 리먼의 법칙 】

- **지속적인 변경의 원칙**(Law of Continuing Change)
  : 소프트웨어는 지속적으로 변경되어야 한다.
- **엔트로피, 복잡도 증가의 원칙**(Law of Increasing Entropy or Complexity)
  : 소프트웨어는 변경을 거치면서 복잡해진다.
- **자기 통제의 법칙**(Law of Self-regulation)
  : 소프트웨어의 진화는 장기적인 규칙을 가지고 변화한다.
- **안전성 유지의 법칙**(Law of Organization Stability)
  : 소프트웨어 유지보수는 일정한 작업량을 가지게 된다.
- **친근성 유지의 법칙**(Law of Familiarity)
  : 소프트웨어 유지보수에서 각 버전의 변화는 거의 일정하다.
- **지속적 성장의 법칙**(Law of Continuing Growth)
  : 소프트웨어는 지속적으로 기능이 향상되어야 한다.
- **품질 저하의 법칙**(Law of Declining Quality)
  : 소프트웨어의 품질은 지속적으로 저하된다.
- **피드백 시스템의 법칙**(Law of Feedback Systems)
  : 소프트웨어 유지보수는 피드백에 의해 발생한다.

10.1.3 소프트웨어 유지보수의 종류

- **교정형**(Corrective)

  : 발견된 결함을 수정하기 위한 계획적인 활동을 말한다.

- **적응형**(Adaptive)

  : 계속된 사용을 위하여 수행하는 변경 활동을 말한다.

- **완전형**(Perfective)

  : 성능이나 활용성을 개선하기 위하여 수행하는 변경 활동을 말한다.

- **응급형**(Emergency)

  : 발견된 결함을 수정하기 위한 무계획적인 활동을 말한다.

10.2 소프트웨어 유지보수의 절차

유지보수의 수행은 공식적인 절차로 진행되어야 한다. 유지보수에서 발생하는 다양한 문제에 대한 대처를 위한 가장 기본적인 사항은 공식화와 문서화이다. 공식적인 유지보수 절차를 [그림 10-1]에 정리하였다.

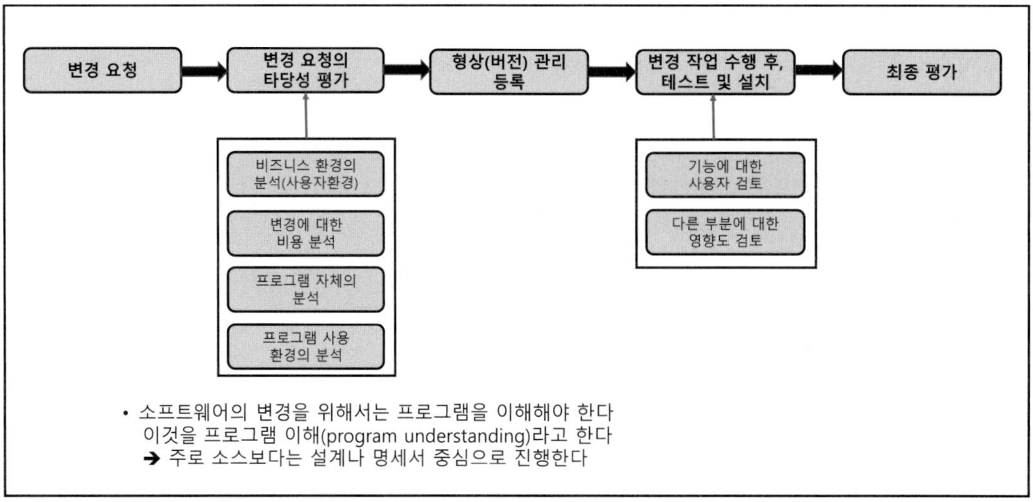

[그림 10-1] 유지보수의 절차

유지보수의 과정은 현재 운영 중인 시스템의 변경 요청(추가 개발, 기능 추가, 기능 수정 등)이 있는 경우에 공식적인 절차를 거쳐 문서로 요청하여야 한다. 요청된 것은 타당성 평가의 과정을 거치는데 변경에 따른 비용 분석, 프로그램에 대한 영향도 분석, 관련된 비즈니스 분석, 프로그램 사용자 환경 분석의 과정을 수행한다. 이 과정을 통하여 변경이 필요하다고 결정이 되면 형상 관리 시스템에 등록한 다음 변경 작업이 수행된다. 변경 후에는 테스트와 설치 그리고 최종 평가의 과정이 진행된다.

앞의 내용을 보면 확인할 수 있지만 **소프트웨어 유지보수의 절차는 반드시 공식화된 절차와 문서화된 자료를 기반으로 진행하며 형상 관리와 연계해야 한다.** 그 이유는 소프트웨어는 소수에 의해 점유되는 것이 아니며, 비즈니스 수행의 핵심 자원이고 관여된 사람과 조직이 많으므로 그들의 의견을 반영해야 하기 때문이다.

10.3 소프트웨어의 유지보수 모델

유지보수의 수행을 위해 만들어야 하는 유지보수 모델을 분류하면 다음과 같다.

- **즉시 수정 모델**
  - 발생한 문제에 대하여 다른 고려 없이 즉시 수정하는 모델이다.
- **반복적 개선 모델**
  - 개선 작업이 일정 주기로 수행되는 모델이다.
  - 특정일까지 등록된 요구사항을 개선 작업에 포함시킨다.
  - 특정일 이후에 등록된 요구사항은 다음 주기의 개선 작업에 반영한다.
- **재사용 중심 모델**
  - 개선 요구사항을 확인하고 개선한 부분을 식별한다.
  - 개선 요구사항에 맞는 새로운 컴포넌트를 개발하거나 구매한다.
  - 기존 시스템에 새로운 컴포넌트를 이식한다.
  - 소프트웨어의 성능을 테스트한다.

10.4 소프트웨어 3R

10.4.1 소프트웨어 3R의 정의 및 구성

유지보수 기법의 하나로, 완성된 소프트웨어를 기반으로 역공학, 재공학, 재사용을 통해서 소프트웨어의 운영, 이식, 개선 작업을 수행함으로써 소프트웨어 유지보수 작업을 효율적으로 수행하는 방법이다.

【 소프트웨어 3R의 구성 】

- **역공학**(Reverse Engineering)

  기존에 개발, 사용 중인 시스템에서 도구를 사용하여 사양서, 설계서, 모듈 구성도, 변수 등을 추출하는 것을 말한다. 개발 단계를 역으로 진행하므로 역공학이라 한다.

- **재공학**(Re-Engineering)

  기존에 사용 중인 시스템을 새로운 표준이나 하드웨어, 환경 변화에 맞추어 사용할 수 있도록 변환하는 것을 말한다.

- **재사용**(Re-Use)

  이미 개발되어 사용 중인 소프트웨어의 전체 또는 일부를 새로운 시스템이나 개선된 시스템에서 다시 사용하는 것을 말한다.

10.4.2 역공학 소개

역공학이란 소프트웨어 유지보수를 위한 기술로 이미 만들어진 소프트웨어 시스템을 역으로 추적하여 처음의 문서나 설계 기법, 모듈 구성도 등의 자료를 얻어내는 것을 말한다.

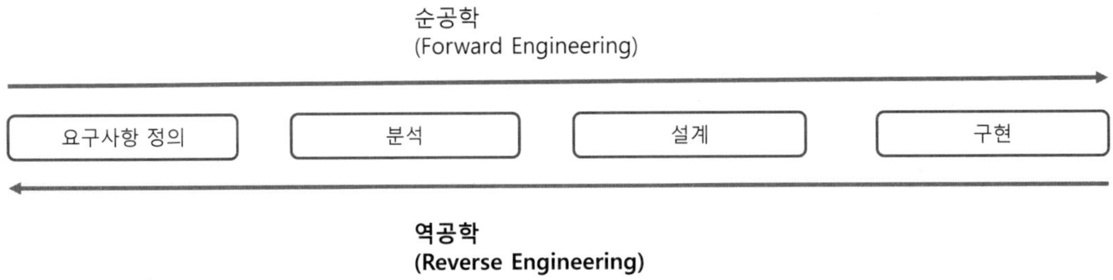

[그림 10-2] 역공학과 순공학의 개념 비교

역공학(Reverse Engineering)의 용도

최근의 흐름으로 볼 때는 역공학의 인기가 시들해진 느낌이다. 최근에는 기존에 운영 중인 소프트웨어를 지속적으로 개선하는 작업을 수행하므로 하나의 소프트웨어를 오랫동안 사용하는 경우가 많지 않다. 하지만 특수한 분야의 소프트웨어에 대해서는 관련된 자료가 소실되어, 역공학을 이용해 소프트웨어의 구조를 파악하는 경우가 발생한다.

역공학을 언제 사용하는지를 아래에 정리하였다.

- 운영 중인 소프트웨어의 개선을 위한 기초 작업
- 운영 중인 소프트웨어의 이해
- 운영 중인 소프트웨어에 대한 분석
- 운영 중인 소프트웨어에 대한 재문서화

역공학(Reverse Engineering)의 작업 프로세스

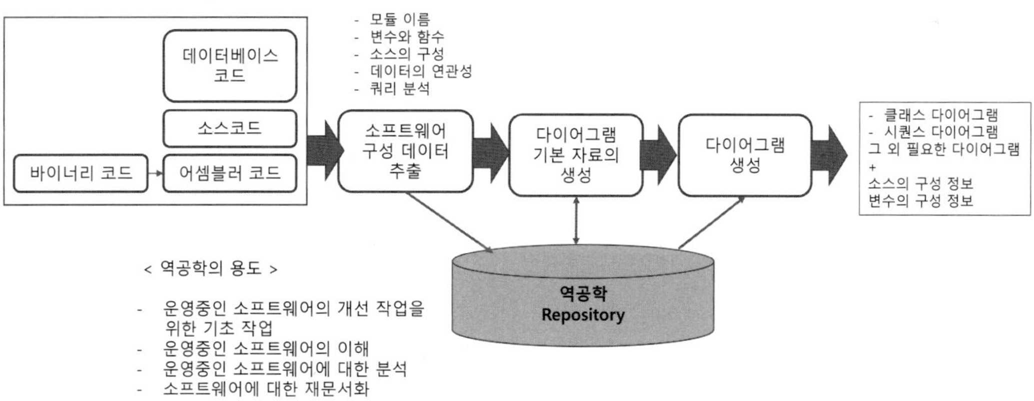

[그림 10-3] 역공학의 작업 프로세스

- 역공학의 대상은 데이터베이스 코드, 소스코드, 어셈블러 코드이다.
- 실행 중인 기계어 코드(바이너리 코드)는 역어셈블하여 어셈블러 코드로 변환하여 적용한다.
- 역공학을 통하여 변수, 함수, 모듈, 데이터의 연관성, 쿼리문 구조 등을 확인할 수 있고 함수와 모듈의 연관성도 확인할 수 있다.
- 분석된 결과를 기반으로 클래스나 시퀀스와 같은 다이어그램을 생성하고, 소스의 구성과 변수의 구성에 대한 정보를 파악한다.
- 역공학은 저장소(Repository)를 통해 각 단계의 실행을 제어한다.

역공학(Reverse Engineering) 도구의 정리

- **바이너리 디버거 : 기계어를 어셈블러로 변환하는 도구**
  - OllyDGB : http://ollydbg.de
    일반적으로 사용되는 제품이며 동적 분석에 사용한다.
    (동적 분석은 프로그램을 실행하면서 분석을 수행하는 것을 말한다.)
- **정적 분석 : 코드의 실행 없이 분석하는 도구**
  - IDA Pro : http://www.hex-rays.com/products/ida/support/download.shtml
- **커널 분석 : 커널을 분석하는 도구(실무에서 많이 사용함)**
  - WinDBG : https://developer.microsoft.com/en-us/windows/hardware/download-windbg
- **소프트웨어 리소스 분석 : 프로그램 내부 리소스를 보여주는 도구**
  - 프로그램 내의 스트링을 보여주는 도구 : ShowString
  - 소프트웨어 리소스의 편집 : ResourceHackerPlust
- **역컴파일러**
  - JAD : 자바 역컴파일러
  - Reflector : 닷넷 역컴파일러
  - sothink SWF Decompiler : 플래시 역컴파일러
  - VBDE : 비쥬얼베이직 역컴파일러

제품 중에서 URL이 없는 것은 단일 프로그램으로 배포된 것이다. 웹에서 검색하여 다운받아서 사용할 수 있다.

10.4.3 재공학 소개

재공학(Re-engineering)의 정의

재공학이란 소프트웨어의 개선을 위하여 기능의 변화 없이 전체 또는 일부를 재구조화하는 과정을 말한다.

참고로 경영학에서 사용하는 리엔지니어링은 기업을 구성하는 프로세스 중에서 핵심 프로세스를 선정하고 이들을 고객 만족의 관점에서 근본적으로 재설계함으로써 경영 효율을 획기적으로 높이는 경영 기법을 말한다.

재공학(Re-engineering)의 목적

- 소프트웨어 아키텍처의 보완 및 재구성
- 소프트웨어 복잡도의 감소
- 소프트웨어 성능의 향상
- 소프트웨어 유지/보수의 편리성 증가

재공학(Re-engineering) 프로세스의 종류

- Forward Engineering

  : '시스템 요구사항 - 설계 구현 - 새로운 시스템'으로 수행되는 것을 말한다.

- Backward Engineering

  : '기존 시스템 - 분석 및 변환 - Reengineer System'으로 수행되는 것을 말한다.

재공학(Re-engineering)의 단계

- (1단계) 소스코드에서 정보를 추출

  : 소스나 데이터베이스 관리 시스템에서 필요한 정보를 추출하여 정보 저장소에 저장

- (2단계) 역공학(Backward Engineering)

  : 정보 저장소의 정보에서 정보를 분석하고 필요한 작업을 선정

- (3단계) 시스템 개선 내용의 확정

  : 역공학의 결과를 기반으로 개선할 내용에 대한 확정 및 방향성 수립

- (4단계) 순공학(Forward Engineering)

  : 수집된 자료와 설정된 목표를 기반으로 데이터베이스 설계, 프로그램 설계를 수행

- (5단계) 설계와 최적화 단계

  : 순공학의 결과를 기반으로 설계와 상세 디자인을 수행

- (6단계) 원시코드의 생성 단계

  : 설계와 최적화 단계를 기반으로 새로운 소스코드를 생성

재공학(Re–engineering)의 기법

- **재구조화**

  – 소프트웨어 부품을 통합 저장소에 저장한 다음 새로운 원시코드의 생성이나 설계 및 최적화 단계에서 필요한 것을 찾아서 결합하는 방법이다.

- **재모듈화**

  – 시스템을 구성하는 모듈 간의 구조를 개선하는 것으로 시스템을 구성하는 구성요소를 분석한 후에 작업을 수행한다.

- **의미론적 정보추출**

  – 시스템에 관련된 문서의 재구성을 수행하는 것이다.

결론적으로 재공학은

- **현재 사용 중인 시스템(프로그램)의 재구조화를 수행하거나**
- **새로운 신규 시스템을 제작하기 위해 사용 중인 시스템에서 필요한 정보를 얻거나**
- **사용 중인 시스템의 유지보수를 위해 수행하는 것이다.**

10.4.4 재사용 소개

재사용(Re–Use)의 정의

재사용이란 이미 개발되어 사용 중인 소프트웨어의 전체 또는 일부를 새로운 시스템이나 개선된 시스템에서 다시 사용하는 것을 말한다. 재사용은 이미 검증된 것을 재활용하므로 개발되는 소프트웨어의 신뢰도가 증가하고 소프트웨어의 개발 비용이 절감되는 효과가 있다.

재사용(Re–Use)의 단위

- Application System Re–use

  만들어진 시스템을 그대로 재사용하는 경우(예: 기존에 사용하던 인사관리 시스템을 새로운 시스템에서 재사용하는 경우)

- Component Re–use

  컴포넌트 단위로 재사용하는 경우(예: 데이터를 정렬하는 부분을 컴포넌트로 만들어서 다른 프로그램에서 재사용하는 경우, 리포트 출력 부분을 컴포넌트 형태로 만들어서 다른 시스템에서 재사용하는 경우)

- Object and Function Re–use

  프로그램을 구성하는 클래스나 함수 단위로 재사용하는 경우

재사용(Re-Use)에 사용되는 기법

- CBD 방법론

  Component re-use에서 사용하는 방법이다.

- Aspect-Oriented Software development

  Object and Function re-use에서 사용하는 방법이다.

- Legacy system wrapping

  Application system re-use에서 사용하는 방법이다.

10.5 유지보수 도구

유지보수는 소프트웨어 시스템이 기업에서 중요한 역할을 하는 만큼 많은 돈과 시간이 소요되는 분야이다. 유지보수에 사용하는 도구에 대해서는 설명하는 중간에 소개하였다.

여기에서는 유지보수를 위하여 어떤 분야에 대한 도구가 필요한지에 대하여 설명한다.

각 분야별 도구는 해당 부분에서 설명하였다.

- NMS(Network Management System), SMS(Service Management System)

  : 현재 운영 중인 시스템의 현황과 구성 파악

- **매트릭 측정 도구**

  : 소프트웨어의 복잡도를 계산해주는 도구

  【예】 Code Inspector

- **성능 측정 도구**

  : 소프트웨어를 구성하는 요소의 성능을 측정해주는 도구

  【예】 allmon : 분산된 시스템에 대한 사용 현황, 성능 데이터 수집

  nmon : 리눅스 서버용 도구

- **소스 문석 도구**

  : 소스의 잘못된 점을 파악하는 데 사용하는 도구

  【예】 SCAle : 카네기멜론 대학교

- **형상 관리 도구**

  : 소프트웨어의 버전 및 변경에 대한 관리를 지원하는 도구(14장 참조)

- **모델링 도구**

  : 소프트웨어 산출물을 생성/변경/관리할 수 있는 도구(8, 9, 10장 참조)

10.6 정리

이 장에서 가장 중요한 것은 유지보수의 절차이다. 그리고 역공학, 재공학, 재사용에 대하여 개념을 정립하는 것이 중요하다.

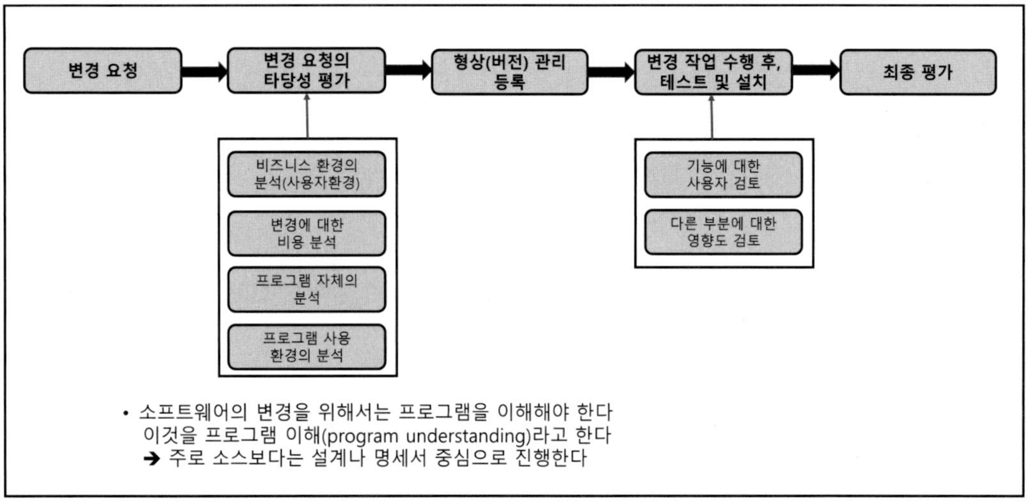

01. 유지보수를 정의하시오.

02. 리먼 법칙에 대하여 정리하시오.

03. 유지보수 절차는 어떻게 진행되는지 정리하시오.

04. 역공학을 정의하시오.

05. 재공학을 정의하시오.

06. 역공학, 재공학, 재사용을 비교하여 설명하시오.

11

소프트웨어 품질보증

정보시스템이 필수 도구로 인식되면서 정보시스템에 대한 평가를 요구하는 분위기가 만들어졌다. 이런 환경에서 개발된 정보시스템 평가를 위한 기준과 평가 방법 관련된 표준에 대한 것을 정리하는 것이 이번 장의 목표이다.
내용상 크게 중요한 것은 아니지만 소프트웨어 공학이라는 학문의 체계를 생각할 때 필요한 부분이기는 하다. 무형의 소프트웨어에 대한 평가의 세계로 들어가 보도록 하자.

11.1 소프트웨어 품질의 개념

소프트웨어의 품질의 정의

개발된 소프트웨어가 사용자의 요구사항을 만족할 수 있는 능력 – US DoD(미국 국방부)의 정의

소프트웨어가 필요한 속성을 보유하고 있는 정도 또는 사용자의 기대 수준을 만족할 수 있는 정도를 결정하는 소프트웨어의 특징 – IEEE의 정의

넓은 의미로 소프트웨어의 품질이 좋다는 의미는 고객이 원하는 것이며 사용자의 만족을 얻는 것을 말한다. 좁은 의미로 소프트웨어의 품질이 좋다는 의미는 결함이 없고 요구명세서에 부합되는 소프트웨어라는 것을 말한다.

그리고 소프트웨어의 품질은 소프트웨어에 관련된 사람의 관점에 따라 다르다는 것을 이해해야 한다. 즉, 프로젝트 관리자, 개발자, 유지보수 담당자, 구매자, 사용자 등 다양한 관련자들이 자신의 입장에 따라 필요한 소프트웨어의 품질 요소가 다르게 된다.

소프트웨어의 품질 속성

소프트웨어의 품질을 정의하기 위한 속성은 소프트웨어의 수정, 변환, 운용의 3가지 관점에서 정의할 수 있다.

[표 11-1] 소프트웨어 품질을 나타내기 위한 속성

	McCall의 범주	품질 속성	설명
품질 속성	소프트웨어 수정	유지보수 용이성(maintainability)	오류의 검색, 수정, 폐지의 쉬운 정도
		테스트 편리성(testability)	쉽게 테스트 할 수 있는 정도
		유연성(flexibility)	새로운 기능 추가나 다른 환경에서의 운영이 쉬운 정도
	소프트웨어 변환	이식성(portability)	다른 하드웨어 환경에 쉽게 이식할 수 있는 정도
		재사용성(reusability)	시스템의 일부나 전체를 다른 곳에서 사용할 수 있는 정도
		상호운용성(interoperability)	다른 소프트웨어와의 연계나 결합이 쉬운 정도
	소프트웨어 운용	효율성(efficiency)	기능 수행에 소요되는 최소 자원 활용 정도
		통합성(integrity)	보안과 접근통제의 정도
		사용성(usability)	사용하는 사람이 혼돈되지 않게 개발, 구성된 정도
		신뢰성(reliability)	사용자가 요구한 기능을 정확하고 일관되게 수행하는 정도
		정확성(correctness)	사용자가 요구하는 기능을 만족하는 정도

[표 11-1]은 미국 품질보증연구소의 페리(W. E. Perry)가 설정한 품질 속성 11개를 맥콜(McCall)의 범주에 맞추어 정리한 것이다.

[표 11-1]에서 제시한 품질 속성 외에도 다른 기준이 있다. 대부분 비슷하며 어떤 범주에서 소프트웨어의 품질을 평가하는지 확인하기 바란다.

- 가빈(Garvin)의 8가지 품질 요소

  성능, 특성 품질, 신뢰성, 일치성, 내구성, 서비스, 미적, 지각

- 보헴(Boehm)의 7가지 품질 특성

  이식성, 신뢰성, 효율성, 인간 공학성, 테스트성, 이해성, 수정성

11.2 소프트웨어 품질의 표준화 활동 정리

11.2.1 소프트웨어의 품질의 표준화 활동 분류

소프트웨어 품질의 표준화 활동은 'Quality Management System', 'Process Quality', 'Product Quality'의 3부분으로 나누어서 진행되고 있다.

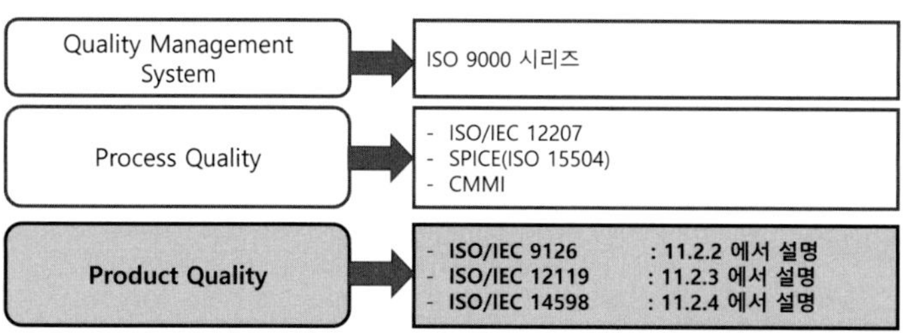

** 소프트웨어 제품 품질(Product Quality)에 대한 부분을 중심으로 정리하고, 나머지는 관련 표준을 참고한다.

[그림 11-1] 소프트웨어 품질 표준화 활동 요약

소프트웨어 품질의 표준화에 대한 자료는 방대하고 웹상에 공개되어 있다. 이에 대한 상세한 설명은 이 책의 범위를 벗어나는 부분이므로 자세히 서술하지 않는다. 다만, 실무에서 많이 사용되는 소프트웨어 제품 품질(Product Quality)에 대한 부분은 조금 더 자세히 설명할 것이다.

11.2.2 ISO/IEC 9126 소프트웨어 제품 품질의 평가를 위한 관점

소프트웨어를 제품으로 보고, 소프트웨어의 제품 품질을 평가하기 위한 관점을 표준에서 정리하였다.

기능성
- 적합성
- 정확성
- 상호운용성
- 보안성
- 준수성

신뢰성
- 성숙성
- 오류허용성
- 회복성
- 준수성

사용성
- 이해성
- 학습가능성
- 운용성
- 선호도
- 준수성

효율성
- 시간효율성
- 지원 효율성
- 준수성

유지보수성
- 분석성
- 변경성
- 안정성
- 시험가능성
- 준수성

이식성
- 적응성
- 설치 가능성
- 대체성
- 공존성
- 준수성

[그림 11-2] ISO/IEC 9126에서 정한 소프트웨어 제품 품질 평가 항목

실제 표준에는 [그림 11-2]의 내용에 기준하여 각 항목별로 자세한 설명이 제공된다. 하지만 본 책에서는 6가지 평가 항목을 확인하는 것으로 만족한다.

11.2.3 ISO/IEC 12119 소프트웨어 제품 품질의 평가를 위한 요구사항

소프트웨어를 제품으로 보고 품질 평가를 위해 요구되는 항목을 표준에서 정리하였다.

제품설명서
- 내용에 관한 일반적인 요구사항
- 식별과 지시
- 기능성에 대한 설명
- 신뢰성에 대한 설명
- 사용성에 대한 설명
- 효율성에 대한 설명
- 유지보수성에 대한 설명
- 이식성에 대한 설명

사용자 문서
- 완전성
- 정확성
- 일관성
- 이해성
- 개괄성

프로그램 및 데이터
- 제품 품질 속성의 내용 (ISO 9126)

[그림 11-3] ISO./IEC 12119에서 정한 소프트웨어 품질 평가를 위한 요구사항

실제 표준에서 각 항목별로 자세하게 설명하고 있다. 하지만 본 책에서는 요구 항목을 확인하는 수준에서 설명을 마친다. 다만, 소프트웨어 제품 품질의 평가를 위해서는 [그림 11-3]과 같이 "제품설명서", "사용자 문서", "프로그램 및 데이터"에 대한 것이 필요하다는 점을 강조한다. 프로젝트를 종료하는 경우의 산출물도 이와 다르지 않다.

11.2.4 ISO/IEC 14598 소프트웨어 제품 품질의 평가 절차

[그림 11-4]는 소프트웨어를 제품으로 보고 품질의 평가 절차를 표준으로 정리한 것이다.

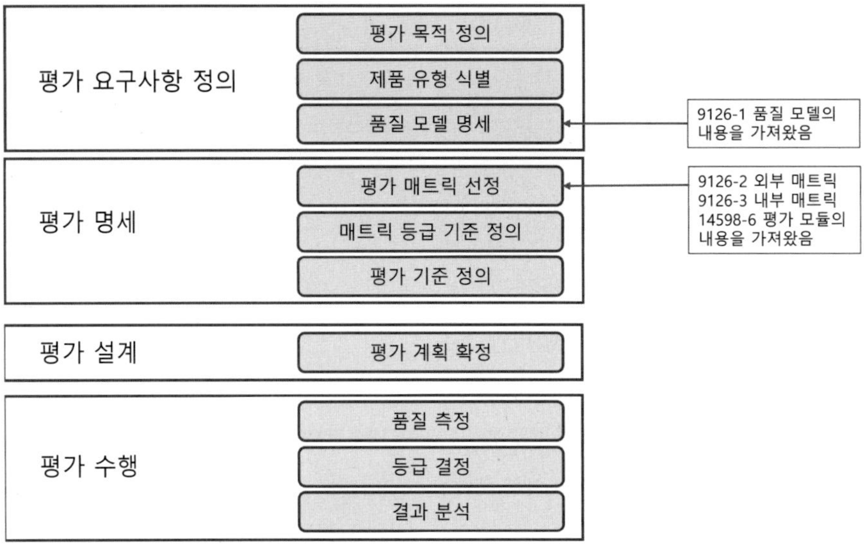

[그림 11-4] ISO/IEC 14598에서 정한 소프트웨어 품질 평가 절차

소프트웨어 품질을 평가하는 절차는 '평가 요구사항 정의', '평가 명세', '평가 설계', '평가 수행'의 4단계로 분류할 수 있다.

표준은 표준과 서로 연결되어 있다. 예를 들어서 [그림 11-4]를 보면

- 평가 요구사항 정의 중 '품질 모델 명세' 부분은 ISO에서 정한 9126-1의 표준을 사용하는 것으로 정의되어 있다.
- 평가 명세 중 '평가 매트릭 선정'은 ISO에서 정한 9126-2, 9126-3, 14598-6의 표준을 사용하는 것으로 정의되어 있다.

11.3 소프트웨어 품질 측정 방법

소프트웨어 품질 측정이란?

소프트웨어 측정(Measurement)은 소프트웨어의 속성에 대한 객관적이고 정량적인 평가를 말한다.

소프트웨어 품질 측정 방법

- 측정을 위한 기준을 정의하고 이것을 이용하는 방법
- 유사 프로젝트와 정량적으로 비교하는 방법

- 소프트웨어 구현 단계에서 추가적인 인원을 투입하여 측정하는 방법
- 소프트웨어 구현에 사용된 기술을 기반으로 평가하는 방법
- 신규 개발로 인해 개선된 사항에 대한 것을 평가하는 방법
- 소프트웨어 개발 프로세스를 중심으로 평가하는 방법 : CMMI ISO 9001

소프트웨어 품질 매트릭 – 일반적인 기준

매트릭은 표준화된 소프트웨어 측정 방법을 말한다. 이번 장에서는 소프트웨어의 품질을 측정하는 표준화된 관점을 정리한다.

[표 11-2] 소프트웨어 품질 매트릭

품질 매트릭	설명	품질 매트릭	설명
애매한 요구	전체 요구사항 대비 애매한 요구사항의 개수	완전한 요구	가능한 모든 상태 대비 요구 사항에 있는 항목의 개수
정확한 요구	전체 요구사항 대비 정확한 요구사항의 개수	일관된 요구	전체 요구사항 대비 상충되지 않는 요구사항의 개수
팬인(FanIn)	나를 호출하는 모듈의 개수가 높은 모듈	팬아웃	내가 호출하는 모듈의 개수가 높은 모듈
응집력	모듈에 있는 기능이 핵심 기능과 얼만큼 관련이 있는지에 대한 정도(하나의 모듈은 하나의 역할만 하도록 설계한다)	결합력	모듈 간의 데이터 의존성에 대한 정도(결합력이 약해야 한다)
모듈성	다른 모듈과의 연관성이 낮은 정도 (응집력, 결합력을 통합한 개념)	설계복잡도	구조도에서 특정 모듈을 루트로 했을 때, 분기되는 서브 모듈의 수
통합복잡도	구조도의 모듈을 테스트하기 위한 필요한 테스트 케이스 최소 숫자	LOC	= Line of Code 원시코드의 라인 수
CC(사이클로매틱 복잡도)	독립된 제어흐름 그래프 경로의 수	신뢰도	고장 간의 평균 시간(MTBF)=고장 평균 시간(MTTF) + 평균 수리 시간(MTTR)
가용성	필요할 때 사용할 수 있는 정도 = MTBF / (MTBF+MTTR)		

여기까지 소프트웨어의 품질을 측정하기 위한 항목을 정리하였다. 좀 더 자세한 내용이 표준에 정의되어 있지만 이 책에서는 이 정도까지만 설명한다.

11.4 품질보증 활동

11.4.1 품질보증 활동의 기능

소프트웨어 품질보증 활동은 [그림 11-5]와 같이 "프로세스와 표준을 정의하는 부분", "품질 관리를 수행하는 부분", "프로세스를 개선하는 부분"으로 나누어서 수행된다.

품질보증 활동을 수행하는 조직은 '개발팀', '시험팀', '아키텍처팀', 'PMO팀(형상 관리 기능 포함)', '관리팀'과 함께 일하며 프로젝트 관리자에게 직접 의견을 제시할 수 있다.

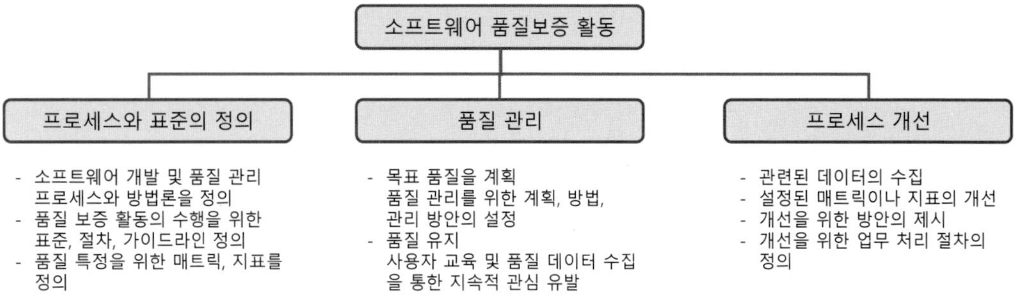

[그림 11-5] 소프트웨어 품질보증 활동의 주요 내용

11.4.2 품질보증 활동의 대상

품질보증 활동의 대상은 거의 모든 분야를 포함하고 있다. 그래서 독자들이 느끼는 애매함을 해소하고자 대표적인 품질보증 활동의 대상을 [그림 11-6]에 정리하였다.

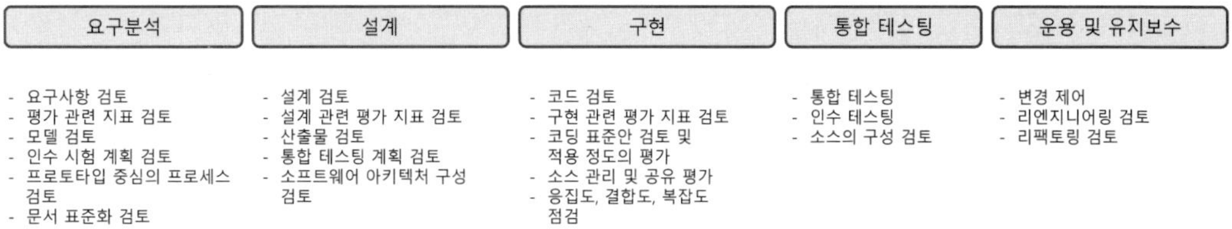

[그림 11-6] 대표적인 품질보증 활동의 대상

품질보증 활동은 소프트웨어의 개발에 관련된 '요구분석', 설계', '구현', '통합 및 테스팅', '운용 및 유지보수' 단계에서 수행된다. 즉 소프트웨어 개발의 전 과정에 걸쳐 수행된다고 보면 된다. 각 단계별로 세부 수행 내용은 [그림 11-6]의 내용을 참고하면 된다.

11.5 품질 확인 및 검증 기법

소프트웨어 품질을 확인 또는 검증하고자 하는 사용할 수 있는 기법에 대하여 정리해보자.

- 감시(Inspection)
  - 품질 관리 항목(예: 오류, 표준, 부적합 리스트)을 기준으로 품질 관리 대상을 체크하는 방식이다.
  - 일반적으로 기술 담당자를 중심으로 진행하며, '계획', '사전교육', '준비', '인스펙션 회의', '수정', '후속 조치'의 단계로 진행한다.

- 워크쓰루(Walkthrough)
  - 테스트 케이스를 이용하여 개발 중인 제품을 수작업으로 수행해보는 방식이다.
  - 일반적으로 기술 담당자를 중심으로 진행하며 '개요 설명', '테스트 수행', '테스트 평가 및 수정'의 단계로 진행한다.
- 동료 검토(Peer Review)
  - 동료들이 미리 정의된 검토 문서에 따라 소프트웨어를 검토하는 방식이다.
  - 정확성, 효율성, 사용자 친근성과 같은 품질 속성에 대해서는 효율적인 방식이다.

11.6 프로세스 품질 개선의 측정

CMM(Capability Maturity Model)은 1984년 카네기 멜론 대학의 소프트웨어 공학 전문연구소인 SEI(Software Engineering Institute)가 미국 국방성의 지원을 받아 미국 소프트웨어 산업 능력 향상을 목적으로 만드었다. CMM은 소프트웨어 공급자의 강점과 약점을 평가하는 수단으로 개발자가 프로세스의 능력을 스스로 평가하고 평가 결과에 따른 개선 방향을 설정하는 데 사용해왔다. 이후 CMM, SECM(Software Engineering Capability Model) 그리고 Integrated product development-CMM을 통합하고 ISO 15504(=SPICE)와 호환이 가능한 CMMI를 2000년 발표하였다.

CMMI(Capability Maturity Model Integration)는 프로세스 표준화의 기준과 방향성을 제시하는 기준으로 조직의 프로세스에 대한 측정뿐만 아니라 평가 지표로 활용될 수 있다. [표 11-3]은 CMMI에서 제시하는 프로세스 성숙의 단계와 의미 그리고 각 단계에서 결정되어야 할 프로세스의 종류를 정리한 것이다.

[표 11-3] CMMI의 단계 및 의미

단계	의미	CMMI에서 구분한 22개의 프로세스 중에서 해당되는 것
(1) 초기 단계	프로세스 없음	
(2) 관리 단계	프로젝트별로 프로세스 존재	▪ 요구사항 관리 ▪ 프로젝트 계획 수립 ▪ 프로젝트 감시 및 통제 ▪ 협력업체 관리 ▪ 측정 및 분석 ▪ 프로세스/제품 품질보증 ▪ 형상 관리
(3) 정의 단계	조직 차원의 프로세스 존재, 즉 프로세스 표준화	▪ 요구사항 개발 ▪ 기술적 솔루션 ▪ 제품 통합 ▪ 검증 ▪ 확인 ▪ 조직 차원의 프로세스 개선 ▪ 조직 차원의 프로세스 정의 ▪ 조직 차원의 교육 훈련 ▪ 통합된 프로젝트 관리 ▪ 위험 관리 ▪ 의사결정 분석 및 해결
(4) 정량적 관리 단계	측정 가능한 정량적 프로세스 존재	▪ 조직 차원의 프로세스 성과 관리 ▪ 정량적 프로젝트 관리
(5) 최적화 단계	프로세스를 지속적으로 개선	▪ 조직 차원의 혁신 활동 전개 ▪ 근본 원인 분석 및 해결

11.7 품질보증 도구

품질보증은 소프트웨어의 중요성이 부각되면서 많은 관심을 받고 있다. 소프트웨어 품질보증을 위하여 사용할 수 있는 도구들에 대하여 [표 11-4]에 정리하였다.

[표 11-4] 품질보증 도구 정리

제품이름	관련 정보
Jindent	www.newforms-tech.com/download 자바 프로그램을 위한 Code Formatter이다.
Checkstyle	checkstyle.sourceforge.net 자바 언어용 코딩 표준 체크 프로그램. 코딩 표준의 조정 기능이 있다.
Software Metrics Investigation	cccc.sourceforge.net C/ C++ 언어를 위한 코드 카운터이다.
FindBugs	findbugs.sourceforge.net 자바 프로그램에서 버그를 찾아내는 프로그램이다.
PMD	pmd.github.io 소스코드 분석기이다. Java, JavaScript, Salesforce.com의 Apex, PLSQL, XML을 지원한다. 추가로 CPD는 copy-paste detecto이다. C, C++, Java, C#, Ruby 등 다양한 언어를 지원한다.
Rational Logiscope	IBM사의 제품으로 소프트웨어 라이프 사이클 전체를 지원하는 제품이다.
McCabe IQ	www.mccabe.com/ 소스를 분석하고 구성을 보여주는 품질 측정 제품이다. 코드의 취약한 부분에 대한 파악이 가능하며 거의 모든 분야를 지원한다.
Metrix++	sourceforge.net/projects/metrisplusplus 소스코드 분석 기능을 제공하는 제품이다.

11.8 정리

이 장에서는 소프트웨어의 품질이 무엇이며 품질을 관리하기 위하여 어떤 부분을 살펴보아야 하는지에 대해 알아보았다.

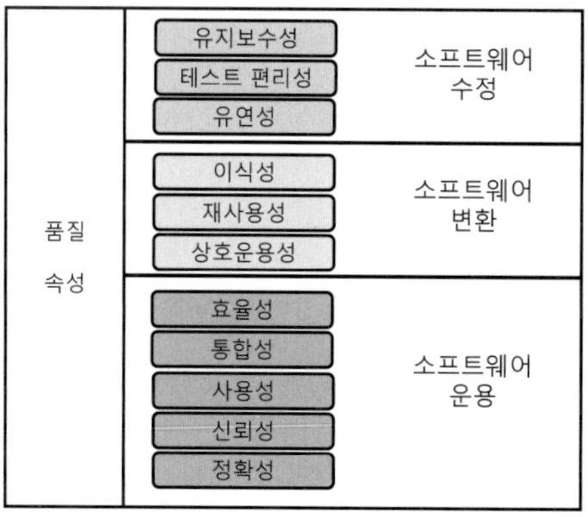

그리고 소프트웨어 품질에 관련된 표준에 대한 이야기는 참고하는 것만으로도 충분하다.

01. 소프트웨어 품질을 정의하시오.

02. 소프트웨어 품질 속성을 정리하시오.

03. 소프트웨어 품질을 측정하는 방법을 정리하시오.

04. 소프트웨어 품질 확인을 위한 기법은 어떤 것이 있는가?

05. CMM 5단계를 정리하시오.

PART

III

소프트웨어 방법론 및 개발 실무

소프트웨어 공학에서 중요한 모델링의 개념과 방법론을 다루는 부분이며 이 부분은 실무에서 늘 사용된다. 암기보다는 이해를 통하여 원리를 이해하는 것이 중요하다. 이 장을 통하여 소프트웨어 공학이 개발하고자 하는 정보시스템의 성격에 따라 3가지 모델링 방법을 적용할 수 있게 되기를 바란다.

기업에서는 별도의 방법론을 개발하여 사용하는 경우가 많다. 하지만 원리는 같다. 이 책의 내용을 이해한다면 어떤 방법론도 빠른 시간 내에 이해하고 활용할 수 있는 능력을 가지게 될 것이다.

모델링과 방법론 외에 큰 프로그램의 제작에 사용되는 디자인 패턴, 리팩토링, TDD 등의 개념과 중요 내용도 함께 소개한다.

[중요 내용]

- 모델링과 방법론의 개념
- 구조적 방법론
- 정보공학 방법론
- 객체지향 방법론
  - Aspect-Oriented Programming 포함
- 코딩 기법
  - 디자인 패턴
  - 리팩토링
  - TDD

12

소프트웨어 모델링 개념 정리

개발하고자 하는 정보시스템을 표현하는 방법에 대하여 공부하게 된다. 시스템이 커질수록 개발해야 하는 대상에 대하여 많은 개발자와 사용자, 임원, 아키텍터가 같은 내용을 공유하는 것이 중요하다. 이것을 위하여 개발된 표준화된 방법과 필요성을 설명하고 모델링과 방법론에 대한 이론을 배우게 된다. 이 장의 내용은 13~15장 학습을 위한 기초가 된다.

12.1 소프트웨어 공학과 소프트웨어 모델링의 관계

모델링과 방법론에 대한 본격적인 소개에 앞서, 소프트웨어 공학과 소프트웨어 모델링의 관계에 대하여 정리한다.

소프트웨어 공학은 **소프트웨어의 개발, 운용, 유지보수 등의 생명주기 전반에 관련된 기술을 체계화함으로써 소프트웨어에 관련된 분야를 서술적이며 정량적으로 다루는 학문이다.**

위의 정의에 추가해서 강조하고 싶은 것은 소프트웨어 공학이 필요한 이유에 대한 것이다.

소프트웨어 공학이 필요한 이유는 **대규모 소프트웨어를 오랜 기간 동안 많은 개발자, 고객, 제품 엔지니어, 컨설턴트, 분석가 등이 모여서 작업하므로 개발하는 과정 및 관리를 효과적으로 수행할 필요가 있기 때문이다.**

위의 내용을 이해하였다면 소프트웨어 공학의 성공적인 적용을 위해서는 아래의 사항이 필요함을 알 수 있다.

- 정보시스템의 기획, 설계, 개발, 운용에 관련된 수많은 사람들의 의사소통을 위해서는 공통적으로 이해하고 사용할 수 있는 도구가 필요하다.
- 이 도구 중에서 가장 많이 사용되는 것이 모델링(Modeling)이다.
- 모델링을 수행하는 절차와 과정, 결과를 실무에서 사용할 수 있도록 구체적으로 정의한 것이 방법론(Methodology)이다.

12장에서는 모델링에 대한 개념을 정리하고, 13장, 14장, 15장에서는 모델링을 수행하는 방법론인 구조적 방법론, 정보공학 방법론, 객체지향 방법론을 설명한다.

모델링에 대한 정확한 개념 이해는 다양한 방법론의 올바른 적용을 위한 첫걸음이다.

12.2 모델링의 정의

모델 및 모델링 그리고 모델의 종류에 대하여 내용을 정리한 것이 [그림 12-1]이다.

모델(Model)은 대상을 특정 관점을 기준으로 표현하는 것이다. 예로 [그림 2-10]에서 정리한 정보시스템을 구축하는 경우를 가정한다면 고객, 컨설턴트, PM, 제품 엔지니어, 개발자가 개발해야 하는 정보시스템에 대한 정보 공유(개발 범위, 내용, 일정 등)를 위해서 정보시스템을 모델링해야 한다.

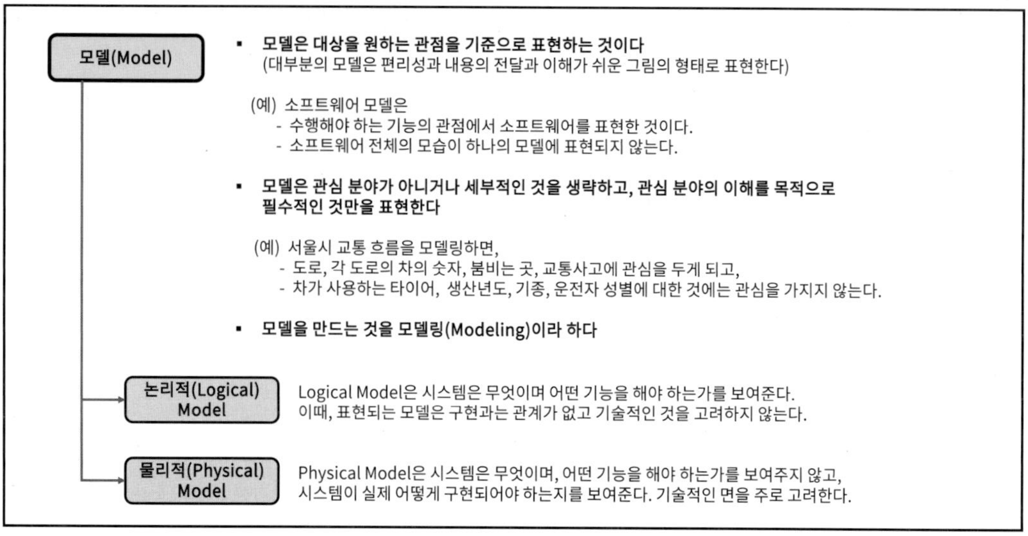

[그림 12-1] 모델, 모델링 그리고 모델의 종류 요약

정보시스템 모델링의 특정 관점은 '데이터', '프로세스', '연결 서비스', '외부 서비스'라고 할 수 있으며, 이 4가지 관점에서 모델링하면 정보시스템 개발을 위해 필요한 모든 것을 알 수 있다.

즉 정보시스템 모델링을 위하여 '고객의 조직 변화', '제품 품질 동향', '협력사의 재무 상태' 등에 대한 것은 고려하지 않아도 된다는 의미이다. 만약 '고객 비즈니스 환경 동향'에 대한 컨설팅을 수행한다면 컨설팅 관련자 간의 정보 공유를 위하여 모델링을 수행하게 되는데, 이때 위의 사항들(조직 변화, 품질 동향, 재무 상태)은 특정 관점으로 고려될 것이다.

모델은 기술적인 것을 고려하지 않는 논리적 모델(Logical Model)과 기술적인 면을 고려하는 물리적 모델(Physical Model)로 분리할 수 있다.

12.3 소프트웨어 모델링의 기본 원리

모델링을 할 때 지켜야 하는 기본 원리를 [그림 12-2]에 정리하였다.

- **추상화의 원칙(Principle of Abstract)**
  - 모델링의 대상을 관심이 있는 제한된 관점에서 바라보고 표현하는 것 ➔ 전체를 표현하는 것이 아님
- **정형화의 원칙(Principle of Formality)**
  - 모델링의 표현이나 문서화, 절차를 표준화하는 것 ➔ 결과의 공유를 위한 필수 단계
- **분할 정복의 원칙(Principle of Divide and Conquer)**
  - 모델링의 대상은 매우 크므로 큰 시스템을 작고 독립적인 시스템으로 Top Down 분할한 후에 분할된 것을 대상으로 하나씩 모델링 작업을 수행하는 것
- **계층적 구조의 원칙(Principle of Hierarchical Structure)**
  - 모델링의 대상을 독립적인 서브시스템으로 나누고, 이들을 상호 연관성이나 동작을 기준으로 계층적 구조를 이루도록 구성함으로써 전체 시스템을 표현하고 이해에 도움이 되도록 하는 것(=Top Down 분할)
- **모형화 도구 사용의 원칙(Principle of Using Modeling Tools)**
  - 모델링을 수행하고, 표현하고, 문서화하고, 공유하는 모든 작업을 표준 도구를 사용하여 진행하는 것
  - ➔ 여러 사람이 동시에 표준 환경에서 작성, 수정, 보관할 수 있고, 실시간으로 공유할 수 있다

[그림 12-2] 모델링의 기본 원리

[그림 12-2]에 정리된 내용을 요약하면 아래와 같다.

- **모델링을 수행하는 이유는 대상에 대한 필요 정보의 공유이다.**
  - 공유해야 하는 관점을 기준으로 모델링하여야 하며
  - 다른 정보는 과감히 제거해야 한다.
  - 여러 사람이 사용하므로, 절차나 표현 방법은 표준화된 것을 사용하여
  - 관련된 사람들이 이해하기 쉽게 만들어야 한다.
- 모델링을 수행할 때 전체를 한 번에 표현하는 것은 가능하지도 않고 읽기도 쉽지 않다. 그러므로 **모델링 대상을 Top-Down으로 분할해서 단위 작업까지 분리한 다음 각 단위 작업을 대상으로 모델링하는 것이 필요하다.**

여기까지 모델링의 기본 개념에 대한 설명을 마쳤다. 이제는 한 단계 더 나아가서 모델링의 3요소, 관점, 모델링 방법(방법론)에 대하여 설명하겠다.

12.4 소프트웨어 모델링의 3요소

소프트웨어 모델링을 포함한 거의 모든 모델링은 3가지 요소로 구성된다.

【 모델링 3요소 】

- **규약**(Convention) : 모델링에 사용되는 요소의 정의
- **표현**(Representation) : 규약을 이용하여 모델링한 결과
- **명세**(Specification) : 표현된 모델에 대한 상세 내용을 서술하는 것

실제로 모델링을 수행하는 방법론들은 규약, 표현, 명세의 3요소로 구성되어 있다. 역으로 이야기하면 3요소가 갖추어져 있지 않으면 모델링되었다고 말할 수 없는 것이다.

[그림 12-3]은 13장에서 설명할 '구조적 방법론'에서 제시하는 모델링 3요소이다. 모델링 3요소에 대한 독자의 이해를 위하여 미리 그림으로 나타내 보였다.

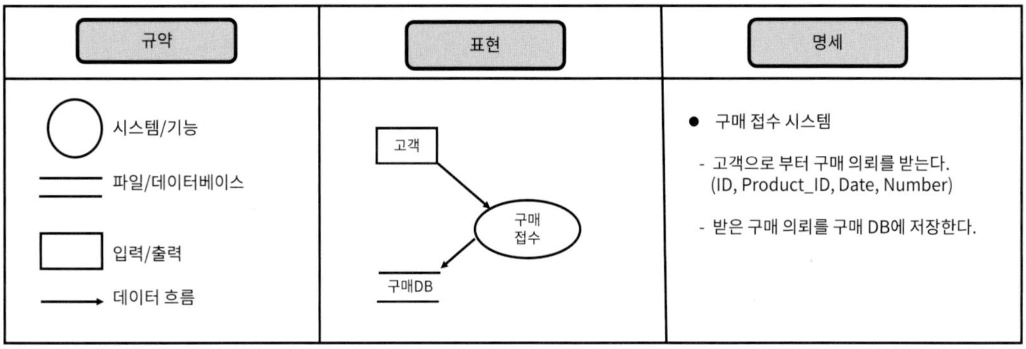

[그림 12-3] 구조적 방법론의 모델링 3요소

구조적 방법론은 모델링의 3요소를 갖추고 있으므로 모델링 방법론이라고 할 수 있다. 구조적 방법론에 대한 자세한 내용은 13장에서 설명할 것이다.

12.5 소프트웨어 개발을 위해 필요한 모델링 관점

모델링을 위해서는 특정 관점을 가지는 것이 중요하다고 12.2절에서 설명하였다.

이 책은 소프트웨어 공학에 대한 책이므로 소프트웨어 개발에 필요한 모델링 관점을 정리해 보겠다. 즉 소프트웨어의 개발에 필요한 정보는 다음의 관점으로 분석하면 얻을 수 있다는 의미이다.

다른 관점도 생각할 수 있지만 선배들의 많은 경험을 통해 정리한 것이다.

【 소프트웨어 모델링을 위한 3가지 관점 】

- 기능 관점 : **기능 모델링**(Functional Modeling)
  - 어떤 기능이 필요한지를 모델링하는 것을 말한다.
- 정보 관점 : **정보 모델링**(Information Modeling)
  - 어떤 데이터가 필요한지를 모델링하는 것을 말한다.
- 동적 관점 : **동적 모델링**(Dynamic Modeling)
  - 어떤 업무가 어떤 순서로 처리되는지를 모델링하는 것을 말한다.

[그림 12-4]는 소프트웨어 모델링의 3가지 관점이 우리가 만든 [그림 2-10]의 정보시스템과 어떻게 연관되는지에 대하여 확인한 결과이다.

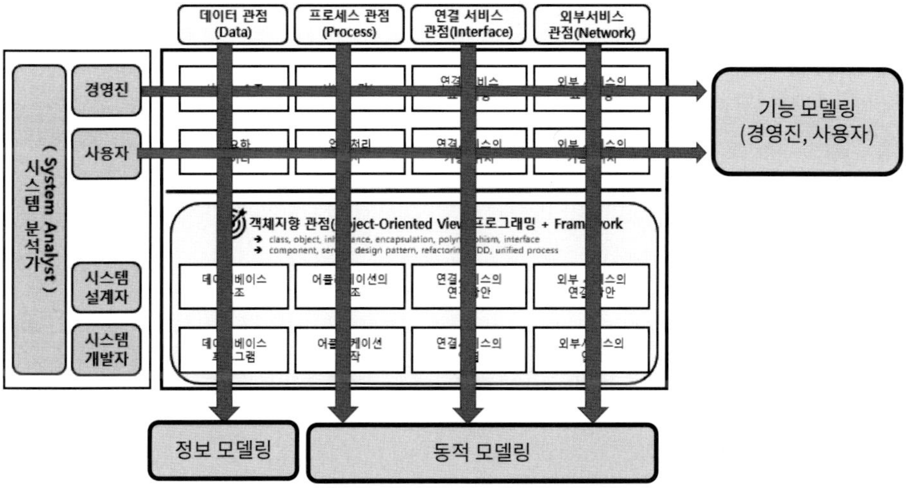

[그림 12-4] 정보시스템 모델링을 위한 3가지 관점

- 데이터 관점은 정보 모델링에서 다루게 된다.
- 프로세스 관점, 연결 서비스 관점, 외부 서비스 관점은 동적 모델링에서 다루게 된다.
- 경영진, 사용자의 의견은 기능 모델링에서 다루게 된다.

[그림 12-4]를 통하여 우리가 구성한 정보시스템의 모습은 '정보', '기능', '동적'의 관점을 포함하고 있다는 것을 확인할 수 있다.

이제 정보시스템을 개발할 때,

- 데이터 관점에서 분석을 수행하면 정보 모델링 관점을 수행하는 것이 되고
- 프로세스 관점, 연결서비스 관점, 외부서비스 관점에서 분석을 수행하면 동적 모델링을 수행하는 것이 된다.
- 마지막으로 경영진, 사용자의 의견을 잘 정리하면 기능 모델링을 수행한 것이 된다는 것을 알게 되었다.

1장 ~ 3장까지 수행했던 내용들이 모델링과 어떻게 연결되는지에 대하여 확인했을 것으로 생각된다.

우리가 완성했던 정보시스템의 모습이 결국 모델링에서 제시하는 관점, 3요소, 기본 원리에 근거하여 만들어졌다는 것을 확인하길 바란다.

이제, 모델링을 실제 수행하는 방법론에 대하여 알아보도록 하자.

12.6 모델링과 방법론의 관계

[그림 12-5]는 소프트웨어 모델링의 3가지 관점인 '기능 모델링', '정보 모델링', '동적 모델링'에 기준하여 개발된 방법론을 분류한 것이다.

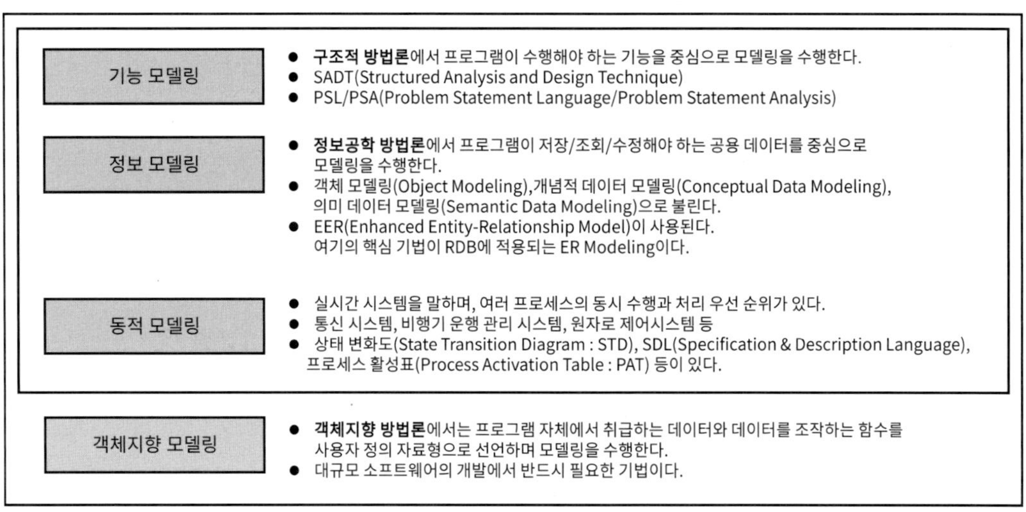

[그림 12-5] 개발 방법론의 분류

아직 방법론에 대해서는 배우지 않았지만, [그림 12-5]에 대해 설명하자면 다음과 같다.

- 구조적 방법론은 프로그램이 수행하는 기능을 중심으로 모델링하기 때문에 3관점 중에서 '기능 모델링'에 속한다. 이에 대해 13장에서 자세하게 설명할 것이다. 아래의 SADT, PSL/PSA도 기능 중심으로 모델링하는 방법론의 예이다.
- SADT는 Structured Analysis and Design Technique의 약자이며, 요구사항 분석 설계를 위한 그래프 언어이다. SADT는 SA 도표 순서의 집합으로 구성된다.
- SA는 '활동 다이어그램(Actigram)'과 '데이터 다이어그램(Datagram)'의 두 가지 기본 유형으로 구성된다. 즉 모델링의 대상이 되는 활동이나 데이터에 특정 입력이 가해지고, 여기에 처리 메커니즘과 처리 기준을 적용하며 특정 출력이 생성되는 것을 표현한 것이 SA이고 이것을 전 시스템에 대하여 적용해서 모은 것이 SADT이다.

【 SADT의 표기법 예 】

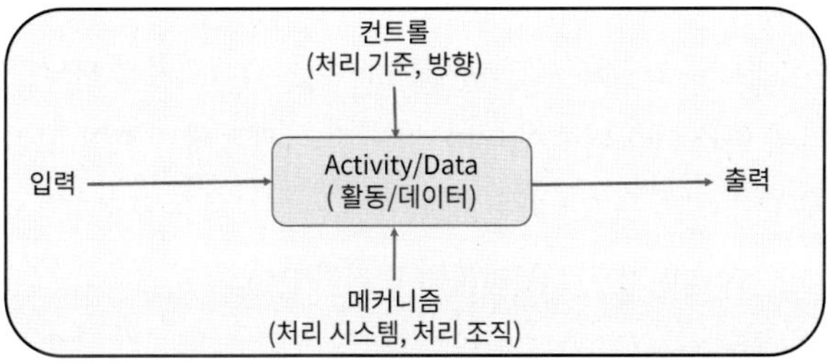

- PSL/PSA는 Problem Statement Language/Problem Statement Analyzer의 약자로서, 미시간 대학의 다니엘 타이초로우 교수가 미시간 대학의 ISDOS 프로젝트에서 개발한 요구사항 분석과 문서화 지원 시스템이다.
- 개발해야 하는 목적 시스템의 요구사항 명세서를 PSL로 기술하고 이것을 PSA에 입력하면 자동으로 문서가 생성되는 구조이지만 복잡하고 범용에 부적합하다.

【 PSL/PSA의 표기법 예 】

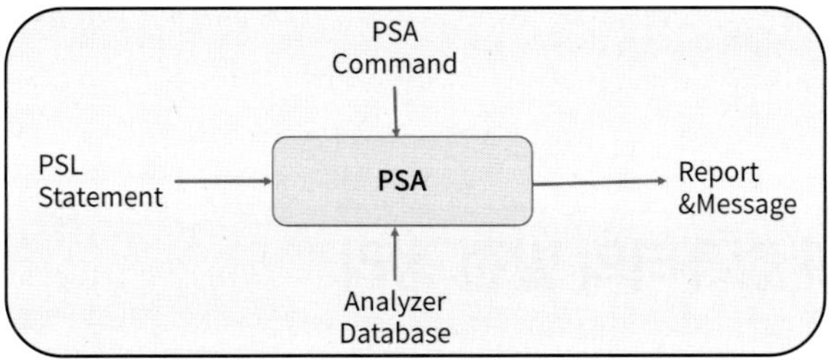

- 정보공학 방법론은 데이터를 중심으로 하기 때문에 '정보 모델링'에 속한다. 정보공학 모델링의 개념을 객체 모델링, 개념적 데이터 모델링, 의미 데이터 모델링 등으로 부른다. 정보공학 방법론의 핵심은 ER 모델링이다. 이에 관련하여 14장에서 자세하게 설명한다.
- 모델링의 3관점 중에서 동적 모델링은 프로그램의 처리 절차에 대한 모델링이므로 '구조적 모델링', '정보공학 모델링', '객체지향 모델링' 모두에 포함되어 있다.

- 동적 모델링의 대표적인 예로 '상태 변화도', 'SDL', '프로세스 활성표' 등이 있다. 이 중 '상태 변화도'는 시스템의 제어 흐름과 동작의 순서를 나타낸다. 즉 시스템이 가지고 있는 값을 표시하는 상태와 상태에 가해지는 외부적인 사건을 표현하는 것이다. 나머지에 대한 예는 생략한다.

【 상태변화도의 표기법 예 】

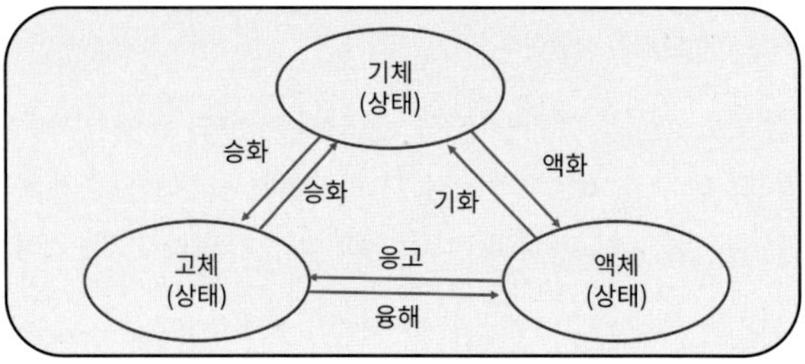

소프트웨어 모델링의 관점에서 추가적으로 고려해야 하는 것은 '객체지향 모델링'이다. 이는 소프트웨어의 대형화와 복잡성 증가에 따라 개발된 방법이다. 모델링의 관점에서 보면 고려의 대상에서 제외될 수 있다. 왜냐하면 '객체지향 모델링'은 소프트웨어 자체에 대한 것보다는 프로그램의 제작에 대한 부분이기 때문이다. 그래서 [그림 12-5]에서 별도로 분리하여 정리하였다.

소프트웨어 모델링의 관점에는 포함되지 않지만 저자가 개인적으로 중요하게 생각하는 것은 **'사용자 인터페이스' 모델링이다**. RAD(Rapid Application Development)라고도 한다. 사용자가 보는 화면을 기준으로 모델링하는 방법이다. 모델링으로 보기에는 모델링의 3요소를 갖추고 있지 않으므로 다소 무리가 있다. **다만, 어떤 방법론을 써서 모델링을 하든지 사용자 인터페이스에 대한 부분은 중요한 단계로 고려하였으면 한다.**

기능 모델링, 정보 모델링, 동적 모델링 그리고 객체지향 모델링은 사실 따로 고려해야 할 것이 아니라 모두 같이 고려해야 하는 것이다.

12.7 모델링과 컴퓨터의 발전 정리

기능 모델링, 정보 모델링, 동적 모델링 그리고 객체지향 모델링을 구현한 구조적 방법론, 정보공학 방법론, 객체지향 방법론의 관계를 [그림 12-6]에 정리하였다. 동적 모델링은 모든 부분에 공통적으로 적용되므로 별도로 표시하지 않았다.

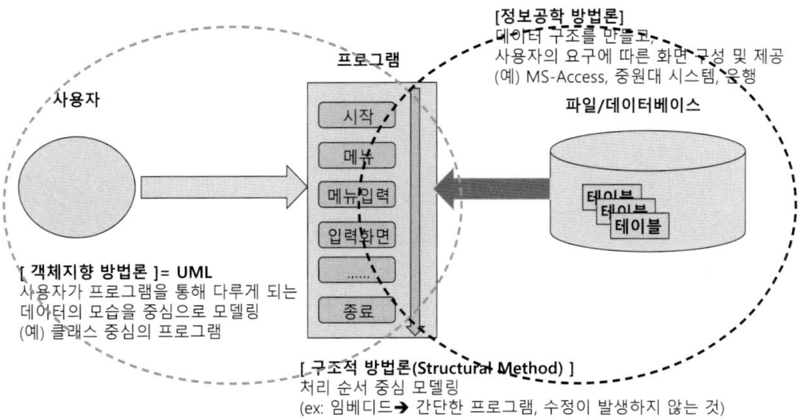

[그림 12-6] 모델링 방법론들의 관계

[그림 12-6]의 의미를 설명하면 다음과 같다.

프로그램은 아래의 3부분으로 구성된다.

- **작업을 연속적으로 처리하는 과정(A 과정)**
- **처리하면서 발생하는 데이터를 저장하고, 꺼내고, 조작하는 과정(B 과정)**
- **데이터를 저장하고, 꺼내고, 조작하기 위하여 사용자 정의 자료형을 구성하고 체계화 한 다음 사용하는 과정(C 과정)**

예를 들어, 학생 관리 시스템의 수강신청 프로그램을 제작한다고 가정해보자.

【 A 과정 】

- 로그인하고
- 메뉴를 보여주고 수강신청 선택
- 수강신청 화면을 보여줌
- 수강신청 과목을 넣은 후, 입력 버튼을 누름
- 수강신청 완료

【 B 과정 】

- 로그인 정보를 가져다가 데이터베이스에서 ID/PWD 확인
- 메뉴를 데이터베이스에서 가져와서 보여줌
- 수강신청 화면을 가져와서 보여줌
- 입력 버튼이 눌리면 데이터를 데이터베이스에 저장

【 C 과정 】

- 로그인 할 때, ID/PWD 변수와 ID와 PWD 확인 모듈을 LogIn 클래스로 선언
- 수강신청 화면의 학번, 이름, 수강과목 코드, 수강과목 이름, 담당 교수, 강의 시간 정보 그리고 등록 메소드를 Register 클래스로 정의하고 사용
- Register와 유사한 모양의 클래스가 많은 경우에 상속을 적용

결론적으로 우리가 제작하는 정보시스템은 A, B, C 과정을 모두 포함하게 된다. 이런 경우에 방법론을 적용한다면 아래와 같이 할 수 있다.

- A 과정 : 구조적 방법론
- B 과정 : 정보공학 방법론
- C 과정 : 객체지향 방법론

물론, 객체지향 방법론에도 프로세스를 모델링하는 기능이 있다. 그러므로 A 과정을 수행할 때, 반드시 구조적 방법론을 써야 하는 것은 아니다.

지금까지 설명한 내용의 핵심은 모델링은 중요하고 정보시스템 모델링을 위한 방법론은 특색이 있는 여러 가지가 개발되어 있으므로 우리가 개발해야 하는 내용에 맞추어 사용하는 것이 현명하며 이를 위하여 각각의 방법론이 어떤 용도로 개발되었는지에 대한 개론을 제공하고자 하는 것이다.

12.8 정리

이번 장을 정리하기 위하여 '컴퓨터가 발전해온 역사'를 통해 어떤 환경에서 어떤 방법론이 개발되었는지 함께 나타내보자. '컴퓨터의 활용 범위'를 기준으로 컴퓨터의 발전 과정을 정리한 것은 다음과 같다.

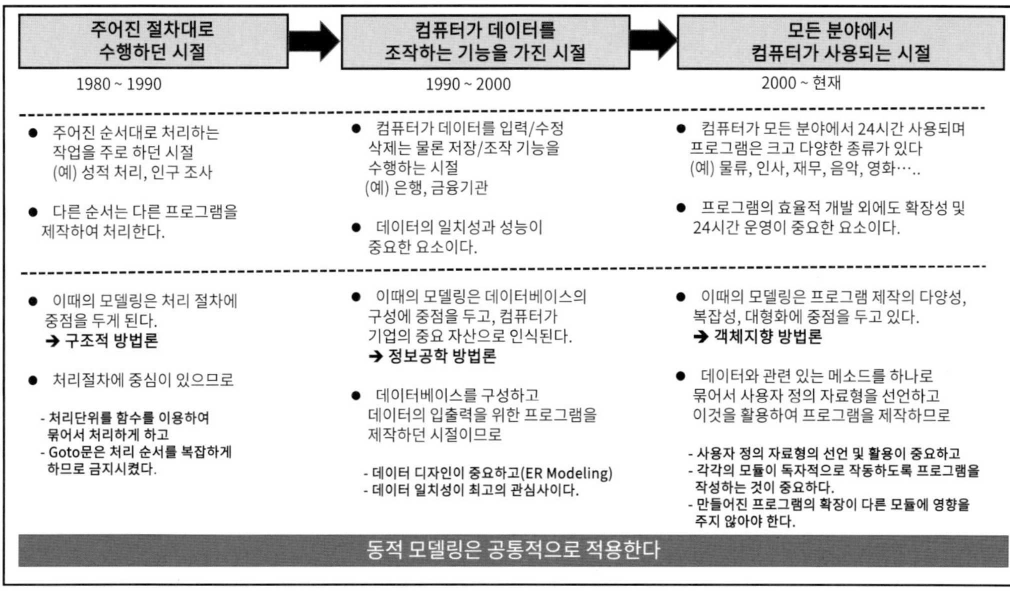

- 모델링은 컴퓨터의 발전사에서 중요한 주제이다.
- 초기의 컴퓨터는 주어진 작업을 순차적으로 처리하는 기능이 주 용도였다. 【예】 수능의 채점
  이 시기에는 순차적으로 처리하는 것이 중요하므로 순차적 처리에 대한 모델링 방법이 개발되었는데, 이것이 "**구조적 방법론**"이다.
- 이후, 컴퓨터가 데이터를 다루는 데 유용한 것이 알려지면서, 데이터를 다루는 용도로 컴퓨터를 사용하게 되었다. 【예】 은행, 금융기관
  이 시기에는 데이터를 잘 관리하는 것이 중요하므로, 데이터 관리에 대한 모델링 방법이 개발되었는데, 이것이 "**정보공학 방법론**"이다.
- 이후, 컴퓨터는 특정 분야가 아닌 거의 모든 분야에서 사용하게 되면서 작성해야 하는 프로그램이 커지고 다양해졌다. 【예】 게임, 음악, 자율주행 자동차, 물류 시스템, 원자력발전소 제어 등
- 이 시기에는 프로그램 모듈도 많아지고, 다루는 데이터도 많고, 처리할 메소드도 많으며 개발자도 많아서 이들을 처리할 모델링 방법이 개발되었는데, 이것이 "**객체지향 방법론**"이다.

컴퓨터의의 역사를 잘 확인하고 어떤 환경에서 어떤 방법론이 개발되었는지를 이해하는 것이 지금 시점에서 어떤 방법론을 써야 할지를 결정하는 데 기본이 된다.

연습문제

01. 모델링을 정의하시오.

02. 모델링과 방법론의 관계를 서술하시오.

03. 소프트웨어 공학의 성공적 적용을 위한 방안을 서술하시오.

04. 모델링의 기본 원리는 무엇인가?

05. 모델링의 3요소를 쓰시오.

06. 소프트웨어 모델링의 3가지 관점을 쓰시오.

07. 소프트웨어 모델링의 3가지 관점과 정보시스템의 관계를 논하시오.

08. 프로그램 모델링을 위한 3가지 방법론이 개발된 이유를 서술하시오.

13

소프트웨어 모델링 중 구조적 방법론

정보시스템의 개발을 위해서 수행해야 하는 모델링의 방법 중에서 구조적 방법론에 대하여 설명한다. 문법에 대한 설명보다는 실제 예를 통한 작성 절차를 순서대로 제시한다.
실제 작성되어가는 단계를 확인하고 어떤 요구사항 때문에 이렇게 작성되는지를 이해하는 것이 중요하다. 즉, 기계적으로 작성하는 것이 아니라 고객의 요구사항에 기준해서 개발할 프로그램의 기능을 형식에 맞추어 구체적으로 정리한다. 물론, 고객과의 대화가 가장 기본이 될 것이다. 아주 재미있고 실무에서도 많이 사용하는 부분이며 현재 시점에도 유용한 기법이다.

13.1 구조적 방법론의 필요성 및 소개

구조적 방법론(Structural Methodology)에 대하여 설명한다. **소프트웨어의 모델링을 위하여 최초로 개발된 것이고**, 소프트웨어의 여러 기능 중에서 처리 절차(=프로세스 모델링 분야)에 특화된 기법을 제공한다.

21세기 객체지향의 시대에도 구조적 방법론의 철학과 아이디어는 여전히 유용하다. 내용을 통하여 구조적 방법론의 가치를 확인하기 바란다.

> **TIP** 소프트웨어를 개발하다 보면, 고객들은 최신 방법론을 사용하라고 요청한다. 예를 들어 객체지향 방법론 같은 것이다. 하지만 **이 자리에서 말하고 싶은 것은 객체지향 방법론이 늦게 개발되었기 때문에 무조건 좋다고 생각하면 안 된다는 것이다.** 단지, 과거에는 컴퓨터의 용도가 지금과 달라서 객체라는 개념이 없었기 때문에 개발되지 않았던 것이다.
>
> 즉, 방법론은 그 시대의 필요성에 의해 개발되는 것이지, 오래전에 개발된 것이면 안 좋은 것이고 최근에 개발된 것이면 좋은 것이라는 뜻은 아니다.
>
> 내가 개발하는 프로그램이 프로세스가 중심이 된다면(예: 자동제어, 공장제어 등) 구조적 방법론이 적당하고, 대규모의 다양한 자료를 다루는 프로그램을 제작해야 한다면 객체지향 방법론이 적합하다고 할 수 있다.
>
> 저자의 경우에는 모델링 대상에 따라 적절한 방법론을 섞어서 사용하는 것을 좋아한다. 이유는 좀 더 쉽고 명확한 표현이 가능하기 때문이다.

구조적 방법론의 필요성

컴퓨터로 개발해야 하는 프로세스의 길이가 길어지고 복잡해지면서 개발해야 하는 프로그램의 처리 절차나 예외를 말로 표현하기가 어려워졌다. **그래서 고객, 개발자, 설계자 간의 의사소통을 위한 도구이자 올바른 정보 전달의 수단으로 개발된 것이 구조적 방법론이다.**

길어진 프로세스를 단위 모듈로 분할하고, 원 프로그램에서 단위 모듈을 분리하여 구성하면 전체 프로세스를 읽기 쉽게 만들 수 있다. 구조적 방법론은 단위 모듈의 식별 및 단위 모듈의 업무 처리 프로세스를 정의하는 데 적합하도록 개발되었다.

최근에는 큰 시스템의 개발에 사용할 수 있도록 구조적 방법론이 확장되어 적용되고 있다. 13.5절에 상세한 내용이 있다.

> **TIP**
> 구조적 방법론을 도입하여 단위 모듈을 식별, 분리해서 길어진 프로세스를 간단하게 만든다고 해도 컴퓨터가 할 일이 줄어드는 것은 아니라는 것이다. 단지 개발자가 업무를 수행하는 것이 좀 더 쉬워지는 것일 뿐이다. 이 점은 정보공학 방법론이나 객체지향 방법론에서도 동일하게 적용된다.
>
> **모든 방법론은 정보시스템에 관련된 사람(개발자, 분석가, 사용자, 유지보수자 등)을 편하게 하기 위한 것이지, 그것으로 컴퓨터가 수행할 작업이 줄어드는 것은 아니다.**

구조적 방법론의 소개

구조적 방법론은 프로세스를 중심으로 프로그램을 모델링하기 위한 방법이다.

- **프로세스**(Process)는 입력 데이터의 흐름이나 조건에 따라 반응하거나 수행하는 작업을 프로세스(Process)라고 한다.
- **프로세스 모델링**(Process Modeling)은 시스템의 프로세스를 통해서 데이터가 어떻게 흘러 다니고, 어떤 모양을 가지는지를 표현하는 기술이다. 로직/정책/기술적 과정이 추가로 고려될 수 있다.

1979년 DeMarco가 간단한 형상화를 중심으로 모델링이 가능하도록 소개하였고, 1980년대 이후로 널리 활용되었다.

프로그램 제작에서 구조적 접근방식

구조적 방법론은 컴퓨터의 발전사에서 컴퓨터가 가장 먼저 적용되었던 순차적 처리 기능의 모델링을 위해 개발된 방법론이다. 그러므로 프로세스를 정의하고 취합하는 모델링 분야에 강점이 있다.

구조적 방법론의 기반이 되는 **구조적 프로그래밍**은 아래의 특징을 갖는다.

- 순차적 처리 기능이 너무 길어져서 읽기 어려워지는 것을 해결하기 위하여 단위기능을 함수로 분리하는 방법을 사용한다(**=함수개념 도입**).
- 순차적 처리 과정에서 임의의 위치로 이동하는 것은 프로그램을 읽기 어렵게 하는 문제가 발생하므로 **GoTo문 사용을 금지한다.**
- **순차**(Sequence), **선택**(Selection), **반복**(Iteration)으로 프로그램을 구성(=프로세스 절차의 조정 기능)한다.

이상의 내용을 정리하면서 12장에서 보여주었던 그림을 다시 보여준다. [그림 13-1]을 이해하는 기본은 컴퓨터 기술이 아래의 3 단계로 발전해 왔다는 것이다.

- 프로그램의 순차처리(1980년대)
- 프로그램에서 데이터를 저장하고 다루는 처리(1990년대)
- 프로그램 제작에서 다양한 형태의 데이터와 메소드를 취급하는 처리(2000년 이후)

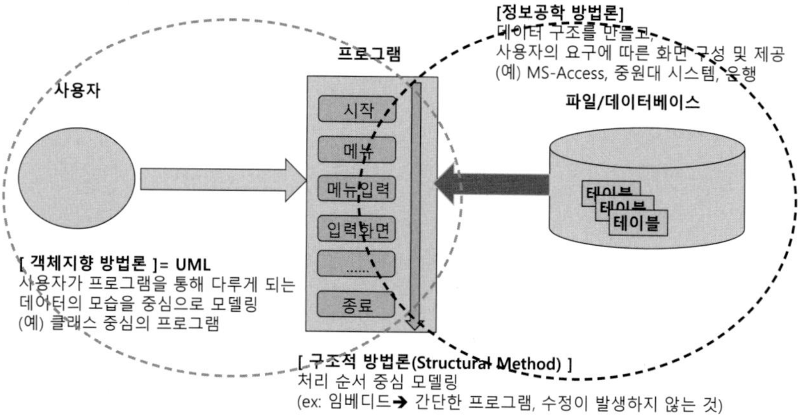

[그림 13-1] 정보 시스템 개발 단계

오늘날의 프로그램은

- 소프트웨어를 구성하는 단위 모듈을 식별하고, 모듈내의 처리 절차를 설정하며(구조적 방법론)
- 다양하고 큰 규모의 데이터 처리를 위하여 데이터베이스관리시스템에 대한 설계 및 최적화 과정을 포함하며(정보공학 방법론)
- 많은 변수와 함수를 효과적으로 다루기 위하여 클래스를 이용하며(객체지향 방법론)
- GUI를 기반으로 하는 화면을 사용하는 환경이다. (RAD 방법론)

그러므로 어느 한 개의 방법론에 집중하는 것보다는 수행해야 하는 업무의 상황에 따라 적당한 방법론을 사용하는 것이 좋은 전략이라고 할 수 있다.

13.2 구조적 방법론의 구성

13.2.1 구조적 방법론의 구성 및 특징

구조적 방법론은 아래의 3부분으로 구성된다.

- 데이터흐름도(Data Flow Diagram, DFD)
- 자료사전(Data Dictionary, DD)
- 소단위명세서(Minispec)

  * 각 부분에 대한 설명은 이어지는 장에서 자세하게 설명한다.

구조적 방법론이 가지는 특징은 다음과 같다.

- **추상화** : 모델링하고자 하는 대상에 대한 표현을 특정 시각을 가지고 간소화
- **정형화** : 모델링 대상을 사전에 정의된 방법으로 표현
- **분할정복** : 큰 시스템을 작은 시스템으로 나누어서, 분할된 시스템을 하나씩 해결
- **계층적 구조** : 큰 시스템을 작은 모듈로 나누는데, 이것이 기능 단위별로 계층 구조를 이루도록 분리하여 표현

구조적 방법론은 시스템의 모델링에 필요한 단어를 정의하는 '자료사전' 기능과 모듈을 정의하는 '데이터흐름도' 그리고 '데이터흐름도'에 대한 상세한 내용을 서술하는 '소단위명세서'로 이루어져 있는데, 최근에는 데이터베이스와 연관되어 '엔티티 관계도', '상태변화도'가 구조적 방법론의 일부로 포함되어 사용되기도 한다. 앞 페이지의 내용을 참고하면 된다. [그림 13-2]에 설명한 내용을 정리하였다.

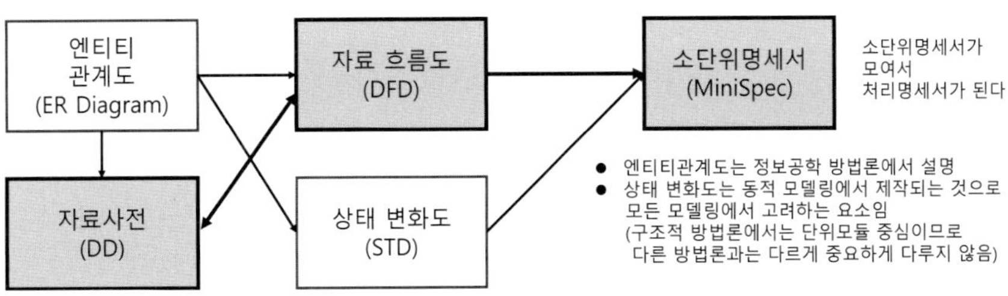

[그림 13-2] 최신 구조적 방법론의 수행 모델

13.2.2 데이터흐름도(Data Flow Diagram)

구조적 방법론을 구성하는 요소의 하나로 시스템의 동작 상태를 데이터의 입출력 관점에서 표현한 것이다. 시스템을 구성하는 모듈의 식별에 목적이 있다. 그러므로 개발하고자 하는 시스템을 Top-Down으로 단위 모듈의 수준까지 분할한 상태에서 데이터흐름도(Data Flow Diagram : DFD)를 사용하여 단위 모듈의 상세 기능을 정의한다.

> **TIP** 데이터흐름도를 작성할 때 그림이 너무 복잡하게 나오고 예외의 상황이 많이 발생되어 표현하기 어려운 문제가 발생한다면 단위 모듈로의 분할이 덜 된 것으로 보면 된다. 그러므로 단위 모듈의 분할을 좀 더 진행한 다음 다시 시작하면 된다.

데이터흐름도는 데이터의 흐름을 간략한 그림의 형태로 표현하는 것이며, [그림 13-3]에 데이터흐름도를 구성하는 4가지 요소에 대한 설명이 있다.

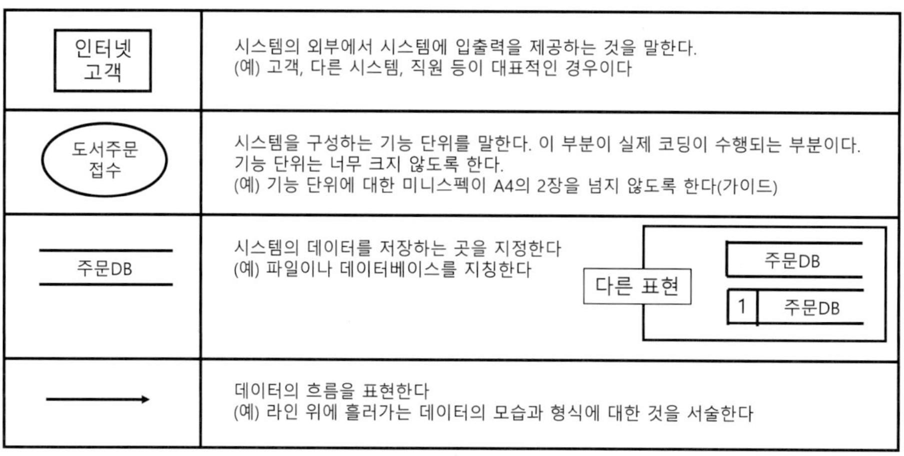

[그림 13-3] 데이터흐름도의 4가지 요소와 설명

데이터흐름도를 구성하는 요소로서 [그림 13-3]에 4가지를 제시하였는데, 어떤 책은 이것 외에도 몇 가지를 더 추가하여 제시하는 경우도 있다.

모델링 도구는 간단한 것이 중요하다. 모델링하는 사람이 아무리 자세하게 모델링한다고 해도 다른 사람이 읽지 못하면 무슨 의미가 있는가? 그런 점에서 가능하면 데이터흐름도는 위의 4가지로 표현하는 것이 바람직하다고 생각한다. 실제로 그 이상 자세하게 표현하는 것은 실익이 거의 없다.

만약, 위의 4가지 표현할 수 없는 상황이 발생하였다면, 단위 모듈의 분할이 잘 되었는지 확인해보고, 단위 모듈의 분할이 잘 되었는데도 단위 모듈 자체의 기능 복잡성으로 표현하기 어려운 문제가 발생하였다면, 별도의 주석을 달아서 "소단위 명세서"에서 자세하게 서술하는 방법을 선택하면 된다.

중요한 것은 데이터흐름도는 고객과 개발자가 같이 보지만 고객에게 중심이 있는 것이고, "소단위 명세서"는 고객과 개발자가 같이 보지만 개발자에게 중심이 있다는 것이다. 그러므로 상세한 예외나 개발 사항은 "소단위 명세서"를 이용하여 서술하는 것을 추천한다.

데이터흐름도 작성의 원칙에 대하여 [표 13-1]에 정리하였다.

[표 13-1] 데이터흐름도의 작성 원칙

원칙	내용
자료 보존의 원칙 (Conservation Rule)	DFD의 기능 단위에서 출력은 반드시 입력에 의해 생성되어야 한다.
최소 자료 입력의 원칙 (Pharsimony Rule)	DFD는 전체의 흐름을 이해하는 것이 주 목적이므로, 흐름의 이해를 위해 필요한 최소한의 자료만 명시한다.
독립성의 원칙 (Independence Rule)	DFD에서 입력 출력이 다른 기능단위는 별도의 기능단위로 분리되어야 한다.
지속성의 원칙 (Persistence Rule)	DFD의 기능 단위는 항상 동일한 기능을 수행해야 한다. 하나의 기능 단위에서 상황에 따라 여러 기능이 수행되지 않도록 한다.
순차처리의 원칙 (Ordering Rule)	DFD에서는 입력의 흐름대로 출력이 나와야 한다.
영구성의 원칙 (Permanence Rule)	저장소의 자료는 변하지 않는다. 저장소 자료의 변동에 대한 부분은 별도로 분리하여 표현한다.
자료 변환의 원칙 (Nature of Change)	DFD의 기능 단위는 자료를 변환할 수 있지만 동일한 변환을 수행해야 한다. 하나의 기능 단위에서 여러 변환이 수행되도록 하지 말고 분리하라.

[표 13-1]의 내용은 데이터흐름도를 그릴 때, "지켜야 하는 원칙"에 대하여 설명하고 있다.

여기에서 "지켜야 하는 원칙"이란, 데이터흐름도의 가독성을 위한 가이드라고 보면 된다. 중요한 내용을 정리하면 아래와 같이 표현할 수 있다.

- **데이터흐름도의 단위는 입력과 출력으로 구성되며**
- **단위 모듈은 단일기능을 순차적으로 수행해야 하고**
- **단위 모듈의 자료는 저장소에 보관한다.**

데이터흐름도를 통하여 프로그램을 구성하는 단위 모듈을 식별하고, 단위 모듈 내의 업무처리 절차를 확정하는 작업을 수행한다.

【 데이터흐름도 작성 방법과 예 】

- 데이터흐름도는 개발해야 하는 시스템을 Top-Down으로 단위 모듈까지 분해한 다음에, 단위 모듈을 대상으로 수행하는 것이다.

  단위 모듈은 더 이상 분리할 경우 의미가 없어지는 최소한의 단위를 말한다. 예를 들어, 사용자 인증은 단위 모듈이다. 이것을 "아이디 입력", "패스워드 입력"으로 분리하는 것은 프로그램을 구성하는 관점에서 의미가 없다. 또 다른 예로 "도서주문", "도서검색", "도서 반납", "도서 대출"도 단위 기능이다. 이것을 더 이상 분해하면 프로그램 구현의 관점에서 의미가 없다.

- 단위 모듈을 너무 크게 잡으면 데이터흐름도가 복잡해져서 읽기도 어렵고 작성도 어렵다. 단위 모듈에 대한 기능 요구사항이 A4 한 페이지를 넘으면 모듈을 분할하는 것이 좋다.
- 데이터흐름도에서 단위 모듈은 원으로 표현하며, 독립적인 단위 기능을 식별하기 위하여 사용한다.
- 원으로 표현된 단위 기능을 사용하는 주체는 "고객", "다른 단위 모듈", "외부시스템" 등 다양하며 사각형으로 표현한다.
- 데이터는 "데이터저장소"에 저장되며, 두 개의 선으로 표시한다.
- 업무의 처리 순서와 방향은 화살표로 표시한다.

앞의 설명에 따라 제작된 데이터흐름도의 작성 예를 [그림 13-4]에 나타내었다.

예는 고객의 요구사항과 식별된 단위모듈 그리고 단위 모듈이 수행해야 하는 기능과 입출력 데이터에 대한 정보, 마지막으로 가이드에 따라 그려진 데이터흐름도이다.

오른쪽의 DFD는 아래의 고객 요구사항을 기반으로 제작된 것이다.

- 급여시스템은 급여 계산을 해야 한다.
- 급여 계산은 직원 DB에서 근무시간, 직원호봉을 읽어와서 계산된다.
- 계산된 급여는 각 직원별로 급여명세서를 출력해야 한다.
- 그외 ......

➔ **단위모듈 : 급여계산**
입력 : 직원 DB
출력 : 급여명세서 출력
기능 : 직원DB에서 근무시간, 직원호봉, 직원정보을 얻고,
급여를 계산하고,
급여명세서 출력

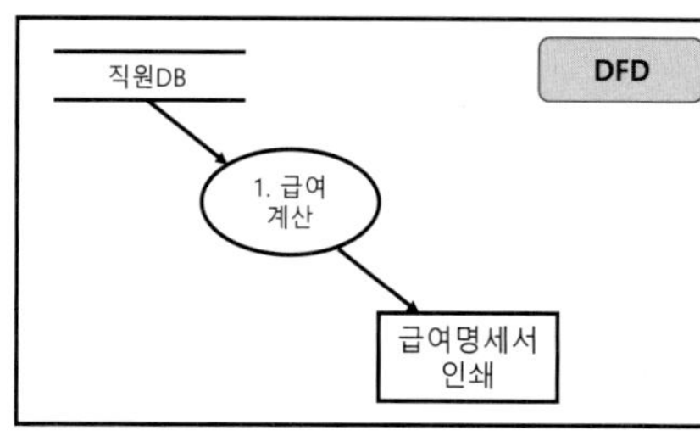

[그림 13-4] 데이터흐름도(DFD)의 작성 예

13.2.3 자료사전(Data Dictionary)

자료사전(자료사전)은 데이터흐름도와 소단위 명세서에서 사용하는 단어(명사, 서술어)의 의미를 정의하는 곳이다. 표현 방식과 예 그리고 의미를 [표 13-2]에 정리하였다.

[표 13-2]의 예와 의미를 보면 어렵지 않게 이해가 될 것이다. 실제 프로젝트에 관련된 문서를 제작한다고 하면, 중요 단어에 대해서 자료사전을 만드는 것이 올바른 의사 전달의 기본이 되는 작업이다.

자료사전을 왜 만들어야 하는지 이해가 안 된다면, 프로젝트에 투입되는 사람들은 각각 다른 환경에서 교육받고 생활하는 사람이라는 점을 기억하면 된다.

[표 13-2] 자료사전의 기호와 예

기호	예	의미
= 정의	학생증=학과+학년+학번+이름+생년월일	학생증은 학과, 학년, 학번, 이름, 생년월일로 구성된다
+ 구성		
{ } 반복	주문서= 주문번호+주문일자+{제품번호+수량+가격}+주문총액	주문서는 주문번호, 주문일자와 (제품번호, 수량, 가격)은 최소 0, 최대 무한대의 반복되고, 주문총액으로 구성된다 만약, 주문서에 제품번호,수량, 가격이 최소 1번은 있어야 한다면, 주문서=주문번호+주문일자+1{제품번호+수량+가격}+주문총액이 된다. ➔ 1 { } → 최소반복 1회, { } 3 → 최대반복 3회
[ ] 선택	출장신청서 = 직원번호 +직원이름+출발일자+[항공료|택시비|식대] + 총경비	출장신청서는 직원번호, 직원이름, 출발일자와 (항공료, 택시비, 식대) 중의 하나 그리고 총경비로 구성된다 만약 추가로 택시비와 식대를 동시에 포함시킬 수 있다면, [항공료|택시비|식대|택시비+식대] 로 표현하면 된다
( ) 옵션(생략가능)	이수과목=(과목번호)+과목명+이수구분+성적	이수과목에서 과목번호는 생략가능하다
** 주석	학번 =*학생의 고유번호*	의미를 설명하기 위한 기호

(어떤 사람은 자료사전을 만들 때 수학공식과 같은 형태로 만드는 것에 대하여 부정적인 의견을 보이곤 한다. 하지만, 여러 명이 관여하는 상황에서 정확한 표현을 위하여 고민하여 선택한 것이니 그렇게 이해하고 넘어가면 된다.)

[표 13-2]의 방식을 이용하여 프로젝트에서 사용하는 "지불방법"이라는 단어가 현금, 가계수표, 신용카드 중의 하나를 가질 수 있다면 아래와 같이 정의할 수 있다.

지불방법 = ["현금" | "가계수표" | "신용카드"]

【 자료사전의 작성 예 】

프로젝트를 수행하는 과정에서 도서카드에 대한 자료사전을 만들어야 하는 경우가 발생하였다고 가정하고, "도서대출신청서"라는 용어에 대한 자료사전을 제작하여 보겠다.

도서대출신청서	
저자	
도서명	
대출자 이름	
대출자 학번	
대출일	
신청번호	

- 도서대출신청서 = 저자 + 도서명 + 대출자 인적사항 + 신청번호
- 대출자 인적사항은 다른 용어 정의에서 사용할 수 있다고 판단되므로 분리하여 정의한다.

  대출자 인적사항 = 대출자 이름 + 대출자 학번 + 대출일

- 만약 고객과 대화 중에 "도서대출신청서"에서 저자의 생략이 가능하다는 전제가 있으면 용어에 대한 정의가 아래와 같이 변경된다.

  도서대출신청서 = (저자) + 도서명 + 대출자 인적사항 + 신청번호

- 만약 고객과 대화중에 "도서대출신청서"에서 도서명과 ISBN 중에 하나를 선택할 수 있다면 용어에 대한 정의가 아래와 같이 변경된다.

  도서대출신청서 = 저자 + ["도서명" |"ISBN"] + 대출자 인적사항 + 신청번호

- 만약 고객과 대화중에 "도서대출신청서"에서 여러 권의 책을 한 번에 대출 신청할 수 있다면 용어에 대한 정의가 아래와 같이 변경된다.

  도서대출신청서 = { 저자 + 서명 } + 대출자 인적사항 + 신청번호

프로젝트에서 사용하는 용어에 대하여 정확한 의미와 한계를 파악한 후에 자료사전에 정의하고 사용해야 한다. 예로써 "도서대출신청서"라는 용어가 가지는 정확한 의미를 고객과 대화하여 확정해야 한다.

자료사전을 만들라고 하는 이유는 프로젝트에서 사용되는 중요 용어에 대한 정확한 공통의 이해가 매우 중요하다는 것을 강조하는 것이다. 앞의 작성 예를 통하여 용어에 대한 정확한 이해가 어떤 것인지 확인하기 바란다.

13.2.4 소단위명세서(Minispec)

소단위명세서는 데이터흐름도의 기능단위 부분에 대한 상세 내용을 서술하는 곳이다. 서술할 때는 데이터흐름도의 내용 외에도 상태변화도(STD)에 대한 내용도 포함하도록 하여 개발에 필요한 모든 내용이 서술되도록 해야 한다.

【 소단위명세서 작성 가이드 】

- 소단위명세서는 자료사전에서 정의된 단어를 사용한다.
- 소단위명새서는 사용자, 개발자 모두가 공통적으로 이해할 수 있도록 제작되어야 하며
- 이를 위해 개발된 구조적 언어를 사용한다. (다음페이지 참조)
- 소단위명세서는 입력자료와 출력자료간의 연관성과 절차를 설명해야 하며, 가능한 자세하고 명확하게 서술한다.
- 소단위명세서가 A4 한 페이지를 초과하게 되면 기능단위를 분리하는 것이 추천사항이다.
- 소단위명세서에 서술되는 것은 각 상황에 따라 번호를 부여한다.

  【예】1, 2, 3....은 처음, 두 번째, 세 번째 수행되는 작업을 의미한다.
  1.1, 1.2....는 첫 번째 작업의 업무 처리 순서를 의미한다.

여기까지 소단위명세서의 작성 시에 필요한 작성 가이드를 설명하였다. 이번에는 소단위명세서에서 사용하는 구조적 언어에 대하여 설명하겠다.

【 구조적언어 】

구조적 언어는 자료사전에 정의된 단어를 이용하여 제한된 문형(간단한 명령문과 산술식)과 제한된 구조(순서, 선택, 반복)로 특정 정보를 기술하는 것이다. 소단위명세서의 서술 외에 다른 방법론에서도 사용된다. 구조적언어의 사용 예는 구조에 맞추어 설명하였다.

<순서의 예>	<선택의 예>	<반복의 예>
수행 순서대로 기술하는 것	조건에 따른 선택(IF, DOCASE)	반복하는 것(DO WHILE, FOR, REPEAT UNTIL)

1.1 급여자료를 읽는다
1.2 급여를 계산한다
1.3 급여명세서를 출력한다
	IF 급여형태 = "정규직"
	THEN 급여 = 근무시간 * 20
	ELSE 급여 = 근무시간 * 15
	ENDIF
	
	DO CASE
	CASE 급여형태 = "정규직 "
	급여 = 근무시간 * 20
	CASE 급여형태 = "임시직"
	급여 = 근무시간 * 15
	OTHERWISE
	급여 = 근무시간 * 10
	ENDCASE
		FOR 모든직원에 대해
		IF 급여형태 = "정규직"
		THEN 급여 = 근무시간 * 20
		ELSE 급여 = 근무시간 * 15
		ENDFOR
		
		DO WHILE 모든 직원에 대해
		IF 급여형태 = "정규직"
		THEN 급여 = 근무시간 * 20
		ELSE 급여 = 근무시간 * 15
		ENDDO
		
		REPEAT
		IF 급여형태 = "정규직"
		THEN 급여 = 근무시간 * 20
		ELSE 급여 = 근무시간 * 15
		UNTIL 모든 직원에 대해

[그림 13–5] 구조적언어의 구조 예

13.2.5 종합적 예

구조적 방법론의 3요소인 데이터흐름도, 자료사전, 소단위명세서에 대한 이해를 위하여 "직원DB에서 정보를 읽어서 직군별로 급여명세서를 인쇄하는 경우"에 대하여 데이터흐름도, 자료사전, 소단위명세서를 작성한 것이 [그림 13–6]이다. 특히, 소단위명세서 작성에서 구조적 언어가 어떻게 사용되었는지 살펴보기 바란다.

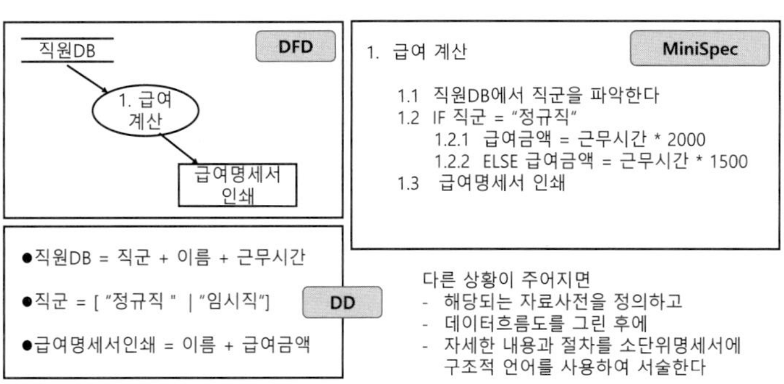

[그림 13–6] 데이터흐름도, 자료사전, 소단위명세서의 작성 예

앞에서 설명한 원칙이나 규정은 "정보의 공유"를 위해 만들어진 것이다. 기본적인 사항을 숙지한 후에, 실제 업무에서 활용하면 된다. 특수한 경우에 표현하기 어려운 상황이 발생하면, 데이터흐름도에 간단히 마크하고, 소단위명세서에서 상세한 내용을 서술하는 방향으로 진행하면 된다.

데이터흐름도, 소단위명세서를 제작함에 있어 시스템의 기능이 너무 많아서 소단위명세서가 너무 길어지거나(A4 1페이지 이상), 기능이 복잡해서 소단위명세서에 표현하기 어렵다면 시스템을 분할하라는 신호이다.

다음 단계로 구조적 방법론의 핵심이라고 할 수 있는 데이터흐름도의 작성에 대하여 좀 더 깊게 다루어 보도록 하겠다.

13.3 구조적 방법론의 데이터흐름도 작성 요령 및 읽기

"인터넷으로 전자도서를 판매하는 시스템"을 개발하는 과정을 예로 하여 데이터흐름도를 만드는 과정을 보여준다. 지금까지 배운 간단한 문법을 기본으로 하여 실제 사용자의 요구사항을 어떻게 표현하는지를 확인할 수 있다.

(**고객의 요구사항에 맞추어 데이터흐름도를 단계별로 작성하는 기술을 알려주는 것이 이 장의 목적이다. 그리고 제작된 데이터흐름도를 읽을 수 있는 능력을 갖추는 것이다.** 프로그램과 마찬가지로 남이 작성한 것을 읽을 수 있는 능력을 갖추게 되면, 실제 제작하는 것은 시간이 해결한다.)

컨설턴트가 고객을 만났다. 첫 번째 고객이 말한 시스템의 기능은 다음과 같다.

【 A 단계 】

- 고객은 인터넷으로 도서를 주문한다.
- 시스템은 도서주문을 받으면, 고객 정보를 파악하고
  - 신용에 문제가 없으면 주문 DB에 주문 정보를 추가한 다음 고객에게 주문 성공 메시지를 보낸다.
  - 신용에 문제가 있으면 주문을 반려한다.

위의 기능 요구 사항에 근거하여 컨설턴트는 시스템의 기능 중에서 "도서주문접수"라는 기능을 확인할 수 있다. "도서주문접수"는 단위기능에 속하므로 이것에 대한 입출력 데이터와 처리 순서를 데이터흐름도로 제작하면 [그림 13-7]과 같다.

"도서주문접수"가 단위 기능임을 인지하는 것은 개발해야 하는 시스템에 대한 경험이 많거나 또는 아직 설명하지 않았지만 13.4절의 과정을 수행해서 식별할 수 있다.

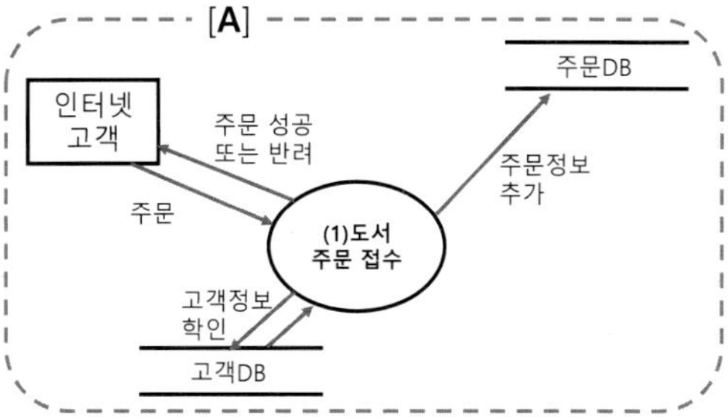

[그림 13-7] 데이터흐름도 (A)

"도서주문접수"는 아래의 순서대로 일을 처리한다(소단위명세서에 상세사항 명시).

- 주문접수
- 주문고객의 신용상태 파악
- 주문정보를 주문DB에 추가
- 주문완료를 고객에게 알려줌

[그림 13-7]을 이용하여 고객과 컨설턴트는 고객의 의도가 잘 표현되었는지를 확인한다. 그리고 고객이 자신의 의견이 잘 표현되었음을 확인했다. 이제 고객의 다음 요구사항을 확인할 시간이다.

이 단계에서 데이터흐름도가 어떤 내용을 표현하는지를 확인해야 한다. 데이터흐름도의 대상은 단위 모듈이고, 데이터흐름도가 표현하고자 하는 것은 입출력데이터와 처리순서라는 것을 기억하기 바란다.

【 B 단계 】

- 도서 주문 처리는 주기적으로 주문 DB를 확인해서 도서주문이 있으면, 정보를 가져온다.
- 가져온 정보를 기반으로 도서 재고를 확인한다.
- 도서재고가 있으면 도서를 반출하여 고객에게 전송한다.
- 고객에게 도서를 전송한 후에 청구DB에 도서 판매 정보를 추가한다.

[그림 13-8]은 A 단계에 B 단계를 추가하여 데이터흐름도를 그린 것이다.

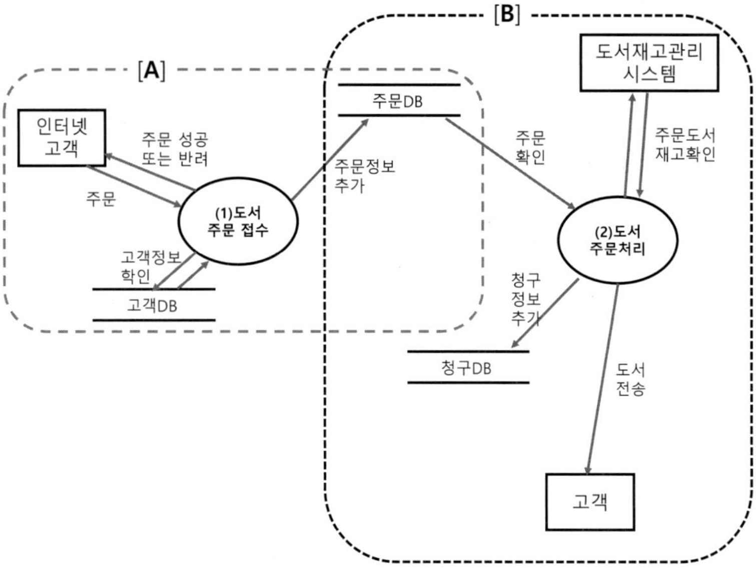

[그림 13-8] 데이터흐름도 A, B

"도서주문처리"는 아래의 순서대로 일을 처리한다(=소단위명세서에 상세사항 명시).

- 주문DB의 확인
- 주문DB에서 주문이 있으면 정보를 가져옴
- 정보에 기반하여 재고를 확인하고, 재고가 있으면 도서를 고객에게 전송
- 전송 후 청구 DB에 데이터 추가

[그림 13-8]을 보여주고, 고객이 자신의 의견이 잘 표현되었음을 확인했다. 이제 그 다음 고객의 요구사항을 취합했는데 다음과 같다.

이 프로그램에서 "도서주문접수"와 "도서주문처리"는 프로그램을 구성하는 기본단위이고, 다른 것과 독립적인 하나의 모듈 역할을 하게 된다.

【 C 단계 】

- 도서 대금 청구 처리는 주기적으로 청구DB를 확인해서 청구할 정보가 있으면 고객에게 대금을 청구한다.

A, B 단계에 C 단계를 추가해서 그린 것이 [그림 13-9]이다.

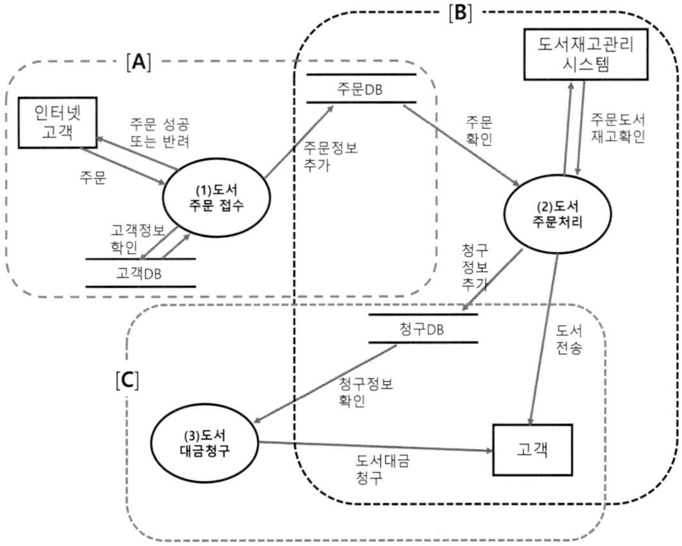

[그림 13-9] 데이터흐름도 A, B, C

데이터흐름도를 그리는 것은 [그림 13-7] [그림 13-8] [그림 13-9]의 과정에서 확인한 바와 같이, 고객의 요구사항에 기반을 두어 하나씩 단계별로 작성하는 것이다.

이후에도 고객의 요구사항을 받게 되면 위와 같은 작업을 반복하여 데이터흐름도를 그리게 된다. 단위가 너무 크면 그림이 복잡해지므로, 작은 단위로 분리하여 작업할 것을 추천한다.

이번 장에서는 요구사항에 따른 단계별 제작의 개념과, 최종 작성된 데이터흐름도인 [그림 13-9]를 보고 읽을 수 있는 능력을 기르는 것에 중점을 두고 연습하기 바란다.

앞의 내용에 대한 이해도 측정을 위하여 간단한 상황을 가정해서 데이터흐름도의 작성 연습을 해보도록 하겠다.

〖 **상황** 〗

병원 업무지원 시스템을 개발하기 위하여 A 병원에 투입되었다. 고객 중에서 간호원장을 만나서 업무에 대한 이야기를 들은 것을 아래와 같이 정리하였다.

- 업무를 시작하면 의사들의 메모를 살펴본다.
- 메모에서 의문점이 발견되면 의사에게 메모를 보내서 확인한다.
- 메모에 새로운 치료나 검사할 항목이 있으면 환자철에 기록한다.
- 환자 철을 기반으로 검사계획서와 치료계획서를 작성한다.
- 환자가 환자 철에 맞게 치료되지 않은 경우, 담당간호원에게 알리고 의사에게 메모를 보낸다.

요구사항을 기반으로 데이터흐름도를 작성해보기 바란다. 데이터흐름도는 한 번에 그려지는 것이 아니고 앞의 과정처럼 하나씩 단계별로 제작되는 것이다. 여기에서는 과정은 생략하고 최종 결과만을 보여준다.

최종 결과를 기반으로 간호원장의 이야기에 근거하여 [A], [B], [C]와 같이 각 단계별 진행을 해보기를 바란다.

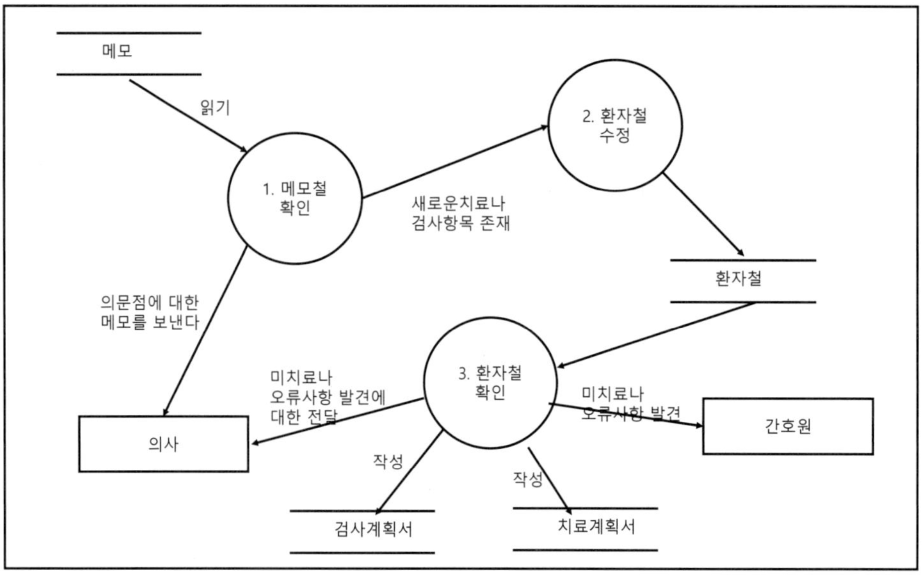

13.4 단위시스템의 데이터흐름도 그리기 및 소단위명세서 작성하기

13.3절에서 데이터흐름도를 그리는 방법과 단계별 진행 요령에 대하여 학습하였다. 이번 절에서는 고객의 의견에 따라 데이터흐름도를 그리고 이것를 고객과 협의하면서 수정해가는 과정을 보여준다. 실무에서 수행하는 것과 동일한 과정이다. 제작된 데이터흐름도에 기반을 두는 소규모명세서도 작성한다.

설명을 진행하기 전에 구조적방법론의 핵심인 데이터흐름도를 그리는 작업은 두 가지로 나누어 볼 수 있다는 점을 설명한다.

- **첫 번째** : 고객과의 대화를 통해서 단위시스템을 식별하고, 고객과 대화하며 그리는 방법(13.3절, 13.4절에서 설명)
- **두 번째** : 전체시스템을 Top-Down으로 분할하면서 단위작업을 식별하고 데이터흐름도를 작성하는 방법(13.5절에서 설명)

두 가지 방법은 모두 중요하다. 지금은 데이터흐름도의 가치와 작성법을 익히는 중이므로 첫 번째 방법으로 고객과의 대화를 통해서 제작하는 방법을 설명한다.

전자도서 판매 시스템

개발하고자 하는 시스템은 인터넷을 통하여 전자도서의 주문을 받아 처리하는 시스템이다. 인터넷으로 전자도서를 주문받고, 결재가 완료되면 도서파일을 사용자가 다운로드 받아서 읽게 되는 방식으로 비즈니스가 수행된다.

이 회사의 운영시스템을 개발하기 위하여 투입된 조현익 컨설턴트가 프로젝트에 들어와서 고객과 이야기하면서 데이터흐름도를 작성 하는 과정을 실제 사례와 같은 상황을 만들어 설명한다. 독자의 이해를 위하여 준비한 부분이오니, 전체 내용을 주의 깊게 읽어 주기를 바란다.

사전단계 - 시스템이 가져야 하는 기능에 대한 고객과의 회의 결과

- 고객은 인터넷을 통하여 전자도서를 주문한다.
- 도서주문시스템은 고객으로부터 도서 주문을 받고 고객정보를 파악한다.
  - 일반고객이면, 고객정보와 주문 내역을 주문정보DB와 도서서비스DB에 등록한 다음 주문확인 메시지를 고객에게 보여준다.
  - 불량고객이면 주문반려 메시지를 고객에게 보여준다.
- 주문된 도서가 재고가 있는지 파악해서 재고가 없다면 반송한다.
- 주문하기 위한 도서 검색 화면을 별도로 제공한다. 이때 검색화면은 도서주문 화면의 오른쪽에 보인다.
- Delivery 시스템은 도서 서비스DB의 내용을 파악하고 새로운 항목이 있는 경우, 고객에게 다운로드 주소를 SMS로 전송한다.
- Delivery 시스템은 구매 요청된 전자도서 파일이 없는 경우에는 고객의 주문을 반송한다.

컨설턴트가 파악한 시스템이 가져야 하는 기능은 이것보다 많을 것이다. 하지만, 독자의 이해를 위해 내용을 위와 같이 한정하고 데이터흐름도의 작성 과정에 대한 설명한다.

【 A 단계 】

컨설턴트가 파악한 기능 중에서 아래의 두 개의 상황에 대하여 작업을 진행한다.

- 고객은 인터넷을 통하여 전자도서를 주문한다.
- 도서주문시스템은 고객으로부터 도서 주문을 받고 고객정보를 파악한다.
  - 일반고객이면, 고객정보와 주문 내역을 주문정보DB와 도서서비스DB에 등록한 다음 주문확인 메시지를 고객에게 보여준다.
  - 불량고객이면 주문반려 메시지를 고객에게 보여준다.

요구사항을 기반으로 컨설턴트는 일단 "도서주문접수"라는 단위 기능을 설정하고 필요한 입출력 데이터와 처리 과정을 [그림 13-10]과 같은 데이터흐름도로 제작한다.

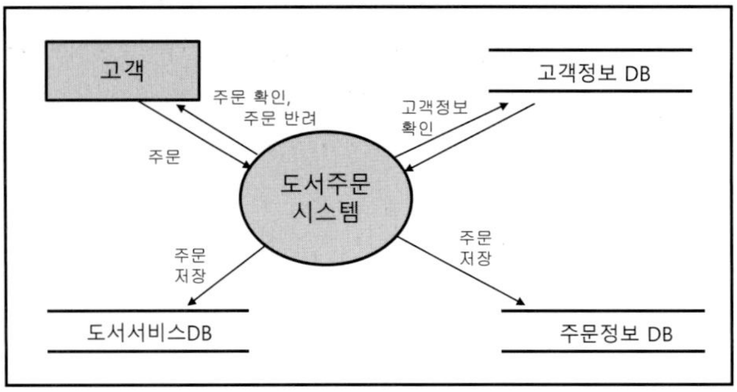

[그림 13-10] 도서주문시스템 데이터흐름도(1)

【 B 단계 】

[그림 13-10]을 보면서 고객과 개발해야 하는 시스템에 대하여 대화를 진행한다. 아래에 있는 대화의 내용을 잘 읽고 모델링에 반영하기 바란다.

- **"고객은 인터넷을 통하여 전자도서를 주문한다."를 놓고 아래와 같은 대화를 나눈다.**
  - (컨설턴트) "주문받는 화면"을 제공하기 전에 사용자의 "로그인 과정"은 어떻게 하는가?

    (고객) 별도의 로그인 시스템을 이용해서 수행한다.
  - (컨설턴트) 주문을 받을 때, 고객으로부터 어떤 정보가 넘어오는가?

    CustomerID, DateTime, BookID 정보가 넘어오는가?

    (고객) 모르겠다. 알아서 만들어 달라. 나는 어떤 고객이 어떤 책을 언제 샀는지만 알면 된다.
  - (컨설턴트) "주문받는 화면"은 "도서주문모듈"에서 제공하면 되는가?

    (고객) 모르겠다. 알아서 해라. 나는 잘만 돌아가면 된다.

    (컨설턴트) 그러면, 일단 도서주문모듈에서 주문받는 화면을 제공하기로 하겠다.

- **"도서주문시스템은 고객으로부터 도서 주문을 받고 고객정보를 파악한다.**
  - **일반고객이면, 고객정보와 주문 내역을 주문정보DB와 도서서비스DB에 등록한 다음 주문확인메시지를 고객에게 보여준다.**
  - **불량고객이면 주문반려 메시지를 고객에게 보여준다."를 놓고 아래와 같은 대화를 나눈다.**
  - (컨설턴트) 일반고객과 불량고객은 어떻게 구분하는가?

    (고객) 1년에 두 번 이상 주문 취소하는 고객을 불량고객으로 본다.

– (컨설턴트) 우리가 알 수 있는 고객정보는 어떤 것이 있는가?

(고객) 신용도, 고객의 주소를 포함한 신상 정보이다.

이외에

- 고객이 신규인 경우는 어떻게 하는가?
- 데이터베이스 조회 시에 데이터항목이 몇 개 없는 경우는 불량고객으로 처리해야 하나?
- 주문정보 DB와 도서 서비스DB중 어떤 것을 먼저 하는 것이 좋은가? 등 많은 것을 고려해서 시스템을 개발해야 하지만, 일단은 생략하고 위의 대화만을 기반으로 [그림 13–10]을 보완한 것이 [그림 13–11]이다.

[그림 13–13]은 컨설턴트가 고객과의 대화에서 얻은 아래의 정보를 추가하여 작성한 것이다.

- "로그인시스템" 모듈을 추가하였다.
- "로그인시스템"에서 로그인이 완료되면 "도서주문시스템"을 작동하도록 하였다.
- 입출력되는 데이터를 식별하여 명시하였다.
- 나머지 절차는 기존에 작성한 것을 그대로 유지하였다.

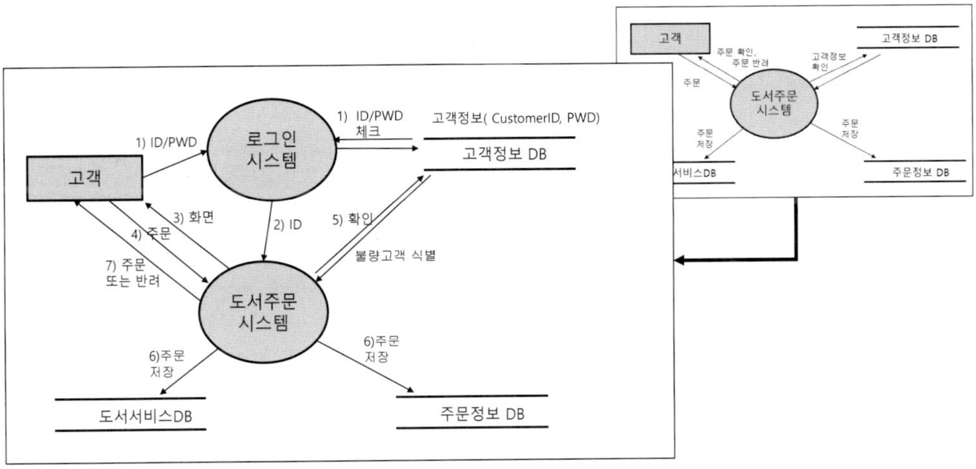

[그림 13–11] 도서주문시스템 데이터흐름도(2)

[그림 13–11]을 기반으로 고객과 대화한 내용이 제대로 반영되었는지, 고객이 알아서 하라고 한 내용이 어떻게 결정되었는지에 대하여 컨설턴트와 고객이 상호합의를 진행한다. 합의를 이루었다면 이 단계에서 좀 더 자세한 정보를 확인해서 반영할 시점이다.

【 C 단계 】

[그림 13–11]을 기반으로 고객의 의도가 정확히 파악되었는지, 또 다른 요구사항이 없는지를 확인하는 과정을 진행한다.

- (컨설턴트) 장난이거나 가짜 주문인 것은 어떻게 파악할 수 있나?

  (고객) 고객정보의 정확성과 불량 고객 여부를 보면 알 수 있다.

  (컨설턴트) 그러면, 고객 ID로 고객 정보 DB를 조회하도록 하겠다.

- (컨설턴트) 장난이거나 가짜 주문을 확인하면 어떻게 처리하면 좋을까?

  (고객) 주문을 반려하고 메인 화면을 보여준다.

  (컨설턴트) 메인 화면은 누가 보여주나?

  (고객) 메인 화면 모듈에서 보여준다.

  (컨설턴트) 메인 화면과 로그인 화면의 관계는 메인 화면에서 로그인 화면을 기동하도록 하겠다.

  (고객) 알아서 해라. 나는 돌아만 가면 된다.

- (컨설턴트) 주문이 정상적이면 OrderID는 도서주문 모듈에서 발행하면 어떤가?

  (고객) 알아서 해라

  (컨설턴트) BookID를 이용하여 책에 대한 기본 사항은 어디서 확인하나?

  (고객) 도서정보DB에서 확인한다.

추가할 내용은 많지만, 일단 여기까지 추가 요구사항을 들은 상태에서 개선된 데이터흐름도는 [그림 13-12]에 있다. 조금 복잡하지만, 요구사항에 따라 데이터흐름도가 어떻게 변화되는지를 확인하기 바란다.

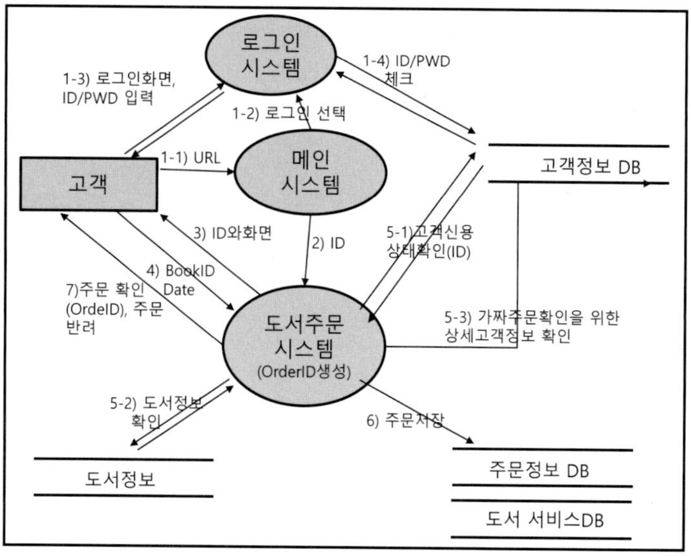

[그림 13-12] 도서 주문시스템 데이터흐름도(3)

[그림 13-12]에서 살펴볼 것은

- 메인시스템이 고객과의 대화를 통해 추가되었다.
- 로그인 과정이 구체화되면, 1-1, 1-2와같은 형태로 기존의 1번 과정을 유지하면서 점차 자세하게 서술하고 있다. 이것을 통하여 기존의 1번 과정인 로그인이 어떻게 구체화되는지를 확인할 수 있다.
- 주문저장 작업 전에 "고객 신용 확인", "도서정보확인" 그리고 "가짜주문확인을 위한 상세 고객정보확인"단계가 고객과의 대화를 통해 추가되었다.
- 도서정보를 확인할 수 있도록 도서정보 DB에 대한 검색이 고객의 요청에 의해 추가되었다.

[그림 13-12]를 기반으로 고객과 대화한 내용이 제대로 반영되었는지, 고객이 알아서 하라고 한 내용이 어떻게 결정되었는지에 대하여 컨설턴트와 고객이 상호합의를 진행한다.

【 D 단계 】

[그림 13-12]를 보던 고객이 컨설턴트에게 한마디 던진다.

– (고객) 구매한 도서는 도서 Delivery 시스템에서 고객에게 제공한다.

(컨설턴트) 도서 Delivery 시스템은 도서를 고객에게 전달한 후에, DeliveryDate를 "도서 서비스DB"에 추가하면 되겠네.

– (컨설턴트) 주문을 집행하기 위해 필요한 정보를 아래와 같이 정리하면 어떤가?

고객정보: CustomerID, CustomerName, CustomerAddr, CustomerPhone Passwd, BadCustomer

주문내역: OrderNumber, OrderDate, BookID, NumberOfBooks

도서정보: BookID, BookName, Price, Publisher, Author, PublishDate

(고객) 알아서해라.

요구사항이 추가되었다고 가정할 때, 우리가 그리고 있는 데이터흐름도에서 어떤 점이 바뀌어야 하는지 생각해보자.

답은 [그림 13-13]에 있다. 점선의 박스 부분이 변경된 내용이다.

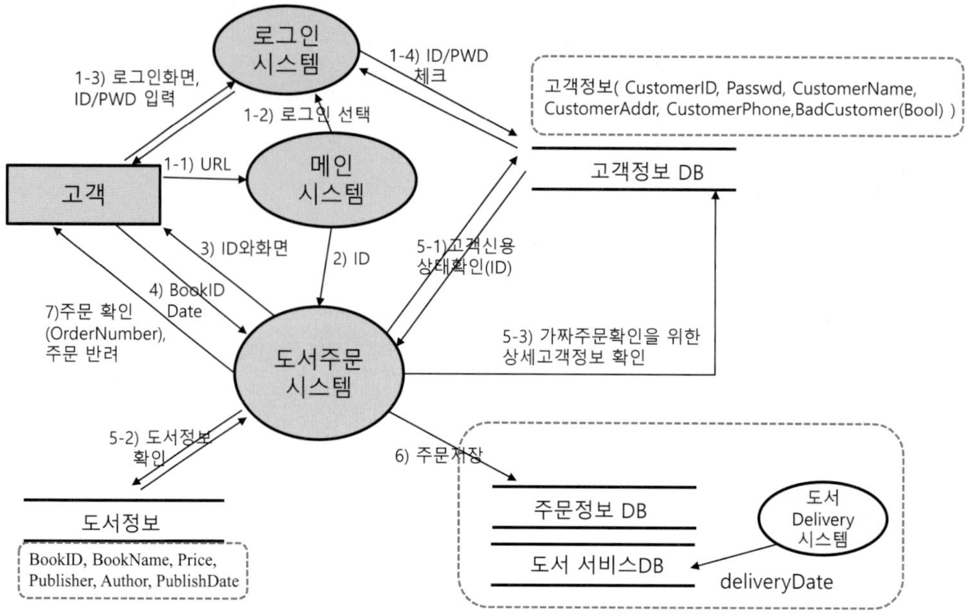

[그림 13-13] 도서 주문 시스템 데이터흐름도(4)

[그림 13-13]에 "도서주문 시스템"에 대한 부분이 아니고, 연관되어 있는 "Delivery 시스템"이 추가된 것을 확인하기 바란다. 일반적인 모델링 단계에서 [D 단계]의 요구사항을 받으면 컨설턴트는 아래와 같이 이야기 할 것이다.

> " 이것은 "Delivery 시스템"에 대한 요구사항이네요. 그러면 "도서주문시스템"은 여기까지 하고 "Delivery 시스템"에 대한 모델링을 시작할까요? "
>
> **"도서주문 시스템"에 대하여 수행했던 과정들은 고객이 더 이상의 요구사항이 없을 때까지 반복된다. 그리고 이러한 과정이 반복되어서 최종적인 결과가 [그림 13-13]이라고 가정하면, "도서주문 시스템"에 대한 소단위명세서를 작성할 시간이다.**

소단위명세서는 데이터 흐름도에서 표현하지 못했던 절차, 조건 등에 대하여 더욱 자세하게 써야 하지만, 지면상의 관계도 있어서 일단 초보적인 수준의 소단위 명세서를 [그림 13-14]에 제시한다.

[도서주문 시스템 소단위명세서]

1. 고객이 로그인한다.
   1.1 URL을 이용해서 메인 화면을 본다.
   1.2 메인 화면에서 로그인을 선택한다.
   1.3 ID/PWD를 입력한다.
   1.4 로그인 모듈은 ID/PWD를 고객정보 DB에서 확인한다.
2. 고객이 메인 화면에서 도서주문 메뉴를 선택하면, 로그인된 고객 ID를 도서주문 시스템에 넘겨주고 도서주문 시스템을 기동한다.
3. 도서주문 시스템은 고객 ID를 포함한 도서 주문 화면을 고객에게 제공한다.
4. 고객은 구매할 도서ID를 입력하고, 구매 버튼을 누른다. --> 도서 ID 선택 과정은 명시해야 하는데, 복잡해져서 생략!
5. 도서주문시스템은 고객정보 DB에서 고객신용상태와 고객정보를 확인하고, 도서정보 DB에서 도서 정보를 확인한다.
   5.1 고객신용이 나쁘면 주문을 반려한다.
   5.2 고객신용이 좋으면 상세 고객 정보와 도서 정보를 확인하고 OrderID를 생성한다.
6. 도서주문 시스템은 주문정보 DB와 도서 서비스 DB에 관련 정보를 추가한다.
   고객정보는 CustomerID, CustomerName, CustomerAddress, CustomerPhoneNumber,
   주문내역은 OrderNumber, OrderDate, BookID, NumberOfBooks
   도서정보는 BookID, BookName, Price, Publisher, Author, PublishDate
7. 도서 주문 모듈은 주문완료 메시지를 고객에게 보여준다.

[그림 13-14] "도서주문 시스템" 소단위명세서

- 불량고객의 조건이나 불량주문의 판단과 같은 내용이 포함되어야 하는데 지면 관계상 생략하였다.
- 도서주문 시스템의 작동을 위해 필요한 외부 기능인 "메인 시스템", "로그인 시스템"에 대한 부분도 전체 내용의 이해에 도움이 된다면 포함시킨다.
- [그림 13-13]에 있는 "Delivery 시스템"에 대한 부분은 "도서주문 시스템"의 영역이 아니므로 소단위명세서에 자세한 내용을 서술하지 않는다.

우리가 개발할 시스템 중에서 "도서주문 시스템"에 대한 부분은 대략 정리가 되었다.

이제 Delivery 시스템이나 다른 시스템에 대한 데이터흐름도를 작성해야 할 시점이다.

작성방법은 [그림 13-10]에서 [그림 13-14]까지 수행했던 작업을 반복하여 점차적으로 확대하면서 작성하면 된다.

【 E 단계 】

이번에는 "도서주문 시스템"을 위한 데이터흐름도를 작성하면서 자체 기능의 확장에 대한 것이 아니라, **다른 시스템과 연계되는 부분에 대한 경우(예: Delivery 시스템)에 대한 모델링 과정을 추가로 제시한다.**

예의 [사전단계]에서 고객의 요구사항 중에서 이미 처리한 것을 제외한 다음 요구사항 2개는 아래와 같다.

- 주문된 도서가 재고가 있는지 파악해서 재고가 없다면 반송한다.
- 주문하기 위한 도서 검색 화면을 별도로 제공한다. 이때 검색화면은 도서주문 화면의 오른쪽에 보인다.

위의 두 가지 요구사항이 접수된 상황을 가정하여 보면, 기존의 시스템에 위의 두 가지 상황을 추가하여 그린 데이터흐름도는 [그림 13-15]이다.

- [그림 13-15]는 "도서주문 시스템"과 연계되는 "재고관리 시스템", "검색 시스템"과의 연관성을 보여주는 그림이다.
- 데이터흐름도는 특정 시스템을 중심으로 제작하게 되지만, 연관되는 다른 시스템과의 관계에 대한 부분에 대한 서술도 전체 시스템을 파악하는 관점에서 중요한 것이다.
- "재고관리 시스템"에 대한 데이터흐름도가 제작되면, 거기에 "도서주문 시스템"과의 연관성에 대한 것도 명시하게 된다. "검색 시스템", "Delivery 시스템"도 동일하다.
- 검색시스템은 3번 과정에 포함되어 있다고 그림에 표현되어 있다.
- 책 파일 확인은 5번 과정의 3번째 단계에서 수행해야 한다고 그림에 표현되어 있다.
- 기타 다른 내용은 이전에 내용과 동일하다.

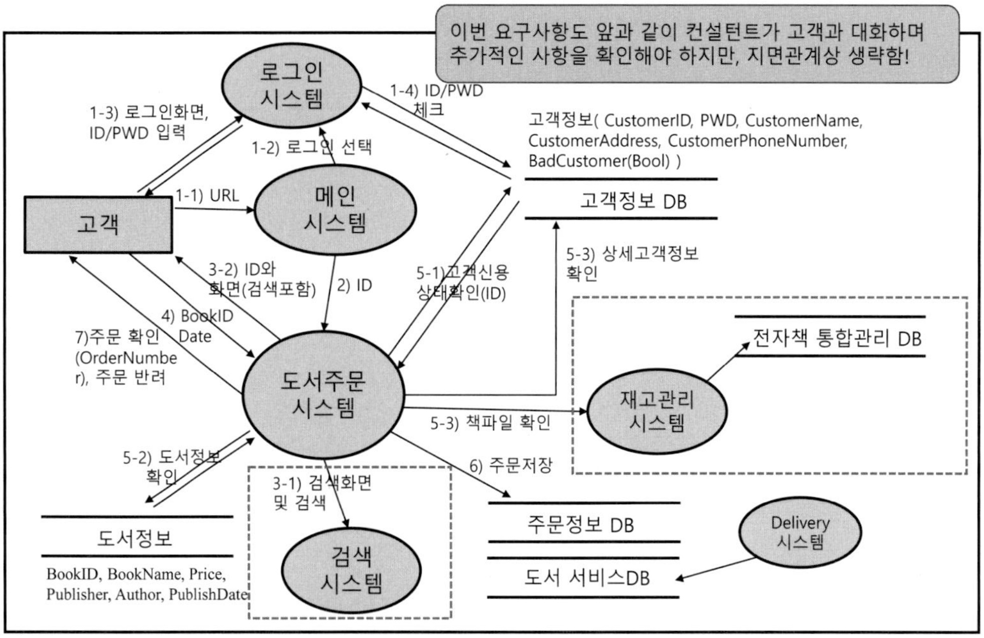

[그림 13-15] 확장된 "도서주문 시스템" 데이터흐름도

고객의 요구 사항이 추가되어 데이터흐름도가 변경되게 되면, 따라서 "도서주문 시스템"의 소단위명세서도 개선해야 한다. 개선된 소단위명세서가 [그림 13-16]에 있다.

1. 고객이 로그인한다.
   1.1 URL을 이용해서 메인화면을 본다.
   1.2 메인화면에서 로그인을 선택한다.
   1.3 ID/PWD를 입력한다.
   1.4 로그인 모듈은 ID/PWD를 고객정보 DB에서 확인한다.
2. 고객이 메인화면에서 도서주문 메뉴를 선택하면, 로그인된 고객 ID를 도서주문 시스템에 넘겨주고, 도서주문 시스템을 기동한다.
3. **도서주문 시스템은 고객 ID를 포함한 도서 주문 화면을 고객에게 제공한다.**
   3.1 검색화면을 포함하는 주문 화면을 고객에게 제공한다.
   3.2 고객의 요청에 따른 검색 기능을 제공한다.
4. 고객은 구매할 도서ID를 입력하고 구매 버튼을 누른다 --> 도서 ID 선택 과정은 명시해야 하는데, 복잡해져서 생략!
5. 도서주문시스템은 고객정보 DB에서 고객신용상태와 고객정보를 확인하고 도서정보 DB에서 도서 정보를 확인한다.
   5.1 고객신용이 나쁘면 주문을 반려한다.
   5.2 고객신용이 좋으면 상세 고객 정보와 도서 정보를 확인하고 OrderID를 생성한다.
   5.3 주문된 책 파일의 유무를 재고관리시스템을 통하여 전자책 통합관리DB에서 확인한다.
6. 도서주문 시스템은 주문정보 DB와 도서 서비스 DB에 관련 정보를 추가한다.
   고객정보는 CustomerID, CustomerName, CustomerAddress, CustomerPhoneNumber,
   주문내역은 OrderNumber, OrderDate, BookID, NumberOfBooks
   도서정보는 BookID, BookName, Price, Publisher, Author, PublishDate
7. 도서 주문 모듈은 주문완료 메시지를 고객에게 보여준다.

[그림 13-16] 확장된 "도서주문 시스템" 소단위명세서

[그림 13-15], [그림 13-16]과 같이 요구사항이 생기면 데이터흐름도에 추가하고, 고객과 검토가 완료되면, 소단위명세서에 내용을 추가하는 작업을 반복적으로 수행한다.

이제 데이터흐름도, 소단위명세서를 작성하는 방법은 충분히 이해했을 것으로 생각한다.

지금까지 작업한 것을 기준으로 하여, 예의 [사전단계]에서 고객의 요구사항 중에서 가장 마지막에 있는 요구사항(=아래의 내용 참조)을 기존 데이터흐름도에 추가하고 소단위명세서에도 반영하여 보시기 바란다.

- Delivery 시스템은 도서 서비스DB의 내용을 파악하고 새로운 항목이 있는 경우, 고객에게 다운로드 주소를 SMS로 전송한다.
- Delivery 시스템은 구매 요청된 전자도서 파일이 없는 경우에는 고객의 주문을 반송한다.

이상으로 데이터흐름도를 작성하는 두 가지 방법 중에서 첫 번째 것에 대한 설명을 마무리한다. 이 시점이 되면, 단위시스템을 크게 잡는 경우 데이터흐름도의 작성이 너무 복잡해진다는 점을 이해할 수 있다. 그러므로 단위 시스템을 적당하게 잡는 것이 중요한 점임을 기억하기 바란다.

데이터흐름도를 작성하는 두 번째 방법으로 전체 시스템을 개발하는 관점에서 구조적 방법론을 어떻게 적용하느냐에 대한 것이다. 즉, 단위 시스템에 대한 요령은 파악했으니, 전체 시스템을 제작하는 관점에서 단위 시스템의 파악을 어떻게 하는 것이 좋을지에 대한 것을 설명할 시간이다.

13.5 전체 시스템의 데이터흐름도 그리기 및 소단위명세서 작성하기

13.5.1 시스템 분해의 개념

개발할 시스템은 규모가 큰 경우가 대부분이다. 이런 경우에 이것을 하나의 데이터흐름도로 표현하는 것은 앞에서 확인했듯이 너무 복잡해져서 불가능하다.

이런 경우에 개발할 시스템에 Top-Down의 개념을 도입하여 작은 단위로 분해하는 과정을 시스템 분해(Decomposition)라고 한다.

정리하면 **시스템 분해는 주어진 시스템을** Funtion - Activity - Task**로 분해하는 과정을 말하는 것이다.** 이 개념을 정리한 것이 [그림 13-17]이다.

시스템 분해의 과정은 13.4에서 설명한 내용을 수행하기 전에 어느 정도는 진행하는 것이 일반적이다. 즉, 고객과의 대화를 통해서 데이터흐름도를 그리기 전에, 개발해야 하는 시스템의 분해 과정을 진행하는 것이 업무의 파악은 물론 3.4의 과정을 수행하는데 도움이 된다. **개발하려는 시스템에 대하여 잘 알고 있는 경우에는 시스템 분해의 과정을 간단하게 수행할 수도 있다.**

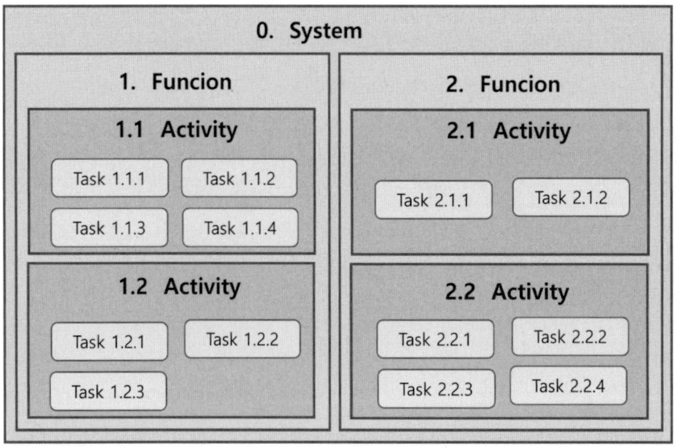

[그림 13-17] 시스템 분해의 개념 정리

- System : 개발하고자 하는 대상
- Function : System을 구성하는 분리 가능한 기능 단위
- Activity : Function을 구성하는 의미 있는 활동단위
- Task : Activity를 구성하는 더 이상 분리가 불가능한 단위 작업

[그림 13-17]에서 제시한 개념의 이해를 위하여 예를 제시하면 다음과 같다.

【예】"인사관리 시스템"을 개발한다고 가정하겠다.

- System : 인사관리 시스템
- Function
  - 임원 인사관리
  - 직원 인사관리
  - 하청업체 인사관리
  - 임시직 인사관리
- Activity
  - 입력 작업
  - 조회 작업
  - 수정 작업
  - 보고서 출력
- Task
  - 입력 작업의 경우
    : 입력화면 보기 - 데이터입력 및 형식 체크 - 입력완료 및 버튼 누름 - 종료
  - 조회 작업의 경우
  - 수정 작업의 경우 등

앞의 설명과 예를 통해 확인할 수 있는 사항을 정리한다.

- 개발하고자 하는 시스템(=System)은 분리 가능한 기능단위로 분해할 수 있다.
- 분리된 기능단위(=Function)는 의미 있는 활동단위인 Activity로 분리될 수 있다.
- **이때, 동일한 Activity가 여러 기능단위에 존재**할 수 있다. (예: 임원 인사관리에도 입력 작업이 있고, 직원 인사관리에도 입력 작업이 있다.)
- 하나의 Activity는 단위 작업의 모임으로 구성된다. 이때, 단위작업은 분리하면 의미가 없어지는 작업의 단위를 말한다. (예: 단위작업을 "ID 인증", "PWD 인증"으로 정하지 않고, "사용자 인증"으로 정했다면, ID/PWD 확인이 하나의 단위작업이 된다.)

13.5.2 전체 시스템에 대한 적용 절차

앞에서 큰 시스템의 개발을 위해 분해하는 개념을 정리하였다. 이제, 배운 개념을 이용하여 실제 분해를 수행한 다음 구조적 방법론을 적용하는 과정을 배울 시간이다.

【 큰 시스템을 대상으로 구조적 방법론을 적용하는 단계 】

- [1단계] Context 데이터흐름도를 그려서 프로젝트의 범위를 설정한다.

  (외부와 연결성, 연관되는 내부 시스템, 사용자군 등에 대한 파악)
- [2단계] 개발해야 하는 시스템을 논리적 단위로 분리해서 Functional decomposition diagram을 그린다(=Function을 분리한다).
- [3단계] 개발해야 하는 시스템이 수행해야 하는 활동(Activity)을 정리한다.
- [4단계] Function과 Activity를 연결하여 Decomposition Diagram을 그린다.
- [5단계] 각 Activity별 데이터흐름도(=Action Diagram)를 그린다.
- [6단계] 각 Activity별 데이터흐름도를 통합하여 System Diagram을 그린다.
- [7단계] System Diagram의 각 Activity별로 데이터흐름도를 제작한다(=Primitive Diagram).
- [8단계] Primitive Diagram을 구성하는 Task별로 소단위명세서를 작성하고, 상세한 데이터이름과 구조를 정리한다.

앞의 8단계가 큰 프로그램을 대상으로 "구조적 방법론"을 적용하는 구체적 과정을 설명한 것이다. 단계가 많고 단어가 어려워서 이해하기는 어렵겠지만, 다음 장에서 각 단계별로 자세한 예를 제공하여 100% 이해할 수 있도록 할 것이다.

지금부터 설명할 8단계는 선배들이 개발을 수행하면서 얻은 경험의 집합체라는 것이다. 쓸모없이 복잡하게 하려는 의도가 있는 것이 아니고, **반드시 필요한 작업을 체계적으로 정리한 것이다.** 다시 말해서, 요령을 피워서 중간의 단계를 건너뛰어도 프로젝트가 끝나기 전에 그 단계를 할 수 밖에 없다는 것이다. 차이는 체계적으로 하느냐, 문제가 생겨서 억지로 하느냐 일 뿐이다.

13.5.3 전체 시스템에 대한 적용 절차 설명

[1단계]

Context 데이터흐름도를 그려서 프로젝트의 범위를 설정한다. 즉 개발하고자 하는 시스템과 연관되는 내/외부의 다른 시스템을 분석한다.

데이터를 주고받는 경우를 기준으로 파악하면 된다.

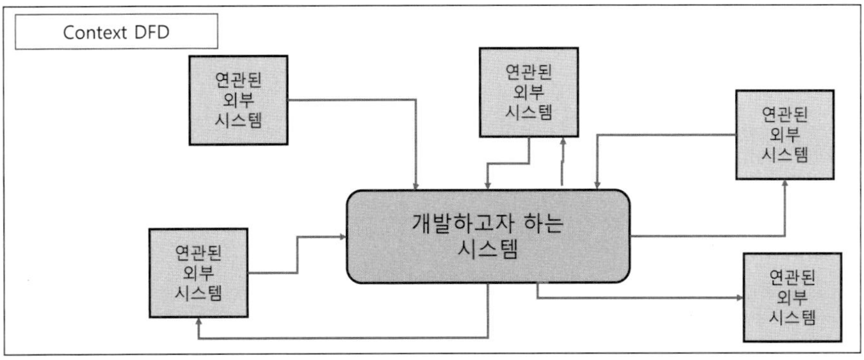

[그림 13-18] Context 데이터흐름도 예

[2단계]

개발하고자 하는 시스템을 함수(Function) 단위로 분리한다. 함수 단위는 상호 연관성이 없는 단독 기능으로 구성된다. 함수는 개발하고자 하는 시스템을 논리적으로 구분하는 역할을 한다.

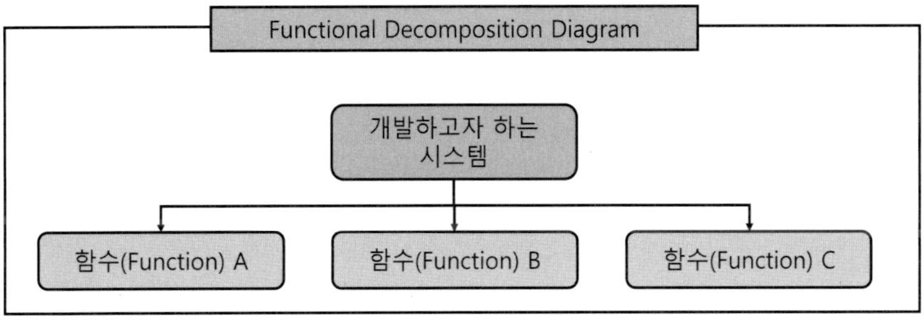

[그림 13-19] 시스템의 함수 단위 분리 예

[3단계]

개발하고자 하는 시스템이 수행해야 하는 활동(Activity)을 식별한다. 이때 Activity의 식별은 [그림 13-19]에서 분리한 함수와 무관하게 수행한다.

[4단계]

함수(Function)와 Activity를 연결하여 Decomposition Diagram을 그린다.

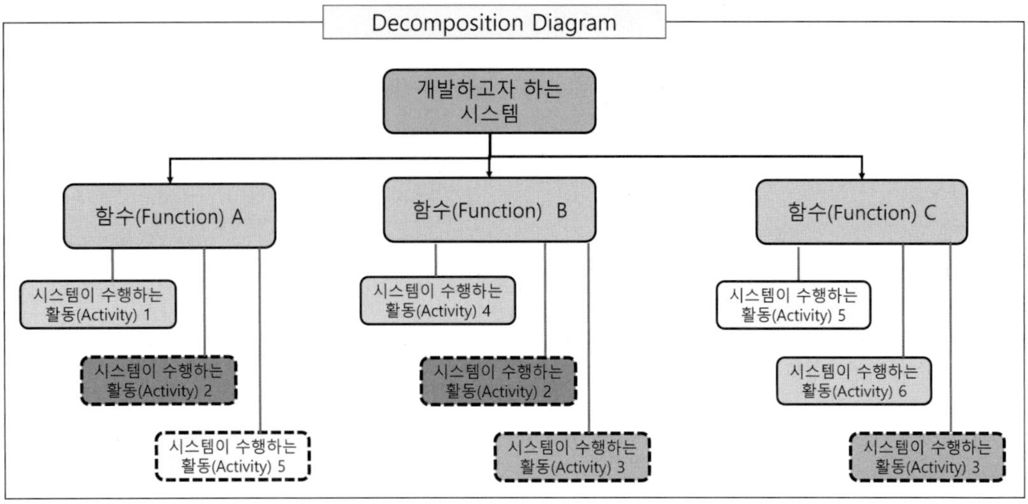

[그림 13-20] Decomposition Diagram의 예

- Activity 2는 함수A, 함수 B에 공통으로 속한다.
- Activity 3은 함수A, 함수 B, 함수 C에 공통으로 속한다.
- Activity 1, 4, 5, 6은 특정 함수에만 속한다.

[5단계]

각 Activity별 데이터흐름도(=Action diagram)를 제작한다. [그림 13-21]에서는 Activity 1, 4, 5를 제작하고 나머지는 생략한다.

- [그림 13-21]의 각 Activity별로 데이터흐름도를 제작하면 된다.
- 다른 Activity와의 연관성을 고려하지 않고, 현 Activity에 집중하여 데이터흐름도를 작성한다.

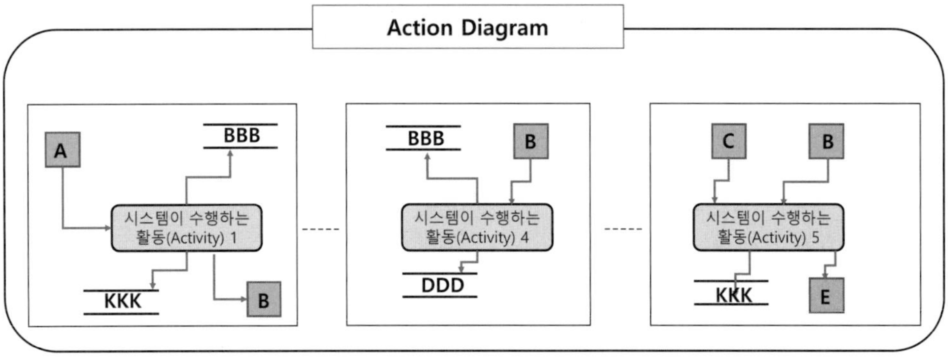

[그림 13-21] Action diagram의 예

[6단계]

[그림 13-21]의 각 Activity별 데이터흐름도를 통합하여 System Diagram을 그린다.

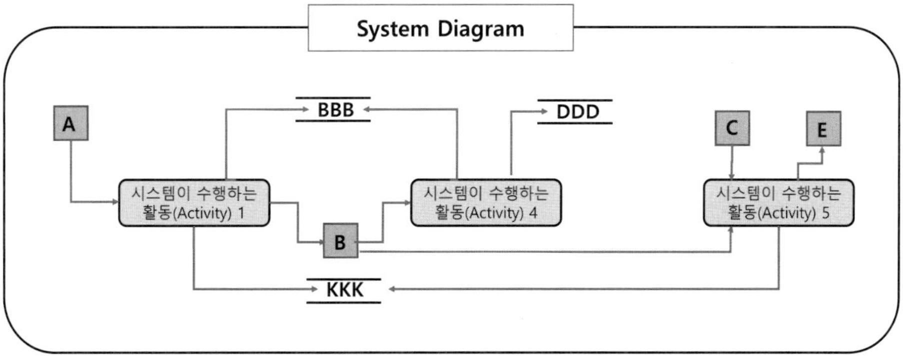

[그림 13-22] System diagram의 예

- 5단계에서 제작한 Action diagram을 통합하는 단계이다.
- Activity 1과 4는 저장소 BBB를 공동으로 가진다.
- Activity 1, 4, 5는 외부요인 B를 공동으로 가진다.
- Activity 1, 5는 저장소 KKK를 공동으로 가진다.
- 위와 같은 상황을 파악하여 이것을 통합하는 그림을 제작하게 된다.

6단계에서 제작하는 System Diagram에 의해서 드디어 하나의 Activity에 대한 모습이 정리되는 것을 볼 수 있다.

이 단계를 생략하면 동일한 모습의 Activity가 여러 개 생기는 문제점을 피할 수 없다. 큰 시스템을 개발할 때 반드시 필요한 과정이다.

[7단계]

System Diagram의 각 Activity별로 데이터흐름도(=Primitive Diagram)를 제작한다.

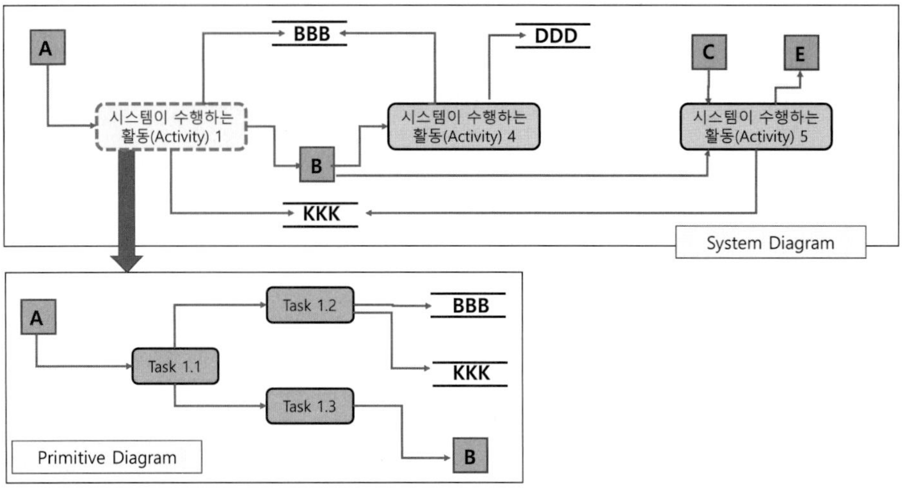

[그림 13-23] Primitive Diagram의 제작

System Diagram의 통합된 Activity를 대상으로 각각에 대하여 Activity를 구성하는 Task를 이용하는 데이터흐름도를 제작한다.

7단계에서 제작된 Primitive Diagram이 시스템을 구성하는 가장 기본적인 작업에 대한 데이터흐름도이다. 앞의 1단계 ~ 7단계의 모든 과정이 결국 Primitive Diagram의 제작을 위한 것이다. Primitive Diagram의 Activity가 구조적 방법론의 단위 작업이 된다.

[8단계]

Primitive Diagram의 각 Task별로 소단위명세서를 제작한다. 이때, 상호주고 받는 자료는 중요한 것과 꼭 필요한 것을 중심으로 명시하는 것이 좋다. 이것을 통하여 데이터흐름도에 대한 이해력이 좋아지고, 소단위명세서가 개발자에게 유용한 문서가 될 수 있다.

13.5.4 인사관리를 대상으로 하는 데이터흐름도 제작

이번에는 앞에서 설명한 8단계의 과정에 대한 이해를 위하여 가상적인 인사관리 시스템을 가정해서 8단계의 과정을 적용해보도록 하겠다.

[1단계] Context 데이터흐름도

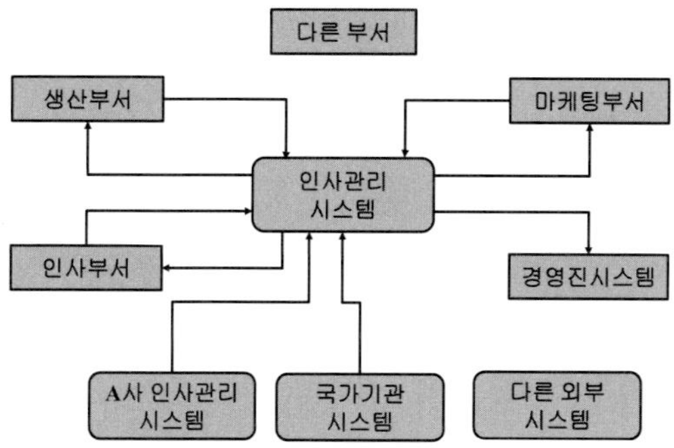

[2단계] Function 분리

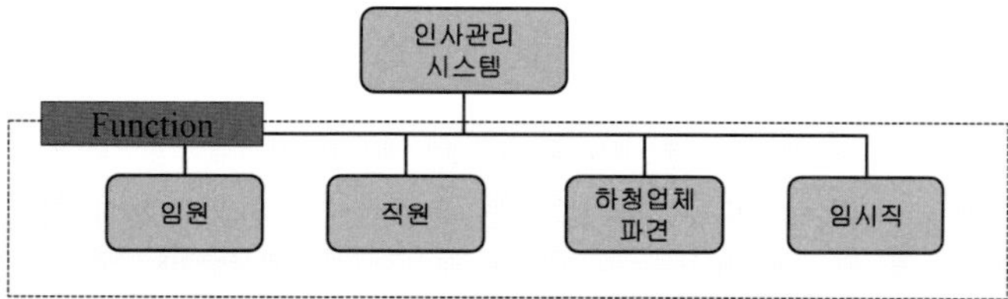

[3단계] Activity List

- 입력
- 조회
- 수정
- 리스트 출력
- 근로 상태 보고서 전송 – 하청
- 시간별 임금 계산서 출력 – 임시직
- 직원 임금 현황 복사 – 임원

[4단계] Decomposition Diagram

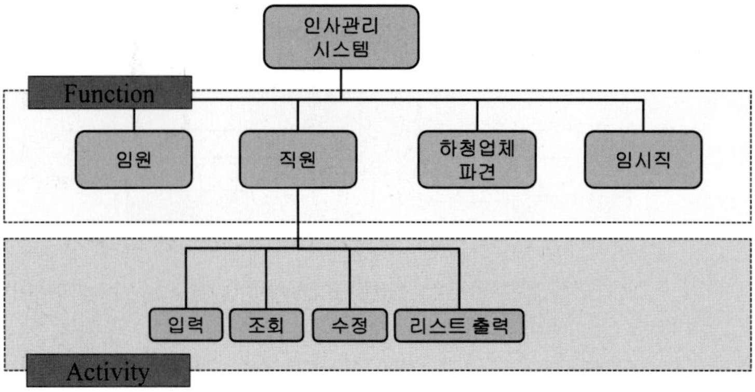

직원에 대한 것만 수행하고 나머지는 생략한다.

[5단계] Activity Diagram

- 직원 인사관리 중 "입력"인 경우

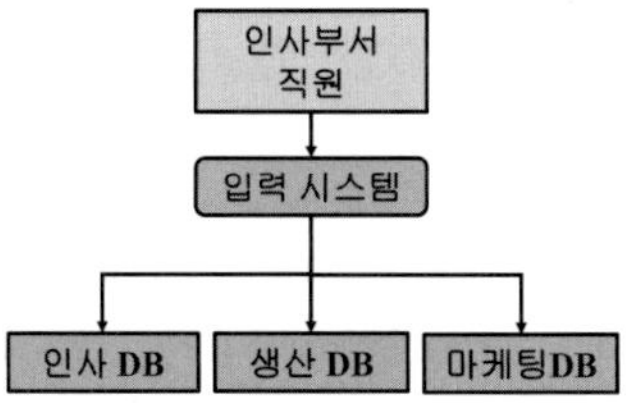

  – 입력시스템은 인사직원이 사용하며, "인사DB", "생산DB", "마케팅DB"에 데이터를 추가해야 한다.

  – 다른 요구사항은 없는 것으로 가정한다.

- 직원 인사관리 중 "조회"인 경우

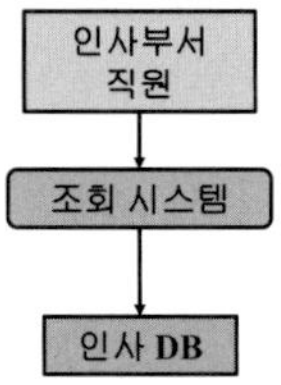

  – 조회시스템의 경우, 인사직원이 사용하며 "인사DB"에서 데이터를 찾는다.

- 나머지에 대해서도 동일한 분석을 통해 데이터흐름도 형태로 표현한다.

[6단계] System Diagram

직원 인사관리 중 "입력시스템"과 "조회시스템"을 합쳐서 그리는 경우에 대해서만 예를 제시한다. 다른 기능들도 유사한 방법으로 제작한다.

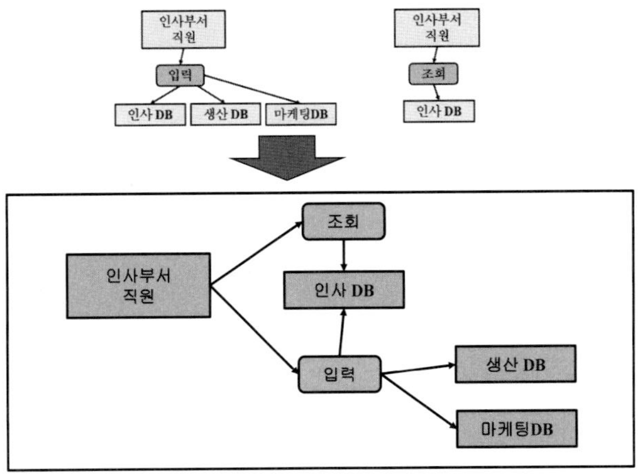

[7단계] Primitive Diagram

앞의 예에서 "입력시스템" 부분에 대해서만 데이터흐름도를 제작한다. 필요한 경우 자세히 그릴 수도 있지만, 지금 단계에서는 전체 흐름을 파악하는 것이 주 목적이므로 데이터흐름도를 간단하게 표현한다. 실무라면 좀 더 복잡하게 표현할 수밖에 없을 것이다.

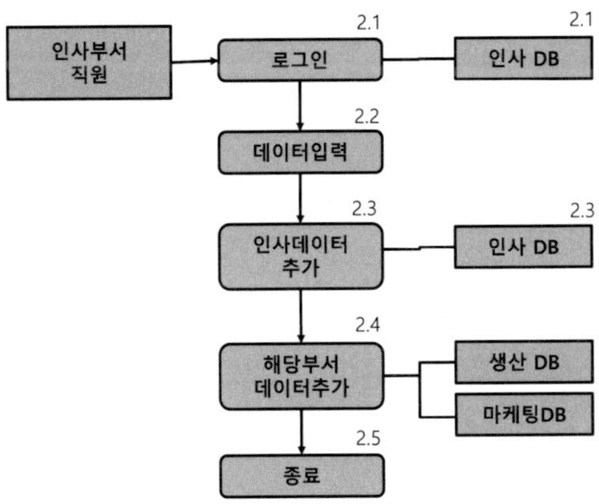

[8단계] Task의 소단위명세서 제작 및 데이터 타입 서술

앞의 예에서 "입력시스템" 중 "로그인" 태스크에 대한 것만 소단위명세서를 제작한다.

【예】 소단위명세서의 제작 예(로그인, 데이터 입력 부분)

로그인(2.1)

(2.1.1) 사용자로 부터 ID/PWD 입력받기

(2.1.2) ID/PWD를 인사DB에서 체크하기

(2.1.3) 성공하면 데이터 입력화면 보이기

(2.1.3) 실패하면 다시 ID/PWD입력받기

데이터 입력(2.2)

(2.2.1) 입력데이터 형식 체크

(2.2.2) 형식 체크를 실패하면 재입력

(2.2.3) 입력이 성공적인 경우 추가버튼의 활성화

인사 데이터 추가(2.3)

… 상세 내용 명시

해당 부서 데이터 추가(2.4)

… 상세 내용 명시

종료(2.5)

【예】 로그인(2.1)에서 사용하는 데이터 명시

- ID/PWD : 입력 데이터
- 1 : 성공, 0 : 실패

13.6 구조적 방법론 도구 소개

구조적 방법론을 실제 적용함에 있어서 손으로 한다는 것은 무리가 있다. 그래서 구조적 방법론을 지원하는 많은 도구들이 개발되어 있다. [그림 13-24]에 대표적인 도구에 대한 정보가 요약되어 있다.

제품명	제품 URL	설명
yEd Graph Editor	yworks.com/products/yed	무료로 사용할 수 있는 멋진 프로그램으로 사용자의 만족도도 높다. 모든 운영체제를 지원하며 Java로 제작되었다.
Dia Diagram Editor	dia-installer.de	무료로 제공하는 제품이며, 모든 운영체제를 지원한다.
Diagram Designer	logicnet.dk/DiagramDesigner	구조적 방법론외에도 다양한 다이어그램을 제작할 수 있는 제품이며, 모든 운영체제를 지원하고 무료이다.
Edraw	edrawsoft.com	일반 차드, 구조적 방법론 지원, 마인드맵, 간트 차트 등 다양한 거의 모든 그래픽을 지원한다. 무료이며, 모든 운영체제를 지원한다.

프로세스 정리 분야 : visirule.co.uk(visirule),
생각이나 마인드 정리 분야 : freemind.ko.softonic.com(=freemind)
차트나 Top-down 분석 분야 : nchsoftware.com/chart/index.html(=freechart)
프로그램의 화면을 미리 그리거나 RAD 적용 분야 : pencil.evolus.vn(=pencil)
벡터그래픽 편집기 분야 : inkscape.org/ko/(=inkscape)
플로우 차트를 그리는 분야 : flowgorithm.org(=flowgorithm)
문서에 포함되는 다양한 그래픽 분야 : ko.libreoffice.org/discover/draw/ (=LibreOffice)
UML에 관련된 도구 분야 : plantuml.com/ko/ (=PlantUML)

[그림 13-24] 구조적 방법론 도구의 소개

[그림 13-25]는 대표적인 도구인 Dia의 수행 화면이다.

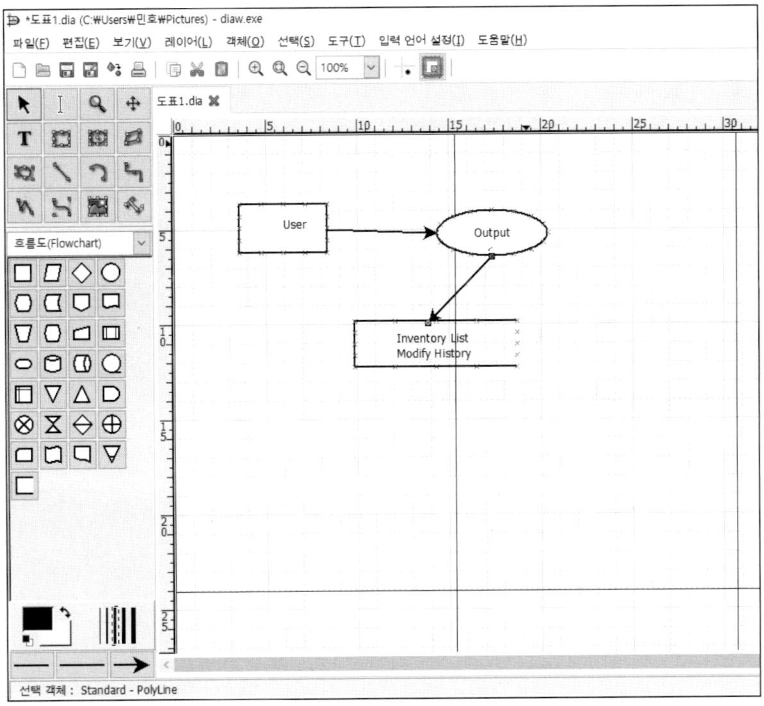

[그림 13-25] Dia 수행화면 dia-installer.de/download/index.htm

13.7 정리

대규모 소프트웨어를 개발할 때, 모델링은 참여자들 간의 의사소통을 위하여 반드시 사용하는 방법이다.

모델링을 위한 방법론 중에서 처음 개발된 것이 "구조적 방법론"이다. 이것의 구성에 대한 것은 아래의 이미지로 요약할 수 있다.

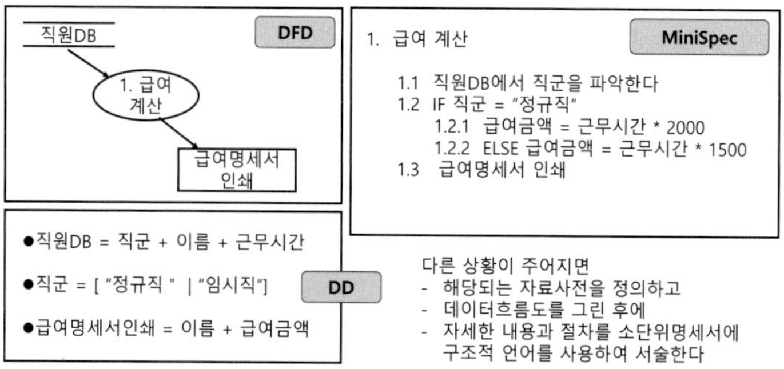

그리고 큰 시스템에 대한 "구조적 방법론"을 적용하는 절차 또한 중요하다.

[큰 시스템을 개발할 때, 구조적 방법론을 적용하는 절차]

1. **Context DFD를 그려서 개발하고자 하는 시스템과 연관되는 내, 외부 다른 시스템을 식별한다.**
2. 개발해고자 하는 시스템을 함수 단위로 분리해서 **Functional Decomposition Diagram을 그린다.**
3. 개발해야 하는 시스템이 수행해야 하는 활동(Activity)를 식별/정리한다.
4. Function과 Activity를 연결하여 Decomposition Diagram을 그린다.
5. 각 Activity별 DFD(=Action Diagram)를 그린다.
6. 각 Activity별 DFD를 통합하여 System Diagram을 그린다.
7. System Diagram의 각 Activity별로 DFD를 그린다(=Primitive Diagram).
8. Primitive Diagram을 구성하는 Task별로 MiniSpec를 작성한다.
9. 작성된 Minispec을 기반으로 데이터를 식별하고 이름과 구조를 결정한다.

이제, 남은 것은 교재의 내용을 이해하고 실제 수행할 수 있도록 연습해보는 것이다.

구조적 방법론에 대한 내용 중에서 본 교재에서 다루지 않은 것은 실무에서 많이 사용되지 않거나 중요하지 않은 것이다. 혹시, 추가적인 공부를 원하면 웹이나 다른 교재를 참고하면 된다.

01. 구조적 방법론의 필요성에 대하여 정리하시오.

02. 프로그램의 구현을 위한 방법론 3가지를 쓰고, 언제 사용되는지 정리하시오.

03. 구조적 방법론을 구성하는 3가지 요소를 쓰시오.

04. 자료사전에서 아래는 어떤 의미인가?

지불방법 = [“현금” | “가계수표” | “신용카드”]

05. 데이터흐름도 작성의 원칙을 정리하시오.

06. 큰 시스템을 개발할 때, 구조적 방법론을 적용하는 절차를 정리하시오.

14

소프트웨어 모델링 중 정보공학 방법론

컴퓨터 프로그램을 한다는 것은 데이터를 저장하고 꺼내는 과정의 반복이라고 볼 수 있다. 이번 장에서 설명하는 정보공학 방법론은 컴퓨터와 데이터의 관계를 모델링하는 것으로, 컴퓨터를 배우고자 하는 사람이라면 반드시 알아야 하는 내용이다. 오히려 객체지향보다 더 중요하다고 볼 수 있다. 데이터를 잘 다룰 줄 알아야 상용화된 프로그램을 제작할 수 있다. 이번 장에서 데이터에 대한 개념과 모델링 방법에 대해 설명하게 되는데, 이것은 실력 있는 개발자나 컨설턴트가 되기 위는 첫걸음이다. 이것을 이해하지 못하면 나머지는 의미가 없다.

14.1 개발 방법론의 역사

정보공학 방법론의 가치를 설명하기 위하여 앞장에서 설명하였던 컴퓨터의 발달 과정과 방법론의 관계에 대하여 정리한다. [그림 14-1]

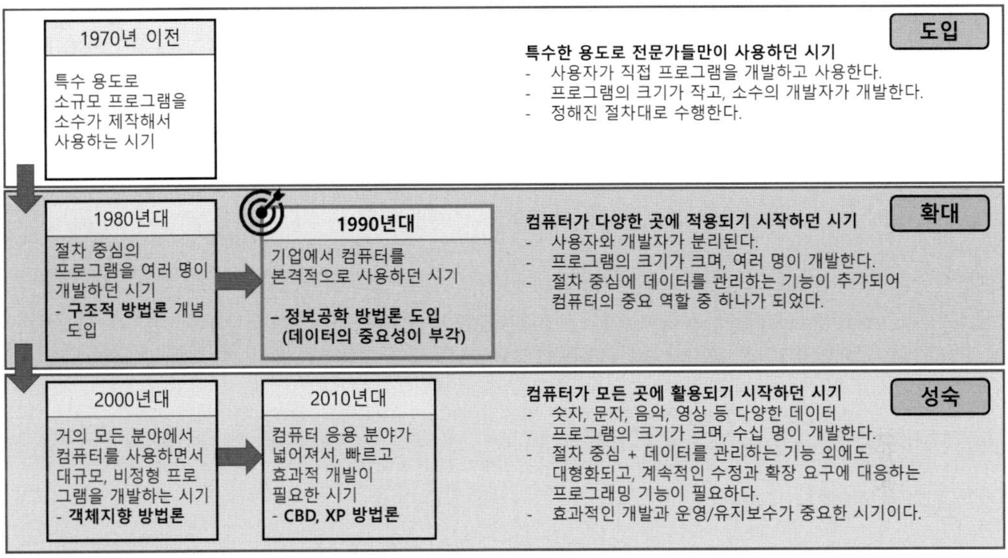

[그림 14-1] 개발 방법론의 역사

13장에서 설명한 구조적 방법론과 이번 장에서 설명하는 정보공학 방법론은 컴퓨터의 사용범위가 확대되는 시기에 도입된 방법론이다. 컴퓨터 프로그램이 데이터 관리와 이를 처리하는 프로세스로 구성된다는 점을 고려할 때, 처리과정에 중점을 둔 구조적 방법론과 데이터 관리에 중점을 둔 정보공학 방법론은 컴퓨터 프로그램을 구성하는 핵심 부분에 대한 모델링 방법을 제시한다.

15장의 객체지향 방법론은 프로그램 소스가 복잡해지고 데이터가 많아지는 경우에 프로그램의 제작과 관리를 효과적으로 하기 위한 대처 방안이므로 또한 중요하다. 하지만, 프로그램 제작에서 데이터가 가지는 의미를 생각하면 이번 장의 내용이 더 중요하다고 볼 수 있다.

14.2 정보공학 방법론이란?

정보공학 방법론은 컴퓨터에서 숫자 중심의 단순 작업 외에도 문자를 포함한 다양한 형태의 자료 처리가 가능해짐에 따라, 이것을 기업 활동에 적용하려는 생각에서 시작된 것이다. 다시 말해서, 컴퓨터를 기반으로 기업을 운영하려는 의도에서 시작된 것이다. 지금 생각해보면 당연한 것이지만 그 당시에는 혁신적인 생각이었고, 이런 환경의 변화가 컴퓨터 기술의 발전(데이터관리, 보안, 트랜잭션 처리 등)에 많은 기여를 하였다.

- **정보공학 방법론**(Information Engineering Methodology)은 기업 전체의 관점에서 기업이 수행하는 활동을 기업모델로 분석하고, 다이어그램의 형태로 표현한 다음, 기업 전체의 활동을 지원할 수 있는 정보시스템의 계획, 분석, 설계, 구축의 전 과정을 공학적으로 접근하는 방법론으로 C. Finkelstein에 의해 처음 사용되었고 제임스 마틴(James Martin)에 의해 널리 전파 되었다.
- **다른 방법론과의 차이점**은 일부가 아닌 전사 차원의 정보체계(Information Architecture)를 기반으로 한다. 경영전략 지원(Business Oriented)을 중심으로 하며, 데이터와 업무처리절차(Process)를 균형 있게 다루지만 데이터를 좀 더 중시한다.(More Data Oriented) 그리고 기업과 데이터를 연결하는 ISP(Information Strategy Plan)을 기준으로 수행한다.
- 정보공학 방법론의 상용화 예
  - Anderson Consulting 사의 Method/1 : 표준으로 많이 사용한다.
  - James Martin사의 IEM(Information Engineering Methodology)

정보공학 방법론의 구성

정보공학 방법론은 정보시스템 피라미드(= 3 Sides, 4 Levels)로 구성된다.

3 Sides(정보시스템 피라미드를 위에서 바라본 것) [그림 14-2]

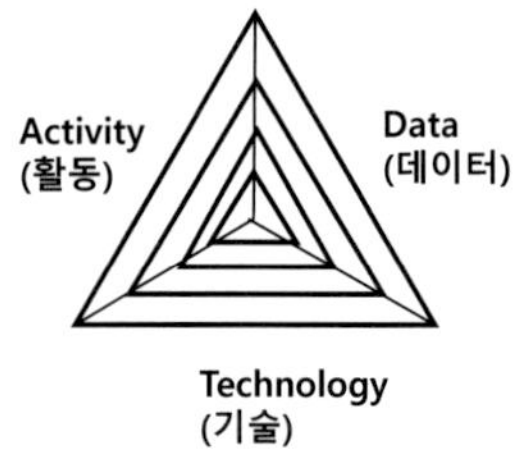

[그림 14-2] 정보공학 방법론의 3 Sides

정보공학에서 보는 정보시스템은 사용(Activity), 데이터(Data), 기술(Technology)의 3가지 관점으로 구성된다. 그러므로 정보공학에서 수행하는 모든 분석의 단계마다 앞의 3가지 관점을 기준으로 작업을 수행한다.

4 Levels(정보시스템 피라미드를 옆에서 본 것) [그림 14-3]

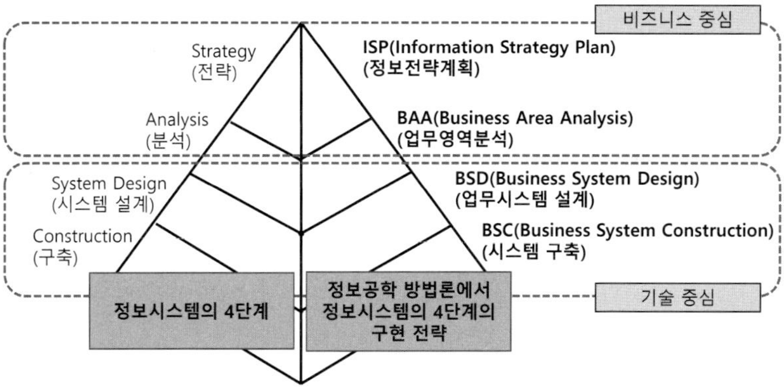

[그림 14-3] 정보공학 방법론의 4 Levels

정보시스템을 구축하는 단계는 전략(Strategy), 분석(Analysis), 시스템설계(System Design), 구축(Construction)의 4단계로 나눌 수 있다.

- 전략(Strategy)은 정보공학 방법론에서는 정보전략계획(ISP)이라고 한다.
- 분석(Analysis)은 정보공학 방법론에서는 업무영역분석(BAA)이라고 한다.
- 시스템설계(System Design)는 정보공학 방법론에서는 업무시스템설계(BSD)라고 한다.
- 구축(Construction)은 정보공학 방법론에서는 업무시스템구축(BSC)이라고 한다.

요약하면, 정보공학 방법론은 3 Sides, 4 Levels의 정보시스템 피라미드로 표현할 수 있다. 정보시스템을 모델링할 때 Activity, Data, Technology로 3 Sides를 구성한다. 정보시스템을 구현할 때는 Strategy, Analysis, System Design, Construction의 4단계를 진행하게 되는데, 각각의 단계를 정보공학에서는 ISP, 업무영역분석, BSD, BSC로 표현하고 있다. 이것이 4 Levels를 구성한다. 이 중에서 ISP, 업무영역분석는 비즈니스 중심으로 분석하고, BSD, BSC는 기술 중심으로 분석한다.

정보공학에 대한 설명은 정보전략계획(ISP), 업무영역분석(BAA) 부분을 중심으로 진행한다. 그 외 기술 중심으로 진행되는 부분에 대해서는 다양한 변화가 발생할 수 있고 다른 방법론에서도 다루게 되므로 기본적인 내용과 원칙을 제시하는 선에서 마무리할 것이다.

14.3 정보공학 방법론의 업무 개발 단계

정보공학 방법론에서 제시하는 3 Sides, 4 Levels에 대한 설명은 충분히 이해했을 것으로 생각한다. 이번 장에서는 3Sides, 4 Levels.의 연계를 통해 전체적인 정보공학 방법론의 모습을 확인하겠다. [그림 14-4]

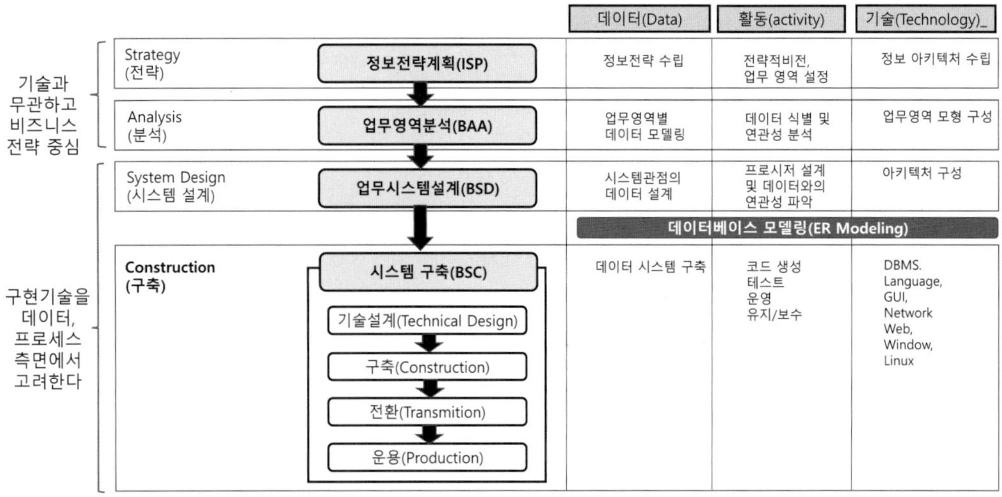

[그림 14-4] 정보공학 방법론의 개요

[그림 14-4]에서 3Sides를 구성하는 데이터, 활동, 기술과 4 Levels를 구성하는 ISP, 업무영역분석, BSD, BSC간의 관계를 파악할 수 있다. 예를 들어 정보전략계획(ISP)단계에서의 데이터 부분은 "정보전략수립"을 이야기하고, 활동부분은 "전략적 비전과 업무 영역설정" 그리고 기술은 "정보아키텍처 수립"을 말한다. [그림 14-4]를 통하여 정보공학 방법론에서 어떤 단계로 업무가 진행되며(ISP-BAA-BSD-BSC) 각 단계별로 "데이터", "활동", "기술"을 고려하였을 때 어떤 결과물이 나와야 하는지에 대하여 확인하기 바란다. 대부분의 내용은 이 장의 나머지 부분에서 자세히 설명하게 된다.

업무시스템설계(BSD)가 완료된 후에, 데이터베이스 모델링이 수행된다. 중요한 분야이므로 전문가가 되기 위해서는 반드시 알아야 하는 것이다. 이 책에서는 가장 중요한 핵심원리는 설명한다. 데이터베이스 전문가를 제외하면 이 책에서 다루는 내용이면 충분하다.

실제 시스템 구축을 수행하는 업무시스템구축(BSC)는 좀 더 세분화하여 기술설계, 구축, 전환, 운영의 4단계로 구성된다. 이미 앞에서 관련된 내용(요구사항분석, 프로젝트 수행, 아키텍처, 프로세스, 유지보수, 테스팅)은 충분히 학습하였다.

정보공학 방법론에 대한 소개와 개념은 정리되었다. 정보공학을 구성하는 4 levels(=ISP, BAA BSD, BSC)에 대해서 설명한다.

14.4 정보전략계획(ISP)

정보전략계획(Information Strategy Plan : ISP)은 정보공학 방법론을 적용하는 경우에 가장 먼저 시작하는 것이다. 즉, **이후 진행되는 모든 과정에 대한 가이드라인과 방향을 설정하는 단계라고 할 수 있다.** 정보공학 방법론이 전사 차원에서 컴퓨터 기술을 적용하기 위한 것이므로 당연히 회사 전체 시스템에 대한 분석이 수행되어야 하고 수행해야 하는 업무에 대한 종합적 분석도 수행되어야 한다.

제가 컨설팅 업무를 하던 1990년대 중반에는 정보전략계획은 중요한 주제이고, 별도의 컨설팅도 수행하곤 했는데, 요즘은 예전만큼 중요하게 다루지 않게 되었다. 하지만 의미 있고 중요한 과정이다.

- **정보전략계획**(Information Strategy Plan : ISP)은 컴퓨터를 사용한다는 기정을 기반으로 전사적인 기업의 비즈니스 모형을 설계하는 단계이며, 기술과는 무관한 비즈니스 중심의 과정이다.
- **정보전략계획(ISP) 수행 과정**
  - **경영전략 분석**
    기업의 내부/외부 환경을 분석하고, 기업의 비전 및 달성을 위한 전략의 도출을 수행한다.
  - **현재업무 분석 및 현 시스템 분석 및 평가**
    현재 수행하는 업무 프로세스를 분석하고 문제점 및 개선 방안을 도출한다.
    그리고 현 시스템의 문제점을 발견, 평가하고 개선 방안을 찾는다.
  - **아키텍처 개발**
    새로 수립된 기업의 비전과 전략에 맞추어 프로세스와 데이터에 대한 개선 방향을 정리한다.
  - **전략계획**
    기업의 비전 달성을 위한 정보시스템의 전략을 수립하기 위하여, 비즈니스 프로세스 개선 및 정보시스템 구축 프로젝트 수행 계획을 수립하고, 각 프로젝트의 내용 및 단계와 각 프로젝트의 우선순위를 설정한다.

정보전략계획 자체가 많은 내용을 포함한다. 그러므로 모든 내용을 다루지 않고 중요한 내용만을 정리한다. 정보전략계획의 전체적인 수행과정에 대하여 [그림 14-5]에 요약한다. [그림 14-5]는 정보전략계획의 수행 과정을 단계별로 정리하여 설명한 자료이다. 그림에서 제시하는 단계와 내용은 지금 시스템의 분석에도 여전히 유용하다.

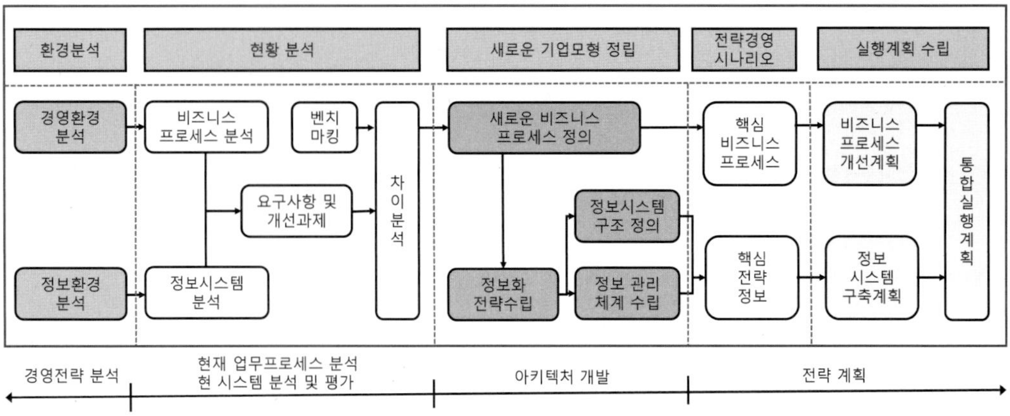

[그림 14-5] ISP 수행단계 요약

[그림 14-5]에서 강조하고 싶은 것은 **정보전략계획은 정보환경의 사용을 기본 전제로 하는 것이다. 그래서 경영환경 분석과 정보환경분석이 동시에 수행되는 것을 볼 수 있다.** 마지막 산출물인 통합실행계획도 비즈니스 프로세스 개선 계획과 정보시스템 구축계획을 통합한 것이라는 점을 확인하기 바란다.

[그림 14-5]에서 정보전략계획은 "환경분석", "현황분석", "새로운 기업모형 정립", "전략경영시나리오", "실행계획수립"의 단계로 실행되며, 각 단계는 경영환경과 정보환경으로 분리되어 진행되는 것을 알 수 있다. 이를 통하여 정보공학 방법론은 경영에 정보기술을 적용하는 것을 목표로 하고 있다는 것을 확인할 수 있다.

14.5 업무영역분석(BAA)

정보공학 방법론에서 가장 중요한 단계이다. 소프트웨어 공학의 관점에서 핵심이 되는 내용들이 정리되는 부분이다. 책의 성격상 모든 것을 자세히 설명하기는 불가하고, 업무영역분석에서 수행하는 작업에 대한 개요를 정리하도록 하겠다. 향후, 양이 어마어마한 정보공학 방법론을 공부해야 할 경우가 발생하여도, 이 책의 내용을 정확히 이해하고 있다면 큰 어려움 없이 진행할 수 있을 것이다.

- **업무영역분석**(Business Area Analysis : 업무영역분석은 정보전략계획(ISP) 단계에서 수집된 정보와 정보 시스템의 아키텍처 그리고 전략 계획을 기반으로 구체적인 형태로 확장하는 단계이다. 기술과는 무관한 비즈니스 중심의 과정이다.
- 업무영역분석에서 수행하는 작업
  - **데이터분석**

    정보전략계획(ISP)에 의거 필요한 데이터를 분석 정리하고, **데이터 모델 다이어그램**(Data Model Diagram)을 제작한다. 데이터 모델 다이어그램은 개체 관계 모델(E-R Model)의 초기 형태이다.

- **업무처리분석**

  정보전략계획(ISP)에 의거 현재 실행중인 프로세스를 분할하여 Top-down으로 정리한 다음 **프로세스 분할 다이어그램(Process Decomposition Diagram)**을 제작한다.

- **업무처리 간 의존분석**

  업무처리분석에서 제작한 프로세스 분할 다이어그램을 기반으로 업무처리 절차간의 선, 후, 동시 수행을 고려한 **프로세스 의존 다이어그램(Process Dependency Diagram)**을 제작한다.

- **프로세스/데이터 매트릭스**

  프로세스와 데이터간의 연관관계를 읽기, 쓰기, 수정, 제거(R, W, U, D)의 작업으로 정리한 **프로세스 엔티티 매트릭스(Process/Entity Matrix)**를 제작한다.

업무영역분석의 수행 결과로 만들어지는 "데이터모델 다이어그램", "프로세스분할 다이어그램", "프로세스 의존 다이어그램", "프로세스 엔티티 매트릭스"는 프로그램을 개발하는 데 핵심이 되는 부분이다. 각 다이어그램의 제작 외에도 4가지 다이어그램간의 관계를 잘 이해하는 것이 업무영역 분석를 성공적으로 수행하는 지름길이다. 정보공학 방법론의 전체 단계에서 업무영역분석의 4가지 분석이 가지는 위치와 중요성을 [그림 14-6]에 정리하였다.

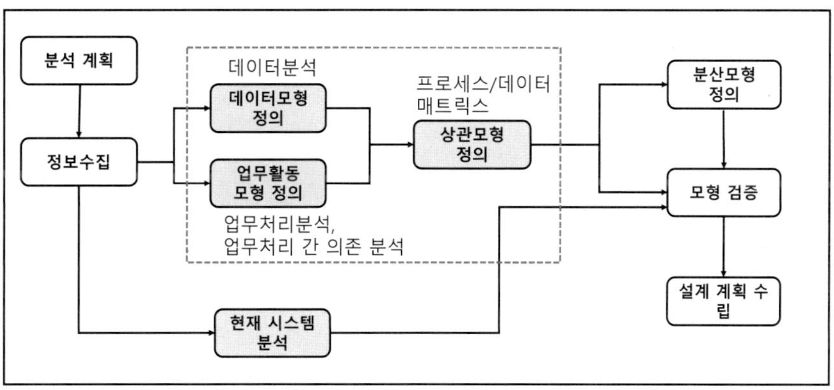

[그림 14-6] 정보공학의 수행단계 요약

[그림 14-6]을 통하여 업무영역분석이 "분석계획", "정보수집"의 단계와 "모형검증" 및 "설계계획수립"을 연결하는 허리의 역할을 한다는 것을 확인할 수 있다.

[그림 14-7]에 업무영역분석의 수행에서 만들어지는 4가지 다이어그램에 대한 연관관계를 표현하였다.

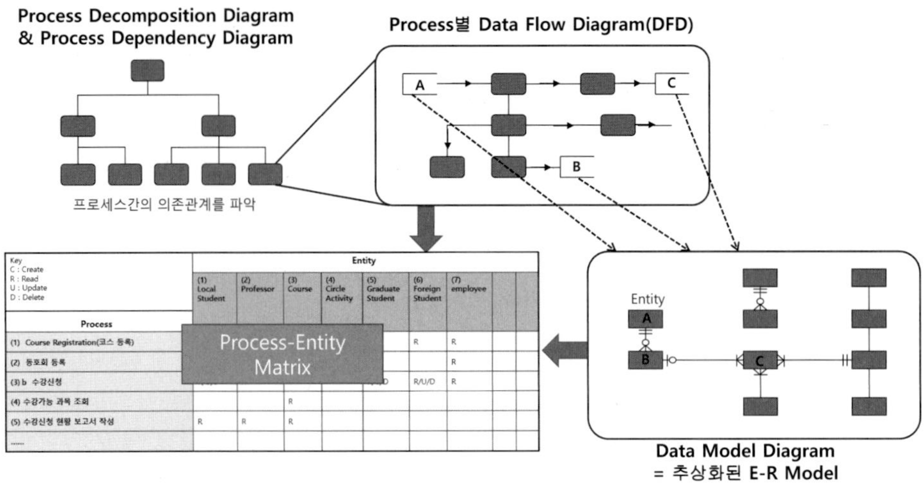

[그림 14-7] 업무영역분석 4개 다이어그램의 연관관계

【 업무영역분석의 4가지 다이어그램의 제작과정 요약 : 연관 관계 중심 】

- 프로세스 분할 다이어그램을 그린다. 즉, 정보공학을 적용해야 하는 고객 환경을 업무처리 절차를 중심으로 Top-down으로 분할해서 단위 작업까지 분류한다. (13장에서 배운 내용이다.)
- Top-down으로 분류된 단위 업무들 간의 프로세스 의존 다이어그램을 그려서 상호 연관성을 정리한다. (13.5절에서 배운 내용이다.)
- 단위업무의 연관관계를 고려하여 최종적으로 결정된 단위업무에 대하여 데이터흐름도(DFD)를 제작한다. (13.5절에서 배운 내용이다.)
- 데이터흐름도(DFD)에 나타난 데이터 정보를 대상으로 데이터모델 다이어그램을 그린다. 데이터모델 다이어그램은 개체관계모델(Entity-Relationship Model : ER Model)과 유사하며 이장의 뒷부분에서 학습한다.

데이터흐름도(DFD)와 데이터모델 다이어그램의 내용을 기반으로 프로세스/데이터 매트릭스를 그린다. 이를 통하여 비즈니스를 구성하는 프로세스와 데이터간의 연관성을 점검하고 빠지거나 누락된 것을 점검할 수 있다. 그리고 비즈니스의 관점에서 필요한 절차와 데이터의 범위를 확인할 수 있다.

[그림 14-7]은 정보공학에서 업무영역분석(BAA)에서 수행하는 구체적인 작업의 내용을 정리한 것이다. 정보전략계획(ISP)을 통해서 경영과 정보환경을 통합하는 실행계획이 만들어지면 여기에 따라서 해당되는 비즈니스를 대상으로 4가지 다이어그램을 그려서 실제 개발하고 사용할 정보시스템 구현의 기반을 확보하는 과정을 설명하고 있다.

[그림 14-7]의 첫 번째에 나오는 프로세스분할 다이어그램과 프로세스 의존 다이어그램을 그리는 방법에 대하여 사례를 들어 설명한다. "프로세스별 DFD"는 13장에서 설명하였고, E-R Model은 이 장의 뒷부분에서 설명한다.

【예】 주문을 받고 재고를 확인한 후에 제조하고 조립해서 만들어진 제품을 창고에 입고하는 과정에 대한 프로세스 의존 다이어그램과 프로세스 분할 다이어그램의 제작 과정이 [그림 14-8]에 있다.

- 먼저 주어진 업무를 Top-Down으로 분할하는 과정을 수행한다. [그림 14-8]에서는 주어진 업무를 Top-Down으로 분할한 내용을 표시하지 않는다. 구조적 방법론 공부를 통해 익숙해졌을 것으로 생각한다.
- 그다음 분리된 단위업무를 회사의 핵심 업무에 맞추어 프로세스 의존 다이어그램을 제작한다. [그림 14-7]의 "Process Dependency Diagram"은 주문을 받고 제작하고 창고에 입고하는 과정을 예로 제공한다.
- 프로세스 의존 다이어그램(Process Dependency Diagram)의 각 단위 작업에 대하여 프로세스 분할 다이어그램을 제작한다. [그림 14-8]에서는 "주문상황점검"에 대하여 프로세스 분할 다이어그램(Process Decomposition Diagram)을 제작하였고 나머지는 생략한다.
- 프로세스 분할 다이어그램은 최종적인 단위작업으로 이루어 질 때까지 수행한다. [그림 14-7]에서는 "주문상황점검"의 상세 과정을 프로세스 분할 다이어그램을 이용하여 표현하였고, 그중 "제품별 주문정리"의 상세 과정을 프로세스 분할 다이어그램을 이용하여 표현하고 있다. "제품별 주문정리"의 상세 과정들은 더 이상 분해하기 어려운 단위 작업이므로 여기에서 분해하는 작업을 종료한다. [그림 14-7]에 있는 다른 부분들도 동일한 과정을 반복한다.
- 더 이상 분해하기 어려운 단위작업들이 모두 식별되면, 상호 연결성, 관련성을 고려하여 최종적인 단위작업을 결정한다. 이렇게 선정된 단위작업을 대상으로 데이터흐름도(DFD)를 제작한다. 이 부분은 13.5절에서 자세하게 설명하였다.

  (기업의 프로세스들에 대하여 "프로세스 분할 다이어그램"을 그리다 보면 특정 단위작업은 여러 프로세스에서 공통으로 사용되는 경우가 있고, 특정 단위작업은 약간만 수정하면 여러 프로세스에서 공통으로 사용할 수 있는 경우가 있다. 어떤 단위작업들은 항상 일정 순서로 묶어서 실행되는 경우도 발생한다. 이런 경우를 고려해야 한다는 의미이고 13.5절에서 설명하였다.)
- 지금까지의 결과를 기반으로 프로세스/엔티티 매트릭스를 제작한다. 이 부분은 [그림 14-8]에 포함되어 있지 않다. [그림 14-9]를 참고하면 된다.

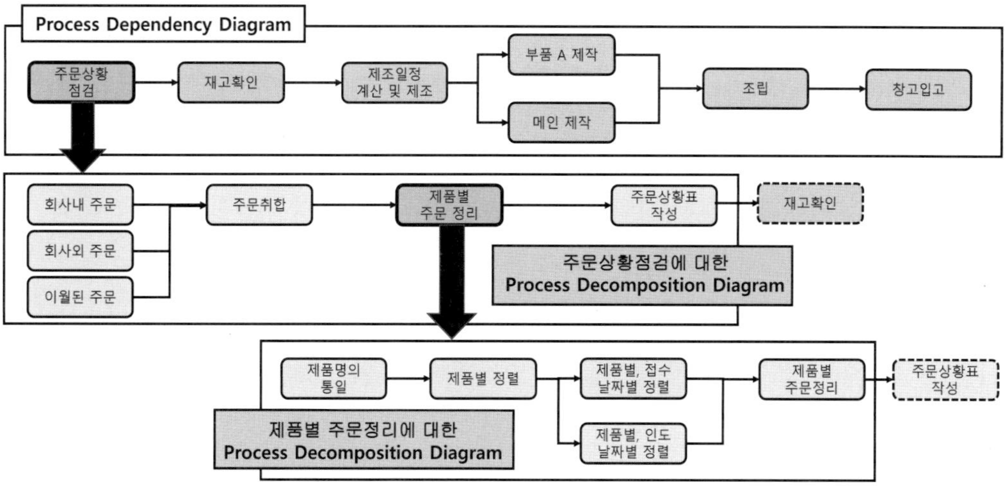

[그림 14-8] 업무영역분석의 프로세스 의존/분할 다이어그램의 연관도

앞의 설명을 간단하게 정리해 보겠다.

- "주문상황점검"은 프로세스 의존 다이어그램의 한 부분이다.
- "주문상황점검"은 프로세스 분해 다이어그램을 통해서 좀 더 작은 단위의 프로세스 의존 다이어그램으로 표현될 수 있다.
- 위의 과정은 전체 프로세스를 구성하는 모든 단위 작업을 대상으로 진행한다. 예를 들면 재고확인, 제조일정 계산 및 제조, 조립 등이다.
- "주문상황점검"은 "주문", "주문취합", "제품별 주문정리", "주문상황표작성"으로 구성된다.
- 각 상황을 분석하여 더 분석해야 하는 과정은 분석을 계속한다. "주문", "주문취합"은 더 분석할 것이 없고, "제품별 주문정리"는 여러 단계가 있으므로 한번 더 분석을 수행한다.
- 최종적으로 "제품명의 통일", "제품의 정렬" 등이 DFD를 그리기 위한 대상이 될 수 있다. 물론 디자이너에 따라 한 단계위인 "제품별 주문정리"를 대상으로 DFD를 그릴 수도 있다. 지금 단계에서는 일단 "제품명의 통일", "제품의 정렬" 등을 대상으로 그린다고 이해하도록 하겠다.

이제 마지막으로 [그림 14-7]의 마지막 다이어그램인 프로세스/엔티티 매트릭스에 대하여 설명한다.

앞의 과정을 통해서 정리된 단위 프로세스(=DFD로 표현된 것)와 실제 사용대상(Entity)간의 CRUD(Create/Read/Update/Delete) 관계를 하나의 표로 정리한 것이다.

이 과정이 없어도 앞에서 수행한 작업을 통해 프로그램의 제작은 충분히 가능하다. 하지만, 프로그램이 커지고 분석하는 사람이 많아지면 예상치 못하게 중복되거나 너무 기능이 많거나 미처 고려하지 못한 것들이 발생하기 마련이다.

그래서 이런 것들을 찾아내고, 실제 불필요한 것은 없는지 최종확인하기 위한 과정이라고 보면 된다.

학생의 수강신청에 대한 부분을 예로 프로세스/엔티티 매트릭스를 작성해서 [그림 14-9]를 제작하였다. 아직 엔티티의 개념은 배우지 않았지만, 프로세스에 연관된 주체라고 이해하면 된다. 예로는 학생, 교수 등이 있다.

Key C : Create R : Read U : Update D : Delete	Entity								
Process	**(1) Local Student**	**(2) Professor**	**(3) Course**	**(4) Circle Activity**	**(5) Graduate Student**	**(6) Foreign Student**	**(7) employee**		
(1) Course Registration(코스 등록)	R	C/R/U/D			R	R	R		
(2) 동호회 등록	R	R		C/R/U/D			R		
(3) b 수강신청	R/U/D	R			R/U/D	R/U/D	R		
(4) 수강가능 과목 조회			R						
(5) 수강신청 현황 보고서 작성	R	R	R						
......									

[그림 14-9] 프로세스/엔티티의 작성 예

지금까지 설명한 것을 정리하면

- 정보공학에서 가장 중요한 업무영역분석의 4가지 다이어그램을 작성하는 방법과
- 작성하는 다이어그램 사이의 연관 관계
- 그리고 각 다이어그램을 그려야 하는 이유에 대하여 설명하였다.

정보공학을 실무에서 적용하려 한다면, 이 책에서 설명한 개념이 부족할 수 있다. 하지만, 이 책에서 제공한 예와 개념을 이해한다면 정보공학 방법론을 적용하기 위한 전체적인 단계와 흐름을 파악할 수 있다. 소프트웨어 공학을 공부하는 관점에서는 이정도만 이해해도 충분하고, 향후 본격적으로 정보공학을 공부할 때도 큰 도움이 될 것이다.

14.6 업무시스템설계(BSD)

정보전략계획(ISP), 업무영역분석(BAA)을 통하여 비즈니스 중심의 환경분석과 결과가 정리되었다면, 이제는 실제 구현을 목적으로 필요한 시스템 자료를 준비하는 단계이다.

소프트웨어 공학의 관점에서 업무영역분석(BAA)보다 중요하지는 않지만, 업무시스템 설계(Business System Development: BSD)에서 제공하는 다양한 다이어그램 제작 기법에 대한 것은 알아두면 여러 곳에서 유용하게 사용할 수 있다. 정보공학에 관련된 전문 서적을 참고하면 좀 더 많은 다이어그램 제작 기법을 확인할 수 있다.

이번 장에서는 실제 제작보다는 이런 종류의 다이어그램이 업무시스템설계(BSD) 단계에서 제작한다는 것 정도만 설명하도록 하겠다.

[그림 14-10]에 업무시스템설계(BSD)에서 요구하는 산출물의 종류와 설명이 있다.

산출물	설명
개체- 관계 다이어그램 (Entity-Relationship Diagram)	ISP를기반으로 데이터를 구성하는 테이블간의 관계를 1:1, 1:다 의 관계로 표현하는 것이다. RDB에서 사용하며 DataBase 구축의 기반이 된다 (별도의 장으로 설명)
분할 다이어그램 (Decompositiion Diagram)	전사적인 전략에 기반하여 Top-Down으로 프로세스를 분할하는 다이어그램이다. 프로세스 간의 Dependency Diagram과 함께 제작한다 독립적인 단위 프로세스를 식별하는 것이 목적이다 (BAA에서 작성된 결과 활용)
액션 다이어그램 (Action Diagram)	분할 다이어그램을 코드로 변환하기 위하여 다른 형태로 표현하는 다이어그램
데이터 흐름도 (Data Flow Diagram)	단위 프로세스간의 의존도를 표현하는 다른 형태로서, 데이터 입출력을 중심으로 의존도를 표현한 것
의사결정 트리 (Decision Tree)	프로그램의 로직을 분기점과 분기 조건 및 결과를 중심으로 서술하는 것
대화설계 다이어그램 (Dialog Structure Diagram)	프로그램 메뉴의 계층적 구조(=수직적구조)를 표현하는 다이어그램 수평적 메뉴(=팝업메뉴)의 표현은 데이터흐름도에 표현
자료구조 다이어그램 (Data Structure Diagram)	BAA에서 만들어진 데이터 모형을 DBMS의 종류에 맞게 다이어그램으로 표현

[그림 14-10] 업무시스템설계에서 작성할 다이어그램의 종류

[그림 14-10]의 다이어그램에 대하여 제작에 관련된 자세한 설명은 생략하고 각 다이어그램의 모습을 확인할 수 있도록 예를 제시하도록 하겠다.

- 산출물 중에서 Entity-Relationship Diagram은 14.7절에서 별도로 자세히 설명한다.
- 분할 다이어그램은 14.5절에서 자세히 설명하였다.
- 액션 다이어그램은 [그림 14-11]에 예가 제시되어 있다.

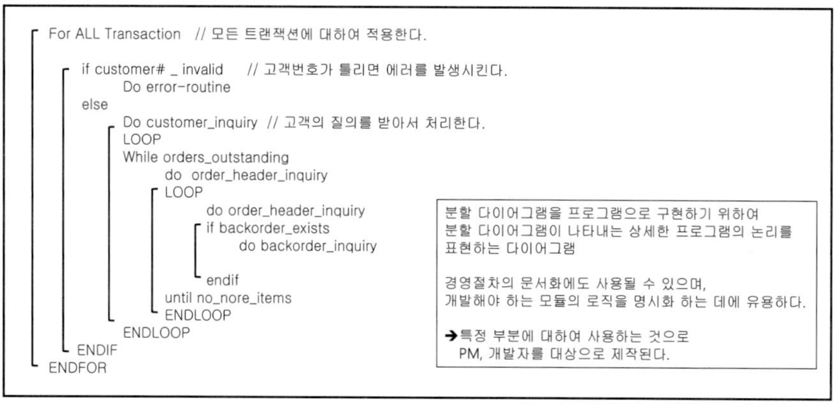

[그림 14-11] 액션다이어그램 예

데이터 흐름도는 [그림 14-12]에 예가 제시되어 있다.

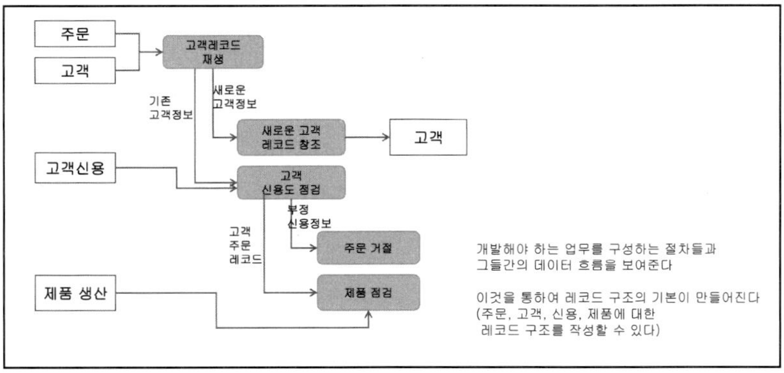

[그림 14-12] 데이터 흐름도의 예

의사결정트리는 [그림 14-13]에 예가 제시되어 있다.

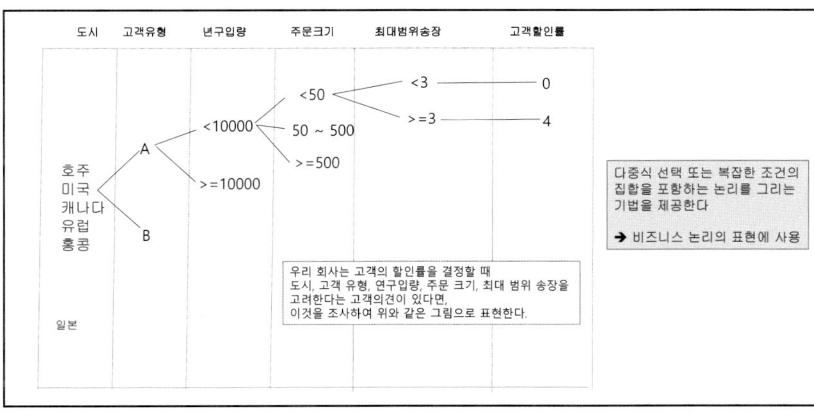

[그림 14-13] 의사결정트리의 예

대화설계 다이어그램은 [그림 14-14]에 예가 제시되어 있다.

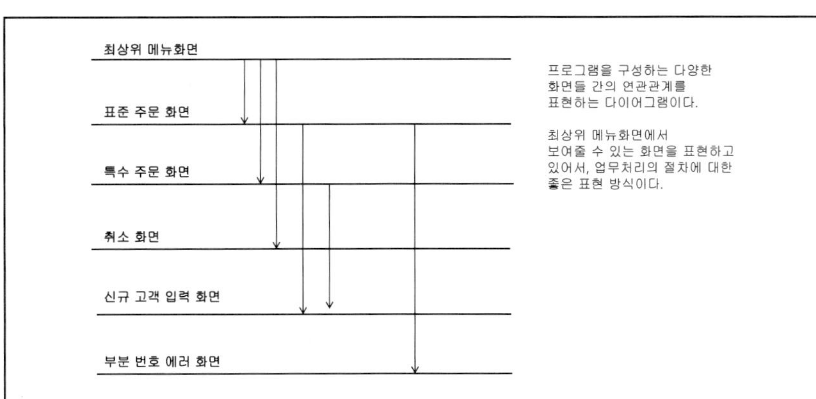

[그림 14-14] 대화설계 다이어그램의 예

자료구조 다이어그램은 [그림 14-15]에 예가 제시되어 있다.

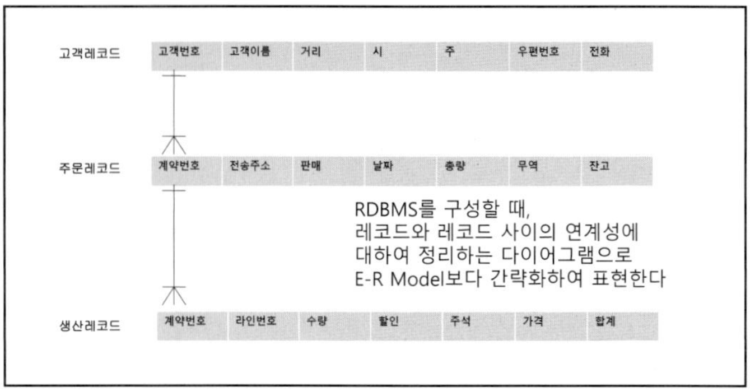

[그림 14-15] 자료구조 다이어그램의 예

여기까지 정보공학 방법론에서 수행하는 정보전략계획(ISP), 업무영역분석(BAA), 업무시스템설계(BSD)에 대한 설명을 마친다. 업무시스템구축(BSC)는 마지막에 설명한다. 이제 앞의 단계에서 설명을 생략하였던 정보공학 방법론의 핵심인 개체관계 모델링(Entity-Relationship Modeling)에 대하여 설명한다.

14.7 데이터모형 구축

14.7.1 개체관계 모델링이란?

데이터모델링(Data Modeling)은 시스템에서 필요로 하는 데이터를 조작이 가능하도록 조직화하는 기술이다. 데이터모델링은 데이터베이스 관리시스템에서 수행되며 데이터베이스 모델링이라고 한다(Database Modeling). 데이터모델링의 또 다른 이름은 정보 모델링(Information Modeling)이다. **실무에서 사용하는 데이터베이스 관리시스템은 대부분 관계형 데이터베이스관리시스템**(Relational Database Management System : RDBMS)**이고,** RDBMS**의 정보모델링을 위해 사용하는 기법이 개체 관계 다이어그램** (ERD)**이다. 관계형 데이터베이스관리시스템이 아닌 다른 데이터베이스 관리시스템을 사용하는 경우에는 별도의 모델링 방법이 필요하다. (이 책에서는 다루지 않는다)**

개체관계 모델링(Entity-Relationship Modeling)은 개체관계 다이어그램(ERD)을 사용하는 모델링 방법으로서 관계형 데이터베이스(RDB) 환경에서 개체(entity), 관계(relationship), 속성(attribute)을 사용해서 데이터를 조직화하는 방법을 말한다.

데이터베이스(Database)개념과 종류

데이터베이스는 데이터가 모여 있는 것을 말한다. 데이터는 파일의 형태로 되어 있다. 데이터베이스관리시스템(DBMS)은 데이터베이스를 쉽게 다룰 수 있도록 사용자에게 가상의 환경을 만들어 주는 프로그램이다. 예를 들어 관계형 데이터베이스 관리시스템(Relation DBMS)은 데이터가 테이블 형태로 저장되어 있다는 가상환경을 만들어 주는 것이다. 사용자는 데이터가 테이블 형태로 저장되어 있다고 생각하고 조회를 하면 관계형데이터베이스 관리시스템이 데이터베이스를 뒤져서 원하는 데이터를 찾아서 고객에게 제공한다. 관계형데이터베이스 관리시스템를 구현한 제품의 대표주자가 Oracle, MySQL이다. DBMS는 사용자에게 만들어 주는 가상 환경에 따라 여러 종류가 있다. DBMS의 종류가 [그림 14-16]에 정리되어 있고, [그림 14-17]에는 관계형데이터베이스 관리시스템가 작동하는 원리를 설명하였다.

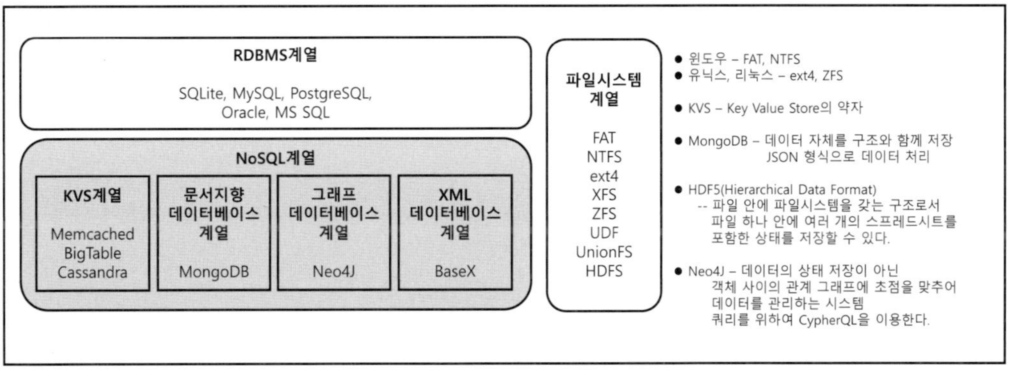

[그림 14-16] DBMS의 종류 및 각 종류별 상용화된 제품 정리

관계형 데이터베이스(Relational Database) 작동 원리

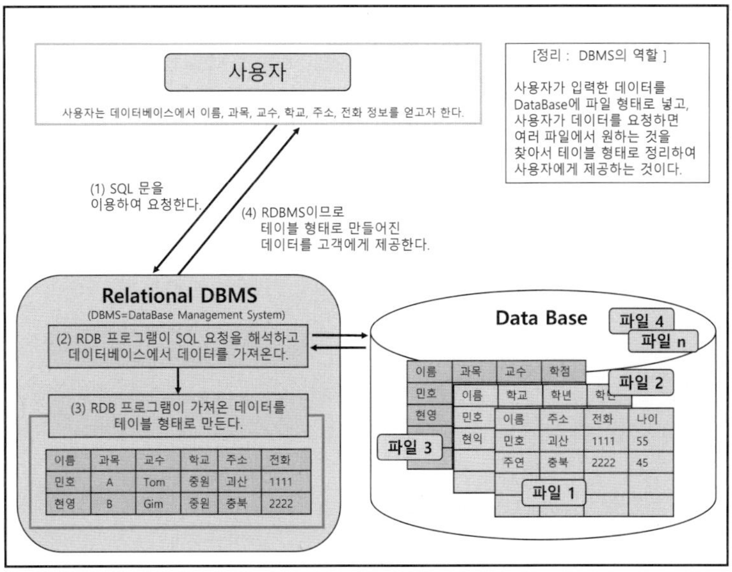

[그림 14-17] RDBMS의 작동 원리 설명

RDBMS는 데이터가 테이블의 형태로 저장되어 있다고 사용자가 생각하도록 데이터를 가상화하는 프로그램을 말한다. 사용자는 데이터가 테이블 형태로 되어 있다고 생각하고 SQL 문을 제작해서 입력/수정/삭제의 동작을 지식하면, RDBMS는 이것을 해석해서 실제 데이터를 조작한다. 결론적으로 사용자가 데이터를 조작하기 쉽게 도와주는 프로그램이다.

14.7.2 개체관계 모델링의 구축 과정

개체관계 모델링의 구축과정은 [그림 14-18]과 같다. 1단계는 "엔티티 정의" 과정이고, 이것이 완료된 후에는 "속성 정의"와 "관계 정의" 과정이 진행된다. 다음으로 검색을 위하여 "키"를 정의하는 과정을 진행하게 된다.

키를 정의하는 과정이 완료되면, 상세한 데이터 항목을 찾아서 정리하는 "데이터모형"과정이 진행되고, 이때 구성된 데이터 덩어리(=레코드)의 상태에 따라서 정규화를 수행할지 여부가 결정된다. 만약, 필요하다면 정규화를 수행하면 된다. 대부분의 경우에 앞의 객체 관계 정의가 잘 되었다면 정규화를 수행하지 않아도 된다.

모든 과정이 완료되면 데이터베이스를 구성하면 된다. 전체 구축 과정에 대한 상세한 설명이 다음 장부터 시작한다.

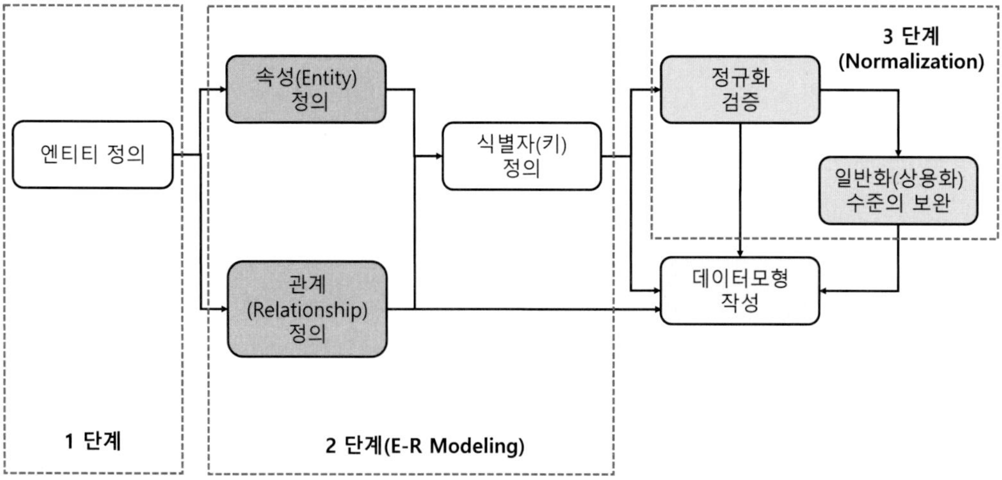

[그림 14-18] 개체관계 모델링의 구축 과정

14.8 개체관계 모델링(Entity-Relationship Modeling)

14.8.1 개체관계 모델링의 구성 요소

이제 본격적으로 개체관계 모델링(E-R Modeling)에 대하여 공부할 시간이다. 먼저 개체관계 모델링의 구성 요소에 대한 설명을 시작한다.

- **개체(Entity)**는 데이터를 표현하거나 저장하는 곳을 말하며, 사람, 장소, 사건, 개념일 수 있다. 다른 표현으로 테이블(Table)이라고도 한다. 개체(Entity)가 실제 데이터를 가지는 것을 인스턴스(Instance)라고 한다. 개체(Entity)를 구성하는 항목을 속성(Attribute)라고 한다.
- **키(Key)**는 개체(Entity)의 속성을 유일하게 식별할 수 있는 속성을 말한다.

【 Key의 종류 】

– Primary Key(기본키) : 유일하게 식별하는 속성

– Candidate Key(후보키) : 기본키가 될 수 있는 속성

– Alternate Key(대체키) : 후보키 중 기본키를 제외한 나머지 속성

– Foreign Key(외래키) : 연관 관계를 표현하기 위하여 다른 테이블에 넣어진 기본키

앞의 설명에 대한 이해를 위하여 [그림 14-19]를 참고하면 된다. 학생 개체를 정의하고 8개의 속성을 갖도록 정의한 다음, "조민호"라는 인스턴스를 생성한 예이다.

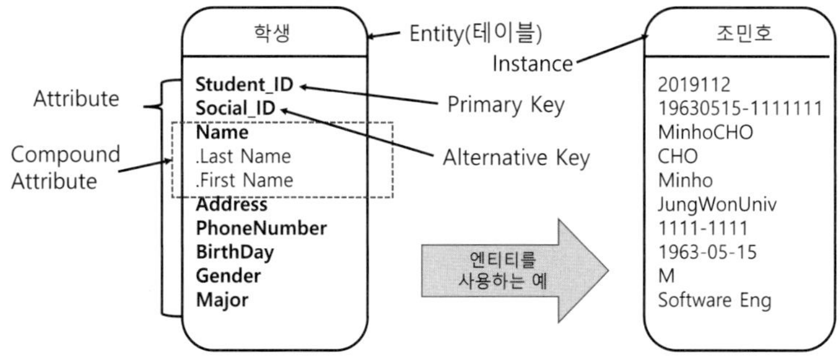

[그림 14-19] 엔티티, 인스턴스, 어트리뷰트, 키의 개념

- 관계(Relation)는 한 개나 그 이상의 개체(entity) 사이에 존재하는 비즈니스 관계이다.

  관계의 종류와 표현방법은 [그림 14-20]에 정리하였다.

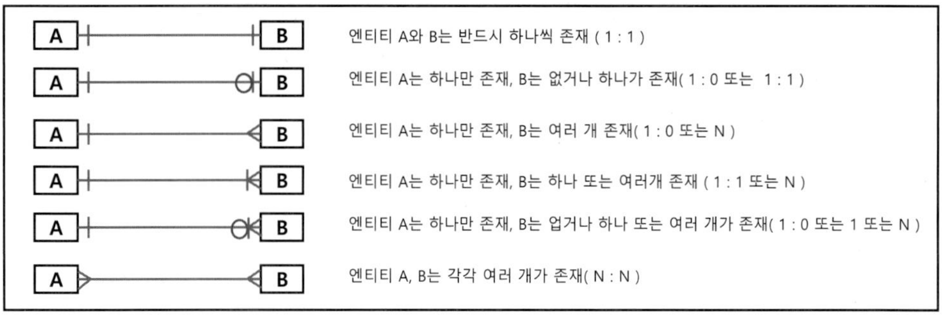

[그림 14-20] 관계의 종류와 표현 방법

[그림 14-20]의 A라고 표현된 것은 실제로는 [그림 14-19]의 "학생"이다

【 관계의 종류 】

[그림 14-20]에 여러 종류의 관계가 표현되어 있지만, 모델링을 위해 고려해야 하는 관계의 종류를 정리하면 다음과 같다.

- 1 : 1 또는 1 : 0
- 1 : N(=여러 개)
- N : N

여기까지 개체관계 모델링을 구성하는 요소에 대한 설명을 마쳤다.

14.8.2 개체관계 모델링의 표현 방법과 의미

이번에는 개체관계 모델링(E-R Modeling)의 예를 통해서 의미를 추적하도록 한다. [그림 14-21]에 개체관계 모델링의 예와 의미를 정리하였다. 학생개체(=테이블)와 과목개체가 어떤 관계에 있는지, 고객개체와과 주문개체가 어떤 관계에 있는지를 파악하고, 각 관계가 어떤 형식으로 표현되는지를 확인하기 바란다.

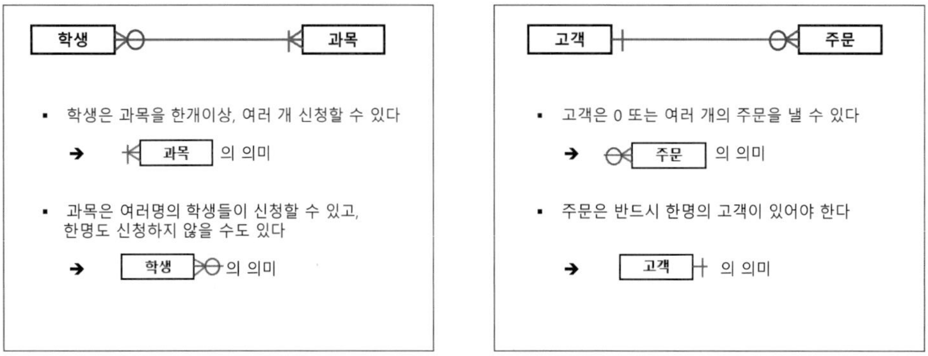

[그림 14-21] 개체관계 모델링의 의미 해석

[그림 14-21]과 같이 개체관계 모델링을 한 이유는 관계형데이터베이스 관리시스템(RDBMS)에 테이블을 만들기 위해서이다. 모델링 후, 개체가 테이블형태로 구성되면, 구성된 테이블에 실제 데이터를 넣고, 프로그램에서 사용하면 된다.

독자 분들의 이해를 위하여 [그림 14-21]의 개체관계 모델이 실제 관계형데이터베이스 관리시스템테이블과 어떻게 연결되는지를 [그림 14-22]에 정리하였다.

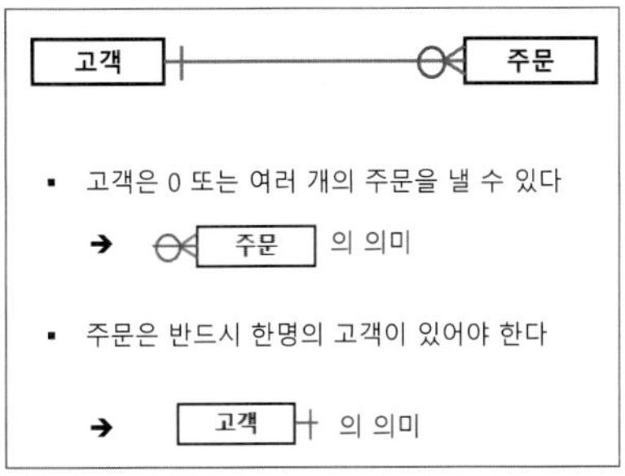

[고객 테이블의 실제 모습]

Customer Number	Customer Name	Shipping Address	Billing Address	Balance Due
A	Minho	JungWon	aaaaaaaaaaaaaaaa	2016. 12. 12
B	Cho	Univ	bbbbbbbb	2016. 12. 24
C	Tom Cruse	Computer	ccccccccc	2016. 12. 28

[주문 테이블의 실제 모습]

Order Number	Order Date	OrderTotalCost	Customer Number
O1111	2016. 8. 1	2000	A
O2222	2016. 4.5	30000	B
O4432	2015. 12. 23	50000	A
O2345	2014. 5. 5	23000	A
O5689	2015. 3.9	4000	B

1 : N의 관계에서 1에 속하는 Primary Key를 N에 속하는 테이블에 임의로 넣어준다
이것을 Foreign Key라고 하며, **이것을 기준으로 두개의 데이블을 연결하여 데이터의 조회가 가능해 진다**
(예) 주문 번호 01111을 주문한 고객의 이름을 알 수 있다

[그림 14-22] 개체관계 모델링과 관계형 데이터베이스 테이블의 연관관계

관계형데이터베이스 관리시스템에서 두 개의 테이블이 연결되는 과정 및 의미 분석

[그림 14-22]의 고객테이블과 주문테이블에 각각 데이터가 저장되어 있는 경우에, 관리자가 A라는 고객의 주문 내역을 알고 싶어 하면, 두 개의 테이블이 공통으로 가지고 있는 Customer Number를 기준으로 관계형데이터베이스 관리시스템에 의해 메모리에서 통합(Join).되어 하나의 테이블을 만든 다음, 이것을 대상으로 자료의 조회가 일어나게 된다.

이 과정에서 두 개의 테이블이 하나의 테이블로 통합되는 것을 정리한 것이 [그림 14-23]이다.

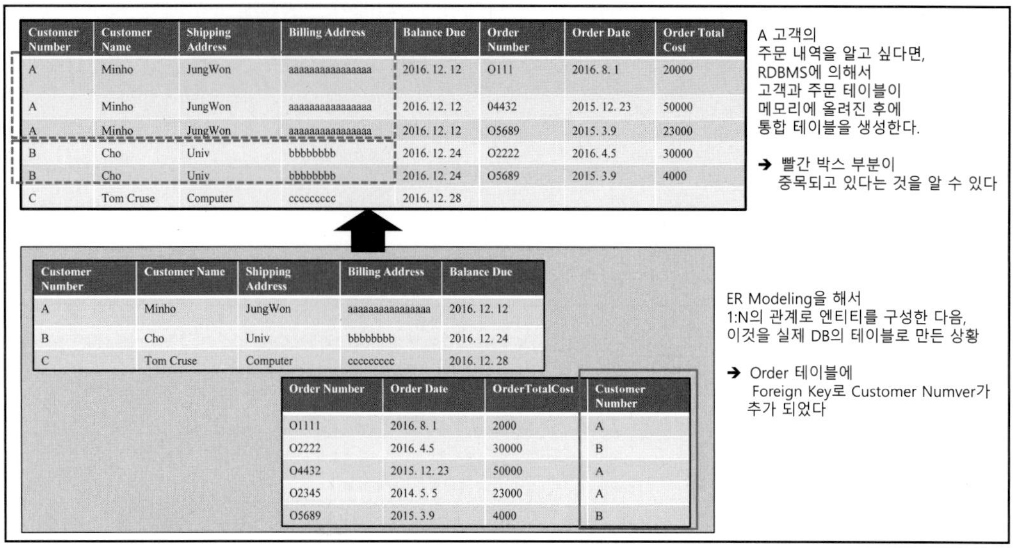

[그림 14-23] 관계형데이터베이스 관리시스템에서 테이블 통합이 일어나는 예

개체관계 모델링의 수행 단계는

- **각 개체(entity)를 정의하고(=개체이름, 개체를 구성하는 중요 데이터 항목들),**
- **개체간의 관계를 1:1 또는 1:N으로 정의한 후에**
- **개체를 구성하는 데이터 항목을 상세히 정의한 다음**
- **관계형데이터베이스 관리시스템 테이블을 구성하고**
- **구성된 테이블에 데이터를 입력해서 프로그램이나 도구에서 사용하게 된다.**

이때, 관계형 데이터베이스관리시스템(RDBMS)의 테이블은 개체의 성격에 맞게 [그림 14-23]의 아래 부분처럼 구성되지만, 실제 조회, 추가 변경이 발생할 때 대상이 되는 데이터가 여러 개의 테이블에 흩어져 있다면(그림 14-23 참조), 조회, 추가, 변경을 위해서 흩어져있는 테이블이 하나로 통합되어서 작업이 수행되어야 한다. 이 작업은 관계형데이터베이스 관리시스템에 의해 자동적으로 수행되며 [그림 14-23]의 내용을 참고하면 된다.

정리하면 만약 [그림 14-23]의 윗부분처럼

- 고객과 주문데이터를 통합해서 하나의 테이블로 만들었다면
- 고객과 주문을 연결하는 정보를 얻기 위해 고객과 정보 테이블을 통합해서
- 하나의 테이블로 만드는 과정이 생략될 수 있다(성능 향상).

- 하지만, [그림 14-21]의 윗부분 테이블에서 확인할 수 있듯이
- 데이터의 중복에 의한 디스크용량의 낭비를 피할 수 없다.
- 그리고 고객과 회원테이터를 통합해서 자료를 조회하는 경우에는
- 고객에 주문데이터가 쓸데없이 붙어있는 모양이 되어 생성되는 테이블이 고객, 주문, 회원 3개 테이블을 합친 것 만큼 커져서 디스크와 CPU의 낭비가 더 심해진다.
- 그러므로 테이블을 분리할지, 통합할지에 대한 결정이 전체 시스템 성능에 중요하고 이것은 사용자의 환경과 요구사항에 기반을 두어 결정한다.

개체의 관계와 처리방법

이제 마지막 주제를 다루도록 하겠다. 개체(entity)의 관계와 처리방법은

- **1 : N의 관계**는 1에 속하는 Primary Key를 N에 속하는 테이블에 넣어 두 테이블을 연관시켜서 데이터 조작이 가능하다.
- **1 : 1의 관계**는 양쪽의 Primary Key를 각각의 테이블에 넣어 두 테이블을 연관시켜 데이터 조작이 가능하다.
- N : N은 위와 같은 방법으로 해결되지 않는다. 대신에 중간의 임의의 테이블을 만들어서 양쪽의 Primary Key를 위치시키면 1 : N의 관계로 변형할 수 있다.

N : N의 관계에 대한 이해를 위하여 E-R Modeling예를 [그림 14-24]에 제시한다.

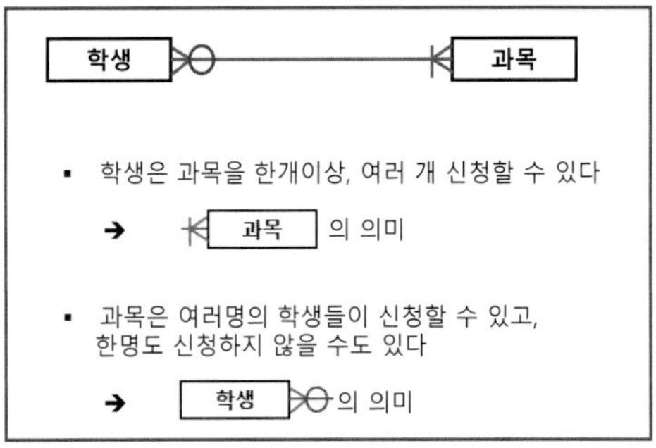

[그림 14-24] N : N의 예

[그림 14-24]의 상황을 N : N이라고 한다.

이 두 개의 테이블을 통합해서 데이터를 찾고자 하는 경우에 이들을 통합할 방법이 없다. 양쪽이 서로 중복되므로 통합 테이블을 일관되게 만드는 것이 불가하다. 그러므로 양쪽의 기본키(Primary key)와 추가적인 데이터로 구성된 임의의 테이블을 생성해야 한다. 이런 과정을 [그림 14-25]에 정리하였다.

두 테이블의 primary key인 Student_Number와 Course Number 그리고 이 두 개에 종속적인 Score(점수)로 이루어진 중간테이블이 사용되었음을 확인하기 바란다.

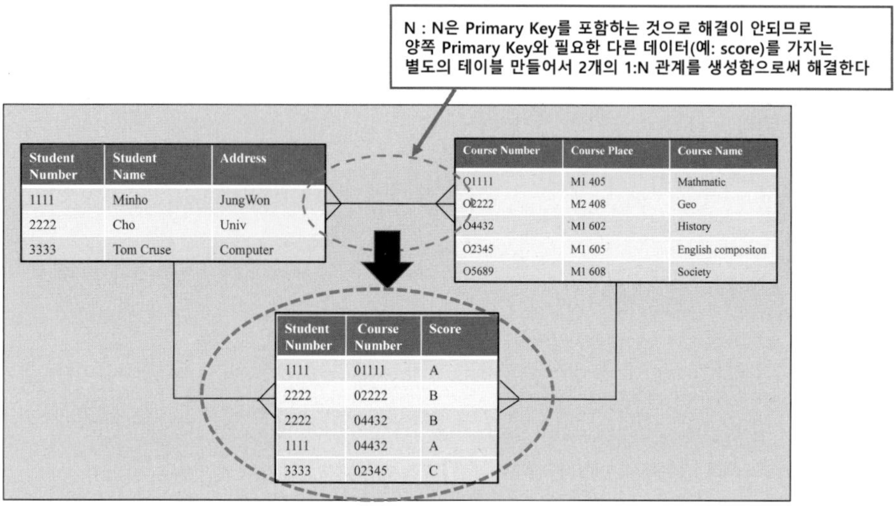

[그림 14-25] N:N의 해결방안

[그림 14-25]를 보고 N : N 관계일 때, 양쪽의 Primary key를 상대방에 위치시키는 것으로 두 테이블을 통합하기 어렵고, 데이터의 중복을 피할 수 없다는 점을 확인하기 바란다.

그리고 중간에 기본키(Primary Key)로 구성된 테이블을 만들어서 N : N을 1 : N, 1 : N으로 바꾸면 데이터의 중복도 없어지고, 통합하는 테이블을 만들 수 있다는 점을 확인하기 바란다. 이 내용에 대한 이해가 개체관계 모델링에서 가장 중요한 것이다.

14.8.3 개체관계 모델링의 제작

여기까지 개체관계 모델링을 위한 기본 이론을 충분히 익혔다고 생각하고, 이제는 실제 고객과 이야기하면서 개체관계 모델링을 만들어가는 과정을 보여준다.

예를 위한 상황은 백화점의 회원관리 시스템을 구현한다고 가정한다. 실무 담당자와 컨설턴트가 모여서 서로 이야기하면서 개체관계(E-R) 모델링을 만들어 간다.

여기서 주의할 점은

- 고객과 컨설턴트가 서로 이야기하면서 모델링을 하는데
- **데이터간의 관계에 대한 경우에는 E-R 모델링을 적용하고**
- **모듈의 기능이나 모듈간의 연계, 처리순서에 대한 경우에는 DFD를 사용한다는 것이다.**
- 아래의 예를 통해 E-R 모델링을 적용하는 요구사항을 확인한다.

【 A 단계 】

- 고객의 요구사항
  - **우리가 개발하는 시스템에서 회원은 주문을 안 해도 되고 여러 개 해도 된다.**

    회원은 주문을 해도 되고 안 해도 된다. 꼭 주문해야 할 필요는 없다.
  - **주문은 반드시 회원이 해야 한다.**

    회원만이 주문할 수 있다. 회원이 아니면 회원가입을 한 후에 주문해야 한다.

위의 요구사항을 듣고, 컨설턴트는 [그림 14-26]과 같은 개체관계모델을 그린다.

개체관계모델 그리는 법과 표현의 의미는 이미 공부했다. 고객의 의견을 듣고, 개체(entity)로 회원과 주문을 설정하고 그림을 그린다. 그 다음, 회원과 주문사이의 관계를 고객의 의견에 따라 표현한다.

회원을 구성하는 데이터에는 이름, 회원번호, 주소 등 많은 것들이 있겠지만, 현 단계에서는 개체인 회원으로 표시하고 다른 개체와의 관계표현에 집중한다.

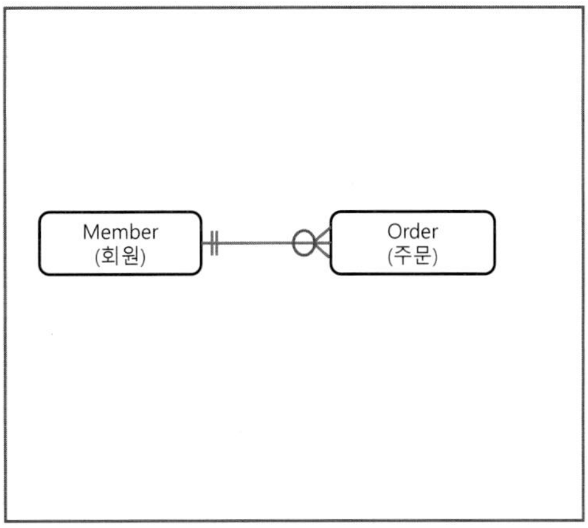

[그림 14-26] 백화점 개체관계 모델링(1)

** 업무처리 순서에 대한 요청사항이 있었다면 DFD를 사용해서 표현할 수 있다.

** [그림 14-24]가 A 단계의 고객 요청을 모두 표현하고 있음을 확인하시오.

【 B 단계 】

- 고객의 요구사항

  – **주문은 한 개 이상, 여러 개의 제품을 가진다.** 즉, 주문이 성립하려면, 반드시 한 개 이상의 제품이 있어야 한다.

  – **하나의 제품이 여러 주문에 포함될 수도 있고, 포함되지 않을 수도 있다.**

  【예】 비누는 3개의 주문에 포함되었고, 휴지는 어떤 주문에도 포함되지 않았다.

위의 요구사항을 듣고, 컨설턴트는 [그림 14-27]과 같은 개체관계 모델을 그린다. 요령은 A 단계와 동일하다. 개체로서 "제품"이 추가되었다.

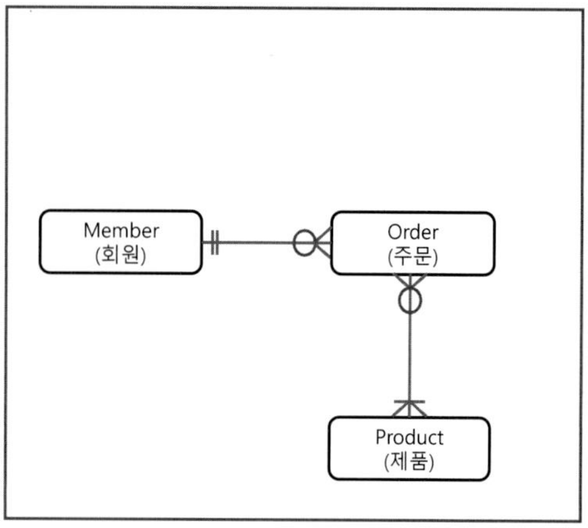

[그림 14-27] 백화점 개체관계 모델링(2)

** [그림 14-27]이 B 단계 고객의 요구사항을 표현하고 있음을 확인하시오.

** 만약, 고객이 "우리 회사는 제품을 포함하지 않는 주문도 가능하다고 말했다면

[그림 14-27]은 어떻게 바뀌어야 하는가?

→ 가상 주문을 수용하고자 하는 요청으로 보면 된다. 30만원 가상 주문을 하고 나중에 제품을 선정하도록 하는 경우를 생각하면 되겠다.

【 C 단계 】

- 고객의 요구사항

  – **제품은 세일에 포함되지 않을 수도 있고, 여러 제품이 포함될 수도 있다.**

  – **세일에는 반드시 한 개 이상의 제품이 포함된다. 즉, 제품이 없는 세일은 없다.**

위의 요구사항을 듣고 컨설턴트는 [그림 14-28]과 같은 개체관계 모델을 그린다. 요령은 A 단계와 동일하다. 개체로서 "세일행사"가 추가되었다.

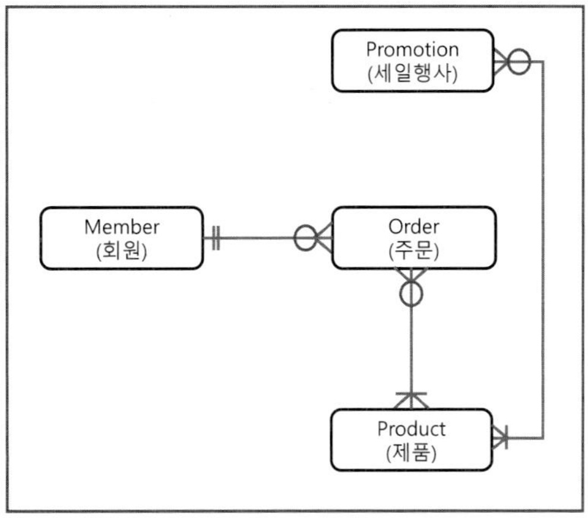

[그림 14-28] 백화점 개체관계 모델링(3)

** [그림 14-28]이 고객의 요구사항을 표현하고 있음을 확인하시오.

** **고객이 "회원만이 세일행사에 참여할 수 있습니다."라는 요구사항을 추가한다.**

이런 경우, 컨설턴트가 고객에게 물어서 참여에 대한 자세한 정보를 확인한다.

- 세일행사에 회원은 한 명 이상 여러 명이 올 수 있다.
- 회원은 세일행사에 참석할 수도 있고, 안 해도 되고, 여러 세일행사에 참여할 수 있다.

[그림 14-28]은 위의 추가적인 요구사항을 고려할 때, 어떻게 바뀌어야 하는가? 지금 시점에서 잠시 진도를 멈추고 B 단계의 질문사항과 C 단계의 질문사항에 대한 답변을 준비해보길 바란다.

회원과 세일행사 간의 연관성을 표시하면 된다. 연관성은 위에서 컨설턴트가 이미 확인했으니 그래프로 표현하면 된다. 앞의 내용을 참고해서 직접 해보기 바란다.

【 D 단계 】

- 고객의 요구사항
  - **세일행사 때 주문은 한 개 이상 수천수백 개가 들어온다.**
  - **세일행사 시에 주문은 안하거나 한번만 할 수 있다.**

위의 요구사항을 듣고, 컨설턴트는 [그림 14-29]와 같은 개체관계모델을 그린다. 요령은 A 단계와 동일하다. 개체의 추가가 없다.

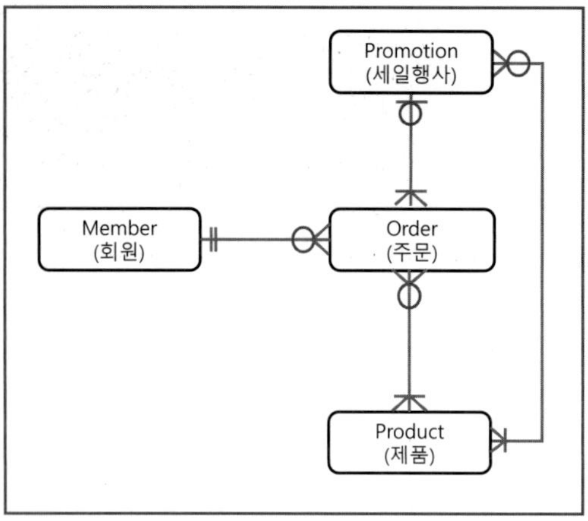

[그림 14-29] 백화점 개체관계 모델링(4)

** [그림 14-29]가 고객의 요구사항을 표현하고 있음을 확인하시오.

** **[그림 14-29]의 내용만으로 회원과 세일행사의 관계를 유추해 보시오.**

〈답〉

- 주문은 반드시 회원에 의해서 이루어지므로
- 회원에 의한 주문은 세일행사에 없거나 한번 수행할 수 있다.
- 세일행사시에는 여러 회원의 주문이 발생한다(한 번 이상은 반드시 있다).

【 E 단계 】

- 고객의 요구사항
  - 회원은 신청서를 반드시 1번 작성해야 한다.
  - 각 신청서는 한 명 또는 그 이상의 회원들에 의해서 작성된다.

위의 요구사항을 듣고, 컨설턴트는 [그림 14-30]과 같은 개체관계모델을 그린다. 요령은 A 단계와 동일하다. 개체로서 “신청서”가 추가되었다.

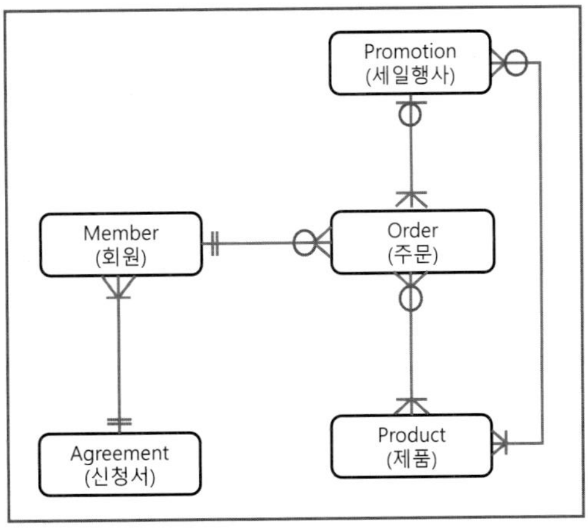

[그림 14-30] 백화점 개체관계 모델링(5)

개체관계 모델링을 수행하는 과정은 이후에도 고객의 요구사항에 따라 계속 추가와 수정을 반복하면서 진행될 것이다.

교재의 지면 관계상 개체관계 모델링을 하는 과정은 여기까지만 하도록 하겠다. 하지만, 표현 가능한 형태는 모두 표현하였으므로, 이후에 고객의 요구사항에 따라 모델을 확장하는 것에는 문제가 없을 것이다.

개체관계 모델링을 수행하는 것은 정확한 개념 파악과 진행 순서를 알면 어렵지 않게 수행할 수 있는 것이다. 앞에서 설명한 내용을 잘 이해하면 아무리 큰 시스템이라고 하여도 크게 다를 것이 없다.

이제 개체관계 모델링의 수행 요령은 습득하였다고 생각한다. 이후에 공부할 것은 다음과 같다.

- 제작된 개체관계모델을 읽는 것을 연습한다.
- 제작된 개체관계모델을 다듬는 요령을 알려준다.
- 마지막으로 완성된 개체관계모델의 엔티티를 대상으로 정규화를 수행하는 과정을 알려준다.

14.8.4 개체관계 모델링 결과의 읽기

개체관계 모델링을 잘 하는 방법은 남이 만든 것을 읽을 줄 아는 능력에 달려 있다. 일반 프로그램과 마찬가지로 다른 사람이 만든 것을 읽을 줄 알아야 그것을 모방해서 나만의 모델링을 만들어 갈 수 있다.

[그림 14-31]에 제시된 E-R 모델링 결과를 읽고, 고객의 요구사항을 역으로 추론해보시오.

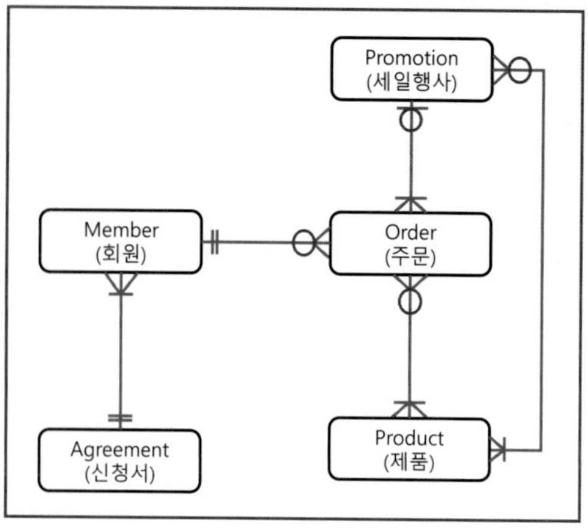

[그림 14-31] 백화점 개체관계 모델링

어디서 많이 본 그림인가? 그렇다면 읽기가 더욱 쉬울 것으로 생각한다. 그림을 보면서 우리가 개발해야 하는 시스템이 가져야 하는 특성으로 고객이 이야기한 것을 역으로 추론해 보기 바란다. **현 단계에서 너무 어려운 것을 가지고 고민하는 것은 추천하지 않는다. 간단한 것을 이용해서 정확하게 이해하는 것이 더 중요하다.**

위의 과제를 잘 수행하였으면, 이번에는 다른 사람에 의해 제작된 개체관계 모델링을 읽어 볼 시간이다.

[그림 14-32]는 웹에서 얻어온 개체관계모델이다. 도서관을 대상으로 모델링 한 것으로 보인다. 이것을 보고 사용자의 요구사항이 무엇인지 추론해보기 바란다. 그림이 우리가 그린 것과 거의 비슷하므로, 읽기에는 무리가 없을 것이다.

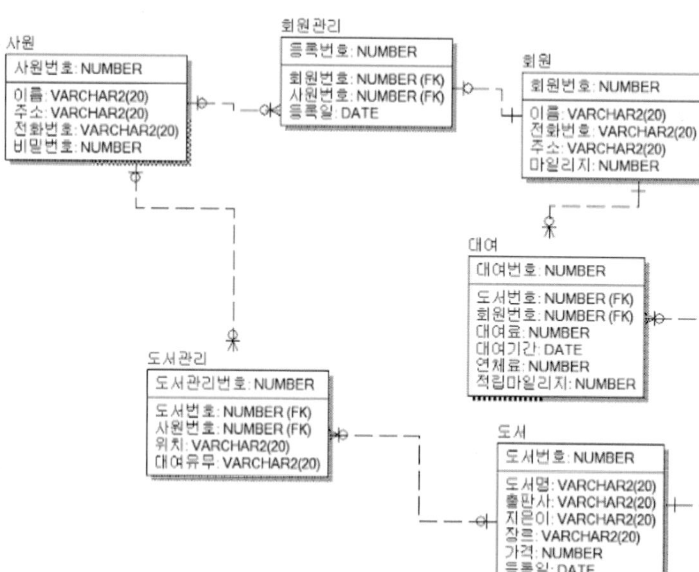

[그림 14-32] 도서관 E-R 모델링

실무에서 모델링을 하면 별도의 프로그램을 사용하게 되는데, 그런 경우에 [그림 14-32]와 같은 형태로 보이게 된다.

[그림 14-32]를 보고 사용자의 요구사항이 무엇인지 모르겠다면, 진도를 멈추고 앞의 내용을 다시 공부하길 추천한다.

다시 강조하지만, 다른 사람이 만든 모델을 읽을 줄 아는 것이 실력 있는 컨설턴트가 되는 지름길이다. 지금까지의 제작 단계와 문법을 이해하였다면 기술적인 것은 충분하다. 이제 직접 다른 사람의 모델을 읽어 보기 바란다.

모델을 읽는 훈련이 되었다면, 이제는 내가 만든 모델을 다듬고 확장하는 작업을 수행할 시간이다.

14.8.5 개체관계 모델링의 결과물 다듬고 확장하기

백화점 시스템을 만들기 위하여 E-R 모델링을 수행한 최종 결과가 [그림 14-33] 이라고 가정한다.

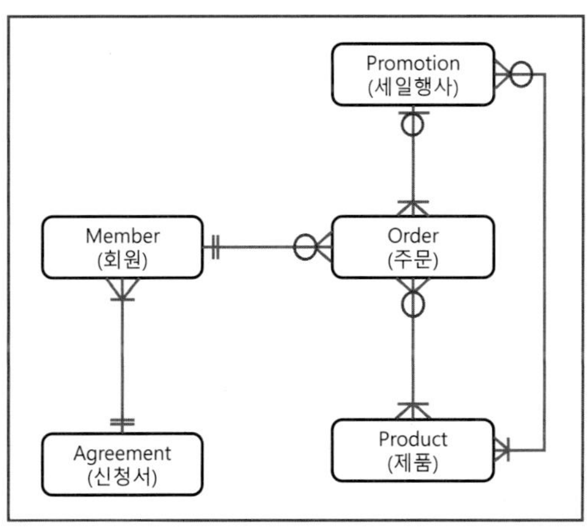

[그림 14-33] 백화점 E-R 모델링

고객과 이야기하면서 구성한 모델이 [그림 14-33]과 같다고 가정할 때, 우리가 추가로 해야 할 일들은 아래와 같다.

개체관계 모델링의 결과를 다듬는 과정 정리

- 모델이 1 : 1 또는 1 : N으로만 구성되었는지 확인하고, N : N이 있으면 중간테이블을 넣어서 N : N의 관계를 제거해야 한다.
- 개체(entity)가 가지는 데이터항목과 기본키(Primary Key)를 설정한다.
- 개체간의 관계에 근거하여 외래키(Foreign Key)를 설정한다.
- 하나의 개체가 너무 많은 데이터를 가지는 경우, 이것은 1 : 1의 관계를 가지는 여러 개체로 분할한다.

- 이 상태에서 개체를 구성하는 데이터의 중복을 방지하기 위하여 정규화를 적용한다.

  : 14.8에서 다루게 된다.

앞에서 설명한 과정을 [그림 14-33]을 대상으로 적용해보겠다.

【 A 단계 】

- 현 모델의 문제점 : [그림 14-33]

  – 주문과 제품 간에 N : N의 관계이다.

  – 제품과 세일행사 간에 N : N의 관계이다.

그러므로 주문과 제품 간, 제품과 세일행사 간에 중간 테이블을 넣어서 1 : N으로 변경해야 한다. [그림 14-34]

이미 설명한 바와 같이, N : N의 관계는 양쪽 개체(또는 테이블)의 기본키(Primary Key)를 가지는 별도의 개체를 만들고 여기에 종속적인 데이터가 있다면 추가한 다음 N : N의 관계를 1 : N의 관계로 변환한다.

결과는 [그림 14-34]에서 확인할 수 있다.

– 이때 생성된 개체는 주문제품(OrderProduct)과 제품행사(ProductPromotion)이다.

– 양쪽의 기본키의 조합에 종속적인 데이터가 있다면 포함할 수 있다.

【예】 할인율이 주문번호와 제품에 종속적인 경우, 할인율이 포함된다.

112번 주문에 휴지가 포함되면 할인율이 10%가 되는 경우.

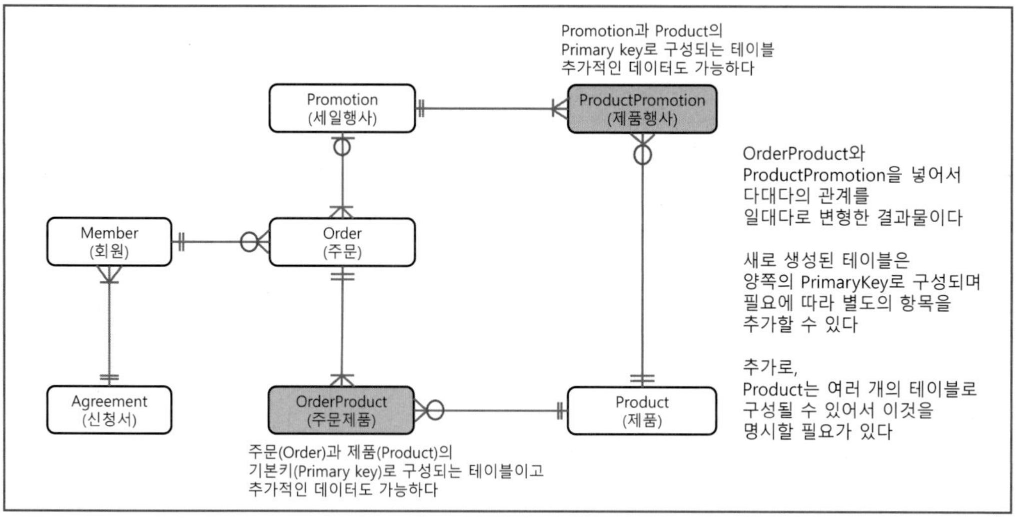

[그림 14-34] 개선된 백화점 E-R 모델링(1)

【 B 단계 】

- 현 모델의 문제점 : [그림 14-34]
  - 제품 개체가 가져야 하는 데이터가 너무 내용이 많아서 분리하여 표현해야 한다.

분리하지 않아도 큰 문제가 되는 것은 아니지만, 항목이 너무 많거나 상관없는 항목들이 모여 있는 경우에는 이것들을 1 : 1 관계를 가지는 객체로 분리하면 운영과 관리가 쉽다.

적용한 결과는 [그림 14-35]에 있다.

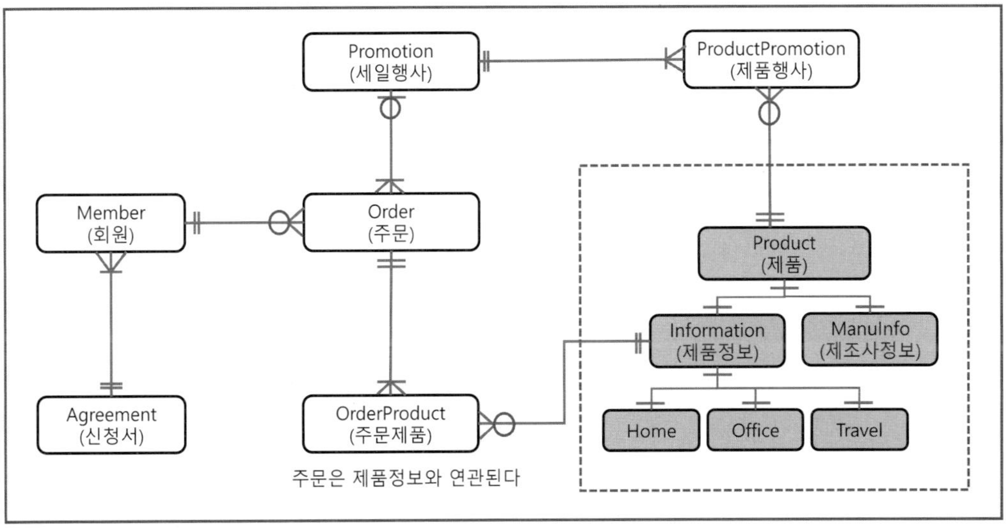

[그림 14-35] 개선된 백화점 E-R 모델링(2)

【 C 단계 】

다대다의 관계도 없고, 개체가 적당한 크기로 정리가 되었다면, 이제는 각 개체의 데이터 항목을 결정하고 관계에 따라서 기본키(Foreign Key)를 설정해야 한다. 그래야 테이블에 흩어진 데이터를 연계해서 조회할 수 있다.

- 현 모델의 문제점 : [그림 14-35]
  - 회원과 신청서 개체의 데이터 항목을 채워야 한다.
  - 1 : N의 관계이므로 1에 해당하는 개체의 기본키(Primary Key)를 N에 해당하는 개체의 기본키(Foreign Key)로 넣어야 한다. [그림 14-36]

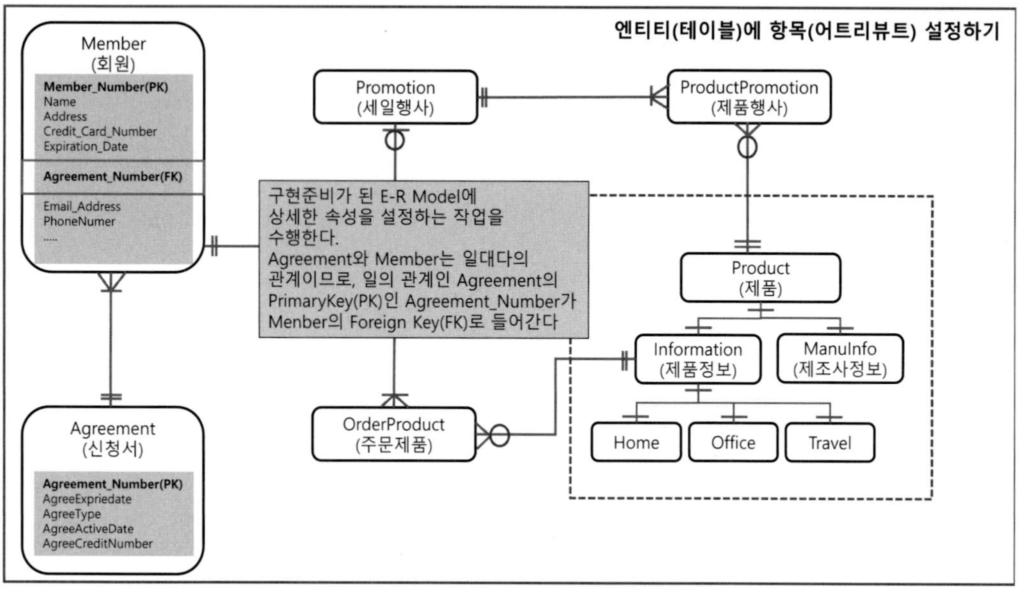

[그림 14-36] 개선된 백화점 E-R 모델링(3)

- 신청서와 회원의 관계가 1 : N이므로
- 신청서의 기본키를 회원의 외래키로 넣어주면 된다.
- 그리고, 각 개체가 필요한 데이터 항목을 찾아내서 포함시킨다.
- 신청서에는 AgreeExpiredata(유효기간), AgreeActiveDate(시작일) 등이 있다.
- 회원에는 Agreement_Number외에 Name(이름), Address(주소) 등이 있다.
- 나머지는 [그림 14-36]에서 확인한다.

【 D 단계 】

C 단계에서 수행한 과정을 다른 개체를 대상으로 확대하는 것이 필요하다.

- 현 모델에서 추가적인 작업의 내용 : [그림 14-36]
  - 회원과 주문 간의 키 설정 및 데이터 항목 찾기
  - 주문과 세일행사간의 키 설정 및 데이터 항목 찾기
  - 제품 개체의 데이터 항목 찾기

실제적인 작업 결과가 [그림 14-37]에 있다.

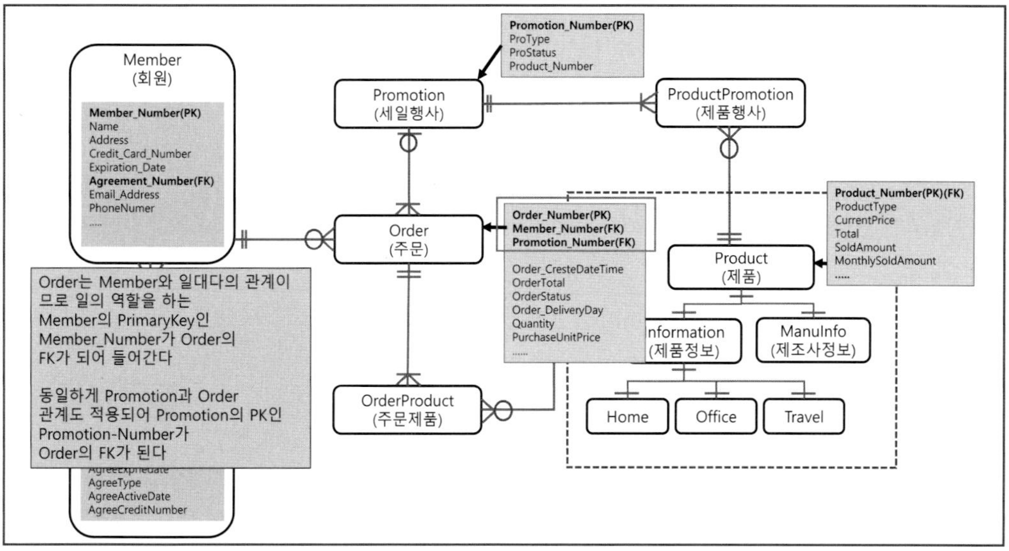

[그림 14-37] 개선된 백화점 E-R 모델링(4)

- 회원과 주문 간의 관계가 1 : N 이므로 회원의 기본키가 주문의 외래키로 포함된다.
- 세일행사와 주문 간의 관계가 1 : N이므로 세일행사의 기본키가 주문의 외래키로 포함된다.
- 주문과 주문제품 간의 관계가 1 : N이므로 주문의 기본키가 주문제품의 외래키로 포함된다.
  다만, 지면 관계상 이 내용은 [그림 14-37]에 표시하지 않는다.
- 그 외 각 개체별로 필요한 데이터를 찾아서 위치시킨다.
- 제품개체의 경우, 분리된 개체에 따라서 데이터를 위치시킨다.

【 E 단계 】

- 현 모델의 문제점 : [그림 14-37]
  - 세일행사와 제품, 제품행사간의 키 설정
  - 주문제품과 제품, 주문 간의 키 설정

실제적인 작업 결과가 [그림 14-38]에 있다. (주문제품은 독자 분들이 직접 채워보시오)

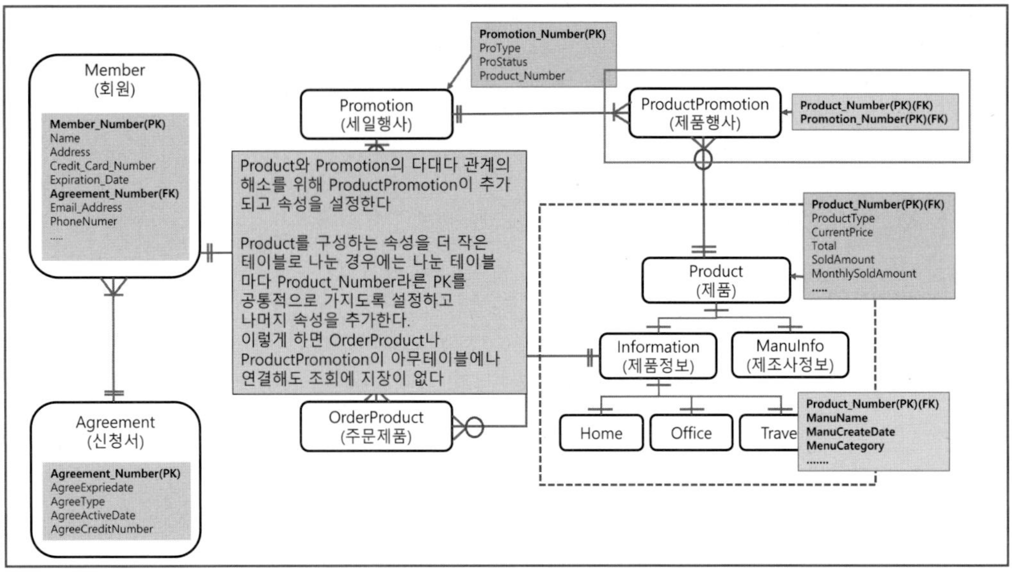

[그림 14-38] 개선된 백화점 E-R 모델링(5)

여기까지 우리가 모델링 한 것을 다듬고, 구체화하는 과정을 진행하여 보았다. A ~ E 단계는 독자의 이해를 위해서 약간 가상적으로 수행한 면도 있지만, 실제로 수행해야 하는 작업에 대한 이해에는 도움이 되었을 것으로 생각한다.

- E-R 모델링을 고객의 요구에 따라 하나씩 만들어 가고
- 이렇게 만들어진 것이 거의 마무리되면
- 만들어진 모델을 다듬고(다대다의 제거, 개체 분리)
- 각 개체의 데이터를 확정한 후 키를 정하고
- 개체의 관계에 따라 상호 키를 설정하는 작업을 수행해야 한다.
- 마지막으로 각 개체가 가져야 하는 데이터 항목을 결정해서 구체적으로 명시한다.

이제 우리가 작업한 것을 확인해보겠다. 복잡성을 제거하기 위하여 각 개체의 전체 데이터를 나타내지 않았다. [그림 14-39]를 보면 된다.

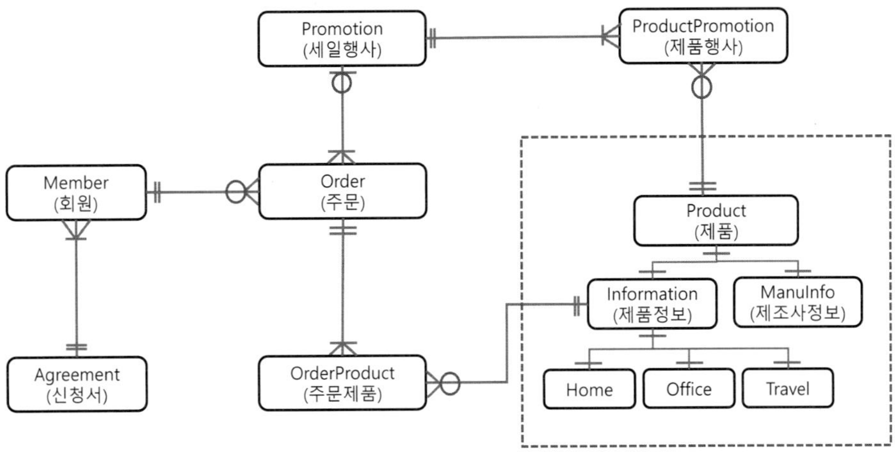

[그림 14-39] 완성된 백화점 E-R 모델링

여기까지 진행한 내용이 개체관계 모델링(E-R Modeling)의 핵심 개념이다. 처음 접하는 경우에 조금 어려움은 있겠지만, 조금만 연습하면 쉽게 수행할 수 있다. 객체관계 모델링을 잘하는 기본은 다른 사람이 만든 것을 읽을 줄 아는 능력이다.

앞에서 배운 것을 확인해보기 위하여 간단한 과제를 준비했다. 아래에 있는 개체관계 모델링 결과를 보고, 우리가 개발해야 하는 환경이 가지는 특징을 뽑아보기 바란다. "취업 구인" 개체는 다대다의 관계를 해소하기 위해 만들어진 것으로 보인다. 그 외 나머지는 큰 어려움이 없이 읽을 수 있을 것으로 생각한다.

【예】 학적사항에는 성적사항이 없을 수도 있고 여러 개 있을 수도 있다.

구인의뢰서는 반드시 구인업체를 1개 가지고 있어야 한다.

구인업체는 구인의뢰서를 안 줄 수도 있고, 여러 개 줄 수도 있다

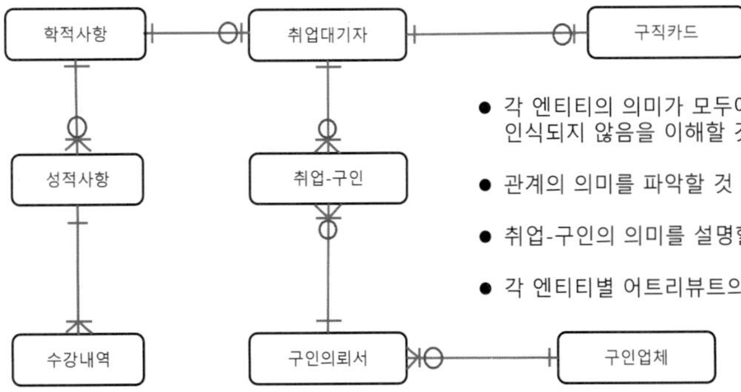

- 각 엔티티의 의미가 모두에게 동일하게 인식되지 않음을 이해할 것 → 데이터 사전 필요
- 관계의 의미를 파악할 것
- 취업-구인의 의미를 설명할 것
- 각 엔티티별 어트리뷰트의 예를 들어볼 것

14.8.6 정규화(Normalization)

이번에는 정규화에 대하여 서술할 단계이다. 앞에서 제시한 방법대로 개체관계 모델링을 수행하면 대부분 정규화가 필요하지 않다. 하지만, 특정 개체(Entity)에 속하는 데이터 항목이 너무 많다면 한번 고려해 볼 사항이다. 정규화를 적용하기 위해서는 정규화가 왜 필요한지에 대해서 정확하게 이해해야 한다.

정규화의 목적은 불필요한 데이터의 중복을 제거하며 데이터의 애매함을 제거하고자 하는 것이다. 정규화에 대한 이해를 위하여 정규화를 하지 않은 경우에 발생하는 문제점에 대하여 [그림 14-38]에 정리하였다.

Student 테이블
Student_number (학번) Student_name (이름) Student_college (학과) Student_major (전공) Course_code (과목코드) Course_name (과목이름) Course_score (과목성적) Professor_code(교수코드) Professor_name(교수이름)

< 고객이 확인해준 사항들을 적용하면 발생하는 문제점 >

- **학생은 학과는 한 개이지만, 전공은 여러 개 가질 수 있다.**
  → (1) (2) : S_Major만의 추가를 위해 나머지 자료를 중복되게 넣어야 한다.
- **같은 과목이름이어도 담당교수가 다르면 다른 과목코드를 가진다.**
  → (2) (3) : P_name, P_code 만 다른데, C_code, C_name은 중복되게 넣어야 한다.
- **학생은 여러 과목을 수강할 수 있다.**
  → (1) (4) : C_code, C_name 만 다른 데, 나머지를 중복되게 넣어야 한다.
- **교수는 여러 과목을 개설할 수 있다.**
  → (1) (4) : P_code, P_name이 중복되게 들어간다.

	S_ID	S_Name	S_College	S_Major	C_Code	C_Name	C_Score	P_Code	P_Name
(1)	1111	Tom	Computer	**software**	C_1245	Software Eng	90	11300	Minho
(2)	1111	Tom	Computer	**signal control**	C_1245	Software Eng	90	11300	Minho
(3)	2222	Jim	Society	management	C_1299	Software Eng	78	12000	Cho
(4)	3333	Kate	Computer	programming	C_1400	Design	76	11300	Minho
(5)	1111	Tom	Computer	software	C_1400	Design	80	11300	Minho

[그림 14-40] 정규화하지 않는 경우에 발생하는 문제점 정리

[그림 14-40]의 내용은 중요한다. E-R 모델링을 수행하면서 개체로 Student가 생성되었다고 가정한다. 그래서 Student 개체에 속하는 데이터항목을 찾아보았는데, 여기에 속하는 데이터항목이 아래와 같이 정리되었다고 가정한다. (대부분 잘 만들어진 E-R 모델링에서는 이렇게 될 수가 없다. 하지만 공부를 위하여 정리된 데이터 항목이 아래와 같다고 가정한다.)

- Student_number (S_ID : 학번)
- Student_name (S_Name : 이름)
- Student_college (S_College : 학과)
- Student_major (S_Major : 전공)
- Course_code (C_Code : 과목코드)
- Course_name (C-Name : 과목이름)
- Course_score (C_Score : 과목성적)
- Professor_code (P_Code : 교수코드)
- Professor_name (P_Name : 교수이름)

Student 개체를 관계형 데이터베이스에 생성한 후에, 데이터의 입출력을 수행하면 [그림 14-40]에 설명한 것과 같은 문제가 발생하게 된다.

이해를 위하여 자세히 설명한다. Tom이라는 학생이 전공을 2개(=software, signal control) 가지는 경우가 발생하면, [그림 14-40]의 Student 개체를 테이블로 만든 경우에

- [그림 14-40]의 (1) (2)에서 확인할 수 있는 것과 같이
- Tom 학생의 전공을 저장하기 위하여, (1)번 레코드를 채운 다음
- (2)번 레코드에 S_ID, S_Name, S_College를 중복해서 넣어야 하고,

  → **데이터의 중복이 발생**

- 그 외, C_Code, C_Name, C_Score는 어떤 것을 넣어야 하는지 명확하지 않다.
- P_Code, P_Name도 어떤 것을 넣어야 하는지 명확하지 않다.

  → **입력된 데이터의 애매성이 발생(software 전공에 해당하는 것을 넣어야 하는지, 아니면 signal control 전공에 해당하는 것을 넣어야 하는지 결정할 수 없다)**

[그림 14-40]에 있는 다른 경우도 위와 같은 방식으로 차근차근 살펴보기 바란다.

결론적으로 정규화는 관계형 데이터베이스에서 위의 예에서 설명한 것과 같은 데이터 중복이나 애매한 데이터의 상황이 발생하지 않도록 예방하는 기법이다. 정규화의 수행 과정을 일반인들이 어려워할 것 같아서, 선배들이 체계적으로 정리한 정규화의 수행단계가 있다. 자세한 내용은 다음과 같다.

- 정규화의 수행 단계는
  - 제1 정규화 : 중복되는 필드는 분리한다.
  - 제2 정규화 : 개체 또는 테이블에 있는 모든 속성은 후보키(Candidate Key)에 종속적이어야 한다.
  - 제3 정규화 : 개체 또는 테이블에 있는 모든 속성은 기본키(Primary Key)이외의 다른 것에 종속적이면 안 된다.
  - BCNF(Boyce and Codd Normal Form) : 3차 정규화를 만족하면서 테이블의 모든 속성은 후보키에 속한다.

정규화의 수행 단계에 대한 자세한 설명은 다음 절에서 예를 들어 제공한다.

사실, 정규화 하는 절차를 한마디로 요약하면 "데이터의 중복이나 어떤 데이터가 들어가야 하는지 애매한 상황이 되면 개체(테이블)를 분리하라"는 말로 정리할 수 있다.

최근에는 정규화의 두 가지 목적(중복과 애매함의 제거) 중에서 중복에 대한 부분은 약간 무시하는 경향이 있다. 이유는 정규화를 너무 완벽하게 하다 보면, 개체(테이블)가 너무 많이 생기게 된다. 그러면, 데이터의 입/출력을 위한 SQL문의 작성이 복잡하게 된다. 어떤 경우에는 불가능해 질 수도 있다. 그래서 데이터가 중복되더라도 하나의 테이블로 구성하는 것이 시스템의 운영에 도움이 되는 경우가 많다. 물론 데이터의 애매성이 없다는 전제하에 진행한다.

즉, 데이터의 중복을 없애기 위해 정규화를 원칙대로 진행하는 것보다, 어느 정도 반복을 허용하더라도 손쉬운 데이터 조작이 가능한 환경을 만드는 것이 좀 더 선호되고 있다. 이유는 디스크의 값이 과거에 비교하여 엄청나게 저렴해졌고, 컴퓨터가 빨라져서 어느 정도의 중복으로 인한 손실이 프로그램 제작의 어려움보다 작기 때문이다.

마지막으로, 개체관계 모델링을 제대로 하게 되면 정규화를 별도로 하지 않아도 된다는 점을 기억하기 바란다. 어느 정도의 데이터 중복을 허용한다면, 개체관계 모델링을 수행하는 시점에서 개체를 구체적으로 설정하면 정규화 과정을 수행하지 않아도 된다.

[그림 14-35]의 Product를 작은 단위로 분리했던 것을 기억하면 된다.

14.8.7 정규화 수행 사례

이번에는 앞에서 예로 제시하였던 Student 개체를 대상으로 정규화 단계를 적용하여 보겠다. 저자의 설명은 원리의 이해를 위한 것임을 기억하시고 진행하면 된다. 정규화 수행의 단계는 앞 페이지에서 정리한 것을 기준으로 진행하도록 하겠다.

[제1 정규화] 중복할 수 있는 필드는 분리한다. : [그림 14-41]

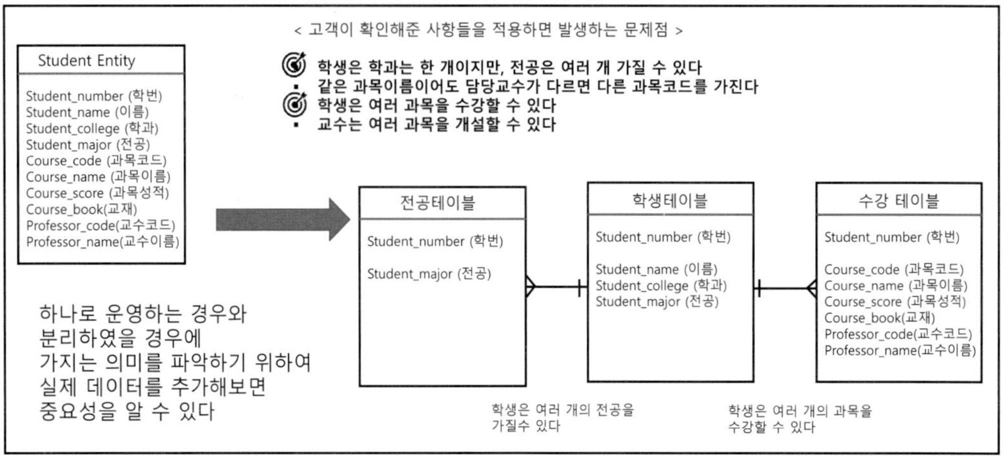

[그림 14-41] 제1 정규화의 수행 예

화살표 글머리기호를 가지는 두 가지 요구사항이 중복을 발생시키는 경우에 해당한다. 그래서 이것을 별도의 개체(테이블)로 분리한다.

[제2 정규화] 개체의 모든 속성은 후보키에 종속적이어야 한다. : [그림 14-42]

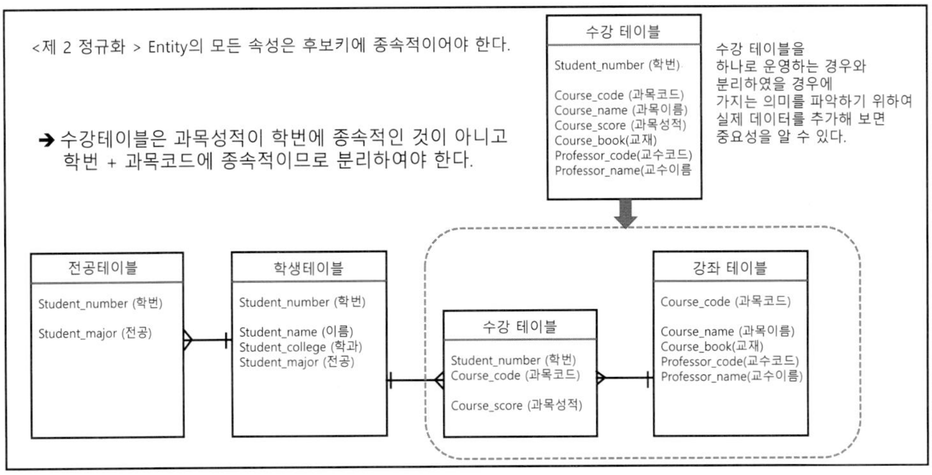

[그림 14-42] 제2 정규화의 수행 예

[그림 14-40]의 수강테이블을 살펴보면 제 2 정규화 대상이 된다. 그러므로 2개의 테이블로 분리한다.

[제3 정규화] 개체의 모든 속성은 기본키 외 다른 것에 종속적이면 안 된다. : [그림 14-43]

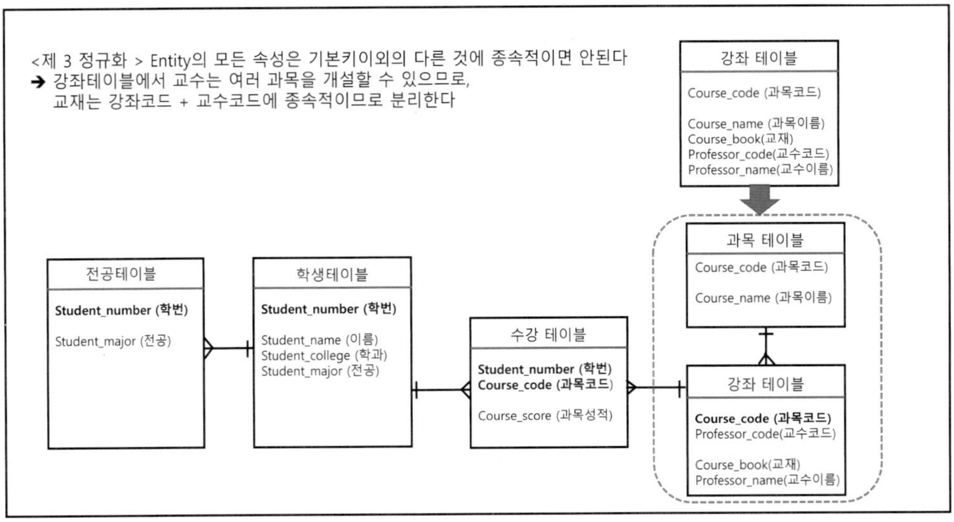

[그림 14-43] 제3 정규화의 수행 예

앞의 설명을 통하여 1,2,3 정규화를 수행하는 요령은 파악했을 것이다. 한 가지 강조하고 싶은 것은 앞의 예에서 수행했던 절차나 과정이 꼭 정답은 아니라는 것이다. 1,2,3 정규화의 원칙을 기반으로 주어진 개체(테이블)를 살펴본 후에 수행해야 하는 것이다. 아마도 과정은 사람마다 다를 수 있지만 최종 결과는 거의 같다. 예로 수행한 단계는 그 중의 하나이고, 수행한 이유는 각 단계마다 명시하였다. 이렇게 구성된 개체(테이블)를 기반으로 테이블을 구성하면, 중복이 최소화되고, 가지고 있는 데이터의 애매함도 해결되게 된다.

대부분의 경우, 정규화는 1,2,3단계 정도까지만 수행한다. 원래는 BCNF를 포함해서 5단계까지 있지만 거의 사용하지 않기 때문에 여기서 설명하지는 않겠다. 이제 마지막 단계이다. 앞에서 수행한 1,2,3단계 정규화 결과를 기반으로 데이터를 넣어보면, 애매함과 중복성이 없어진 것을 직접 확인할 수 있다.

[그림 14-43]을 보고 주어진 데이터를 각각의 테이블에 위치시켜 보아라. 이 과정을 통하여 원래의 데이터 테이블이 가진 문제가 정규화 후 분리된 테이블에서 어떻게 해결되는지를 확인할 수 있다. [그림 14-44]

S_ID	S_Name	S_College	S_Major	C_code	C_name	C_score	P_code	P_name
1111	Tom	Computer	**software**	C_1245	Software Eng	90	11300	Minho
1111	Tom	Computer	**signal control**	C_1245	Software Eng	90	11300	Minho
2222	Jim	Society	management	C_1299	Software Eng	78	12000	Cho
3333	Kate	Computer	programming	C_1400	Design	76	11300	Minho
1111	Tom	Computer	software	C_1400	Design	80	11300	Minho

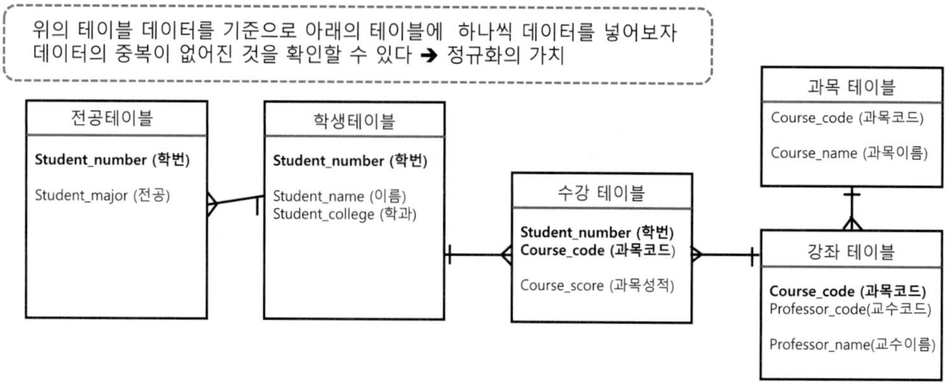

[그림 14-44] 정규화의 수행 결과 확인

14.9 업무시스템 구축(BSC)

정보공학 방법론의 마지막 단계인 업무시스템 구축에 대하여 설명할 단계이다. 업무시스템 구축은 아래의 4단계로 구성된다.

- 기술설계(Technical Design)
- 구축(Construction)
- 전환(Transmitting)
- 운용(Production)

각 단계에서 수행하는 작업의 상세 내용은 이미 정보시스템 구축에 관련된 부분에서 충분히 학습하였다.

여기에서는 업무시스템 구축에서 수행하는 중요 작업에 대해서만 보충 설명하도록 하겠다. 여기에 서술하는 작업은 성공적인 시스템의 구현을 위하여 반드시 수행되어야 하는 것이다.

【 업무 시스템 구축의 중요 작업 】

- **데이터 사용분석**(Data Usage Analysis)
  - 비즈니스 업무 프로세스의 최소 단위인 트랜잭션(Transaction)의 발생량을 토대로 구현된 시스템의 부하를 분산하기 위하여 수행하는 작업을 말한다.
- **물리적 데이터베이스관리 시스템 설계**(Physical DBMS Design)
  - 개체관계모델을 기반으로 성능 및 조작/운영 편리성을 최적 상태로 수행할 수 있도록 데이터베이스 관리 시스템을 만들고 사용하는 작업을 말한다.
- **분산분석**(Distribution Analysis)
  - 데이터와 프로세스를 종합적으로 고려하여 서버의 위치 및 크기를 결정하고, 구성을 최적화하여 전체 시스템의 부하를 평준화하고 운영의 효율화를 구현하는 작업을 말한다.
  - 지역, 프로세스, 데이터의 3가지 요소를 종합적으로 고려하여 결정하여야 한다.

14.10 정리

정보공학 방법론은 데이터를 중심으로 정보시스템을 구축하는 방법을 제공한다. 그러므로 개발 방법론의 발전과정을 먼저 이해하는 것이 중요하다.

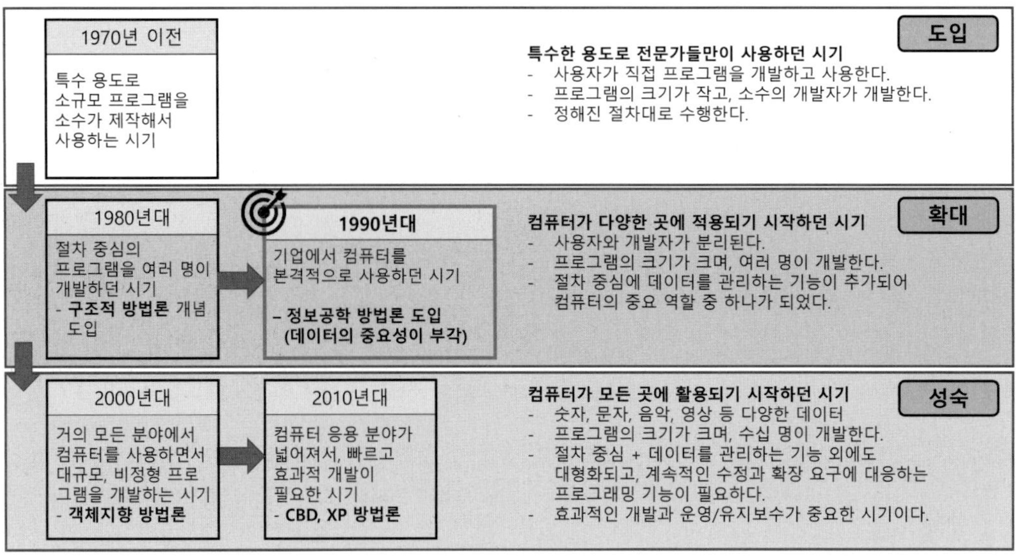

그다음 정보공학 방법론의 구성에 대하여 전체를 이해하여야 한다.

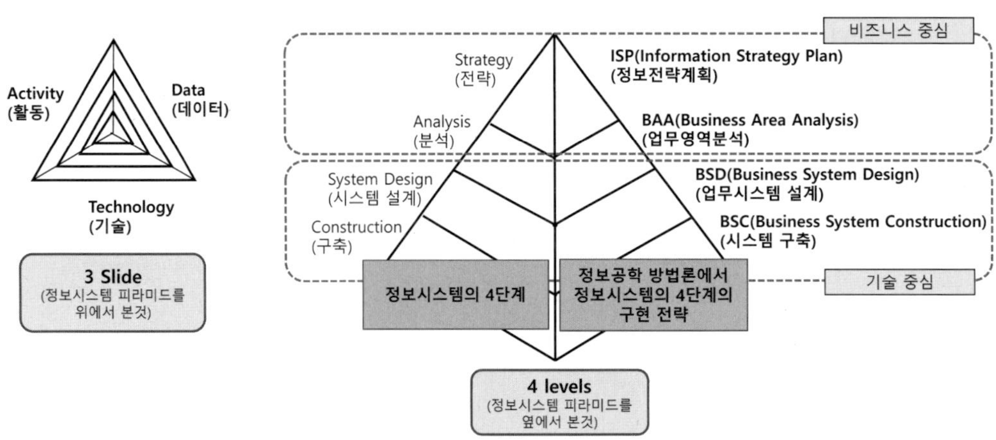

실제 정보공학 방법론을 적용할 때, 아니면 모든 정보 시스템을 개발할 때 반드시 해야 하는 일이 개체관계 모델링이다.

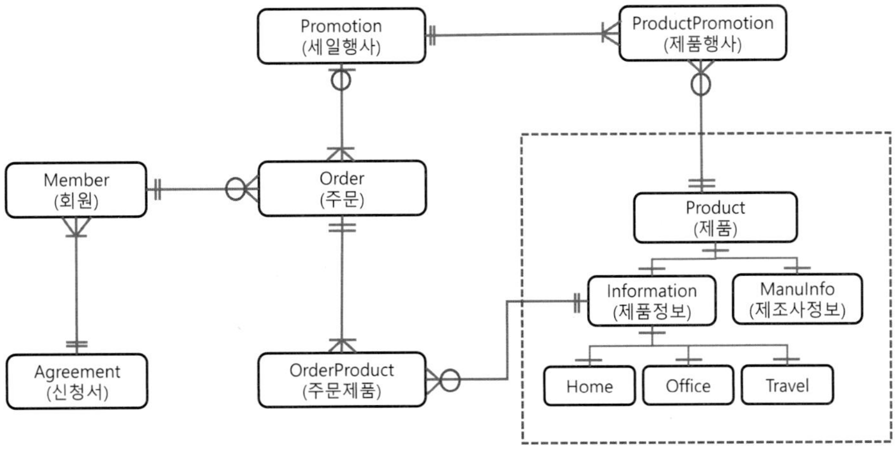

잘 수행된 개체관계 모델링은 데이터베이스 관리 시스템의 실제 구성에 그대로 적용되고 프로그램의 제작 시에도 큰 영향을 미친다.

정규화는 데이터 중복과 애매성이 발견되는 경우에 적용하는 특수한 기법이라는 점을 기억하면 된다. 개체관계 모델링이 잘 수행되면 정규화를 하지 않아도 된다.

마지막으로 개체관계 모델링을 만드는 과정을 정리한다.

- 사용자의 의견이나 요구사항에 맞추어 객체관계모델을 제작한다.
- 모델이 1 : 1 또는 1 : N으로만 구성되었는지 확인하고, N : N이 있으면 중간테이블을 넣어서 N : N의 관계를 제거해야 한다.
- 개체(entity)가 가지는 데이터항목과 기본키(Primary Key)를 설정한다.
- 개체 간의 관계에 근거하여 외래키(Foreign Key)를 설정한다.
- 하나의 개체가 너무 많은 데이터를 가지는 경우, 이것은 1 : 1의 관계를 가지는 여러 개체로 분할한다.
- 이 상태에서 한 개의 개체를 구성하는 데이터가 중복되거나 어떤 데이터를 넣어야 할지 애매한 경우 정규화를 적용한다.

연습문제

01. 정보공학 방법론을 정의하고 다른 방법론과의 차이점을 논하시오.

02. 정보공학 방법론의 구성에 대하여 설명하시오.

03. 정보공학 방법 중에서 ISP를 수행하는 단계에 대하여 구체적으로 설명하시오.

04. 정보공학 방법 중에서 업무영역분석에서 수행하는 중요과정을 정리하시오.

05. E-R 모델링을 정의하시오.

06. E-R 모델링에서 다대다의 관계가 문제가 되는 이유를 설명하고, 해결방안을 설명하시오.

07. 정규화를 정의하고, 언제 정규화를 수행하는지 설명하시오.

08. [그림 14-41]의 데이터를 이용해서 정규화된 테이블을 완성하시오.

15

소프트웨어 모델링 중 객체지향 방법론

정보시스템의 개발을 위해 만들어진 방법론 중에서 가장 최근에 개발된 것이 객체지향 방법론이다.
큰 규모, 많은 기능 변화를 요구하는 소프트웨어의 개발 요구에 맞추어 개발된 것이다. 최근의 모든 정보시스템은 큰 규모이고 많은 기능을 요구하며 기능이 계속 변화하므로 객체지향 방법론이 자주 사용된다. 이번 장에서는 객체지향 개념을 소개하고 모델링 개념을 정리한다. 그리고 모델링 방법인 UML에 대하여 공부한다. 모든 과정을 진행하면서 중점을 두는 점은 객체지향 모델링과 코딩을 연결하는 것이다. 실제로 실행 가능한 소스도 제공한다. 이런 방식으로 설명하는 이유는 객체지향 방법론은 개발할 프로그램의 코딩을 위하여 개발된 방법론이기 때문이다.

15.1 객체지향의 개념

정보시스템을 개발하기 위하여 방법론이 개발되었다는 것은 필요성이 있기 때문이다. [그림 15-1]에 이미 독자들에게 익숙한 그림을 다시 보여준다.

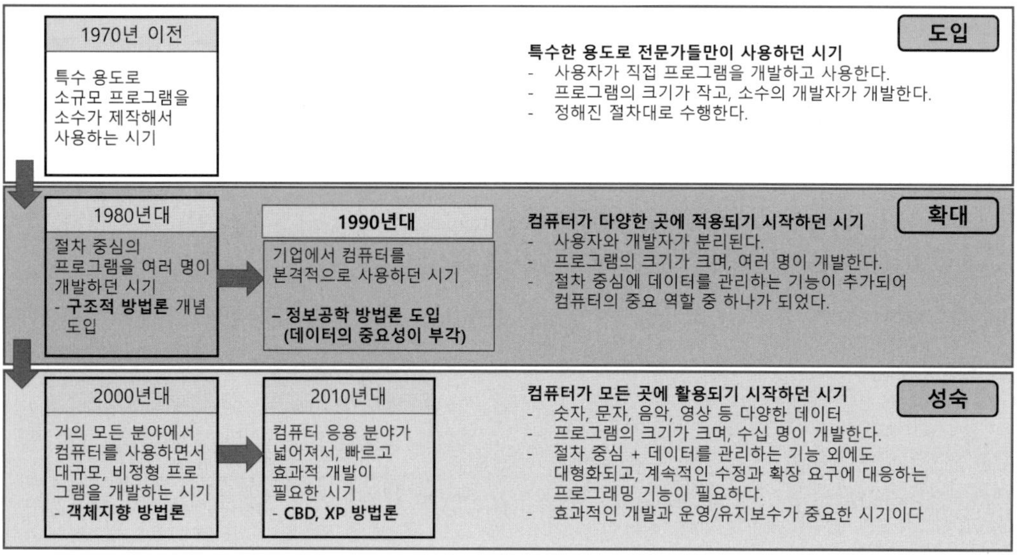

[그림 15-1] 컴퓨터 발전의 역사 정리

컴퓨터가 개발되어 순서대로 업무를 처리하기 시작한 이후, 순서대로 처리할 내용이 길어지거나 처리할 순서가 다양해지고 복잡해져서 만들어 진 것이 **구조적 방법론**이고, 컴퓨터가 데이터를 다룰 수 있게 되면서 회사 업무에 컴퓨터를 적용하고자 해서 만들어진 것이 **정보공학 방법론**이다. **컴퓨터가 수행할 작업이 너무 크고, 복잡하고, 데이터의 종류도 많고, 처리할 절차도 많고, 변경이 빈번한 경우에 멋진 프로그램의 제작을 위해서 만들어진 것이 객체지향 방법론이다.**

위의 설명을 이해하였다면, 객체지향 방법론에서 우리가 배워야 하는 점을 알 수 있다.

【 객체지향 방법론에서 우리가 배워야 할 것 】

- **프로그램의 제작에 관련된 방법론**이다.
- 프로그램이 크고, 수정이 빈번하고, 오랜 시간 지속적으로 사용하며, 여러 개발자가 관여하므로 **각 모듈간의 연관성이 최소화**되어야 한다.
- 프로그램을 구성하는 모듈의 개발을 위해 다른 부분을 살펴보는 일이 없어야 한다.
- 많은 개발자가 관여하므로 전체를 총괄하는 **프레임워크가 필요**하다

객체지향에서 우리가 배워야 할 것은 어떻게 프로그램의 모듈간 연관성을 최소화하고, 다른 모듈에 대한 참고 없이 새로운 기능을 개발 적용하거나 기존 기능을 보완할 수 있도록 하는 프로그래밍 기법이다. 추가적으로, 개발된 프로그램의 유지보수 및 추가 개발을 쉽게 하도록 프로그램을 개발해야 하는데 이 부분은 16장에서 다룬다. 이제 객체지향 방법론의 공부 방향을 알았다. 먼저 용어의 정의부터 시작한다.

15.1.1 프로그래밍이란 무엇인가?

프로그래밍(Programming)의 정의

주어진 과제를 단위 작업으로 분리하여 시간의 순으로 배열하는 것

【예】 웨딩 프로그래밍은 웨딩을 단위작업(부모입장, 신랑입장 등)으로 분리한 후, 시간 순으로 배열하는 것을 말한다.

컴퓨터 프로그래밍은 컴퓨터가 수행할 과제를 단위작업으로 분리하여 시간의 순으로 데이터의 입출력 과정을 반복하는 것을 말한다. 컴퓨터 프로그래밍에서 수행하는 작업은 데이터(80%)와 프로세스(20%)로 구성된다.

코딩(Coding)의 정의

프로그래밍된 것을 특정 컴퓨터 언어로 옮기는 것

【예】 프로그래밍 된 것을 파이썬(Python) 언어로 표현하는 것

객체지향 프로그래밍의 정의 : 저자에 의한 정의

대규모 프로그램(=소스의 크기, 개발자의 수, 개발 기간이 큰 것)의 개발을 전제로, 데이터와 메소드의 종류가 많고, 지속적으로 수정, 기능 추가가 발생하는 환경에서 소프트웨어의 개발, 운영, 기능변경이 가능하도록 프로그램을 제작하는 것을 말한다.

즉, 자바를 사용하여 프로그램 되었다고 해서 객체지향 프로그램이라고 하지 않는다는 것이다. **객체지향 프로그래밍은 아래의 두 가지 조건을 만족하는 프로그램을 지칭하는 것이지 객체지향 기법이나 언어를 사용했다고 해서 붙여지는 이름이 아니다.**

객체지향 프로그램이 가져야 하는 기본 조건 _ 15.3, 15.4에서 설명

- 특정 클래스의 수정/생성이 다른 클래스에게 영향을 미치면 안 된다(디자인 패턴의 영역 (16.5 참조)).
- 기능을 추가/변경하고자 할 때, 다른 부분을 이해할 필요가 없어야 한다(디자인 패턴의 영역 (16.5 참조)).
- 프로그램의 유지보수가 쉽도록 작성되어야 한다(리팩토링의 영역 (16.6 참조)).

그러므로 15, 16장을 통하여 객체지향 프로그램이 가져야 하는 기본조건을 만족하도록 프로그램을 제작하는 요령을 습득하기 바란다. 그러면, 객체지향 프로그래밍이 요구하는 복잡한 조건을 해결하기 위하여 도입된 방법에 대하여 설명할 시간이 되었다.

15.1.2 객체지향 프로그래밍의 핵심 개념

객체지향 프로그래밍의 데이터 및 메소드 다루기

- 클래스 : 프로그램에서 사용하는 데이터와 메소드를 묶어서 만드는 사용자정의 자료형
- 객체 : 클래스의 형태를 가지는 데이터 이름

(예) **int salary;** // 일반 프로그램에서의 데이터 선언,
// **int ➔데이터 타입, salary ➔ 데이터의 이름**
// int는 기본 데이터 타입이므로 크기를 알고 있어서 별도의 new가 불필요하다.

Book book = new Book(); // 객체지향 프로그램에서의 데이터 선언
// **Book ➔ 데이터 타입(사용자 정의형), book ➔ 데이터의 이름**
// new를 사용하는 이유는 선언한 데이터 타입(Book)의 크기를 미리알 수 없기 때문이다.

(참고) 자바스크립트에서는 클래스는 지원하지 않고 객체만 사용한다. 이런 언어를 객체중심 언어라고 한다.

즉, 객체지향 프로그래밍에서는 많은 데이터와 메소드를 다루기 위하여 데이터와 메소드를 묶어서 처리하는 클래스와 객체 개념을 이용한다. 클래스와 객체의 효과적인 사용을 위하여 추가적으로 도입된 네 가지 기법이 있다.

객체지향 프로그래밍의 네 가지 기법

- **추상화**(Abstraction) : 프로그램이 다루어야 하는 데이터와 메소드를 클래스를 이용하여 사용자 정의 자료형으로 선언한 다음, 프로그램에서 사용하는 것을 말한다.
- **캡슐화**(Encapsulation) : 만들어진 객체를 구성하는 데이터와 메소드를 사용하는 권한과 책임을 설정하는 것을 말한다.

  : Private, Protected, Public의 3가지 권한 종류가 있다.
- **상속**(Inheritance) : 비슷한 모양의 클래스를 정리하기 위한 방법이다.

  : 상속, 인터페이스(Interface), 추상클래스(Abstract Class)의 3가지 개념이 사용된다.
- **다형성**(Polymorphism) : 상속과 연관된 부분으로 같은 이름, 다른 기능을 가지도록 메소드를 구현하는 것을 말한다.

  【예】 Report() 메소드는 여러 객체에서 동일한 이름을 가지지만, 수행하는 객체에 따라서 다른 모양의 리포트를 출력한다.

15.1.3 클래스의 개념

클래스를 이해하기 위하여 아래의 프로그램 수행 결과를 살펴보겠다.

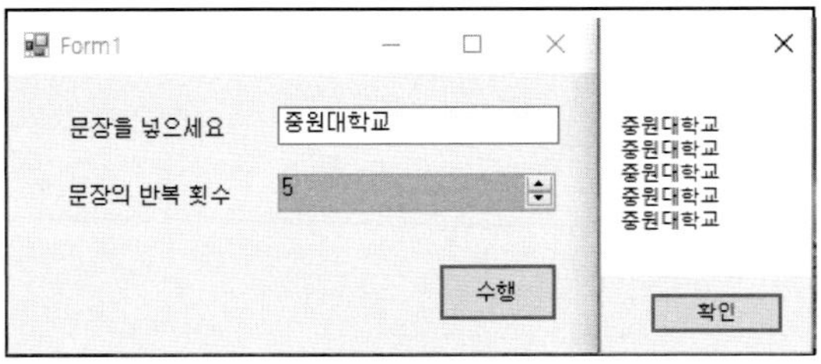

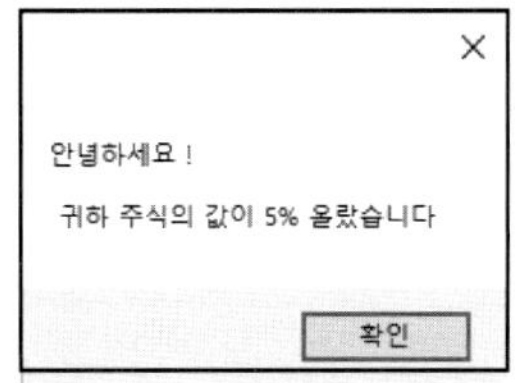

위 프로그램의 수행 순서는 다음과 같다.

- 프로그램이 수행되면 화면이 열린다.
- 문장과 반복 횟수를 넣은 후에, 수행 버튼을 누르면
- 별도의 윈도우가 열리면서 문장이 반복 횟수만큼 반복 출력된다.
- 이후, 확인 버튼을 누르면 별도의 윈도우에서 주식값의 변화가 출력된다.

위의 프로그램을 제작할 때, 수행 순서에 따른 기능을 각각 별도로 구성하여도 큰 문제없이 수행될 수 있다. 실제로 C#으로 제작된 프로그램 소스가 [그림 15-2]에 있다.

[그림 15-2]의 소스를 보면

- 첫 화면을 보여주고 "수행" 버튼을 누르면 아래의 작업을 순차적으로 수행한다.
  - 입력문자열 저장을 위한 변수 선언
  - 화면에서 입력된 값을 읽어서 각각 해당하는 변수에 할당 : 문자열과 반복 횟수
  - 입력된 문장을 입력된 횟수만큼 반복해서 출력용 문자열 생성
  - 새로운 윈도우를 열고 출력
- 이후에 주식값의 변동을 보여주는 다른 기능을 수행하게 된다.

```
using System;
using System.Collections.Generic;
using System.ComponentModel;
using System.Data;
using System.Drawing;
using System.Linq;
using System.Text;
using System.Threading.Tasks;
using System.Windows.Forms;

namespace WindowsFormsApp1
{
    public partial class Form1 : Form
    {
        public Form1()
        {
            InitializeComponent();
        }

        private void Form1_Load(object sender, EventArgs e)
        {

        }

        private void button1_Click_1(object sender, EventArgs e)
        {
            string result = "";

            string Text = textBox1.Text;
            int repeat = (int)numericUpDown1.Value;

            for (int count = 0; count < repeat; count++)
            {
                result = result + Text + "\n";

            }
            MessageBox.Show(result);

            MessageBox.Show("안녕하세요 ! \n"+"\n 귀하 주식의 값이 5% 올랐습니다");
        }
    }
}

```

[그림 15-2] 예제의 소스코드

이때, "수행" 버튼을 누를 때 수행되는 작업은 [그림 15-2]처럼 개별 코드로 구현해도 전혀 문제가 없지만

이 작업들은 현 프로그램의 성격상, 상호연관성도 많고 동시에 수행되어야 하는 것이므로 하나의 단위로 묶어서 처리하면 좋을 것으로 보인다. 이렇게 하면 프로그램을 읽기도 쉽고 관리하기도 편하다(나중에 묶은 것을 다른 곳에서 사용할 수도 있다).

만약 프로그램이 커진다면, 프로그램을 제작할 때, [그림 15-2]처럼 각각 작성하는 것은 관리상으로도 효율적이지 않다. 그러므로 연관성이 있는 것을 묶어서 처리하고 싶은데, 대상이 되는 부분이 데이터로만 구성되어 있다면 구조체를 이용할 수 있다. 하지만 [그림 15-2]는 데이터 외에 함수도(=for 문) 포함하고 있다. 그래서 별도의 기능을 정의해서 사용해야 한다. 그래서 만든 것이 "클래스"이다.

"클래스"는 데이터와 함수를 묶어서 사용자가 새로운 데이터 형을 선언할 수 있도록 만든 것이다. [그림 15-2]의 소스를 클래스를 이용하여 새로 제작한 것이 [그림 15-3]에 있다.

동시에 수행되어야 하는
데이터 선언, 데이터를 만드는 메소드,
데이터를 보여주는 것, 데이터의 길이 반환
작업을 한번에 수행하는 새로운 데이터 형인
MinhoClass를 선언한다

```
namespace WindowsFormsApp1
{
    static class MinhoClass
    {
        public static string result = "";

        public static int MsgHandling(string Text, int repeat)
        {
            for (int count = 0; count < repeat; count++)
            {
                result = result + Text + "₩n";

            };
            MessageBox.Show(result);
            return 0;
        }
    }
}
```

```
namespace WindowsFormsApp1
{
    public partial class Form1 : Form
    {
        public Form1()
        {
            InitializeComponent();
        }

        private void Form1_Load(object sender, EventArgs e)
        {

        }

        private void button1_Click_1(object sender, EventArgs e)
        {
            int length = MinhoClass.MsgHandling(textBox1.Text, (int)numericUpDown1.Value);
            MessageBox.Show("안녕하세요 ! ₩n"+"₩n 귀하 주식의 값이 5% 올랐습니다");
        }
    }
}
```

[그림 15-3] 클래스로 재작성한 코드

클래스선언에 집중하고 다른 부분은 언어마다 다른 것이니 일단은 무시해도 된다. 그리고 클래스 부분을 제외하면 프로그램이 간단하고 읽기 쉽게 바뀌었다는 것을 확인하기 바란다.

[그림 15-3]의 소스는 데이터와 메소드(함수)로 구성된 클래스를 선언하고, 메인 프로그램에서 이것을 불러 사용하고 있다.

만약, 업무분석을 잘하여 연관성이 있고 동시 수행되며, 많은 업무에서 공통적으로 사용되는 것을 뽑아내서 클래스로 정의할 수 있다면 프로그램을 개발하는 시간도 절약되지만, 유지보수도 훨씬 쉬워질 것이다. 하지만, 반대로 업무분석이 제대로 되지 않아서 클래스로 선언된 것들이 데이터나 절차가 자꾸 바뀌어서 어떤 곳은 클래스로 쓰고, 어떤 곳은 각각 구현하는 형식이 된다면 오히려 프로그램의 제작이나 운영이 더 어려워지게 된다.

객체지향 프로그램을 함부로 하면 안 되는 이유가 여기에 있다.

지금까지 클래스가 무엇이고 왜 필요하며 어떻게 사용하는지에 대하여 설명하였다.

중요한 내용이므로 다시 정리해보자.

클래스는 프로그램을 구성하는 부분 중에서 상호연관성도 많고 동시에 수행되어야 하는 부분을 묶어서 처리함으로써 프로그램 개발을 편리하게 하기 위하여 개발된 개념이다(연관된 데이터와 메소드를 따로 기억할 필요가 없다).

구조체, 배열과는 데이터 외에 함수를 포함한다는 측면에서 차이가 있고, 함수와는 자료형처럼 취급된다는 점에서 차이가 있다. 클래스는 연관된 데이터와 메소드를 하나의 자료형처럼 선언하고 사용함으로써 개발자를 편리하게 하고, 프로그램의 가독성을 좋게 해서 운영성이 높아진다.

그러므로 객체지향 프로그램은(=대규모 프로그램은) 개발자의 개인 능력에 의존하는 기존 프로그램과는 다르게 전체 시스템을 대상으로 상세한 업무분석을 수행한 후에 클래스를 설계한 다음 프로그램을 제작하는 것이 효과적이다.

15.1.4 객체의 개념

앞에서 클래스의 필요성과 주의사항에 대하여 설명하였다. 클래스 개념이 도입되어 큰 프로그램을 제작할 때 연관 있는 데이터, 메소드를 묶어서 처리할 수 있게 됨으로써 프로그램이 좀 더 간단하게 작성될 수 있었다.

그런데 프로그램을 제작하다 보니, 선언된 클래스와 형태는 동일한데 내부의 값만 다른 경우가 발생하였다. 이런 경우에 각자를 별도의 클래스로 선언하여 사용하는 것은 복잡한 일이다. 예를 들어, 예금을 다루는 프로그램에서 통장 관련 기능을 클래스로(=잔고, 입력/출력 기능) 가정할 때, 조민호의 통장과 김주연의 통장을 별도의 클래스로 선언하여 사용하는 것은 복잡하고 어렵다.

그래서 클래스를 사용자 정의 자료형으로 보고 클래스 모양을 가지는 변수를 선언하여 사용하자는 아이디어가 나왔다. 이때 클래스 모양을 가지는 변수를 객체(Object)라고 하고, 클래스에서 생성된 객체를 그 클래스의 인스턴스(Instance)라고 한다.

```
(예)  int salary;                 // 일반 프로그램에서의 데이터 선언,
                                  // int ➔데이터 타입,  salary ➔ 데이터의 이름
                                  // int는 기본 데이터 타입이므로 크기를 알고 있어서 별도의 new가 불필요하다.

      Book book = new Book();     // 객체지향 프로그램에서의 데이터 선언
                                  // Book ➔ 데이터 타입(사용자 정의형),  book ➔ 데이터의 이름
                                  // new를 사용하는 이유는 선언한 데이터 타입(Book)의 크기를 미리알 수 없기 때문이다.
```

위의 예에서

- Book은 클래스의 이름으로, 사용자 정의 자료형이며
- book은 객체로 Book형의 모양을 가진다.
- book은 Book의 인스턴스이다.

[그림 15-3]의 코드에서 선언된 MinhoClass 모양을 가지는 것이 여러 개 필요한 경우에는 객체(Object)를 사용하여 프로그램을 간단하게 할 수 있다.

[그림 15-4]에 객체를 생성하여 사용하는 예가 있다.

```
namespace WindowsFormsApp1
{
    public partial class Form1 : Form
    {
        MinhoClass minhoClass1 = new MinhoClass();
        MinhoClass minhoClass2 = new MinhoClass();

        public Form1()
        {
            InitializeComponent();
        }

        private void Form1_Load(object sender, EventArgs e)
        {

        }

        private void button1_Click_1(object sender, EventArgs e)
        {
            int length1 = minhoClass1.MsgHandling(textBox1.Text, (int)numericUpDown1.Value);
            MessageBox.Show("안녕하세요 ! ₩n"+"₩n 귀하 주식의 값이 5% 올랐습니다");

            int length2 = minhoClass2.MsgHandling(textBox1.Text, (int)numericUpDown1.Value);
            MessageBox.Show("안녕하세요 ! ₩n" + "₩n 귀하 주식의 값이 10% 올랐습니다");
        }
    }
}
```

```
namespace WindowsFormsApp1
{
    class MinhoClass
    {
        public string result = "";

        public int MsgHandling(string Text, int repeat)
        {
            for (int count = 0; count < repeat; count++)
            {
                result = result + Text + "₩n";

            };
            MessageBox.Show(result);
            return 0;
        }
    }
}
```

[그림 15-4] (그림15-3)를 객체 버전으로 확장한 예

결국, 객체는 클래스를 활용하기 위하여 도입된 개념이다. 클래스는 사용자 정의 자료형의 모양을 정하는 기능을 하고, 객체는 클래스의 모양을 가지는 변수라고 할 수 있다.

프로그램을 제작할 때, 아래의 두 경우를 염두에 두어야 한다.

- **클래스만을 사용하는 경우**

  : 묶은 부분이 유일하게 사용되는 경우에 적용한다. 대부분의 객체지향 언어에서는 클래스 앞에 static을 붙여서 유일하게 사용되는 경우를 명시한다.

- **클래스와 객체를 사용하는 경우**

  : 대부분이 이 경우에 해당된다.

이 시점에서

- **과거 "객체지향 프로그래밍(object-oriented)"이라는 단어를 만들었던 선배가**
- **왜 "클래스지향 프로그래밍(class-oriented)"이라고 하지 않고**
- **"객체지향 프로그래밍"이라고 하였는지에 대해 이유를 생각해보기 바란다.**

단어를 만든 그분에게 직접 들은 것은 아니지만, 객체지향 프로그래밍이라고 한 이유는 프로그램은 데이터를 다루는 것이고, 데이터는 객체에 들어가기 때문인 것 같다.

예를 들어 int a; 에서 int가 중요한가?, 아니면 a가 중요한가? 마찬가지로 Book book; 에서 Book이 중요한가? 아니면 book이 중요한가? 당연히 데이터를 가지는 a와 book이 중요하다. 그래서 객체지향 프로그래밍이라고 이름을 붙인 것이 아닐까 생각한다.

15.1.5 클래스, 객체의 개념의 정리

클래스 객체를 이용한 프로그래밍에서 꼭 짚고 넘어가야 할 것이 있다. 동일한 프로그램에서 클래스를 어떻게 정의하느냐에 따라 결과가 달라지는 것을 [그림 15-5]에 보여준다(16.4.1에 좀 더 자세한 설명이 있으니 참고하라)

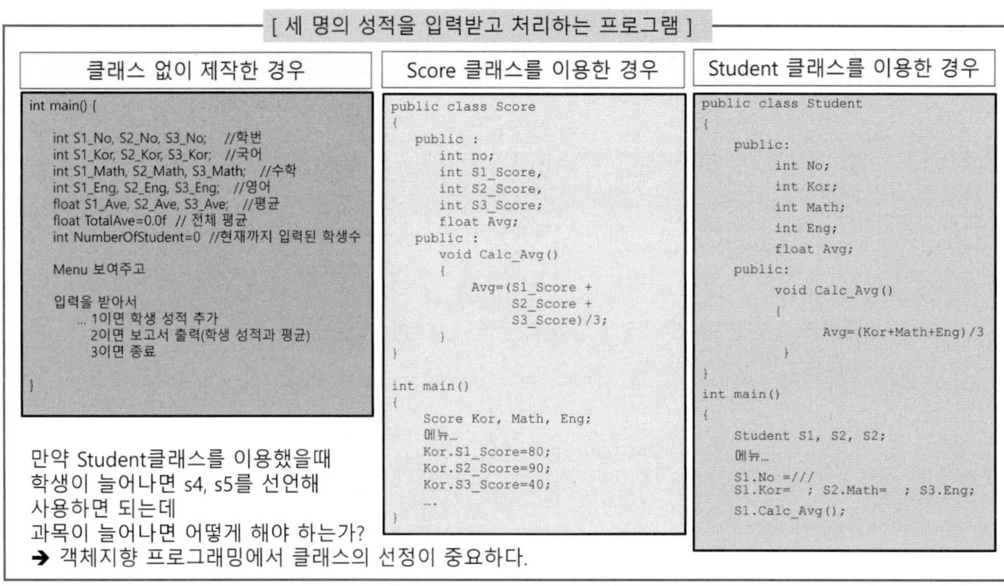

[그림 15-5] 성적처리프로그램을 다양하게 제작한 예

[그림 15-5]는 3명의 학생에 대한 국어, 수학, 영어 성적을 입력하고 평균을 구하는 프로그램이다.

프로그램은 3가지로 제작되었다.

- 클래스를 사용하지 않고 제작한 경우
- 성적을 중심으로 클래스를 선언한 다음 프로그램을 제작한 경우
- 학생을 중심으로 클래스를 선언한 다음 프로그램을 제작한 경우

예를 들어, 학생을 중심으로 클래스를 선언한 다음 프로그램을 제작한 경우를 보면

- 학생 클래스는 국어, 수학, 영어 성적과 평균을 구하는 메소드로 구성된다.
- 프로그램에서 학생이 3명이면, 아래와 같이 선언하면 된다.

  Students S1, S2, S3;
- 만약 학생이 2명 추가되면 아래와 같이 추가해서 처리하면 된다.

  Students S4, S5;

그런데 이 상황에서 "과학" 성적이 추가된다면 어떻게 해야 하는가? 앞의 모든 프로그램과 데이터가 수정되어야 한다. 오히려 클래스 없이 제작한 것보다 못한 결과가 발생하게 된다. 하지만, Score를 클래스로 이용했다면, "과학"이 추가되면 아래와 같이 하면 된다. 즉 Scores Kor, Math, Eng; 에 Scores Sci; 를 추가해서 진행하면 된다. 이 경우에는 "과학"이 추가되어도 기존 프로그램에 변화가 없다. 하지만, 학생이 추가 되면 난리가 나게 된다.

성적처리 프로그램을 제작할 때,

- **클래스 없이 제작하는 경우**
- **Score 클래스를 이용한 경우**
- **Student 클래스를 이용한 경우에 대하여 어느 쪽이 합리적이라고 보는가?**

지금 이 질문이 객체지향 프로그램의 시작점이다. 성적처리 프로그램은 과목이 변동될 기능성은 거의 없고 학생은 늘어날 것이 확실하다. 이런 경우에는 Student 클래스를 이용하여 프로그램을 제작하는 것이 좋다. 그러면 과목이 변동되지 않을 것은 어떻게 알 수 있나? 그것을 알아내기 위하여 개발하기 전에 업무를 분석하고 조사하는 것이다.

지금까지 객체지향 프로그램을 제작할 때, 프로그램보다 업무 분석이 중요한 이유에 대하여 설명하였다.

이해한 바와 같이 잘 정의된 클래스는 프로그램 작성에 큰 도움을 주지만, 잘못 정의된 클래스는 프로그램을 더욱 복잡하게 만든다.

【예】 성적처리에서 학생 숫자가 늘어날 것을 예상하지 못하고 Score 클래스를 이용하여 프로그램을 제작한 경우

마지막으로 클래스의 대상이 될 수 있는 것은 2가지로 분리할 수 있다.

- **연관 있는 데이터와 메소드 : 상속, 추상클래스, 인터페이스로 처리 (15.1 참조)**
- **의미 있는 단위 작업 : Static 또는 Aspect-Oriented Programming으로 처리(15.8 참조)**

이제 앞의 설명을 요약하여 [그림 15-6]에 정리하였다.

	데이터 타입	설명
기본자료형	숫자형(Int, float...)	이진수를 숫자로 인식하는 것이다.
	문자형	이진수를 아스키 코드집에 맞추어 문자로 인식하는 것이다.
	부울형(T, F)	이진수를 T, F로 인식하는 것이다.
사용자가 정의하는 자료형	배열	동일한 기본 자료형/사용자 정의 자료형을 여러 개 모은 자료형이다.
	구조체	다른 형의 기본 자료형/사용자 정의 자료형을 여러 개 모은 자료형이다.
	enum	정해진 형태만을 받아들이는 자료형이다.
	클래스	기본 자료형, 배열, 구조체, enum 등의 모든 자료형과 메소드까지 묶어서 선언하는 사용자 정의 자료형이다.

- 클래스는 대규모 프로그램에서 같이 처리하는 데이터, 메소드를 묶어서 하나의 자료형처럼 선언할 수 있도록 해주는 것이고
- 객체는 클래스를 이용하여 선언된 데이터저장소를 말한다.
- 클래스를 정의하는 시점에, 클래스에 정의된 것들이 나중에 따로 또는 부분적으로 사용되는 경우가 없는지 사전에 확인해야 한다.
  - **만약, 따로 사용되는 경우가 많다면 클래스로 선언할 필요가 없고,**
  - **대부분 같이 수행되는데, 그 중 일부만 바뀌는 경우라면 상속을 이용하여 처리할 수 있다.**

[그림 15-6] 프로그램에서 사용하는 데이터 타입 정리(저자의 생각)

클래스를 사용자 정의 자료형에 포함시킨 것은 저자 개인의 생각이지만, 독자들이 클래스에 대해 올바른 시각을 가지기를 바라는 바람이기도 하다. 클래스는 신기한 것도 아니고 어려운 것도 아니며 붕어빵 틀도 아니다. 그저 프로그램에서 다루어야 하는 데이터와 함수가 많아서 이것을 효과적으로 다루어 보고자 만들어낸 기법에 불과한 것이다.

그런데, 클래스 객체를 사용하다 보니, 다양한 상황이 발생하였고, 이것을 해결하기 위하여 추가적인 기법이 필요해졌다. 그래서 개발된 것이 캡슐화, 상속, 다형성이다.

15.1.6 캡슐화(Encapsulation)

앞에서 클래스의 필요성과 주의사항에 대하여 설명하였고 클래스의 활용을 위해 도입된 객체(Object)의 개념도 정리하였다. 이제는 클래스와 객체를 본격적으로 이용하다가 발생하는 보안의 문제에 대한 해결 방안을 설명하고자 한다.

클래스에 의해 생성된 객체는 데이터를 가지게 된다. 그런데, 객체의 데이터를 프로그램의 어디에서건 마음대로 수정할 수 있다면 프로그램의 신뢰가 떨어지게 된다. 즉 특정 객체의 자료에 대한 접근을 제어하는 것이 필요해졌다. 그래서 도입된 개념이 캡슐화이다.

캡슐화란 클래스에 있는 데이터나 메소드를 개발자가 정한 규정에 의해서만 접근이 가능하도록 하는 것으로 private, protected, public의 3가지 모드가 있다.

간단하게 정리하면

- public은 자유롭게 접근할 수 있음을 나타내고
- protected는 상속에서 나의 자식들만 접근할 수 있음을 나타내고
- private는 나 자신만 접근할 수 있음을 나타낸다.

캡슐화는 간단하고 관리하기 쉬운 방법이지만 객체에 있는 데이터를 보호하기에는 충분한 기능을 제공한다.

캡슐화를 위한 가이드라인은 다음과 같다.

- **클래스 내의 데이터는 private로 한다.**
- **클래스 내의 메소드(함수)는 public으로 한다.**
- **클래스내의 상수(=변하지 않는 숫자)는 const로 한다.**

캡슐화에 대해서는 이 정도만 다루도록 하겠다. 하지만, 99%의 경우에 이정도면 충분하다.

15.1.7 상속(Inheritance)

객체지향 프로그래밍은 일반적으로 큰 규모의 소프트웨어 개발에 적용한다고 하였다. 개발할 프로그램이 크면 선언해야 하는 클래스도 수백 개 이상 되는 경우가 많다. 이때, 서로 다른 클래스에 똑같은 부분이 반복해서 생기는 경우가 발생하게 된다. 예를 들어, 보고서에 관련된 클래스의 경우를 설명한다.

- 일간 보고서 클래스의 구성

  : 만든 사람, 제작일, 회사로고, 일간영업실적으로 구성
- 월간 보고서 클래스의 구성

  : 만든 사람, 제작일, 회사로고, 월간영업실적으로 구성
- 분기 보고서 클래스의 구성

  : 만든 사람, 제작일, 회사로고, 분기영업실적으로 구성

위의 상황에서 "일간", "월간", "분기" 클래스를 따로 만들어서 운영하여도 상관은 없지만, 서로 다른 클래스에 동일한 내용이 반복됨으로 생기는 비효율성과 에러의 가능성을 줄이기 위하여 공통되는 부분을 별도로 분리하여 한번만 명시하고 나머지는 이것을 복사해서 사용하는 방법을 도입하였는데 이것이 상

속(Inheritance)이다. 상속은 클래스를 정리하기 위해 도입된 개념이다. 즉 상속은 다양한 클래스의 종류를 트리구조로 체계화하여 정리하기 위해 고안된 것이다. 상속을 사용하면 메모리가 작아지거나, 프로그램의 크기가 줄어드는 것은 아니다. 단지 많은 클래스를 체계적으로 관리할 수 있을 뿐이다.

상속은 대규모의 프로그램을 개발하는 경우에 전체 클래스의 체계적인 관리를 가능하게 하는 장점이 있지만, 한번 만들어진 상속은 변경이 어려워서 상속이 적용된 프로그램은 향후 수정이 발생하면 너무 곤란하다. 그래서 상속은 프로그램의 개발 전에 신중하게 구성해야 한다. 전체 프로그램의 근간을 이루며 변경되지 않는 것을 중심으로 만들어야 한다.

소규모 프로그램을 제작하는 경우에는 상속이 필요 없다. 그래서 자바스크립트 같은 언어에서는 객체만 지원하고 클래스는 지원하지 않는다. 당연히 상속도 사용하지 않는다.

인터페이스와 추상클래스

상속은 유사한 클래스를 묶어서 클래스 간의 관계와 중복성을 제거하는 효과가 있다. 하지만, **한번 설정된 상속은 프로그램이 운영 중인 한 변경할 수 없다.** 클래스를 묶어줄 때, 영구적인 속성으로 묶을 수도 있지만 어떤 일을 할 수 있는지를 기준으로 묶어주어야 하는 경우도 있다. **일반적으로 영구적인 속성이 아닌 그 당시의 환경에 따른 속성으로 묶어주는 경우를 말한다. 이런 경우에 사용하는 것이 바로 인터페이스(Interface)이다.**

인터페이스는 메소드나 속성을 선언만 하고 본체(=실제 구현 로직)는 없다. 본체는 상속받은 클래스에서 구현해야 한다. 그래서 인터페이스에 들어가는 모든 메소드는 **추상메소드(Abstract Method)라고 한다.**

상속과 인터페이스는 언제 사용할지 잘 고려할 필요가 있다. 둘 다 특정 특성을 하위로 물려주는 성질을 가지지만, 상속된 클래스의 객체는 상위 클래스 전체의 속성을 가지는 큰 객체가 되고, 인터페이스 객체는 인터페이스만을 가지는 작은 객체가 된다.

상속 트리를 그리다 보면, 중간에 있는 클래스는 하위 클래스가 공통으로 사용하는 메소드나 데이터를 가지지만 별도의 객체를 생성하지 않는 경우가 발생한다. 이것을 추상 클래스(Abstract Class)라고 하며, 인스턴트를 만들 수 없다.

상속, 인터페이스 사용 가이드

상속은 개발할 프로그램이 사용되는 한 절대 바뀌지 않는 속성들을 정리할 때 사용한다. 과도한 상속은 프로그램을 크고 복잡하여 수정 불가하도록 만드는 문제가 있다.

【예】 학교에 관련된 프로그램을 개발할 때, "유학생", "편입생", "재학생", "졸업생", "휴학생"의 공통부분을 뽑아내어 "학생" 클래스를 만들고 "유학생", "편입생", "재학생", "졸업생", "휴학생"이 그 속성을 상속받도록 하는 것이다. 학교 프로그램에서 학생 클래스에 대한 것은 거의 바뀌지 않기 때문에 상속을 적용했음을 확인해야 한다.

인터페이스는 개발할 프로그램이 상황에 따라 변동되는 속성을 정리할 때 사용한다. 최근에는 상속보다 인터페이스를 더 많이 사용하는 경향이 있다.

【예】 학교에 관련된 프로그램을 개발할 때, 학생 중에서 "내국인"과 "외국인"을 분리할 필요가 생기는 경우에, 이것은 지속적으로 사용하는 것이 아니고 특수 상황에 따라 발생한 것이므로 인터페이스를 사용하면 좋다. "미국 출신", "유럽 출신", "아시아 출신"을 구분해야 하는 필요가 있는 경우도 인터페이스로 처리하면 좋다.

재미있는 이야기

자바를 만든 제임스 고슬링이 객체지향 관련 컨퍼런스에서 강연을 하고 참석자의 질문을 받았을 때, 한 참석자가 질문하였다.

참석자 : 객체지향 언어의 대명사인 자바언어를 만드신 분으로써 객체지향의 다양한 기술 중에서 한 가지를 없애라고 한다면 어떤 것을 선택하시겠습니까?

위의 질문에 대하여 제임스 고슬링은 1초의 지체도 없이 대답하였다.

제임스 고슬링 : "상속"이다. 상속은 프로그램을 경직화시키고, 무겁게 만든다. 상속보다는 인터페이스를 활용하는 방향으로 개발하고 싶다.

상속트리를 설계하는 과정

저자의 개인 생각으로 상속과 인터페이스는 객체지향의 꽃이다. 그래서 상속과 인터페이스를 만드는 과정을 상속트리라는 개념으로 소개한다. 예는 여러 독자들의 이해를 위하여 여러 동물을 대상으로 클래스를 만들고 상속트리를 구현하는 과정을 제시한다.

[1 단계]

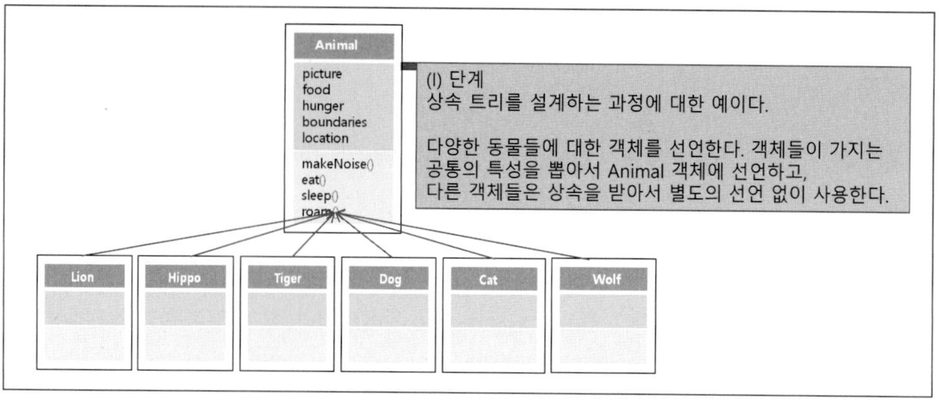

- 동물을 대상으로 클래스를 만들어 본다.
- 각 동물의 클래스를 제작한다.(객체가 아님에 주의)
- 만들어진 클래스(동물들)가 거의 같은 데이터와 행동(메소드)을 가지고 있어서 서로 중복이 되므로, 이것을 별도의 클래스인 Animal로 만들고 나머지 동물 클래스는 이것을 상속하도록 구성한다.

[2 단계]

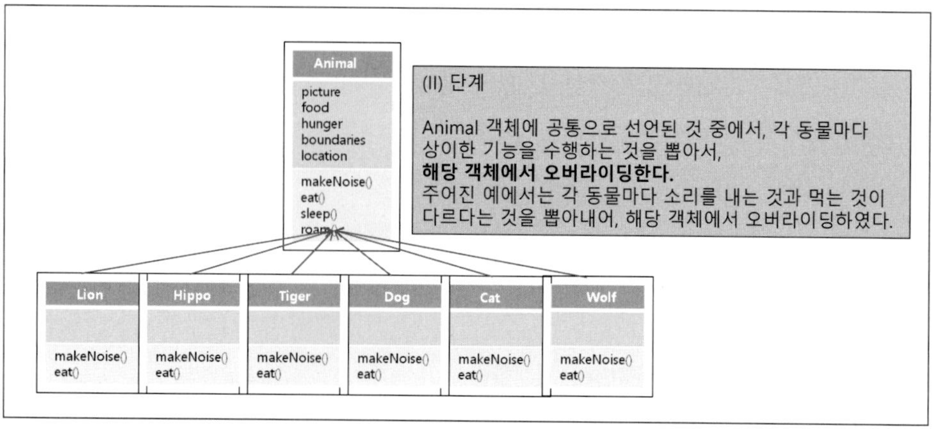

- 상속을 완성하고 보니 동물들마다 우는 소리(makeNoise)와 먹는 것(eat)이 다른 것을 발견한다.
- **그래서, 각 동물들마다 우는 소리와 먹는 것을 재정의해서 사용하고(오버라이딩) 나머지는 상속받아서 사용한다.**

[3 단계]

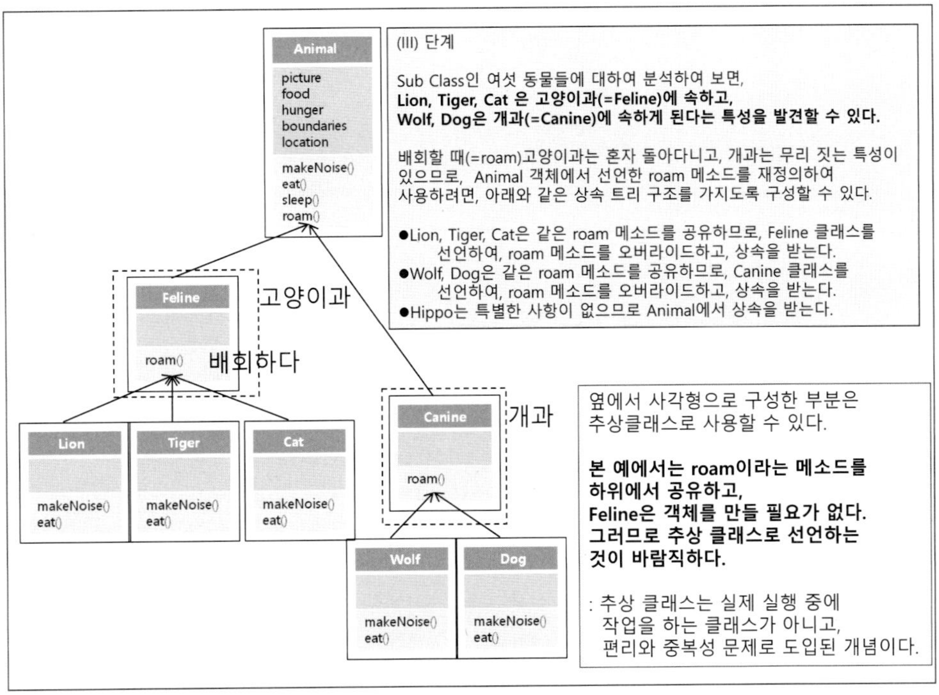

- 동물들 중에서 Lion, Tiger, Cat은 고양이과에 속해서 배회할 때(roam), 주로 혼자 돌아다니는 특성이 있다. Wolf, Dog은 개과의 특성이 있어서 돌아다닐 때(roam), 주로 무리지어 돌아다니는 특성이 있다.
- **부분적으로 공통적인 특성을 정의하기 위하여 추상클래스를 도입한다.**
- Lion, Tiger, Cat을 위하여 고양이과(Feline) 추상클래스를 도입하여 roam 메소드를 고양이과에 속한 클래스에서 공유하게 한다. Wolf, Dog을 위하여 개과(Canine) 추상클래스를 도입하여 roam 메소드를 개과에 속한 클래스에서 공유하게 한다.
- **고양이과, 개과 클래스는 객체를 생성할 필요가 없다. 단지 클래스의 공통부분 정리에 도움이 되고자 사용한다 → 추상클래스의 사용 이유**

[4 단계]

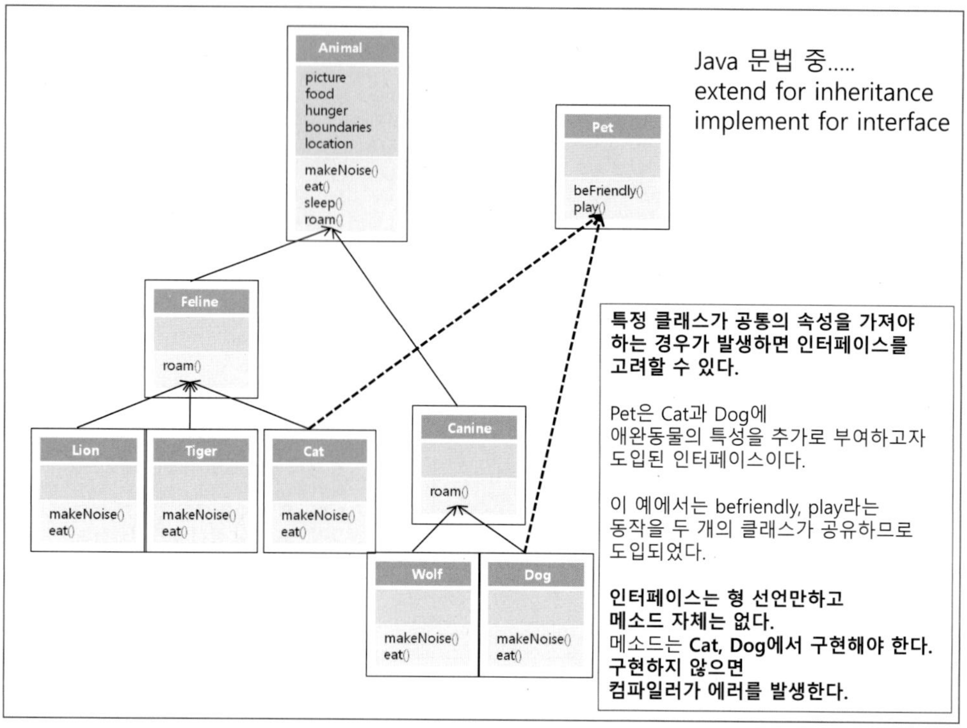

- 완성된 클래스 구조도에 임시적 혹은 변동 가능한 속성을 묶어주면 편리한 경우가 있다. **애완동물(Pet) 특성을 공유하는 Cat과 Dog에게 별도의 데이터나 메소드를 공유하게 할 수 있다. 이때 사용하는 것이 인터페이스이다.**
- 위의 그림에서는 Pet 클래스가 인터페이스의 역할을 하고 있다. 만약, 다른 특성으로 묶어야 될 것이 있다면 선언해서 사용하면 된다.
- 예를 들어 야생(wild)클래스가 있어서 공통적인 데이터와 메소드가 있다면, 아마도 Tiger, Lion, Wolf가 데이터와 메소드를 공유하게 될 것이고, 이때 야생 클래스는 상속보다는 인터페이스의 형태로 선언하는 것이 좋다(동물 클래스 대상이므로 동물의 습성에 대한 것이 불변이고 중요하다. Pet/Wild는 부가적인 것이므로 인터페이스가 적합하다).
- 앞의 클래스 구조도 중에서 Cat 클래스를 Java로 구현하면 아래와 같은 모양이 된다.

```
public class Cat extended Feline implement Pet
{
    ....
}
```

Java를 만든 사람은 Cat은 Feline을 상속받아 확장하는 것이라고 생각해서 extended를 사용했고 Cat은 Pet인터페이스에 정의된 메소드를 구현해야하므로 implement를 사용한 것 같다(의미를 알고 나면 외울 것도 없다).

15.1.8 다형성(Polymorphism)

다형성은 상속으로 인해 발생하는 특성으로 상위 클래스의 Print 함수와 하위 클래스의 Print 함수가 동일한 이름이지만 다른 결과를 나타내는 것을 말한다.

다형성은 상속을 이용한 클래스의 체계화와 함께, 큰 규모의 프로그램에서 특정 이름은 특정 역할을 수행하도록 환경을 만들어 주는 역할을 한다. 즉, 보고서는 Report()라는 함수를 수행하면 되도록 만들어서 전체 프로그램의 가독성을 높이고 운영의 효율화에 크게 기여하는 기능이다.

참고로

- **오버로딩(Overloading)** : 함수의 이름은 같지만 구성하는 매개변수의 타입이나 숫자가 다른 경우 다른 함수로 인식하는 것을 말한다.
- **오버라이딩(Overridding)** : 상속받은 클래스에서 상위 클래스의 메소드를 재정의하여 사용하는 것을 말한다.

객체지향 프로그램이 객체지향답기 위해서는 프로그램의 제작에 앞서 아래의 사항에 대한 신중한 고려와 설계가 필요하다.

- 클래스의 선언 및 권한 관리
- 클래스의 체계화를 위한 상속
- 가변적인 공통속성을 묶어주는 인터페이스
- 메소드의 이름과 역할을 연결하는 다형성
- 그리고, 독립적으로 작성/운영하는 모듈의 개발 및 적용 기법의 사용(뒷부분에서 설명)

15.2 객체지향 방법론의 필요성 및 종류

2000년 이후에 개발되는 정보시스템은 구성하는 단위 작업의 처리 절차를 잘 정의하고(=구조적 방법론) 처리해야 하는 데이터를 잘 관리하도록 만들며(=정보공학 방법론) 프로그램의 제작에 많은 인원이 투입되고, 지속적인 변경에 대응하면서 운영할 수 있어야 한다(=객체지향 방법론). [그림 15-7]

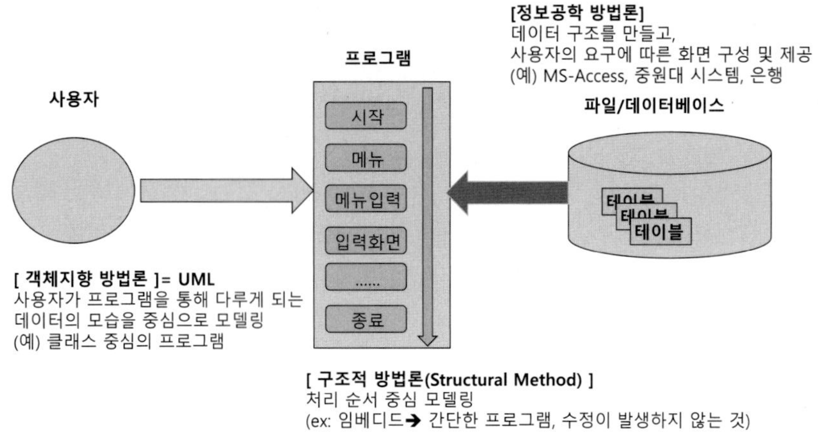

[그림 15-7] 방법론의 상호 관계 정리

[그림 15-7]을 통해 확인할 수 있듯이, 객체지향 모델링은 프로그램의 제작에 염두를 두고 개발된 방법론임을 기억할 필요가 있다. 물론 객체지향 모델링이 다른 부분을(=프로세스 모델링, 데이터 모델링) 하지 못하는 것은 아니다. 다만, 대규모 소프트웨어 개발 분야에 중점을 두고 있다고 보면 된다.

객체지향 방법론의 종류

객체지향 방법론은 지금 시점에서 UML로 통일되었지만, 그전에 개발되었던 방법론에 대하여 간단하게 정리해 보겠다.

- Coad와 Yourdon의 객체지향 분석 기법
  - 엔티티관계 다이어그램을 사용하여 대화적으로 객체 행위 모델링을 수행
  - 확인된 객체를 클래스로 표현하고, 상속을 이용하여 체계적으로 정리(Tree구조)
- Rumbaugh의 객체지향 분석
  - 분석, 시스템 설계, 객체 수준 설계를 위한 OMT(Object Modeling Technique)를 개발
  - 객체, 기능, 동적 모형을 생성하여 모델링 수행
- Booch의 객체지향 분석
  - 자동화 도구의 지원을 받아 개발 프로세스(미시적, 거시적)를 중심으로 분석 수행
- Jacobson의 객체지향 분석
  - Use Case를 이용한 요구사항 분석을 강조
- UML(Unified Modeling Language) 방법론
  - Rumbaugh + Booch + Jacobson으로 이루어진 방법론
  - 객체지향 방법론의 국제 표준

15.3 객체지향 방법론의 개요

15.3.1 UML(Unified Modeling Language)

지금은 소프트웨어 공학을 공부하고 있어서 UML에 대하여 중요하고 핵심적인 내용만을 정리하겠다.

UML 소개

Unified Modeling Language의 약자로서 객체지향 모델링을 위해 개발된 표준 모델링 방법이다. 요구분석, 시스템 설계/구현의 전 과정에서 개발자와 아키텍터, 고객사이의 의사소통을 원활하게 하기 위하여 개발된 표준적인 통합 모델링 언어이다.

UML의 개발 철학

UML은 개념(Conceptual), 명세(Specification), 구현(Implementation)의 3가지 차원을 고려하여 개발되었다. 개념은 고객과의 협의를 위해서, 명세와 구현은 실제 제작을 위한 것이다. 그러므로 UML이 제시한 방법(=개념)으로 작성한 내용(=명세)은 구현(=코딩)할 수 있어야 한다. 즉, 여러 사람이 있어도 하나의 내용(=명세)에서 동일한 구현이 나와야 하고, 내용을 만드는 사람은 구현을 고려하여 제작하여야 한다.

15.3.2 UML 다이어그램의 종류

UML 방법론에서 제안하는 다이어그램의 종류와 작성 목적을 [그림 15-8]에 정리하였다.

- UML의 다이어그램은 두 가지 종류로 분리할 수 있다
  - 구조 다이어그램(Structure Diagram) : 소프트웨어의 구조를 정리하는 용도
  - 행위 다이어그램(Behavior Diagram) : 소프트웨어의 처리 과정을 정리하는 용도

분류	다이어그램 유형		목적
구조 다이어그램(structure Diagram)	**클래스 다이어그램(Class Diagram)**		클래스 구성, 관계
	객체 다이어그램(Object Diagram)		객체 정보
	복합체 구조 다이어그램(Composite structure Diagram)		복합구조 표현(복합 클래스, 컴포넌트)
	배치 다이어그램(deployment Diagram)		물리 구조(S/W, H/W, Network)
	컴포넌트 다이어그램(Component Diagram)		컴포넌트 사이의 관계
	패키지 다이어그램(package Diagram)		패키지 사이의 관계(Java Package개념)
행위 다이어그램(behavior Diagram)	활동 다이어그램(activity Diagram)		업무 처리 과정
	상태머신 다이어그램(state machine diagram)		클래스, 객체 생명주기
	유즈케이스 다이어그램(use case Diagram)		사용자의 관점에서 시스템의 행위 표현
	상호작용 다이어그램(interaction Diagram)	**순차 다이어그램(sequence Diagram)**	시간흐름에 따른 객체 간의 상호작용
		상호작용 다이어그램(Interaction overview Diagram)	상호 작용 사이의 제어 흐름
		통신 다이어그램(communication Diagram)	객체 사이 관계를 중심으로 상호작용 표현
		타이밍 다이어그램(timing Diagram)	객체 변화와 시간 관계

[그림 15-8] UML 다이어그램의 종류

- 프로그램을 제작함에 있어 필요한 정보를 모두 표현하려고 하면 아마도 [그림 15-8]의 다이어그램이 대부분 필요할 것이다. 이 책에서는 전부를 다루지 않고 가장 중요하고 많이 사용되는 3가지만을 다룬다(대부분의 경우에는 아래 3가지면 충분하다. 나머지는 필요할 때 찾아보면 된다).
  - 클래스 다이어그램 – 프로그램의 구조를 표현
  - 순차 다이어그램 – 프로그램의 처리 순서를 표현
  - 유스케이스 다이어그램 – 사용자의 요구사항 수렴
- UML 다이어그램이 언제 어느 시점에 사용되는 지에 대한 것을 [그림 15-9]에 정리하였다.

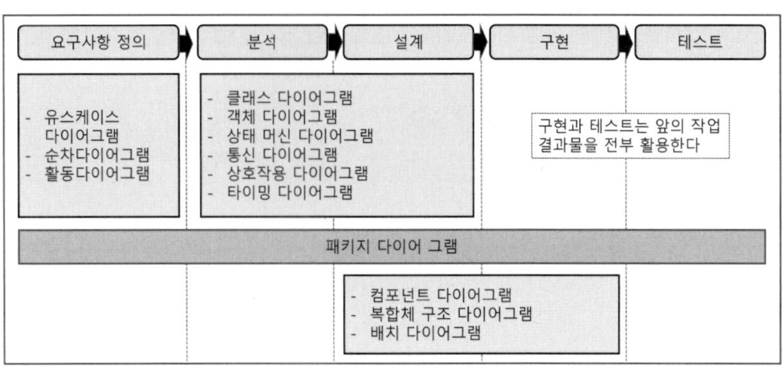

[그림 15-9] UML 다이어그램의 작성 시점 정리

다이어그램의 작성 시점도 알아야 하지만 언제 왜 어떤 다이어그램을 만드는 지를 이해하는 것이 중요하다. 이 책에서는 이정도까지만 다루도록 하겠다.

15.3.3 UML 다이어그램의 예

UML 방법론에서 제안하는 다이어그램은 많은 종류가 있다. 이번에는 UML에서 표준으로 정한 다이어그램 중에서 많이 사용되는 것을 선별하여 예를 보여준다. 클래스, 유스케이스, 순차, 활동 다이어그램의 제작된 모습을 보여준다. 현 단계에서는 작성된 다이어그램의 모습을 살펴보는 것으로 하겠다. 예는 객관성을 위해서 웹에 있는 것 중에서 독자 분들에게 적당한 것을 선정하였다.

클래스 다이어그램의 예

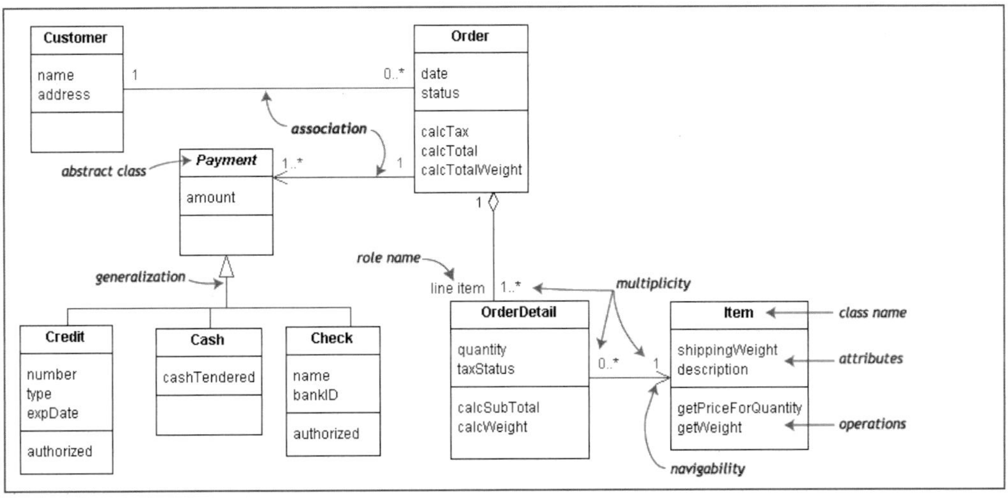

프로그램을 구성하는 클래스의 모습과 클래스간의 연관관계에 대한 것을 정리한 것이다. UML에서 가장 중요한 다이어그램이다. 왜냐하면 프로그램의 구성에 대한 모델링이 UML이 도입된 이유이고, 클래스 다이어그램은 프로그램을 구성하는 기본 단위를 정의하는 것이기 때문이다.

유스케이스 다이어그램의 예

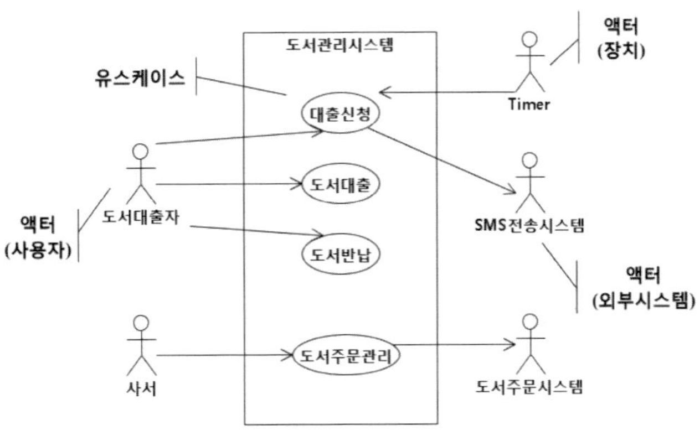

프로그램의 전체 구성 및 외부와의 연결성을 파악하는 다이어그램이다. 고객과의 만남을 통해 정리해가는 다이어그램이다

순차 다이어그램의 예

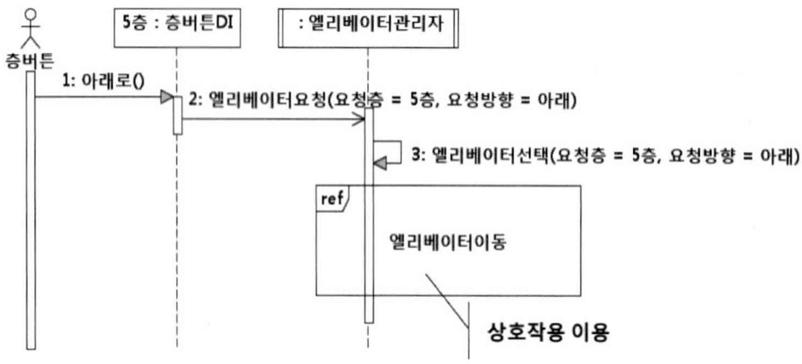

클래스 또는 객체가 업무의 처리를 위해 상호 주고받는 상황을 정리하는 다이어그램이다. 클래스 다이어그램과 함께 쌍벽을 이루는 다이어그램이다. 프로그램이 업무처리와 데이터로 구성되어 있음을 생각하면 업무처리를 담당하는 순차 다이어그램의 중요성을 알 수 있다.

활동 다이어그램의 예

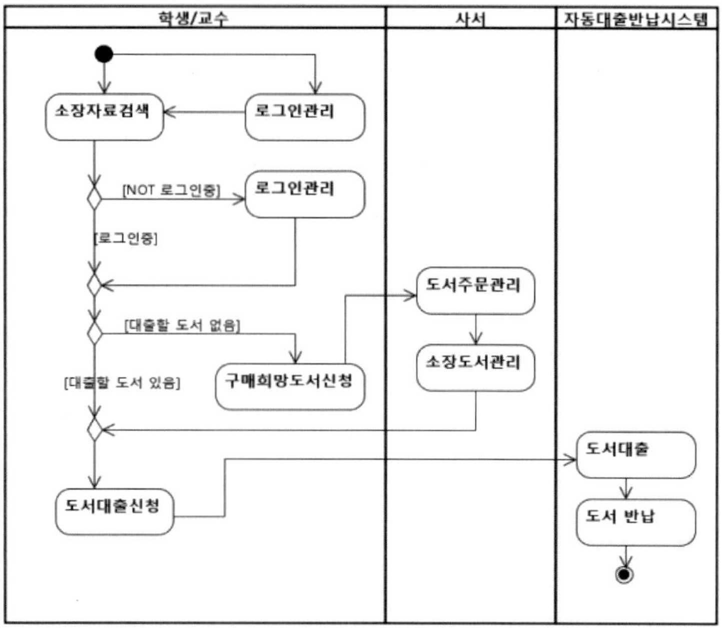

순차 다이어그램과 비슷한 다이어그램이다. 업무의 성격에 따라 편리한 것을 선택하여 사용하면 된다.

15.3.4 UML 개발 프로세스

UML 방법론에는 다이어그램 외에도 개발 프로세스에 대한 내용도 포함되어 있다. [그림 15-10]에 UML에서 정의한 개발 프로세스(Unified Process)를 정리하였다.

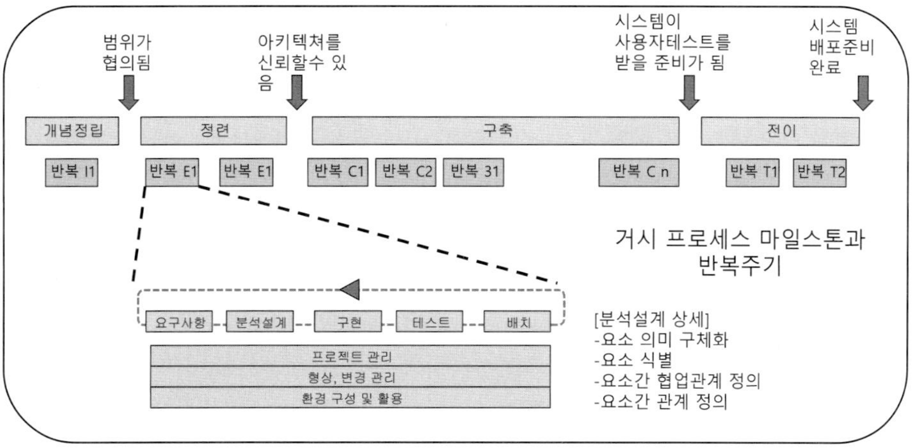

[그림 15-10] UML 개발 프로세스

UML 개발 프로세스는 "개념 정립", "정련", "구축", "전이"의 4단계로 분리되어 있다. UML 개발 프로세스의 단계별 의미는

- 개념정립이 완료되면 프로젝트 범위에 대한 합의가 되었다고 판단하며
- 정련이 끝나면 신뢰할 수 있는 아키텍처가 만들어 졌다고 본다.
- 그리고 구축이 끝나면 사용자 테스트를 받을 준비가 된 것이고
- 전이가 끝나면 시스템이 배포할 준비가 완료되었다고 본다.

UML에서 강조한 성공하는 프로젝트의 특징은 "아키텍처가 제시하는 방향이 명확하고 (= 안정된 성능과 구현이 가능하며, 확장이 가능한 구조)", "잘 관리되며", "반복적이고 점진적인 개발 생명 주기가 적용된 것"이다.

UML 개발 프로세스에서 **가장 강조하는 것은 반복적이고 점진적인 개발이다.** 객체지향 프로그래밍 환경에서는 클래스를 선언해서 연관 있는 데이터와 메소드를 하나로 묶고 클래스를 테스트하고 클래스와 클래스 간을 테스트하면서 프로그램 개발을 진행한다. 이때, 클래스를 하나씩 늘려가면서 개발과 테스트를 진행하는 방식으로 개발을 수행하게 되는데, 이것을 반복적이고 점진적인 개발이라고 한다. (= Iteration 개념)

15.4 UML 모델링 개요

이제, UML 모델링 방법에 대하여 공부할 시간이다. 이 장의 목적은 하나의 프로그램에 대하여 UML 모델링이 어디까지 표현할 수 있는지에 대하여 파악하는 것이다.

15.4.1 UML 모델링은 무엇인가?

UML을 이용하여 개발하고자 하는 대상을 모델링하는 것을 말한다. UML에서 정의한 다이어그램은 많이 있지만, 엉클 조(=미국의 유명한 객체지향 전문가)의 말에 의하면 아래의 5가지가 가장 중요하고, 대부분의 경우 이정도면 충분하다고 한다.

- 클래스(Class) 다이어그램
- 객체(Object) 다이어그램
- 순차(Sequence) 다이어그램
- 협력(Collaboration) 다이어그램
- 상태(State) 다이어그램

이 중에서도 가장 중요하고 꼭 알아야 하는 것은 "클래스 다이어그램"과 "시퀀스 다이어그램"이다

UML 모델링에서 우리가 갖추어야 할 것은 바로 "모델링 결과를 보고 소스를 생성하는 것" 그리고 "주어진 소스를 보고 모델링으로 표현하는 것"이다. 이번 장에서는 주어진 소스를 UML의 클래스와 시퀀스 다이어그램으로 표현하는 것에 대해 공부한다. 물론 그려진 클래스와 시퀀스 다이어그램을 이용하여 소스를 생성하는 것도 공부해야 한다. (이 부분은 독자들이 직접 해보기 바란다)

15.4.2 클래스와 순차 다이어그램의 중요성

설명을 위하여 이진트리를 구성하는 자바 프로그램을 이용하도록 하겠다. 구체적인 내용은 몰라도 문제가 되지 않다. 우리의 목적은 상용화 수준의 프로그램의 구체적 내용(모듈 이름, 변수, 로직 등)이 클래스와 시퀀스 다이어그램을 통하여 어느 정도까지 표현되는지를 파악하는 것이다. 사용할 프로그램 소스가 [그림 15-11]에 있다.

[그림 15-11]의 소스 중, TreeMap이라는 클래스가 있고, 그 안에 TreeMapNode 형을 가진 데이터 topNode와 데이터의 추가를 위한 add 메소드와 데이터를 가져오기 위한 get 메소드로 구성된다.

TreeMapNode 클래스는 itsKey, itsValue라는 데이터를 가지고 find와 add 메소드로 구성된다. 이상과 같은 프로그램의 구성 특성이 클래스와 순차 다이어그램에 의해 잘 표현된다는 것을 확인하기 바란다.

이진트리를 생성하고 데이터를 추가하고, 내용을 출력한다.

```
public class TreeMapMain {
        public static void main(String[] args){
            TreeMap TM=new TreeMap();
            TM.add(10, "cho");
            TM.add(20, "KIM");

            Object Temp=TM.get(20);
            System.out.println(Temp);
        }
}
```

이진트리를 생성하는 부분은 다른 곳에서도 사용하므로 직접 사용하지 않고, TreeMap을 통하여 사용하도록 구성하였다

```
public class TreeMap {
    TreeMapNode topNode=null;
    public void add(Comparable key,Object value) {
          if(topNode==null)
              topNode=new TreeMapNode(key, value);
          else
              topNode.add(key, value);
    }

    public Object get(Comparable key) {
        return topNode==null ? null:topNode.find(key);
    }
}
```

```
public class TreeMapNode {
private final static int LESS=0;
private final static int GREATER=1;
private int itsKey;
private int itsValue;
private TreeMapNode nodes[]=new TreeMapNode[2];

public TreeMapNode(Comparable key, Object value) {
    itsKey=key;
    itsValue=value;
}
public Object find(Comparable key) {
   If(key.compareTo(itsKey)==0)
       return itsValue;
   return findSubNodeForKey(selectSubNode(key), key);
}
private int selectSubNode(Comparable key) {
   return (key.compareTo(itsKey)<0) ? LESS : GREATER;
}
private Object findSubNodeForKey(int node, Comparable key){
   return nodes[node]==null ? null:nodes[node].find(key);
}
public void add(Comparable key, Object value) {
   if(key.compareTo(itsKey)==0)
       itsValue=value;
   else
       addSubNode(selectSubNode(key), key, value);
}
private void addSubNode(int node, Comparable key, Object value) {
   if(nodes[node]==null)
       nodes[node]=new TreeMapNode(key, value);
   else
       nodes[node].add(key,  value); }}
```

이진트리를 생성하는 표준 클래스이다.

- **find**
- **add로 구성된다.**

그 외 나머지는 위의 두 가지 기능을 위한 함수이므로, 설계 시에 고려하는 것이 아니라 개발 단계에서 개발자가 만든 것이다.

[그림 15–11] 실습에 사용한 이진트리 생성 소스

클래스 다이어그램의 중요성

[그림 15–11]에서 보여준 소스에 대한 클래스 다이어그램은 [그림 15–12]에 있다.

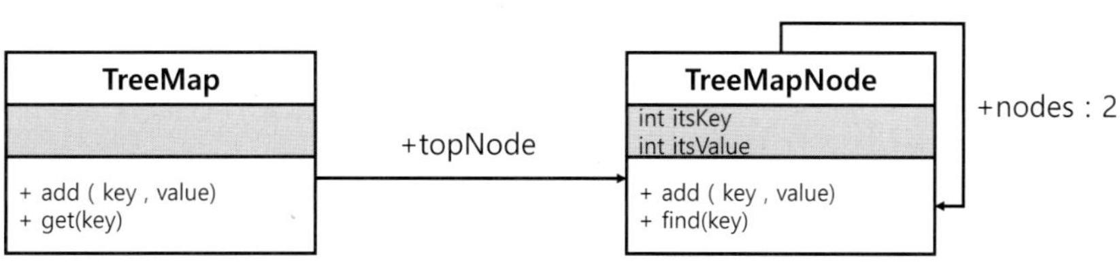

[그림 15-11]의 자바 소스를 클래스 다이어그램으로 표현한 것이다.

- TreeMap은 add, get 메소드를 갖는다.
- TreeMap은 TreeMapNode 클래스를 이용하는데, 이름은 topNode이다.

- TreeMapNode는 자체적으로 nodes라는 공간을 배열형으로 2개 확보한다(인스턴스 개수가 2개).
- TreeMapNode는 add, find 메소드를 가진다.
- TreeMapNode는 변수 itsKey를 가진다.
- TreeMapNode는 변수 ItsValue를 가진다.

[그림 15–12] 클래스 다이어그램 제작 예

[그림 15-12]의 설명과 구성을 살펴보면, 실제 [그림 15-15] 소스의 대부분의 내용이 표현되어 있음을 확인할 수 있다. 지금 시점에서 [그림 15-11]을 보고 역으로 프로그램을 제작해보기 바란다. 검색을 위한 순환이나 절차를 제외한 프로그램을 구성하는 모든 외부 모습은 전부 표현되어 있다는 것을 확인할 수 있다.

클래스 다이어그램을 제작하는 기본적인 요령에 대한 것은 15.5절에서 설명하지만, 현재 상태에서도 [그림 15-12]를 이해하기에는 어려움이 없을 것이다.

[그림 15-11]의 내용 중에서 [그림 15-12]에 표현되지 않은 부분은 딱 하나, Treemap 클래스의 add() 메소드의 내부 로직이다. 이 부분은 클래스 다이어그램이 아니고 순차(Sequence) 다이어그램에서 표현한다.

시퀀스 다이어그램의 중요성

Treemap 클래스의 add() 메소드의 로직에 대한 시퀀스 다이어그램이 [그림 15-13]에 있다. 거의 직관적으로 [그림 15-12]의 내용을 이해할 수 있다. 보다 구체적인 표현 방법은 필요한 시기에 매뉴얼을 참고하면 된다.

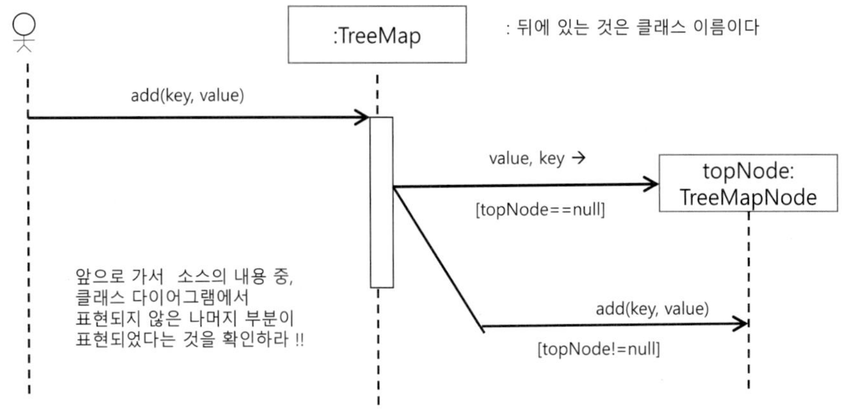

[그림 15-13] add() 모듈의 순차 다이어그램

여기에서 강조하고 싶은 것은 일반적으로 널리 사용되는 이진트리 구성 프로그램을 클래스 다이어그램과 시퀀스 다이어그램을 이용하여 프로그램의 모든 모습을 표현할 수 있다는 것이다.

UML에서 정한 다이어그램은 많지만 실제 프로그램의 모습을 정의하는 데 사용되는 다이어그램은 클래스와 순차 다이어그램이 기본이 된다. 작성 요령은 이후에 설명을 하겠다.

지금 [그림 15-12] [그림 15-13]을 보고 프로그램을 제작해보기 바란다. 결과는 [그림 15-11]에 있다. 이 과정을 통하여 모델링이 프로그램의 어느 부분까지 표현해야 하는지를 확인하기 바란다.

15.5 클래스 다이어그램

앞에서 클래스 다이어그램의 중요성에 대하여 설명하였다. 이제 클래스 다이어그램을 제작하는 방법에 대하여 설명한다. 이 책은 소프트웨어 공학에 대하여 다루고 있으므로 모든 다이어그램을 설명하지 않고, 클래스, 시퀀스, 유스케이스 다이어그램에 대해서만 다루게 된다. 저자의 경험에 의하면 이 3가지 다이어그램이면 대부분 모델링할 수 있다.

15.5.1 클래스의 표현

클래스 다이어그램은 프로그램 제작에서 필요하여 정의한 클래스를 클래스 자체와 (15.5.1) 클래스 간의 관계로 분리하여 (15.5.2) 모델링하는 것을 말한다.

클래스 다이어그램의 작성과 소스코드와의 관계를 [그림 15-14]에 정리하였다.

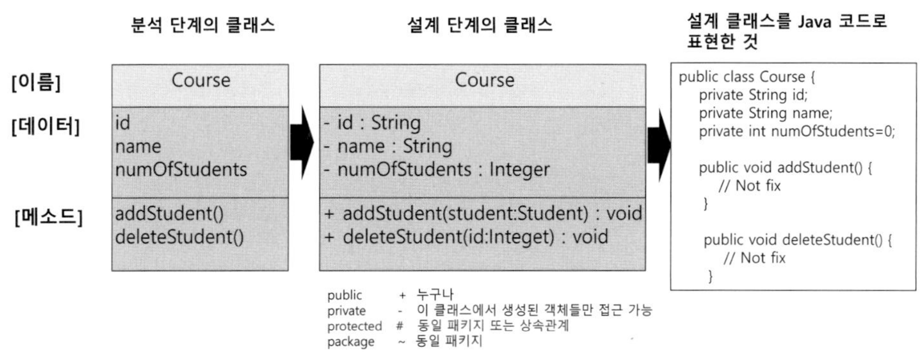

[그림 15-14] 클래스 표현 방법의 요약

[그림 15-14]에서 중요한 것은

- 클래스를 표현하는 방법에 대하여 익히는 것과
- 모델링된 클래스를 보고 이것을 컴퓨터 언어로 옮기는 것이다.

15.5.2 클래스 간의 관계 표현의 종류

클래스 간의 관계 모델링은 프로그램 제작에 필요한 클래스 간의 연관 관계를 모델링하는 것을 말한다. 클래스 간의 연관 관계의 종류를 [그림 15-15] 정리하였고, 하나씩 자세하게 설명한다. (15.5.3 ~ 15.5.7을 보면 된다)

관계	설명
연관 관계 (association)	클래스들이 연관이 있다. 실선이나 화살표로 표시한다. 보통은 한 클래스가 다른 클래스에서 제공하는 기능을 사용하는 상황을 표시한다. **: 실선이나 화살표로 표현**
일반화 관계 (generalization)	상속 관계. IS-A 관계. 한 클래스가 다른 클래스를 포함하는 상위 개념일 상황을 표시한다. **: 속이 빈 화살표로 표현**
집합 관계 (Composition, aggregation)	클래스들 사이에 전체 또는 부분 같은 관계를 나타낸다. 집약(aggregation)관계와 합성(composition) 관계가 존재한다.
의존 관계 (dependency)	한클래스가 다른 클래스에서 제공하는 기능을 사용할 때를 나타낸다. 연관관계와의 차이점은 두 클래스의 관계가 한 메소드를 실행하는 동안처럼 짧은 시간만 유지된다. **: 점선 화살표로 표현**
실체화 관계 (realization)	책임들의 집합인 인터페이스와 이를 실현한 클래스 사이의 관계이다. **: 속이 빈 화살표의 점선을 사용해 표현**

[그림 15-15] 클래스간의 관계 종류의 정리

클래스를 모델링 할 때,

- 클래스 자체에 대한 모델링도 중요하지만,
- 클래스 간의 관계에 대한 모델링과
- 모델링한 결과를 컴퓨터 언어로 표현하는 것,
- 그리고 컴퓨터 언어로 표현된 것을 모델링으로 표현하는 것이 중요하다.

UML에서 사용하는 용어와 자바 언어에서 사용하는 용어가 혼돈되는 경우가 많다.

그래서 아래에 간단하게 정리하였다.

자바		UML
관계(relation)	→	연관(association)
상속(inheritance)	→	일반화(generalization)
집합(aggregation)	→	집합(aggregation)

클래스와 클래스 간의 관계를 이용하여 모델링 된 사례를 [그림 15-16]에 제공한다. 웹에서 발췌한 것이다. 조금 어렵더라도 자세히 살펴보면 클래스 다이어그램의 모습을 이해하는데 도움이 될 것이다. 객체 관계모델링에서 이미 학습하였던 관계를 기억하면 그림의 의미를 알 수 있다.

[그림 15-16]에 대하여 잘 이해하지 못해도 문제될 것은 없다. 지금부터 클래스 간의 관계에 대하여 자세히 설명한다. 중요한 점은 **클래스 다이어그램을 포함한 모든 UML의 다이어그램은 그 자체로 컴퓨터 언어로 표현되어야 한다. 만약 이것이 잘 되지 않는다면 UML은 아무 의미도 없다.** 뒤의 설명에 있는 코드와 모델링 결과를 잘 살펴보기 바란다.

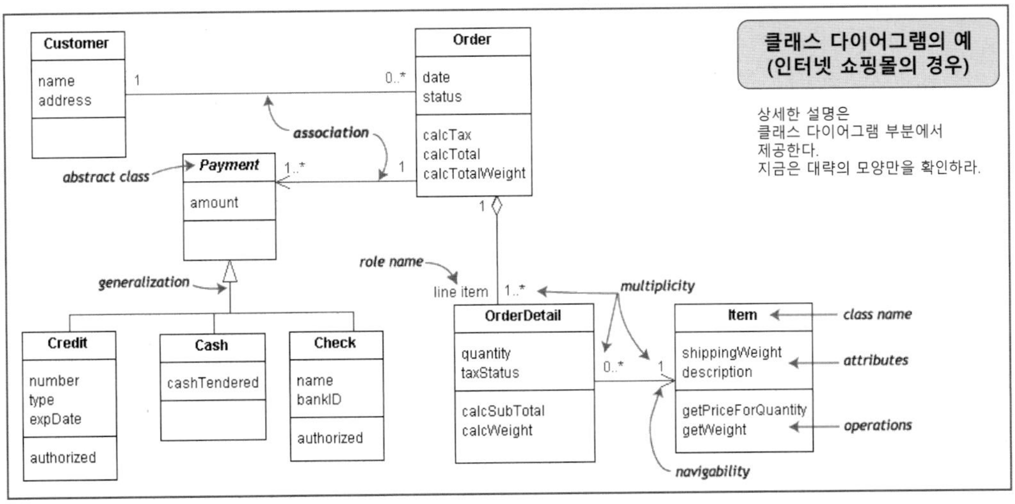

[그림 15-16] 클래스 다이어그램의 작성 예

15.5.3 연관관계(Association)의 표현

단방향 관계

설명을 [그림 15-17]에 정리하였다. 고객의 요구사항을 컨설턴트가 듣고, 이것을 클래스 다이어그램으로 옮기는 경우를 가정하여 제작하였다.

제작된 클래스 다이어그램은 "직원은 2개의 전화를 이용해 전화를 건다."와 "직원은 개인용, 업무용 전화를 이용해 전화를 건다."는 요구사항을 클래스 다이어그램으로 표현하고 자바로 구현한 것이다.

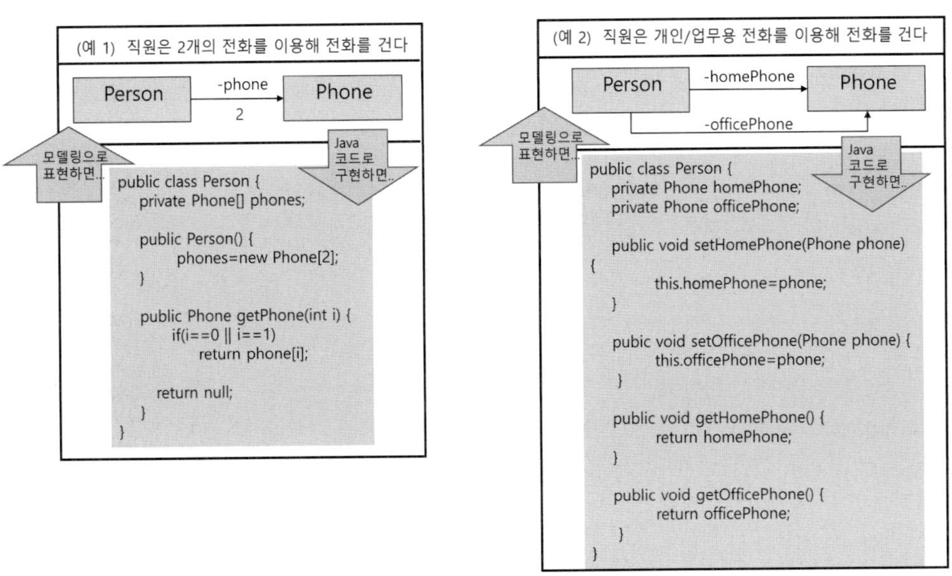

[그림 15-17] 단방향 연관관계의 모델링 표현과 Java로 구현한 예

양방향 관계

설명을 [그림 15-18]에 정리하였다. 고객의 요구사항을 컨설턴트가 듣고, 이것을 클래스 다이어그램으로 옮기는 경우를 가정하여 제작하였다.

제작된 클래스 다이어그램은 "교수는 학생에게 도움말을 주고, 학생은 교수의 도움을 받는다."라는 요구사항을 표현하고 자바로 구현한 것이다.

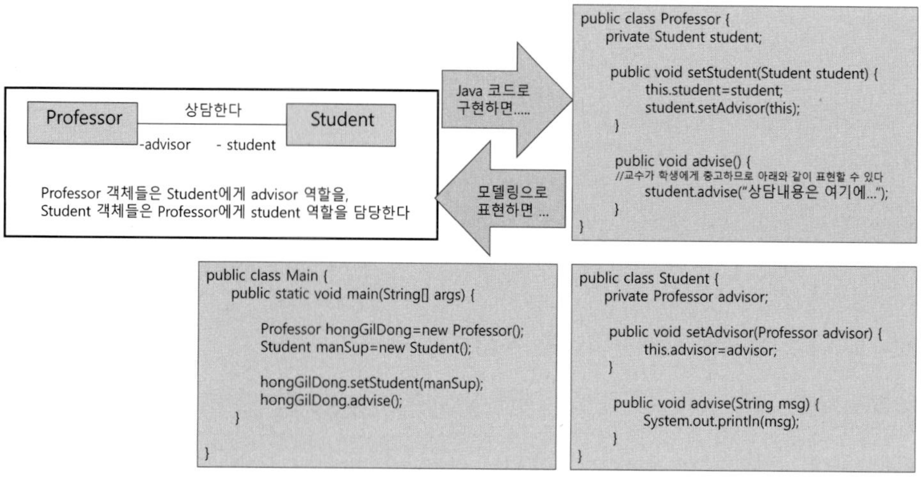

[그림 15-18] 양방향 연관관계의 모델링 표현과 Java로 구현한 예

[그림 15-18]은 개발해야 하는 프로그램의 기능이 "교수는 학생에게 도움말을 주고, 학생은 교수의 도움을 받는다."라는 것을 확인하고 클래스로 교수(Professor)와 학생(Student)를 식별한 것이다. 물론 교수와 학생 클래스에는 서로 연관있는 데이터와 메소드가 포함될 것이다. 하지만, 아직은 상세 내용은 명시하지 않다. 단지, 두 클래스 간의 연관관계를 요구사항에 의거하여 양방향으로 표현한다. 연관관계의 표현에 따라서 실제 코딩의 모습이 달라진다는 것을 [그림 15-17]과 [그림 15-18]을 통해 확인하고, 연관관계의 구체적 표현의 예는 [그림 15-16]의 예를 보면 된다.

양방향으로 표현된 것을 Java 언어를 사용하여 간단하게 표현한 것이 [그림 15-18]이다. 자체적으로 수행이 가능한 형태로 제공하였으니, 실제 이클립스를 이용하여 수행하여 보기 바란다.

일대다 관계

설명을 [그림 15-19]에 정리하였다. 고객의 요구사항을 컨설턴트가 듣고, 이것을 클래스 다이어그램으로 옮기는 경우를 가정하여 제작하였다. 제작된 클래스 다이어그램은 "학생은 한 개 이상 여러 개의 과목을 수강할 수 있다"는 고객의 요구사항을 듣고 모델링한 후에 자바 언어로 표현한 것이다.

일대다의 연관관계에 대한 실제 코딩의 모습을 확인하기 바란다.

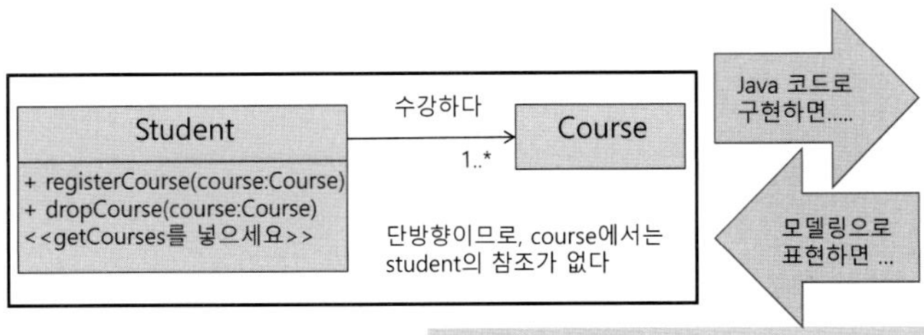

1	하나
*	0 또는 그 이상
0..*	0 또는 그이상
1..*	1 이상
0..1	0 또는 1

```
import java.util.Vector;

public class Student {
    private String name;
    private Vector<Course> courses;//여러과정

    public Student(String name) {
        this.name=name;
        courses=new Vector<Course>();
    }

    public void RegisterCourse(Course course) {
        courses.add(course);
    }

    public void dropCourse(Course course) {
        if(courses.contains(course)) {
            courses.remove(course);
        }
    }

    public Vector<Course> getCourses() {
        return courses;
    }
}

public class Course {
    private String name;
    public Course(String name) {
        this.name=name;
    }

    public String getName() {
        return name;
    }
}
```

[그림 15-19] 일대다 연관관계의 모델링 표현과 Java로 구현한 예 (1/2)

```
import java.util.Vector;
import java.util.Scanner;

public class Main {
public static void main(String[] args) {

  Scanner set = new Scanner(System.in);
  Scanner set2 = new Scanner(System.in);

  System.out.print("학생명을 입력하세요:");
  String Stname = set.nextLine();
  Student student1 = new Student(Stname);

  while(true){
    System.out.println("원하는 항목을 선택하세요");
    System.out.println("1: 과목 추가, 2: 과목삭제, 3:과목 확인, 0: 종료");
    int HandleCourse = set2.nextInt();

        if(HandleCourse==1){
          System.out.println("추가할 과목을 입력해 주세요");
          String Coursename = set.nextLine();
          Course course1 = new Course(Coursename);

          student1.RegisterCourse(course1);
        }
else if(HandleCourse==2){
          System.out.println("삭제할 과목을 입력해 주세요");
          String Coursename = set.nextLine();
          Course course1 = new Course(Coursename);
          student1.dropCourse(course1);
        }
        else if(HandleCourse==3){
          Vector<Course> courses1 = student1.getCourses();
           for (int i = 0; i <courses1.size() ; i++) {
             Course course = courses1.get(i);
             System.out.println(course.getName());
           }
        }
        else if(HandleCourse == 0){
          System.out.println("종료합니다");
          break;
        }
  }//while end
} }//main end
```

[그림 15-20] 일대다 연관관계의 모델링 표현과 java로 구현한 예 (2/2)

디대다 관계

고객의 요구사항을 컨설턴트가 듣고, 이것을 클래스 다이어그램으로 옮기는 경우를 가정하여 제작하였다.

제작된 클래스 다이어그램은 "학생은 한 개 이상 여러 개의 과목을 수강할 수 있고, 과목은 한 명 이상 여러 명의 학생이 참여할 수 있다"는 요구사항을 듣고 모델링한 것이다. 모델링된 다대다의 관계에 대한 예를 아래에 제시한다.

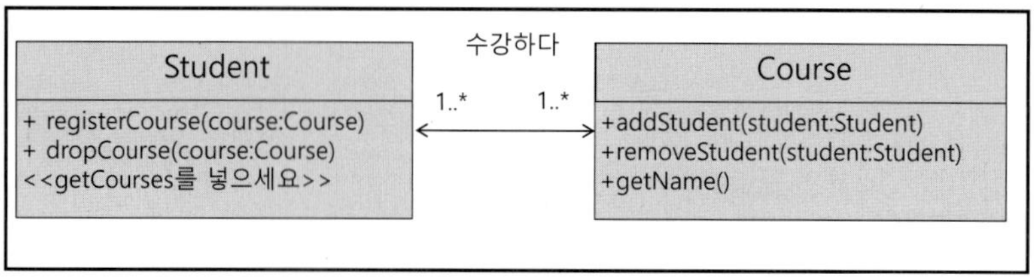

다대다의 관계를 프로그램 언어로 표현하기 위해서는 2가지 방법이 있다.

- 그 자체로 제작하는 방법
- 다대다 사이에 중간 클래스를 넣어서 일대다의 관계를 구성한 다음에 제작하는 방법

앞의 모델링 결과를 기준으로 자바언어로 제작한 예 : 그 자체로 제작하는 방법

```
import java.util.Vector;

public class Student {
    private String name;
    private Vector<Course> courses;

    public Student(String name) {
        this.name=name;
        courses=new Vector<Course>(); }

    public void registerCourse(Course course) {
        courses.add(course);
        course.addStudent(this); //이름등록
    }
    public void dropCourse(Course course) {
        if(courses.contains(course)) {
            courses.remove(course);
            course.removeStudent(this); }

    public Vector<Course>getCourses() {
        return courses; }
}
```

```
public class Course {
    private String name;
    private Vector<Student> students;

    public Course(String name) {
        this.name=name;
        students=new Vector<Student>();
    }
    public void addStudent(Student student) {
        students.add(student);
    }
    public void removeStudent(Student student) {
        students.remove(student);
    }
    public Vector<Student> getStudents() {
        return students;
    }
    public String getName() {
        return name;
    }
```

중간에 별도의 클래스를 넣어 자바언어로 제작한 예

클래스 간의 관계가 양방향으로 연관되어 있는 경우, 정보과학 방법론에서 했던 것과 같이 중간에 양쪽의 특성을 가지는 클래스를 추가하면 전체 데이터의 성격이 명확하고 구조의 파악이 쉽다.

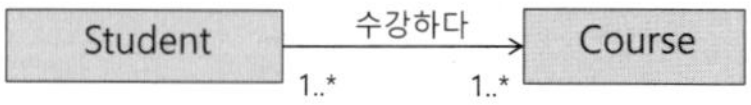

위의 경우가 다대다의 관계를 설명하기 위한 예이다. 위의 예를 구현하기 위하여 중간에 연관 클래스를 넣어서 다대다를 일대다의 관계로 변환하는 것이 필요하다.

이 경우에는 어떤 학생이 어떤 과목에서 얻은 성적을 관리하는 클래스를 중간에 넣게 되면 원하는 조건을 만족하게 된다.

위와 같이 만든 다음에 이것을 프로그램으로 구현하면 다음과 같다. 각 클래스의 구현과 사용을 위한 Main 프로그램 그리고 수행결과를 보여준다.

Course.java

```
import java.util.Iterator;
import java.util.Vector;

public class Course {
        private Vector<Transcript> transcripts;
        private String name;

        public Course(String name){
                this.name=name;
                transcripts = new Vector<Transcript>();
        }
        public void addTranscript(Transcript transcript) {
                transcripts.add(transcript);
        }
        public String getNames() {  //수강 학생의 정보 돌려주기
                return name;
        }
        public Vector<Student> getStudents() {  // 수강 학생의 정보를 얻어오기
                Vector<Student> students = new Vector<Student> ();
                Iterator<Transcript> itor = transcripts.iterator();

                while(itor.hasNext()) {
                        Transcript tr = itor.next();
                        students.add(tr.getStudent());
                }
                return students;
        }
}
```

Student.java

```
import java.util.Iterator;
import java.util.Vector;

public class Student {
        private Vector<Transcript> transcripts;
        private String name;

        public Student(String name) {
                this.name=name;
                transcripts = new Vector<Transcript>();
        }
        public void addTranscript(Transcript transcrpt) {
                transcripts.add(transcrpt);
        }
        public String getNames() { //학생 이름 반환
                return name;
        }
        public Vector<Course> getCourses() {  // 코스 정보 얻어오기
                Vector<Course> courses = new Vector<Course> ();
                Iterator<Transcript> itor = transcripts.iterator();

                while(itor.hasNext()) {
                        Transcript tr = itor.next();
                        courses.add(tr.getCourse());
                }

                return courses;
        }
}
```

Score.java

```
public class Score {
        private Student student;
        private Course course;
        private String date;
        private String grade;

        public Transcript(Student student, Course course) {
                this.student = student;
                this.student.addTranscript(this);
                this.course = course;
                this.course.addTranscript(this);
        }
        public Student getStudent() {
                return student;
        }
        public Course getCourse() {
                return course;
        }
        public void setDate(String date) {
                this.date=date;
        }
        public void setGrade(String grade) {
                this.grade = grade;
        }
        public String getGrade() {
                return grade;
        }
}
```

Main.java

```
import java.util.Iterator;
import  java.util.Vector;

public class Main {
        public static void main(String[] args) {
                Student s1 = new Student("manSup");
                Student s2 = new Student("gilDong");
                Course se = new Course("Software Engineering");
                Course designPattern = new Course("Design Pattern");

                Score t1 = new Score (s1, se);
                Score t2 = new Score (s1, designPattern);
                Score t3 = new Score (s2, designPattern);

                t1.setDate("2014"); t1.setGrade("B0"); t2.setDate("2015");
                t2.setGrade("A"); t3.setDate("2016"); t3.setGrade("C");

                Vector<Course> courses;
                courses = s1.getCourses();
                for( int i=0; i<courses.size();i++)
                        System.out.println(courses.get(i).getNames());
                courses = s2.getCourses();
                for( int i=0; i<courses.size();i++)
                        System.out.println(courses.get(i).getNames());

                Vector<Student> students;
                students = designPattern.getStudents();
                for( int i=0; i<students.size();i++)
                        System.out.println(students.get(i).getNames());

        }
}
```

앞의 프로그램 소스를 수행한 화면 예

여기까지 클래스 간의 연관관계를 고객과의 대화에서 수집하고 이것을 연관관계의 성격(1:1, 1:다, 다:다)에 맞게 모델링한 다음 자바로 구현하는 것을 연습하였다.

프로그램을 제작하면서, 고객의 요구사항을 듣고 필요한 클래스를 찾아낸 다음, 클래스간의 관계를 정리하는 것은 중요한 과정이다. 한 가지 팁을 주면, 우리가 정의한 클래스가 데이터베이스의 테이블 또는 개체(entity)와 연관이 있다는 점을 생각하면 많은 도움이 될 것이다.

15.5.4 일반화 관계(Generalization)의 표현

일반화 관계라는 것은 상속 관계를 말하는 것이다. 가정에서 사용하는 세탁기(Washer), 냉장고(Freezer), 접시닦기(DishWasher) 클래스의 공통점을 선별하여 가전홈(ElecHome)이라는 클래스를 만들고 세탁기, 냉장고, 접시닦기가 이것을 상속하는 경우를 클래스 다이어그램으로 표현하고 자바로 서술하였다. [그림 15-21]

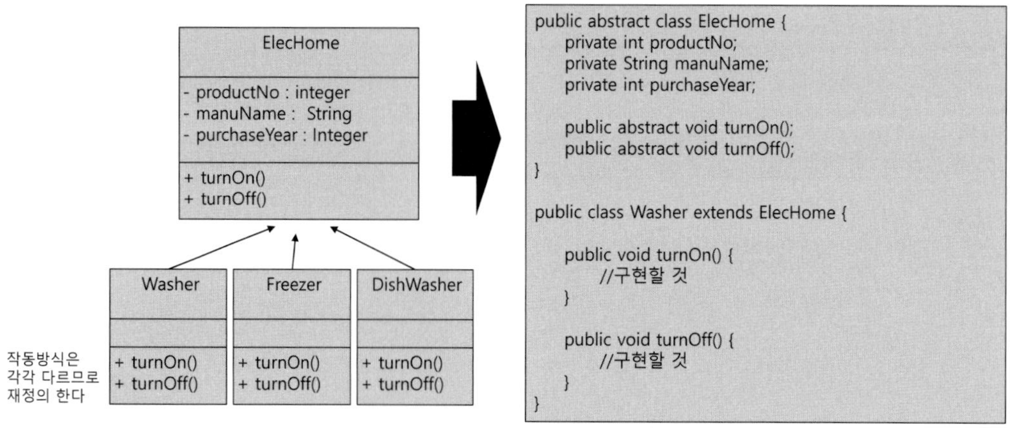

[그림 15-21] 일반화관계의 모델링과 자바 구현

15.5.5 집합 관계의 표현

집합 관계는 두 가지로 분리하여 생각할 수 있다.

- 집합(Aggregation)

  전체 객체와 부분 객체의 생명 주기가 다르다. 부분객체를 여러 전체 객체가 공유할 수 있다.

- 합성(Composition)

  전체 객체가 없어지면 부분 객체도 없어진다. 부분객체를 여러 전체 객체가 공유할 수 없다.

컴퓨터(Computer)라는 클래스를 선언할 때, 컴퓨터(Computer)를 구성하는 요소와 컴퓨터(Computer)클래스간의 관계는 집합과 합성에 따라 구현하는 모양이 다르다.

[그림 15-22]에서 집합과 합성관계의 차이와 사용법을 확인하라.

```
public class NoteBook {
    private Disk d;
    private CPU c;
    private MainMemory m;
    private Modem md;

    public Computer() {
        this.d=new Disk();
        this.c=new CPU();
        this.m=new MainMemory();
        this.md=new Modem();
    }
}
```

NoteBook 객체가 사라지면, NoteBook 객체를 구성하는 Disk, CPU, MainMemory, Modem 객체도 죽는다
➔ 합성 관계이다

```
public class NoteBook {
    private Disk d;
    private CPU c;
    private MainMemory m;
    private Modem md;

    public Computer(Disk d, CPU c,  MainMemory m,
Modem md) {
        this.mb=mb;
        this.c=c;
        this.m=m;
        this.ps=ps;
    }
}
```

NoteBook 객체가 사라져도, NoteBook 객체를 구성하는 Disk, CPU, MainMemory, Modem 객체는 남는다
➔ 집합 관계이다

[그림 15-22] 합성과 집합의 차이 비교

15.5.6 의존 관계의 표현

의존 관계는 두 가지로 분리하여 생각할 수 있다.

- 연관(Association)

  두 객체가 생성과 동시에 지속적인 연관을 맺는 경우이다.

  (예) Person 객체는 생성 후, 항상 Money 객체를 가지는 경우에는 Person과 Money는 연관 관계를 가지고, 아래와 같이 프로그램에서 표현한다

```
public class Person {

    private Money money;  // Person 객체가 만들어지면서 Money 객체가 동시에 생성되어 유지된다
    .....
}
```

- 의존(Dependency)

  두 객체가 필요에 따라서 일시적으로 연관을 맺는 경우이다.

(예) Person 객체는 생성 후, 돈을 쓰는 경우(useMoney)에만, Money 객체와 연결하여 돈을 사용하는 경우에는 의존 관계라고 하고, 아래와 같은 프로그램 형태로 표현한다

```
public class Person {
        .....
    public void useMoney(Money m) {  // 돈을 사용한 경우, 돈의 크기에 따라 관련 객체를 기동하고
            m.spendMoney(total);        // 기동된 객체의 메소드를 이용하여 소비행위를 표현한다
            ..
}
```

15.5.7 실체화 관계의 표현

상속을 이용한 클래스의 트리 구조 외에 몇몇 클래스가 가져야 하는 속성을 별로로 정의하는 방법이 인터페이스(Interface)이다. 실체화 관계는 인터페이스를 이용하여 구현한다. 이에 대한 예가 [그림 15-23]에 있다.

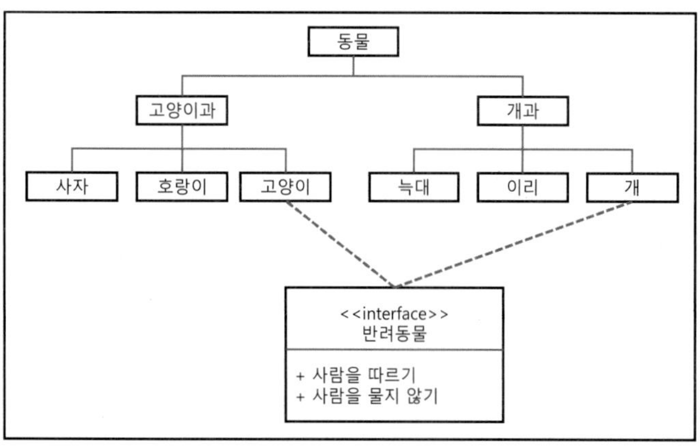

일반적인 클래스의 상속도 모습이다.
사자 클래스는 고양이과 클래스의 속성을 물려받는다. 늑대도 개과의 속성을 물려받는다.

여기에서
반려동물 클래스는 인터페이스로서 사람을 따르기와 사람을 물지 않기 메소드를 정의하지만, 구체적 내용은 가지고 있지 않다.

고양이 클래스가 반려동물과 연결되어 있고 사람을 따르기와 사람을 물지 않기의 구체적 내용을 구현해야 한다.
이때 고양이는 반려동물과 실체화 관계에 있다고 이야기 한다.

개와 반려동물도 동일하다.

[그림 15-23] 실체화 관계의 표현에 대한 예

실체화 관계는 [그림 15-23]과 같이 상속트리에 추가하여 표현하면 좋다. 표현된 실체화 관계는 자바언어로 표현할 수 있다. 15.1.7절의 내용을 참조하도록 한다.

15.6 순차(Sequence) 다이어그램

15.6.1 순차 다이어그램의 제작 가이드

순차 다이어그램은 클래스 다이어그램, 유스케이스 다이어그램과 함께 UML 사용자가 많이 사용되는 다이어그램이다. 순차 다이어그램은 특정 기능을 하는 그룹안의 객체들이 어떻게 상호 연계하여 작업이 수행되는지를 표현할 때 사용한다. 순차 다이어그램은 개발할 대상을 Top-Down으로 단위 작업까지 분해한 후에, 최종 단위작업을 대상으로 작성하게 된다.

순차 다이어그램은 복잡하게 그리지 말고, 전체의 핵심을 중심으로 작성해야 한다.

만약, 순차 다이어그램이 너무 복잡해진다면 그것은 순차 다이어그램을 적용할 단위 작업을 너무 크게 잡았기 때문이다. 단위 작업을 분해한 후에 다시 작업하면 된다. 모든 것에 대하여 순차 다이어그램을 그릴 필요는 없다. 너무 단순하고 명확한 것은 별도로 제작하지 않아도 된다.

순차 다이어그램을 보면서 컴퓨터 언어로 표현할 수 있어야 한다.

15.6.2 순차 다이어그램의 제작 방법과 예

순차 다이어그램의 제작에서 중요한 것은 제작된 순차 다이어그램을 읽는 것이다. 순차 다이어그램의 예와 제작방법에 대하여 [그림 15-24]에 요약하였다.

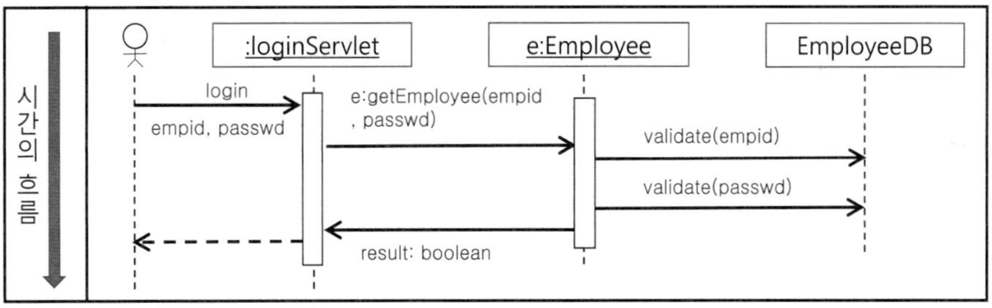

- 객체는 밑선, 클래스는 밑선이 없다.
  - loginServlet은 객체
  - e:Employee는 Employee 클래스의 객체인 e
  - EmployeeDB는 객체를 만들지 않고 클래스의 형태로 사용(static)
- loginServlet 객체는 사용자로 부터 id/pwd를 받아서 e 객체에 있는 getEmployee 메소드를 콜한다.
- getEmplyee 메소드는 EmployeeDB의 validate 메소드를 콜해서 empid, passwd를 넘겨주고 확인한다.

  확인된 결과를 받으면 loginServlet에 넘겨준다.
- loginServlet 객체는 사용자에서 로그인 성공/실패를 알려준다.
- loginServlet 클래스의 사각형은 login 메소드의 트랜잭션을 표현하고 있다.
- e 객체의 사각형은 getEmployee 메소드의 트랜잭션을 표현하고 있다.

[그림 15-24] 순차다이어그램 제작 및 읽는 법

순차 다이어그램의 제작이나 읽는 법에 대해서는 [그림 15-24]의 예 정도만 서술한다. 좀 더 복잡한 문법이 많기는 하지만, 잘 사용되지 않고 소프트웨어 공학의 측면에서 이정도만을 이해하는 것으로 충분하다고 생각한다.

이제는 순차 다이어그램을 읽고, 이해하고, 컴퓨터 언어로 표현하는 것을 설명할 시간이다.

15.6.3 순차 다이어그램을 자바코드로 표현

순차 다이어그램을 그리는 이유는 정보시스템을 제작하기 위해서이다. 클래스 다이어그램과 마찬가지로 제작된 순차 다이어그램을 읽고, 이것을 컴퓨터 언어로 표현하는 것이 중요하다. 너무 복잡하지 않은 예를 통하여 학습을 진행한다. 아래의 3가지 예를 살펴보고 이해한 후에, 마지막 예를 자바언어로 표현해 보기 바란다.

【 예 1 】

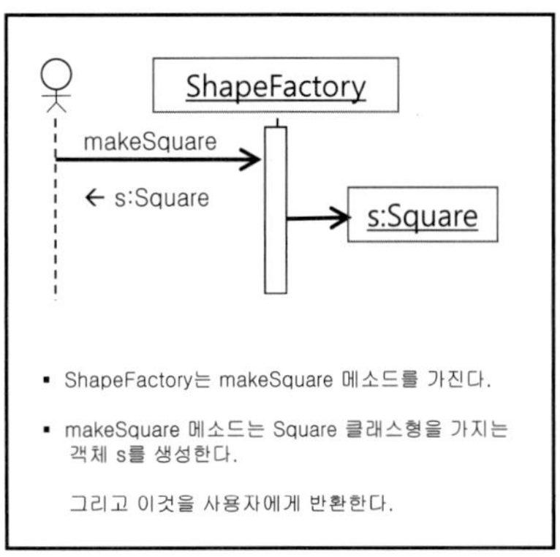


```
public class ShapeFactory
{
   public Square makeSquare()
   {
        코드가 들어간다.

        return new Square();
   }
}
```

ShapeFactory 클래스는 makeSquare 메소드를 가지게 되며, 이것은 사용자 모듈에 의하여 불려진다. ShapeFactor.makeSquare()와 같은 형식으로 불린다.

ShapeFactory는 Square 클래스 형의 s 객체를 생성한다. 그리고 반환값으로 s 객체를 반환한다.

【 예 2 】

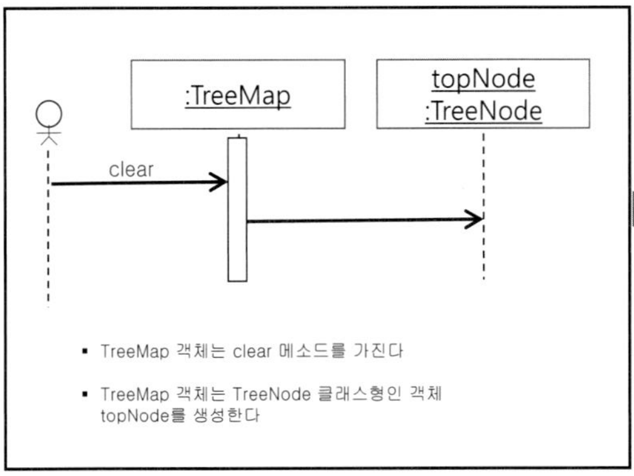


```
public class TreeMap
{
   private TreeNode topNode;

   public void  clear()
   {
         topNode=null;
   }
}
```

TreeMap 클래스는 clear메소드를 가진다. clear 메소드에서는 Treenode 형을 가지는 topnode 객체를 초기화한다.

【 예 3 】 지금까지 배운 것을 이용하여 아래의 예를 읽어보고, 자바소스와 연관시켜 보기 바란다.

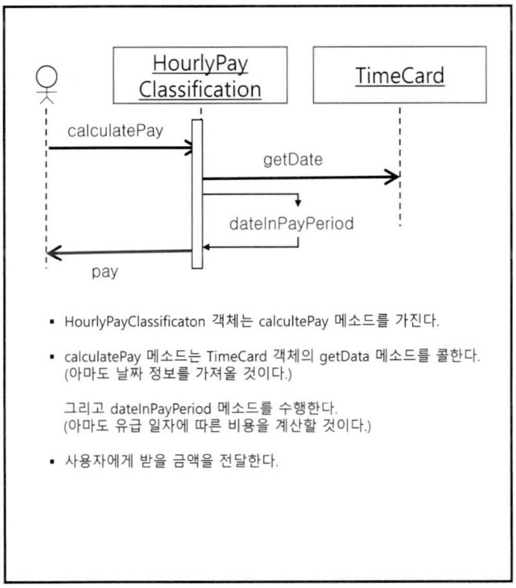


```
public class HourlyPayClassifiction
{
   public int calculatePay()
   {
        private int pay, day;
        private TimeCard timeCard;

        day= timecard.getDate();
        pay=dateInPayPeriod(day);

        return pay;
   }
   public int dateInPayPeriod(int day)
   {
        return day * 3;
   }
}
public class TimeCard
{
   public int getDate()
   {

   }
}
```

이제 마지막으로 아래의 예에 대하여, loginSevlet, Employee, EmployeeDB에 대한 자바 코드를 작성해본다.

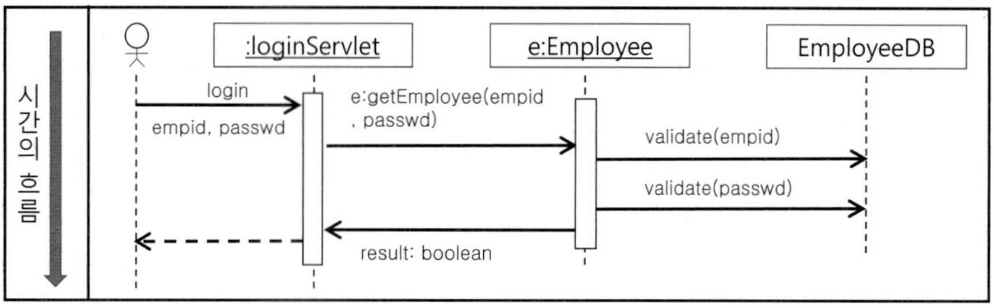

순서 다이어그램을 읽고 컴퓨터 언어로 표현하는 과정은 생각보다 어렵지 않다. 앞의 예를 살펴보면 답을 바로 알 수 있다. 아래에 힌트를 준다.

- loginServlet은 login 메소드를 가지는데 empid, passwd를 넘겨받는다.
- login 메소드는 e 객체의 getEmployee 메소드를 콜하는데, empid, passwd를 넘긴다.
- getEmployee 메소드는 EmployeeDB의 validate 메소드를 콜한다. empid를 넘긴다.

이렇게 읽고, 이것을 자바언어로 표현하면 된다.

15.7 유스케이스 다이어그램

15.7.1 유스케이스 다이어그램의 제작 가이드

유스케이스 다이어그램(Use-case)은 정보시스템의 개발 초기에 전체 범위와 방향을 파악하기 위하여 고객과의 대화를 위한 도구이다. 유스케이스 다이어그램은 정보시스템 전체를 보는 관점에서 개발해야 하는 구체적인 범위를 정하기 위한 도구이다. 유스케이스 다이어그램을 그리는 순서는 15.7.2에서 자세하게 설명한다.

유스케이스 다이어그램은 유스케이스 다이어그램과 유스케이스 기술서로 구성된다. 유스케이스 기술서는 다이어그램으로 표현하지 못한 구체적인 내용을 서술하는데 사용한다.

유스케이스 다이어그램의 구성 요소

구성 요소	내용	표기법
Use Case	시스템이 제공하는 서비스	
Actor(행위자)	시스템과 상호작용하는 사람, 사물, 시스템	
System(시스템)	표현하고자 하는 영역의 표현	인사관리
연관(Association)	Use case와 Actor의 관계	

이외에 확장(Extend), 포함(Include), 일반화(Generalization), 그룹화(Grouping) 등에 대한 표기법이 다양하게 정의되어 있지만, 여기에서는 생략하고 유스케이스 다이어그램을 제작하는 과정에 초점을 맞추겠다.

15.7.2 유스케이스 다이어그램의 예

유스케이스 다이어그램의 예와 읽는 법에 대한 것이 [그림 15-25]에 정리되어 있다.

유스케이스는 유스케이스 다이어그램과 유스케이스 기술서로 구성된다고 하였다. [그림 15-25]의 유스케이스 다이어그램을 이해하였다면 이제 유스케이스 기술서를 작성할 시점이다. [그림 15-26]에 작성된 유스케이스 기술서가 있다.

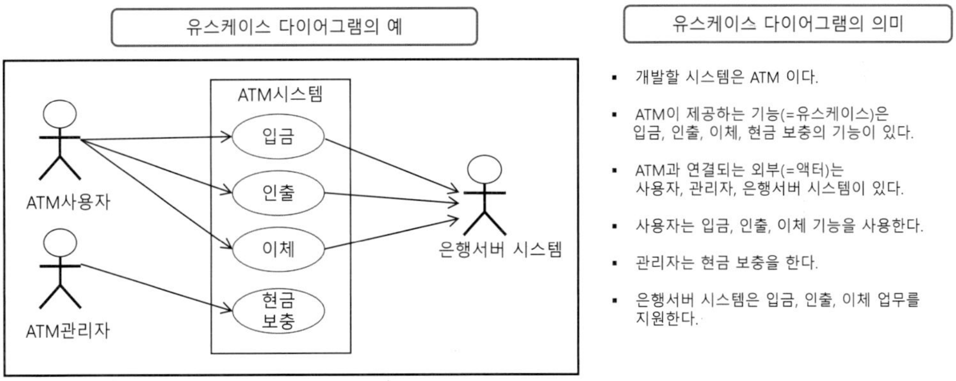

[그림 15-25] 유스케이스 예와 읽는 법

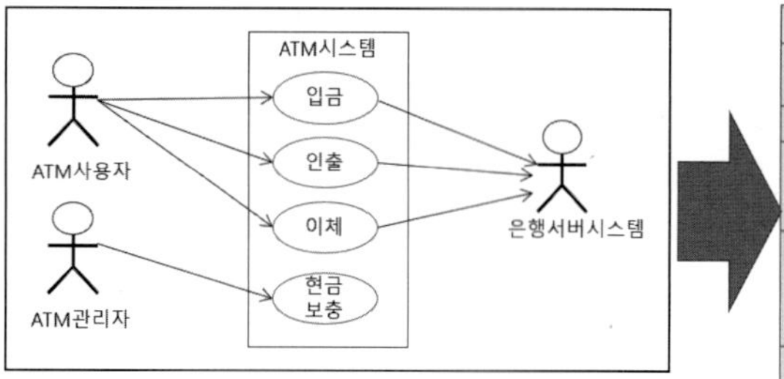

유스케이스명	인출
액터명	주 액터: 사용자 부 액터: 인증시스템, 은행시스템
개요	사용자가 자신의 계좌로부터 예금 출금을 하기 위해 ATM을 이용한다.
사전조건	• 사용자가 은행 카드를 소지하고 있어야 한다. • 은행시스템과 인증시스템과의 네트워크 연결이 정상적이어야 한다. • 시스템은 사용자가 요구한 출금액만큼의 현금을 가지고 있어야 한다.
사후조건	• 사용자가 카드를 돌려받는다. 사용자가 돈을 출금하고 은행계좌에 출금액이 반영된다. • 사용자가 카드를 돌려받는다. 사용자가 돈을 출금하지 못하고 은행계좌는 변동이 없다. • 사용자가 카드를 돌려받지 못한다. 사용자가 돈을 출금하지 못하고 은행계좌는 변동이 없다. 또한 은행을 접촉하라는 메시지를 받는다.
기본흐름	1. 사용자는 은행 카드를 시스템에 제시한다.(트리거) 2. 시스템은 카드 정보를 읽고 비밀번호를 요구한다. 3. 사용자는 비밀번호를 입력한다. 4. 「사용자인증」 유스케이스를 실행한다. 5. 시스템은 사용자에게 트랜잭션 타입을 요구한다. 6. 사용자는 출금 트랜잭션을 선택한다. 7. 시스템은 출금액을 사용자에게 요구한다. 8. 사용자는 출금액을 입력한다. 9. 시스템은 은행시스템에 출금을 요구한다. 은행시스템은 사용자의 계좌에 출금을 반영한다. 10. 시스템은 돈을 사용자에게 내주고 출금 사실을 로그기록에 반영 한다 11. 시스템은 은행카드를 사용자에게 되돌려 준다.
대체흐름 1	2a. 시스템이 인식하지 못하는 카드가 입력되는 경우 2a.1 시스템은 사용자에게 카드 판별할 수 없다는 사실을 알리고 유스케이스를 종료한다.
대체흐름 2	9a. 잔금이 모자라는 경우 9a.1 사용자에게 알리고 단계 7을 다시 수행한다.

위의 유스케이스 다이어그램을 그렸다고 하면,
확인된 유스케이스인 입금, 인출, 이체, 현금보충에 대하여
각각 유스케이스 기술서를 작성한다

예로, 인출에 대한 유스케이스 기술서이다.
사전,사후 조건과 기본흐름, 대체흐름까지 상세하게
정의하여야 한다.

정의하는 과정이 복잡하다면, DFD를 이용하여 유스케이스에 대한
상세사항을 정리할 수도 있다

[그림 15-26] 유스케이스 기술서의 작성 예

여기까지

- 유스케이스 다이어그램에 대해 설명하고
- 유스케이스 다이어그램의 제작에 대한 가이드를 제공하였고
- 유스케이스 다이어그램의 예와 의미를 설명한 다음
- 유스케이스 기술서의 예를 제시했다.

이제는 유스케이스 제작에 대한 것을 알아볼 단계이다.

15.7.3 유스케이스 다이어그램의 제작 방법

유스케이스 다이어그램에 대한 자세한 문법과 기법은 UML 시간에 공부할 내용이다. 이번에는 소프트웨어 공학의 관점에서 유스케이스가 무엇이고 언제, 어떻게 사용하는 지를 설명할 목적으로 유스케이스 제작 단계를 예를 통해 설명한다.

[1 단계]

고객이 "인사관리 시스템"을 개발하기로 하였다. 그래서 고객을 방문하여 개발할 시스템에 대한 범위와 내용에 대하여 알아보고자 한다. 이때, 가장 유용한 기법이 유스케이스 다이어그램이다.

그래서 컨설턴트는 고객과 앉아서 종이와 연필을 준비한 후에 개발할 "인사관리 시스템"에 대하여 이야기하기 시작한다.

[2 단계]

질문 : 인사관리 시스템은 누가 사용하나요?

대답 : 인사과 직원, 일반직원, 임원이 사용합니다.

위의 대화를 기반으로 컨설턴트는 아래의 유스케이스를 종이에 그렸다.

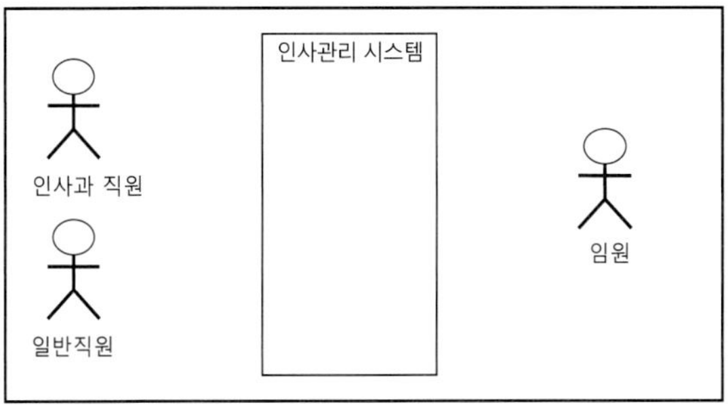

개발해야 하는 시스템의 이름과 이것을 사용하는 사람 또는 연결된 외부시스템을 파악해서 명시한다.

➔ Information System 구성에서 관련된 사항들을 정리하였다.

[3 단계]

질문 : 인사관리시스템은 어떤 기능을 제공해야 하나요?

대답 : 자료 추가, 자료 조회, 보고서 기능을 제공해야 합니다.

위의 대화를 기반으로 컨설턴트는 기존 유스케이스 다이어그램을 보완하였다.

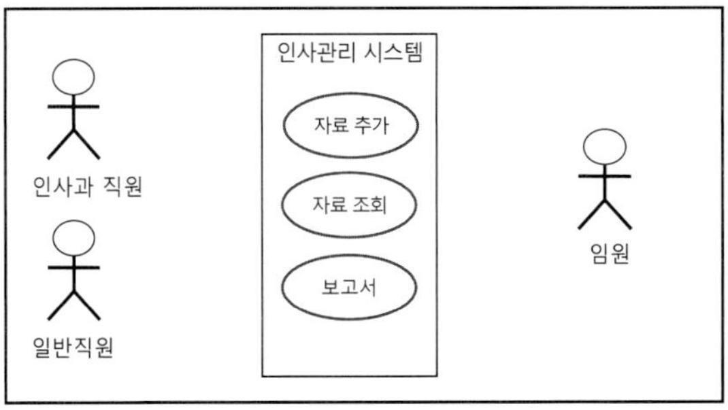

개발해야 하는 시스템이 수행해야 하는 기능을 큰 규모로 정리해본다.

➔ 고객의 언어로 작성해야 한다. 그래야 고객과 대화하면서 작성할 수 있다.

[4 단계]

질문 : 인사과 직원은 어떤 기능을 사용하나요?

대답 : 자료 추가, 자료 조회 기능을 사용합니다.

질문 : 일반직원은?

대답 : 자료 조회기능을 사용합니다.

질문 : 임원은 ?

대답 : 보고서 기능을 사용합니다.

위의 대화를 기반으로 컨설턴트는 기존 유스케이스 다이어그램을 보완하였다.

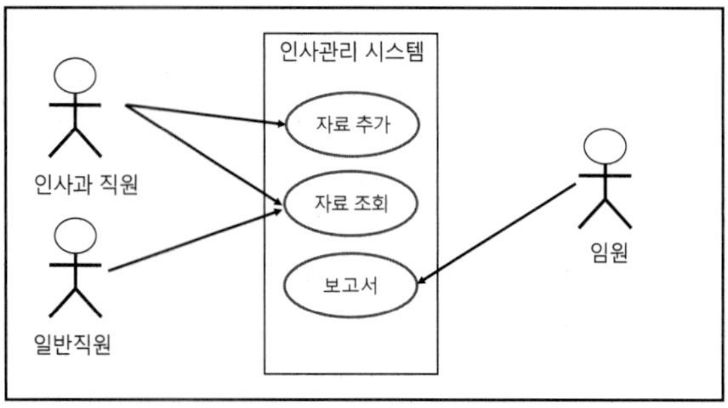

[5 단계]

질문 : 인사관리 시스템을 사용하기 전에 사용자 인증은 어떻게 하나요?

대답 : 통합 인증 시스템과 연계하여 사용자 인증을 수행합니다.

인사과 직원, 일반직원, 임원 모두 사용자 인증을 수행한 후에 시스템을 사용할 수 있습니다.

위의 대화를 기반으로 컨설턴트는 기존 유스케이스 다이어그램을 보완하였다.

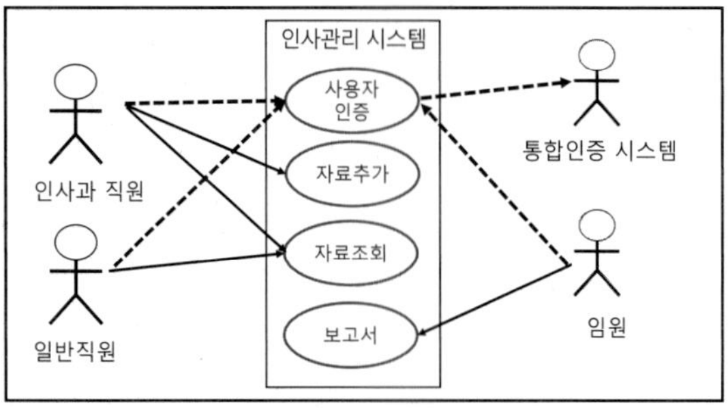

1 ~ 5 단계를 계속 반복하여 개발해야 하는 시스템에 대한 파악을 진행해야 한다.

지면 관계상, 현 단계는 여기까지 수행하는 것으로 가정한다. 이제는 한 단계 밑으로 진행해야 하는 시간이다.

사용자 인증, 자료 추가, 자료 조회, 보고서에 대하여 각각 유스케이스 다이어그램을 그려야 한다. 예로 보고서에 대하여 유스케이스 다이어그램을 그리는 부분을 보여준다.

[6 단계]

질문 : 보고서 기능에는 어떤 것이 있나요?

대답 : 보고서는 주간, 월간, 연간 인사 보고서가 있습니다.

인사보고서에는 급여 추이에 대한 것이 같이 나오게 됩니다.

질문 : 급여 추이는 어디에서 얻나요.

대답 : 재무 시스템에서 얻습니다.

대답 : 주간보고서는 임원이 사용하고, 월간/연간은 사장님이 사용합니다.

질문 : 보고서 관리는 누가합니까?

대답 : 전산실 담당자가 합니다.

위의 대화를 기반으로 컨설턴트는 한 단계 아래인 "보고서"에 대한 유스케이스 다이어그램을 아래와 같이 작성하였다.

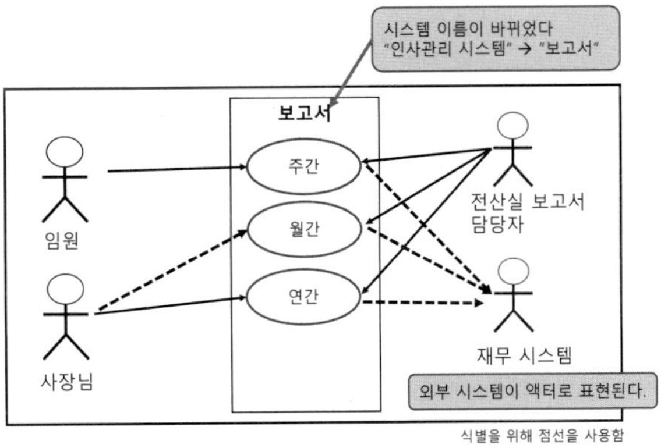

[7 단계]

- "인사관리 시스템"에 대하여 유스케이스 다이어그램을 제작하였다.
- Top-Down으로 내려가면서 유스케이스 다이어그램을 제작한다.
  인사관리 시스템 → 자료 추가, 자료 조회, 보고서, 사용자 인증
  → 보고서 중에서 주간, 월간, 연간을 말한다.

- 만약, 보고서가 Top-Down의 단위 작업에 속한다고 가정하면, 이제 보고서에 대한 유스케이스 기술서를 작성해야 한다. 만약, 보고서에 대한 유스케이스 기술서가 너무 복잡하다면, "주간", "월간", "연간"으로 나누어서 유스케이스 기술서를 작성해도 된다.

15.8 관점지향 프로그래밍

관점지향 프로그래밍(AOP : Aspect Oriented Programming)이란?

프로그램 개발에서 횡단관심사(cross-cutting concern)의 분리를 허용함으로써 모듈성을 증가시키는 것이 목적인 프로그래밍 방법을 말한다. 소프트웨어는 복수개의 모듈로 구성되는데, 어떤 부분이 복수개의 모듈에 동일한 모습으로 산재해 있는 것은 **횡단적**(cross concern)이라고 한다. 여러 모듈에서 횡단적 부분을 제거하는 것이 AOP의 목적이고 이것을 **횡단적 관심사의 분리**(Separation of cross cutting concern)라고 한다. 대표적인 예는 각 모듈의 로그를 출력하는 부분이라고 할 수 있다.

AOP에 의해 분리된 부분은 AOP 프레임웍에 의해 관리되고 필요시에 각 모듈에 삽입되는데, 이것은 위빙(Weaving)이라고 한다. 중요한 점은 개발자가 관련된 코드를 개별적으로 서술할 필요가 없다는 것이다. AOP는 객체지향을 대신하는 것이 아니라, 보완하는 개념이다. 즉, 객체지향에 AOP를 조합함으로써 보다 유연하고 보존성 있는 소프트웨어를 개발할 수 있다(15.1.3의 내용이 AOP와 연관이 있다. 확인하라).

AOP의 사용

AOP는 개발자가 개발하여 사용할 수 있지만, 대부분의 경우 이것을 지원하는 프레임워크를 사용한다. 스프링 프레임워크(Spring Framework)는 여러 가지 기능을 제공하지만, 대표적으로 아래의 두 가지 기능을 제공한다.

- 의존 관계 주입 (이 책에서 설명하지 않는다)
- AOP

스프링 프레임워크에서 AOP의 구현을 위하여 2가지 방법을 제공한다.

- 기본적인 방법 : 스프링에서 제공하는 코딩과 조작으로 구현
- AspectJ를 연결하여 구현하는 방법

스프링 프레임워크의 AOP 관련 용어 정리

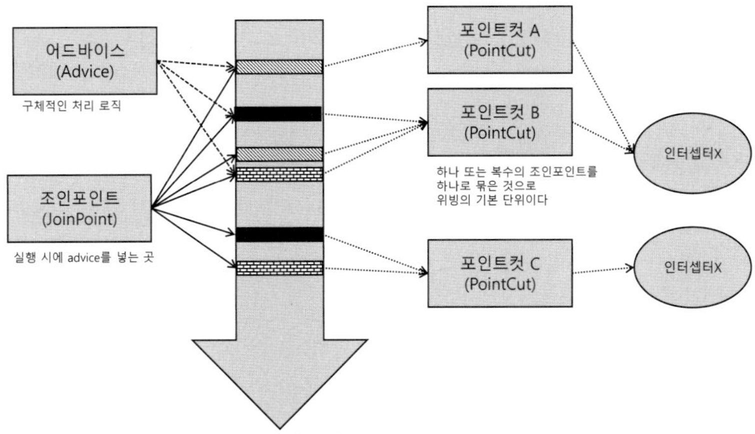

[그림 15-27] AOP의 개념 및 용어 정리

스프링 프레임워크에서 제공하는(기본적인 방법) AOP는 거의 자동으로 수행되는 기능인데, 중요한 것은 스프링 프레임워크에서 사용하는 용어의 개념이다. [그림 15-27]

아래 용어의 의미를 AOP의 개념에 맞추어 정리해보기 바란다.

- 위빙(Weaving)
- 어드바이스(Advice)
- 조인포인트(JoinPoint)
- 포인트 컷(PointCut)

기억하겠지만, 객체지향프로그래밍에서 AOP는 static과 더불어서 특정 모듈이나 프로세스를 하나의 단위로 선언하고 프로그램에서 활용하는 방안을 제공하는 기법이다.

15.9 객체지향 방법론 도구

객체지향 모델링을 위한 표준은 UML이다. UML 형식으로 모델링하고, 소스를 생성하는 과정을 지원하는 도구는 다양하게 출시되어 있다.

이 책에서 기본 원리와 적용 방법을 익혔다면 이제는 본격적인 사용을 위하여 도구를 선정해서 익숙해져야 한다.

【 객체지향 도구 】

- StarUML : starUML.io에서 무료로 다운받아 사용할 수 있다.
- PlantUML : plantuml.com/ko/에서 무료로 다운받아 사용할 수 있다. 오픈소스 제품이다.
- MS Visio를 이용한 UML 다이어그램 그리기
- IBM Rational Software Architecture Designer
- Enterprise Architect : www.architectgroup.com에서 찾아볼 수 있다. 유료 제품이지만 개발한지 오래되었고 기능과 안정성이 좋다.
- UMLet : www.umlet.com에서 무료로 다운받아 사용할 수 있다.

15.10 정리

객체지향 모델링을 정리하면서 기억할 내용을 다시 한 번 모아보자.

중요한 것은 클래스 다이어그램, 순차 다이어그램, 유스케이스 다이어그램이다.

- 클래스 다이어그램은
  - 클래스 자체의 표현과
  - 클래스와 클래스 간의 연관성을 표현하는 방법을 알아야 한다.
- 순차 다이어그램은
  - 클래스 또는 객체간의 주고받는 정보와 시기, 순서에 대한
  - 정보를 정리하는 것이다.
- 유스케이스 다이어그램은
  - 개발해야 하는 시스템의
  - 범위와 중요내용을 파악하기 위하여 제작한다.

클래스, 순차, 유스케이스만 있으면 정보시스템을 구축하는 데 필요한 정보를 거의 확보할 수 있다는 것을 이해해야 한다. 그리고 다이어그램을 그리는 이유는 프로그램을 제작하기 위한 것이다. 고객의 요구사항에서 다이어그램을 만들고, 다이어그램에서 컴퓨터 프로그램을 만들 수 있어야 한다. 만약, 이것이 어렵다면 아직 공부가 부족한 것이다.

아래에 UML에서 추천하는 다이어그램의 종류를 정리하였다.

<table>
<tr><th>분류</th><th colspan="2">다이어그램 유형</th><th>목적</th></tr>
<tr><td rowspan="6">구조 다이어그램(structure Diagram)</td><td colspan="2">클래스 다이어그램(Class Diagram)</td><td>클래스 구성, 관계</td></tr>
<tr><td colspan="2">객체 다이어그램(Object Diagram)</td><td>객체 정보</td></tr>
<tr><td colspan="2">복합체 구조 다이어그램(Composite structure Diagram)</td><td>복합구조 표현(복합 클래스, 컴포넌트)</td></tr>
<tr><td colspan="2">배치 다이어그램(deployment Diagram)</td><td>물리 구조(S/W, H/W, Network)</td></tr>
<tr><td colspan="2">컴포넌트 다이어그램(Component Diagram)</td><td>컴포넌트 사이의 관계</td></tr>
<tr><td colspan="2">패키지 다이어그램(package Diagram)</td><td>패키지 사이의 관계(Java Package개념)</td></tr>
<tr><td rowspan="7">행위 다이어그램(behavior Diagram)</td><td colspan="2">활동 다이어그램(activity Diagram)</td><td>업무 처리 과정</td></tr>
<tr><td colspan="2">상태머신 다이어그램(state machine diagram)</td><td>클래스, 객체 생명주기</td></tr>
<tr><td colspan="2">유즈케이스 다이어그램(use case Diagram)</td><td>사용자의 관점에서 시스템의 행위 표현</td></tr>
<tr><td rowspan="4">상호작용 다이어그램(interaction Diagram)</td><td>순차 다이어그램(sequence Diagram)</td><td>시간흐름에 따른 객체 간의 상호작용</td></tr>
<tr><td>상호작용 다이어그램(Interaction overview Diagram)</td><td>상호 작용 사이의 제어 흐름</td></tr>
<tr><td>통신 다이어그램(communication Diagram)</td><td>객체 사이 관계를 중심으로 상호작용 표현</td></tr>
<tr><td>타이밍 다이어그램(timing Diagram)</td><td>객체 변화와 시간 관계</td></tr>
</table>

이제 마지막으로 앞에서 배웠던 "구조적 방법론", "정보공학 방법론", "객체지향 방법론"을 통합하여 정보 시스템을 개발하는 과정에 대하여 정리해 보도록 하겠다.

정보시스템은

- 단위 프로세스의 모임이고
- 데이터를 정확히 다루어야 한다.
- 최근의 시스템은 규모가 커져서 데이터와 메소드의 종류가 많고,
- 지속적으로 수정이 발생하며
- 업무의 수행에 밀접한 관련이 있어서
- 정보시스템의 장애는 비즈니스의 장애와 연결되는 특징이 있다.

그래서 정보시스템을 개발할 때, 어떤 특정한 방법만을 이용하는 것은 올바른 방향이 아니라고 생각한다(→ 저자의 생각).

그래서 필요에 따라 이미 개발된 다양한 방법을 혼합하여 최적의 결과를 만들 수 있도록 하는 것이 올바른 길이라고 본다(→ 저자의 생각).

그래서 저자의 생각을 한 장의 그림으로 정리하여 보았다. 독자에게 도움이 되기를 바란다.

단계	내용
1 단계	고객을 만나서 DFD/Use Case/ER Modeling을 그리면서 전체 윤곽을 파악한다(개략적인 파악). 전체 시스템을 Top-Down으로 분할해서 단위 Activity를 구한다. 단위 Activity 별로 - DFD를 제작하고, 여러 DFD를 합치는 작업을 반복해서 수행한다. 또는 - Use-Case를 이용하여 개별 작업의 상세 내용을 자세하게 정리한다. ER Modeling의 1:다로 완료하고, 정규화 작업을 수행한다. 필요 엘리먼트를 찾아서 정리한다.
2 단계	데이터베이스를 구성한다. (보조 ➔ BAA의 Entity-Process Table을 이용하여 개발 단위를 모듈화한다.)
3 단계	프로그램 제작을 위한 사용자 정의 자료형을 정하고, 체계화한다 (클래스, 상속, 인터페이스, 추상클래스) 프로그램을 위한 자료형을 정의하고, 공통모듈(=DB 조작, 표준화면, 공통기능(정렬, 검색), 외부기능(메일)....)을 구성해서 공용자원을 구성하고, 프로그램 작성 가이드를 만든다. 클래스 간의 Sequence Diagram을 그린다. 필요시 State Diagram을 그릴 때도 있다. 클래스/ Sequence 다이어그램, DFD를 기반으로 프로그램의 흐름을 이해하고, 개발 일정 및 개발자별 할당을 수행한다. (옵션) 화면을 그리고 화면 간의 연관성에 대한 최종 흐름도를 확정한다.
4 단계	프로그램을 Iteration하게 단계별로 제작한다. 이때, TDD의 개념을 적용한다(=영향도 평가 후 Coding). 개발자나 소그룹 단위로 단위 테스트를 수행(Whitebox Test)한다. 그후, 전체 프로그램의 흐름을 구성하고 단위 모듈을 통합한다(통합테스트 수행:BlackBox Test). Delivery 테스트를 수행한다. 완료 후, Refactoring을 진행하고 고객에게 인도한다.

연습문제

01. 객체지향 프로그램을 정의하시오.

02. 클래스와 객체가 무엇인가? 왜 필요한지를 설명하시오.

03. 상속은 왜 필요하며, 상속을 보완하는 개념인 인터페이스와의 차이를 설명하시오.

04. UML에서 가장 많이 사용되는 3가지 다이어그램을 적으시오.

05. 클래스간의 관계는 어떤 것이 있는지 적으시오.

06. 관점지향 프로그래밍이 무엇인지 적으시오.

07. unified process를 정리하시오.

08. UML이 무엇이며 가장 중요한 5가지 모델링 방법을 적으시오.

09. 유스케이스 다이어그램은 언제 어떻게 사용하는가?

10. 객체지향 방법론이 적용되어야 하는 정보시스템의 특징을 정리하시오.

16

코딩 기법

대형화되고 많은 사람이 사용하며 비즈니스에 중요한 역할을 수행하는 프로그램을 개발하는 과정은 작은 개인용 프로그램을 개발하는 것과 근본적으로 다르다. **이번 장에서는 크고 많은 사람이 사용하며 수십 명의 개발자가 몇 개월 이상 참여하는 프로그램(객체지향형)의 개발에 필요한 기법을 정리하도록 하겠다.** 기본적이고 중요한 것만을 선별하여 정리할 것이다. 내용의 전개로 볼 때, 15장에서 설명한 내용을 기본적으로 이해한 다음 이번 장을 공부할 필요가 있다. 객체지향 프로그램 개발에 대한 가이드와 요령, 원리는 15장에서 설명하고 있다고 보면 된다. 최근 많은 관심을 받고 있는 디자인 패턴, 리팩토링, 테스트 주도 개발 등에 대한 부분도 전체는 아니지만 중요 내용을 정리할 것이다. 이 장에서 다루는 내용을 암기하지 않고 이해할 수 있다면 고급 개발자와 컨설턴트로서 나아가기 위한 기본을 얻은 것이다. 조금 어렵지만 독자 여러분들의 열정을 기대한다.

16.1 코딩 기법의 의미

코딩 기법이란?

고객의 요구사항에 의하여 모델링된 결과를 기반으로 프로그램을 제작하는 과정에서 필요한 기법이나 요령을 말한다.

코딩 기법이 중요한 이유

소프트웨어 공학은 큰 규모의 프로그램을 수십 명의 개발자가 수개월 이상의 긴 시간을 투입하여 개발하는 프로그램을 대상으로 한다.

그러므로 소프트웨어 공학의 코딩 기법은

- 큰 규모의 프로그램을
- 수십 명의 개발자가
- 수개월 이상의 긴 시간을 투입하여 개발하는 환경에서
- 지켜야 하는 개발자들의 규정, 약속에 대한 부분을 다룬다.

자연스럽게 소프트웨어 공학의 코딩 기법은 객체지향 프로그래밍에서 지켜야 하는 개발자들의 규정, 약속에 대한 부분을 다루게 된다. 이유는 객체지향 프로그램이 여러 개발자가 대규모의 프로그램을 오랜 시간에 걸쳐 개발하는 것을 위하여 만들어진 것이기 때문이다.

코딩 기법을 적용하지 않은 프로그램은 성능 및 데이터의 정확성에 대한 보장을 할 수 없고 개발된 프로그램의 가독성이 떨어지고 프로그램의 유지보수가 어려우며 개발하는 과정에서 개발자 간의 충돌이나 중복, 효율적 개발을 수행할 수 없다. 결론적으로 좋은 프로그램이라고 할 수 없고, 객체지향 프로그램의 조건을 갖추지 못한 것이다.

코딩 도구의 발전

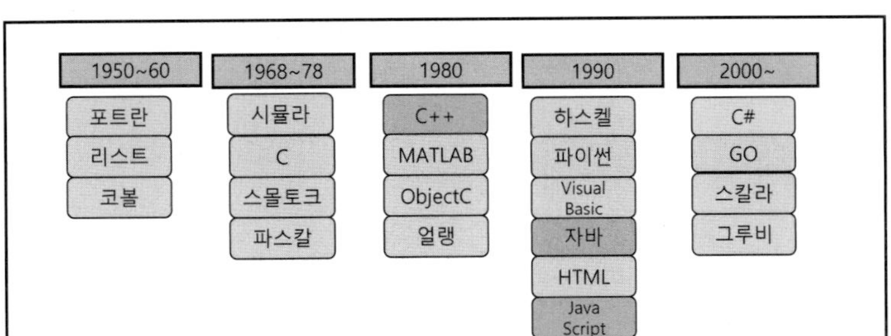

[그림 16-1] 코딩 도구의 발전 요약

코딩 도구의 발전은 [그림 16-1]과 같이 요약할 수 있다. 많은 언어들이 개발된 시점을 기준으로 작성하였다.

최근에는 대부분의 프로그래밍이 웹환경에서 수행되므로 이를 위하여 필요한 코딩 지식은 다음과 같다. 개발자가 알아야 하는 사항이 제법 많아져서 큰일이다.

- 웹화면의 구성 및 사용자의 동작에 따른 로직 처리
  : HTML5 + CSS3 + Java Script
  : JSP, Servlet을 포함한 프로그램 환경
  : Java Script의 호환성을 보완한 JQuery, Sencha Touch
- 데이터베이스
  : RDB 계열(Oracle, MySQL, MS SQL 등)
- 프로그램과 데이터베이스의 연동
  : MyBatis, IBatis, Hybernate
- 웹서버 모듈의 개발을 위한 프레임워크
  : Spring MVC, MS MVVC

16.2 표준 코딩 규칙

코딩을 할 때 개발자의 마음대로 작성하다 보면 개발된 코딩의 결과를 다른 사람이 읽기 어렵게 된다. 프로그램이란 한번 만들어진 후에 그냥 유지되는 것이 아니고 사용자의 환경 변화에 따라 지속적으로 변화되어야 한다는 점을 고려하면, 프로그램을 구현한 코딩의 결과물이 지속적으로 수정, 보완되며 발전해야 한다는 점을 이해할 수 있다. 하지만, 코딩의 결과물을 다른 사람이 읽기 어렵게 작성한다면 지속적인 수정, 보완의 과정이 쉽지 않을 것이다.

그래서 코딩을 하는 경우에 일반적으로 지켜야 하는 표준 코딩 규칙이 있다. 많은 곳에서 표준을 정하여 사용하고 있다. 여기에서는 행정안전부가 발간한 "프로그램 표준 코딩 규칙"의 내용을 기반으로 설명한다. 특별한 이유는 없고 사회에서 사용하는 표준 코딩 규칙 중에서 쉽게 접근할 수 있고 간단하며 잘 분류되어 있어서 선정하였다.

상세한 내용은 아래의 URL에서 확인할 수 있다.

https://mois.go.kr/frt/bbs/type001/commonSelectBoardArticle.do?bbsId=BBSMSTR_000000000015&nttId=39994

【 프로그램 표준 코딩 규칙의 개요 】

- 2010년 12월에 출판되었다.
- 구성은 아래와 같다.
  - 개요
  - 공통 코딩 규칙
  - Java 의존적인 코딩 규칙
  - C 의존적인 코딩 규칙
- 이 중에서 이 책에서 다루게 되는 '공통 코딩 규칙'은 아래와 같이 구성된다.
  - 명칭에 관한 규칙
  - 소스 형식에 관한 규칙
  - 주석에 관한 규칙
  - 변수 선언에 관한 규칙
  - 상수 선언에 관한 규칙
  - 수식에 관한 규칙
  - 문장에 관한 규칙

전체의 내용을 다루는 것은 의미가 없으므로, 이 책에서는 '공통 코딩 규칙'에 대한 부분을 중심으로 어떤 내용들이 표준 코딩 규칙에 포함되는지를 확인해 보겠다. 혹시, 내용 중에 이해가 안 되는 부분은 원문서의 내용을 참고하면 된다.

【 명칭에 관한 규칙 】

- 명칭의 길이는 31자 이내로 한다.

  【예】 클래스, 메소드, 변수 이름의 길이가 31자를 초과하지 않도록 한다.
- 변수명과 메소드명을 동일한 이름을 사용하지 않는다.
- 명칭은 "_" 이외의 특수문자를 사용하지 않는다.

  【예】 count_email@others → 나쁜 경우, count_email_others → 좋은 경우

【 소스 형식에 관한 규칙 】

- 하나의 소스 파일은 2000줄 이내로 작성한다.
- 한 줄의 길이는 80자 이내의 문자로 한다.

- 메소드나 함수의 내용은 70줄 이내로 작성한다. 즉 70줄이 넘지 않도록 한다.
- 중괄호는 시작 문장의 마지막 열에 삽입하고 닫은 중괄호는 새로운 시작 열에 삽입한다.

【예】
```
if (condition) {
    statement;
} else {
    statement;
}
```

- 하나의 문장이 여러 줄로 작성될 경우 아래와 같은 규칙에 의해 행을 나눈다.
  - 80자 초과 시, 쉼표 다음 문자부터 새로운 행을 시작한다.
  - 이전 행과 동일한 수준의 표현식과 열을 맞춘다.

■ Good 코드의 예-Java/C

```
int result = getEmployees(records_from_employee_table, read_count,
                          records_to_employee_table, write_count);
// 한 문장이 여러 줄에 작성될 경우 인자의 "," 이후 내용을 다음 줄에 위치.
// 2 번째 줄에서 들여 쓰기가 이전 행과 동일 수준의 열을 맞춤.
```

- 동일 수준의 문장은 같은 위치에서 시작하고 끝난다.

【 소스 주석에 관한 규칙 】

- 프로그램은 최초 작성자, 최초 작성일, 목적, 개정 이력 및 저작권을 기술하는 주석으로 시작하여야 한다.
- 메소드나 함수 주석은 목적, 매개변수, 반환값 및 변경 이력을 기술하는 주석으로 시작한다.

■ Good 코드의 예-Java

```
/*
* 목적 : DB Connector 정보를 가지고 옴.
* 매개변수 : dbConnInfo : Connection 객체를 얻기 위한 정보.
* 반환값 : Java.sql.connection
* 개정이력 : 홍길동, 2009.10.20, null 체크 기능 추가
*/
private Connection getConnection(Properties dbConnInfo) {
    ....
    return conn;
}
```

【 변수선언에 관한 규칙 】

- 같은 용도의 변수는 같은 줄에 선언한다.
- 불필요한 변수는 선언하지 않는다.
- 배열을 선언하는 경우 반드시 요소수를 명시적으로 선언하거나 초기화에 의해 묵시적으로 결정되도록 한다.
- 지역변수는 선언과 동시에 초기화한다.

【 상수에 관한 규칙 】

- 8진수로 표현된 상수는 사용하지 않는다.
- 숫자 리터럴을 직접적으로 소스코드 안에 삽입하지 않는다.

■ Good 코드의 예-Java

```
// 계산될 숫자를 미리 선언.
final int RADIUS = 10;
final int APPROXIMATED_PI = 3;
...
int circleArea = RADIUS * RADIUS * APPROXIMATED_PI;
```

【 수식에 관한 규칙 】

- 단항연산자는 피연산자와 붙여 쓴다.

  【예】 var ++ —〉 나쁜 경우, var++ —〉 좋은 경우
- .(dot) 연산자를 제외한 모든 이항 연산자 전후는 공백으로 구분한다.
- 조건부연산자에서 "?" 연산자 앞에 이항 연산식이 나타날 경우 괄호로 구분한다.

■ Good 코드의 예-Java/C

```
(x >= 0) ? x : -x; // 이항 연산식에 괄호 붙임.
```

- 증감연산자는 수식에서 다른 연산자와 결합하여 사용하지 않는다.

■ Good 코드의 예-Java/C

```
int val1, val2, sum=0;
...
--val2;
sum = val1 + val2; // 증감 연산자가 다른 연산자와 결합하지 않음.
```

- .(dot), ->(포인터) 연산자를 제외한 모든 이항연산자 전후는 공백으로 구분한다.
- 3개 이상의 연산자를 사용하는 경우 괄호로 연산의 우선순위를 표현한다.
- 비트연산자는 부호가 있는 자료에 사용하지 않는다.

【 문장에 관한 규칙 】

- switch ~ case 문장에서 case문에 break문이 없는 경우 주석을 작성한다.
- switch ~ case문에서는 반드시 default문을 작성하고 마지막 항목에 위치시킨다.
- goto문을 사용하지 않는다.
- for문을 제어하는 수식에 실수값을 사용하지 않는다.
- for문을 제어하는 수치 변수는 루프 내에서 변화되지 않아야 한다.
- 반복문 내부에서 반복 중단을 위한 break문은 가능한 한번만 사용하도록 한다.
- if ~ else if문은 반드시 else문으로 끝나도록 한다.

16.3 좋은 코딩을 위한 가이드

좋은 코딩을 위한 5가지 기준에 대하여 정리한다. 이후에 각 기준별로 자세한 내용을 정리하겠다.

- **좋은 코딩을 위한 습관 5가지 준수하기**
- **유지보수성 높은 코딩하기**
- **성능의 개선 문제 처리**
- **정확한 동작을 위한 테스트 수행하기**

  ⇨ 이 부분은 테스트 부분에서 별도로 설명한다.
- **프로그램의 불필요한 부분을 없애는 기술을 적용하기**

  ⇨ 이 부분은 아래의 "프로그램의 효율적 작성을 위한 기법"을 적용하여 수행한다.

아쉽지만, 난이도와 지면 관계상 이 책에서는 다루지 않는 부분은 아래와 같다. 관심있는 독자는 별도의 서적을 참고하면 된다.

- 추상화 프로그래밍 기법의 적용
- 메타 프로그래밍 기법의 적용
- 프레임워크 만들기 또는 프레임워크 적용하기

위의 5가지 중에서 앞의 3가지 부분에 대하여 상세 내용을 설명한다.

16.3.1 좋은 코딩을 위한 5가지 습관

좋은 코딩은 이미 개발된 좋은 소스를 이해하고 단위 작업으로 분해한 뒤, 재조합과 수정을 통하여 탄생하게 된다. 그래서 좋은 프로그래머가 되려면 먼저 다른 사람의 소스를 읽을 줄 알아야 하고, 다음으로 좋은 소스를 많이 확보하는 것이 우선적으로 해결해야 하는 일이다.

좋은 코딩을 하기 위해 필요한 습관 5가지를 정리한다.

(1) 코드 읽기

- **정적으로 코드 읽기** : 다운받은 코드를 순차적으로 읽어보는 것을 말한다.

  구체적으로,

  - 검색어를 사용해서 소스의 특정 부분을 찾아 읽어보는 방법
  - 이클립스와 같은 통합 개발 환경에서 제공하는 기능을 이용하여 읽어보는 방법
  - Emacs, Vim과 같은 툴을 이용하여 읽어보는 방법

- **동적으로 코드 읽기** : 코드를 실행하면서 읽어보는 방법을 말한다.

  - 통합 개발 환경에서 제공하는 디버거를 이용하는 방법
    (단계별 실행, 모듈별 실행, breakpoint 기능)
  - 단위 테스트 실행하기
  - 코드를 수정해서 실행하기
  - 부분적인 코드를 복사해서 사용해보기

(2) 코드 작성

좋은 코딩을 위해서는 실제 코드를 입력해서 수행시켜 보아야 한다. 눈으로 확인하는 것은 많은 문제를 발생시킨다.

(3) 도구에 익숙해지기

좋은 개발자는 개발에 관련된 도구에 익숙해져야 한다. 개발하는 대상에 따라 개발 도구는 변경되지만 많이 사용하는 도구를 정리하였다.

- 프로그램 언어에 익숙해져야 한다.
- 에디터, 통합 개발 환경에 익숙해져야 한다.

  : Eclipse, Visual Studio, Spring Framework, 전자 정부 프레임워크
- 자동화 도구에 익숙해져야 한다.

  : DBMS 도구들 (Oracle, MySQL, MS SQL ....),

  : ant, Maven, Gradle

  : Mybatis, JPA(Hybernate)
- 버전 관리 도구에 익숙해져야 한다.

  : Git, Subversion

(4) 기본 원리를 정확하게 알기

이론서와 관련 서적을 통해 기본 원리를 공부하고, API 문서와 개발자 관련 웹 사이트에 익숙해져야 한다. 특히 매뉴얼을 읽을 줄 아는 능력을 가지는 것이 중요하다.

(5) 다른 사람의 의견 듣기

코드 리뷰 받기, 블로그에 코드 올리고 평가 받기, 커뮤니티 스터디에 참여하기, 코드 공유에 적극 참여하기 등의 작업을 통해서 좋은 소스와 특정 상황에 대한 코딩 기법, 에러 해결 등을 얻을 수 있다.

16.3.2 유지보수성 높은 코딩하기

프로그램은 한번 제작하고 사용한 다음 버려지는 것이 아니라, 비즈니스의 변화에 맞추어 지속적으로 개선되고 추가되는 과정을 거치며 성장하는 생명체와 같은 것이다.

그러므로 지속적인 유지보수가 가능하도록 프로그램을 제작하는 것은 매우 중요한 것이며 좋은 개발자라면 반드시 갖추어야 한다.

유지보수성 높은 코딩을 위한 가이드를 정리한다.

【 변수명에 좋은 이름 사용하기 】

- **변수명은 설명적이고 의미, 의도를 나타내야 한다.**

  【예】`String s = fmt(value);`라고 쓰기보다

  `String studentGrade = gradeDecision(studentScore);`라고 쓰면 읽기가 좋다.

- **일관성이 있어야 한다.**

【예】 변수의 이름을 scoreAvg, scoreAverage, avgScore 등으로 혼재하여 사용하지 말고, 변수 이름 기입 방법에 일관성을 부여해야 한다.

- **영어로 부여해야 한다.**

【예】 변수의 이름은 존재하는 영어 단어를 사용하고, 스펠링을 틀리지 않게 하며, 너무 길어지면 축약해서 사용한다.

Separatos —〉 Seps (의미를 살리고 축약)

Grouping —〉 Group (의미없는 ing의 생략)

formattedCosumptionTax —〉 formattedTax(의미를 유지하며 단어 삭제)

- **관용 표현을 따르도록 한다.**

【예】 윈도우 프로그램 작성에 사용하는 win32API의 변수 명명법

– h 로 시작하는 변수 : Handle 변수

– sz 로 시작하는 변수 : NULL로 끝나는 문자열 변수

– cb 로 시작하는 변수 : 문자열의 바이트수를 카운팅하는 정수형 변수

– dw 로 시작하는 변수 : 부호 없는 long형 변수

– w 로 시작하는 변수 : 부호 없는 정수형 변수

– l 로 시작하는 변수 : 정수형 변수

– b 로 시작하는 변수 : 논리형 변수

- **코딩 표준을 따르도록 한다.**

공개되어 있거나 프로젝트팀에서 정한 코딩 표준을 따라서 코딩을 수행하도록 한다.

예를 들어 메소드인 경우 앞에 m_를 붙이기로 하였다면 이에 따라 작성해야 한다.

- **글로벌 변수, 클래스 변수, 일반 변수는 적용 범위가 다르므로 구분하여 작성한다.**

글로벌 변수는 g_ 로 시작하고, 클래스는 대문자로 시작하고, 객체는 소문자로 시작하도록 작성한다.

【 기타 좋은 이름 사용하기 】

- **메소드명, 클래스명은 이름으로 기능을 짐작할 수 있어야 한다.**

【예】 dataFormaat, getSalaryDate, setSalaryDate : 이름으로 기능을 짐작할 수 있다.

- **패키지, 네임스페이스명은 소속된 것들의 논리적인 내용을 표현하는 이름을 사용하는 것이 좋다. 이렇게 하면 소스코드의 가독성이 향상된다.**

【예】 네임스페이스 : ProfessorFunction, StudentFunction

: 이름만으로 포함된 소스의 내용과 범위를 예측할 수 있다.

- **프로젝트명을 기초로 패키지명, 데이터베이스의 스키마명, 레포지토리명 등을 정하는 것이 좋다. 추가적으로 모두가 공통적으로 인식할 수 있는 이름을 사용한다.**
- **특정 기능을 수행하는 메소드는 이름을 통일하는 것이 좋다.(다형성의 성질 이용)**

【예】 리포트를 출력하는 클래스는 reportPrint()

입력을 받는 클래스는 input_ 로 시작한다.

【 스코프 활용하기 】

스코프란 프로그래밍에서 어느 변수나 함수가 특정의 이름으로 참조될 수 있는 범위이다. 범위 밖에 위치한 변수는 참조될 수 없다.

결국 스코프는 변수를 사용할 수 있는 범위라고 할 수 있으며, 일반적으로 스코프를 작게 하는 것이 프로그램의 안정성에 유리하다.

- **스코프의 사용 요령**
  - 변수는 사용하기 직전에 선언한다.
  - 독립된 부분은 별도의 메소드로 분리한다.
  - 반복자(if, for)에서 사용하는 임시 변수의 스코프는 루프 내로 한정한다.
  - 별도의 값이 대입되지 않는 변수에는 final을 붙인다.

    【예】 final int count = getCount();
  - 클래스, 클래스변수는 3가지 경우를 고려해서 결정한다.

    : private, protected, public
  - 메소드의 스코프도 3가지 경우를 고려해서 결정한다.

    : private, protected, public

【 코드의 분할 】

프로그램 코드는 너무 길어지면 읽기가 어렵다. 이런 이유로 구조적 방법론에서 함수의 개념이 도입되었다. 좋은 코드는 적절한 길이로 되어 있어야 한다. 만약 코드가 길어지면 코드를 분할한다.

- **코드를 분할하는 이유**
  - **가독성의 향상**

    단위 메소드의 소스 길이가 100행을 넘지 않도록 한다. (30행 이하가 추천 단위)

- 유지보수성의 향상

  코드가 분할되면 코드 간의 상호 의존관계(Dependencies)가 정리되어 유지보수가 편리해진다.

- 재사용성의 향상

  코드가 분할되면 코드의 중복이 줄어서 재사용 가능한 부품으로서의 메소드나 클래스를 만들기 쉬워진다.

▪ 코드 분할의 방식

- 하향식 방식

  우선 필요한 클래스나 메소드를 추출하여 분할하고, 그 후에 구현하는 것이다

  추출은 UML, 화이트보드, TDD(Test Driven Development) 등을 이용해 클래스를 추출한다.

- 상향식 방식

  일단 코드를 작성하고 동작이 정상 작동한 후에, 리팩토링을 적용하여 분할한다.

【 메소드 파라미터의 축소 】

메소드의 파라미터는 적게 해야 한다. 파라미터가 많다면 별도의 자료형을 선언해서 사용해야 한다. 아래의 예를 참고하면 된다.

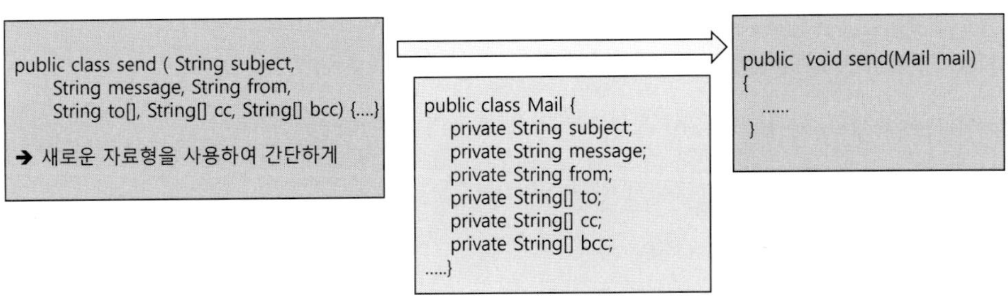

【 코드의 집약 】

프로그램을 작성한 후에 코드가 중복되는 경우에는 아래의 방법 중의 하나로 처리한다.

▪ 메소드 또는 함수로 추출하여 정리한다.

▪ 상속을 이용하여 정리한다.

▪ 유틸리티 클래스를 만들어서 정리한다.

▪ 별도의 클래스를 만들어서 정리한다.

▪ 상수나 enum 같은 자료형을 이용하여 정리한다.

코드의 중복이 반드시 나쁜 것은 아니다. 다만, 완전히 동일한 코드가 2번 나오면 정리하는 것을 가이드로 삼으면 된다.

16.3.3 성능의 개선 문제 처리

개발된 프로그램의 성능 개선은 프로그램 개발에서 중요한 부분이다. 아무리 개발을 잘해도 성능이 나오지 않으면 고객은 만족하지는 않다. 성능 개선을 위한 요령을 정리한다.

【 성능 개선의 단계 】: 4 단계로 구성된다.

- (1단계) 측정 단계 : 로그 출력 또는 프로파일러 사용

  【예】 Java – JPROF, Jvisualvm

  JavaScript – Firebug, Google Chrome Developer Tools

  Python – cProfile

  그 외 언어마다 별도의 도구가 있다.

- (2단계) 원인 추정 단계
- (3단계) 튜닝 단계
- (4단계) 재측정 단계

【 성능 개선을 위한 고려 대상 】

소프트웨어의 성능에 문제가 있는 경우, 우선적으로 고려할 것은 다음과 같다.

- **데이터베이스의 구성**
  - 필요하다면 비정규화를 통한 중복을 허용할 수도 있다.
  - 테이블의 구성 효율화 및 키의 보완
  - 락(Lock) 정책의 반영
  - SQL문의 보완을 통한 성능의 개선
- **프로그램의 처리 과정을 개선**
  - 처리순서의 변경을 통한 개선
  - 처리 과정에서의 작업 내용을 검토(예: DBMS 접근을 최소화)
- **데이터의 처리 방법을 개선**
  - ArrayList, LinkedList 등 사용하는 자료구조의 개선 및 보완

- 사용자의 환경문제
  - 네트워크 성능, 브라우저의 성능 또는 실수 등

여기까지 코딩을 수행함에 있어서 고려해야 하는 일반적인 사항에 대하여 정리하였다. 이제부터는 객체 지향 프로그램 제작에 관련된 부분에 대하여 중점적으로 설명하도록 하겠다.

16.4 클래스의 처리 기법

객체지향프로그래밍은 Java, C++에서 클래스를 사용한다고 해서 만들어지는 것이 아니고, 객체지향답게 만들어야 하는 것이다.

객체지향다운 프로그램은

- 객체지향 개념(클래스, 객체, 상속, 다형성, 캡슐화, 인터페이스)이 적용되어서
- 각 개발자가 독자적으로(=다른 개발자를 고려하지 않고) 개발할 수 있고
- 기능의 확장이나 변경 시에도
- 해당되는 클래스만의 변경으로 목적을 달성할 수 있는 형태로
- 프로그램을 제작하는 것이다.

이번 장에서 객체지향다운 프로그램을 만들기 위하여 필요한 핵심적인 내용을 다룰 것이다. 알아야 하는 것은 너무 많지만, 이장에서 언급한 내용과 11.4에서 설명한 내용만으로도 객체지향다운 프로그램을 90%는 제작할 수 있다. 나머지 10%는 특수한 상황이므로 노력대비 효과는 적지만, 독자들이 진정한 객체지향 전문가가 되려면 10%에 도전해 보아도 좋을 것 같다.

이제 기본적으로 알아야 하는 내용을 정리해서 90%에 도전하겠다.

16.4.1 클래스를 만들 때 고려할 사항

15장에서 이미 설명한 내용이지만 다시 설명한다.

소프트웨어 공학의 대상은 대규모 프로그램의 개발이다. 그리고 대규모 프로그램을 개발할 때는 객체지향 기술을 적용할 수밖에 없다.

객체지향 기술을 적용한다는 것은

- 연관 있는 데이터와 메소드를 식별해서 클래스라는 사용자 정의 자료형을 만들고 객체를 선언하여 사용하는 것과
- 한 번에 수행되어야 하는 단위 작업을 식별해서 클래스를 만들고 여러 클래스에서 사용하는 것을 시작점으로 한다(AOP).

클래스와 객체가 선언된 뒤에, 상속/인터페이스/캡슐화/다형성 등을 고려하는 것이 다음 단계이다. 이번 장에서는 클래스를 잘못 선언했을 때 당면하게 되는 문제에 대하여 설명한다.

세 명의 성적처리 - 비 객체지향 프로그래밍

[그림 16-2]에 3명의 국어, 수학, 영어 성적을 입력 받고, 각 학생의 성적과 평균을 출력하는 프로그램이 있다.

이 프로그램이 가지는 문제점을 정리하면 다음과 같다.

- S1_No, S1_Kor, S1_Math, S1_Eng가 동일인에 대한 자료임을 이름을 보고 예측할 수 있지만 확실하다고 할 수 없다.
- S1_Avg가 S1 학생의 평균점수임을 이름을 보고 예측할 수 있지만 확실하지 않다.
- 4번째 학생이 들어나면, S4_No, S4_Kor, S4_Math, S4_Eng, S4_Avg 변수를 전부 선언해야 한다. 100번째 학생이 들어오면, 변수의 선언만으로도 몇 페이지가 될 것이다.
- 작성자 외에 유지보수 담당자는 프로그램을 이해하기 위하여 전체를 읽어보아야 한다.

  : S1을 포함한 변수들의 의미, 너무 많은 변수의 숫자 등

```
int main() {

        int S1_No, S2_No, S3_No;    //학번
        int S1_Kor, S2_Kor, S3_Kor;  //국어
        int S1_Math, S2_Math, S3_Math;  //수학
        int S1_Eng, S2_Eng, S3_Eng;  //영어
        float S1_Ave, S2_Ave, S3_Ave;  //평균
        float TotalAve=0.0f  // 전체 평균
        int NumberOfStudent=0  //현재까지 입력된 학생 수

        Menu 보여주고

        입력을 받아서... 1이면 학생 성적 추가
                        2이면 보고서 출력(학생 성적과 평균)
                        3이면 종료

}
```

```
▪ 3명 이상을 체크하고
▪ 국어, 영어, 수학 점수를 입력받고
▪ 만약 첫 번째 학생이면,
   S1_No = NumberOfStudent+1;
   S1_Kor, S1_Eng, S1_Math,
   S1_Ave에 입력값을 넣고

   S1_ave를 계산하여 넣는다

▪ 두 번째 학생이면,   S2_
▪ 세 번째 학생이면,   S3_
```

[그림 16-2] 성적처리 – 비 객체지향 프로그래밍

그 외, 프로그램의 모습이나 구성은 별도로 설명하지 않겠다.

만약 제작해야 하는 프로그램이 2만 명의 학생을 처리한다고 가정해보면, [그림 16-2]와 같이 프로그램을 제작하는 것이 거의 불가능하다는 것을 이해할 수 있다.

그래서 개발된 것이 관련된 자료를 모아서 새로운 사용자 정의 자료형을 선언하는 구조체와 배열인데, 이 경우에는 평균을 계산하는 메소드(함수)도 포함해야 하므로 구조체도 배열도 부적합하다. 그래서 클래스라는 자료형을 새로 정의했다. 클래스를 이용하여 프로그램을 다시 제작해보았다.[그림 16-3]

클래스를 이용하여 제작할 프로그램에 대하여 설명하면 다음과 같다.

- 프로그램에서 변수를 선언하는 부분이 간단명료하게 표현된다. 즉, 클래스를 선언하고 클래스형을 가지는 객체를 선언함으로써, [그림 16-2] 프로그램의 너무 많은 변수 선언으로 인한 문제를 해결할 수 있다.
- 동일 변수 S1에 속하는 S1_No, S1_Kor, S1_Math, S1_Eng가 동일인임을 확실하게 알 수 있다. 즉, 동일 객체의 변수는 동일인에 대한 것임을 알 수 있으므로 변수에 대한 확인 절차가 간단해진다.
- 클래스에 변수와 관련된 Avg() 함수가 소속되어 있어, Avg() 함수가 S1_No, S1_Kor, S1_Math, S1_Eng과 관련이 있다는 것을 별도로 기억할 필요가 없어서 프로그램 작성이 편하다.
- 유지보수를 위하여 프로그램을 읽어야 하는 경우에 연관된 데이터와 메소드를 하나의 형으로 선언하였으므로 편리하다.
- 위와 같은 특성은 [그림 16-2]와 같은 작은 프로그램에서는 크게 효과가 없을 것으로 예상할 수 있지만, 앞에서처럼 변수가 1000개 이상 그리고 변수와 관련된 함수가 500개 이상이 되는 경우를 상상해 보면, 클래스로 관련된 데이터와 메소드를 묶는 것이 프로그래머에게 너무 큰 도움이 된다.

  물론 함수가 중복 선언되므로 컴퓨터의 메모리를 낭비하는 것은 피할 수 없다.

```
int main() {

        int S1_No, S2_No, S3_No;    //학번
        int S1_Kor, S2_Kor, S3_Kor;   //국어
        int S1_Math, S2_Math, S3_Math;   //수학
        int S1_Eng, S2_Eng, S3_Eng;   //영어
        float S1_Ave, S2_Ave, S3_Ave;   //평균
        float TotalAve=0.0f  // 전체 평균
        int NumberOfStudent=0  //현재까지 입력된 학생 수

        Menu 보여주고

        입력을 받아서... 1이면 학생 성적 추가
                      2이면 보고서 출력(학생 성적과 평균)
                       3이면 종료

}
```

- 학생수가 늘어나는 경우, S4, S5로 선언해서 처리한다.
  기존의 프로그램보다 처리가 간단하고 보기 편하다.
  (연관되는 데이터와 메소드가 하나의 클래스에 묶여 있다.)

다만, 과목이 늘어나면 문제가 된다. 클래스에 과목을 추가하면 되지만, 기존에 이미 선언해서 사용중인 객체에 대한 처리가 어렵다 ➔ 객체지향 기술을 적용할 때 고려할 요소

```
public class Student
{
    public:
        int No;
        int Kor;
        int Math;
        int Eng;
        float Avg;
    public:
        void Calc_Avg()
        {
            Avg=(Kor+Math+Eng)/3
        }
}
int main()
{
    Student S1, S2, S2;
    메뉴...
    S1.No =///
    S1.Kor=  ; S2.Math=  ; S3.Eng;
    S1.Calc_Avg();
```

[그림 16-3] 성적처리 – 객체지향 프로그래밍

위와 같은 장점은 [그림 16-2] 프로그램이 가지는 문제를 거의 해결하고 있다. 그래서 대규모 프로그램을 작성할 때 클래스를 이용한다.

- 다만, [그림 16-3]과 같이 프로그램을 작성했을 때, 만약 프로그램의 사용 중에 학생이 늘어나는 경우에는 Student s4, s5와 같이 선언해서 사용하면 되는데
- 과목이 늘어나는 경우에는 거의 프로그램을 재제작하여야 한다. 재앙에 가까운 문제가 발생하게 된다.

그래서 객체지향 프로그램은 양날의 칼과 같다. 클래스가 잘 정의되었다면 프로그램의 작성이 쉬워지겠지만, 그렇지 않은 경우(=과목이 늘어나는 경우)에는 사용하지 않은 것 보다 더 복잡하게 된다. 그래서 객체지향 프로그래밍은 개발해야 하는 프로그램에 대한 분석과 설계가 중요하다.

16.4.2 객체지향 프로그램 제작에서 고려할 사항

앞에서 객체지향 프로그램을 제작할 때, 클래스를 만드는 것의 중요성에 대하여 설명하였다. 이번 장에서 설명할 내용은 한 줄로 요약하면 다음과 같다.

프로그램을 제작함에 있어서 각 개발자는 독립적으로 개발할 수 있어야 한다.

객체지향 프로그램은 대규모 프로그램을 개발할 때 사용한다. 그러므로 수많은 개발자들이 수많은 클래스를 선언해서 사용하게 될 것이다. 이때 위의 사항을 지키기 위한 실천 요령은 아래의 두 가지이다.

- 한 개발자의 작업(수정, 추가, 삭제)이 다른 개발자의 작업에 영향을 미치면 안 된다.
- 개발자가 작업하기 위하여 다른 개발자의 소스를 참고하거나 이해해야 하는 상황이 오면 안 된다. 즉 개발자는 자기에게 주어진 작업만 수행할 수 있는 환경을 갖추어야 한다.

위의 두 가지 조건을 만족시키기 위하여 객체지향 프로그램을 어떻게 제작해야 하는지를 설명하고자 하는 것이 이번 장의 목표이다. 객체지향 프로그램을 작성하면서 위의 두 가지 사항을 지키지 않았을 때, 프로그램에 대한 보완 및 개선이 필요한 신호를 Bad Smell이라고 한다. 우리의 선배들이 경험을 통하여 정리한 것이다.

【 나쁜 냄새(Bad Smell) 】

- 경직성 : 무엇이든 하나를 바꿀 때마다 반드시 다른 부분도 바꾸어야 한다.
- 부서지기 쉬움 : 프로그램에서 한 부분을 변경하면 다른 부분에서 문제가 발생한다.
- 부동성 : 프로그램의 일부를 다른 부분에서 사용하기 힘들다.
- 끈끈함 : 소스 수정 - 컴파일 - 테스트 순환을 한번 도는 시간이 길다.

- 쓸데없는 복잡함 : 지금은 필요 없고 앞으로 필요한 것으로 예상되어 만든 기능이 많다.
- 필요 없는 반복 : 동일한 코드가 여러 곳에서 반복된다.
- 불투명함 : 모듈의 명확한 기능이 없다.

이상 7가지를 나쁜 냄새라고 하고 작성 중인 프로그램에서 이런 현상이 발견된다면 객체 지향의 원칙에 맞지 않게 코드가 작성되었다는 것이다. 그러므로 즉각 코드에 대한 보완이 이루어져야 한다.

이때 Bad Smell을 제거하기 위하여 선배들이 만들어준 가이드라인은 아래와 같은 5가지 원리이다.

【 객체지향 설계 5 원칙 : SOLID로 표현한다 】

- SRP(Single Responsibility Principle)
- OCP(Open Closed Principle)
- LSP(LIskov Substitution Principle)
- ISP(Interface Segregation Principle) —(추가) DRY(Don't Repeat Yourself)
- DIP(Dependency Inversion Principle)

지금부터 SOLID 원칙에 속하는 것들을 하나씩 설명하도록 하겠다. 객체지향답게 프로그램을 작성하기 위한 조건 중에서 가장 중요한 것이다. 위의 5가지 원칙만 지켜도 프로그램이 멋지게 완성될 수 있다.

16.4.3 SRP(Single Responsibility Principle)

객체지향 프로그램의 개발에 있어서 선언된 클래스는 하나의 역할, 책임만을 가지도록 해야 한다.

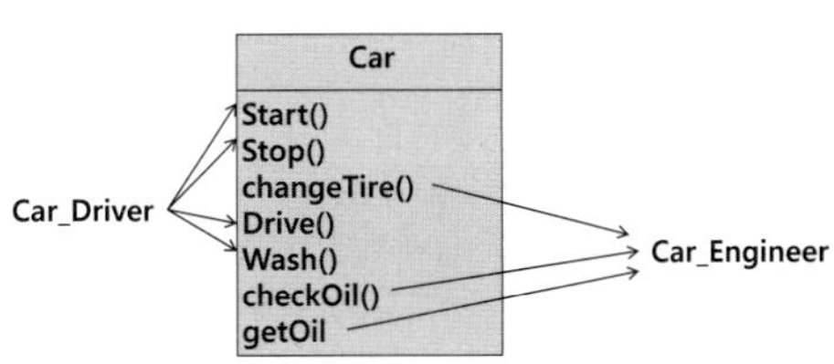

[그림 16-4] Car 클래스의 선언

[그림 16-4]와 같이 Car라는 클래스를 선언하였다면 이것은 문제가 있다.

- 클래스 이름만으로 클래스 안에 들어가는 데이터나 메소드를 예측하기 어렵다. 즉, Car라는 이름이 너무 큰 단위라는 의미이다.
- 실제로 [그림 16-4]와 같은 형태로 클래스를 정의하면 클래스의 데이터와 메소드가 너무 많아서 다른 클래스와의 관련이 많아지게 된다. 당연히 Bad Smell에 포함된다.

- 그래서 이런 경우에는 클래스를 좀 더 작은 단위로 분리해서 단일 기능만을 가지도록 하는 것이 좋다.

  예로써 Car 클래스를 Car_Drive, Car_Engineer로 분리하면 클래스의 이름만으로도 데이터와 메소드를 짐작할 수 있다.

  만약 Car 클래스를 아래처럼 4개로 나눈다면 위와 같이 2개로 나눈 것과 어떤 점이 좋고, 어떤 점이 나쁜지 생각해보기 바란다.

  – Car 클래스 : start(), stop()

  – Car_Drive 클래스 : Drive()

  – Car_Wash 클래스 : Wash()

  – Car_Engineer 클래스 : ChangeTire(), CheckOil(), getOik()

모델링을 수행한 후에 데이터와 메소드를 보고, 클래스의 이름을 즉각 정하기 어렵다고 느낀다면 100% 클래스가 하는 역할이 너무 많기 때문이다. 이런 경우에 위의 예와 같이 클래스를 역할에 맞추어 분리하게 되면 이름을 정하기 쉬워진다.

정리하자면

- **클래스는 단일 역할을 하도록 설계하여야 하고**
- **클래스의 이름만으로도 데이터와 메소드를 짐작할 수 있어야 하며**
- **만일 클래스 이름을 정하는데 어려움을 느낀다면**
- **클래스를 역할을 기준으로 분리하여야 한다.**

16.4.4 OCP(Open Closed Principle)

객체지향 프로그래밍에서 클래스의 선언은 확장에는 열려있어야 하고 변경에는 닫혀있어야 한다는 원리를 말한다.

예를 들어, 내가 작성 중인 프로그램에서 문자나 문자열을 화면에 표시하는 기능이 필요한 경우 이것을 따로 클래스로 만들어서 사용할 수 있다.

이때 개발자마다 아무 협의 없이 제작한다면, [그림 16-5] 참조

- A 개발자는 문자열을 표현하는 클래스(StringD)에서는 Display()로 설정할 것이고 B 개발자는 문자를 표현하는 클래스(CharacterD)에서는 Show()라고 설정할 것이다.
- 이때, 화면에 무언가를 표현하는 부분을 제작하려는 개발자는 문자열의 화면 출력을 위해서 StringD 클래스 제작자와 협의하거나 소스를 분석해야 하고, 문자를 화면에 출력하기 위해서는 CharacterD 클래스 제작자와 협의하거나 소스를 분석해야 한다.

- 만약 그림을 출력하는 모듈을 추가해야 하는 상황이 생기면,
- C 개발자는 본인의 취향에 따라 GraphD라고 클래스 이름을 부여하고 Draw()라고 설정하게 될 것이다. 그러면 화면에 그림을 출력하는 모듈을 개발하려는 개발자는 GraphD 클래스 개발자와 협의하거나 GraphD 소스를 분석해야 한다.
- 위의 상황에서 개발이 완료되고, 유지보수에 들어갔다고 가정해보겠다.
- 개발에 참여하지 않았던 유지보수 개발자는 화면에 무언가를 보여주기 위하여 사용되는 Display(), Show(), Draw() 메소드가 동일한 역할을 한다는 것을 파악하기 위하여 얼마나 많은 시간을 소비해야 하는지 생각해 보았는가?
- 더구나 소스가 수백만 라인이고, 클래스가 수백 개가 된다고 생각하면 그것을 하나씩 읽어서 의미를 파악하고 적용하는 것은 거의 불가능에 가깝다.
- 그래서, 유지보수하는 개발자는 자기가 새로 클래스를 만들어서 프로그램을 수행하게 되고, 수십 명의 유지보수 개발자가 이 같은 것을 반복하면 1년 후에는 도대체 어떤 클래스에서 어떤 메소드를 누가 사용하는지 정리가 불가능한 상황이 발생한다.

이 시점에서 앞에서 설명한 객체지향 프로그램이 지켜야 할 2가지 원칙을 다시 적어보겠다.

- **한 개발자의 작업(수정, 추가, 삭제)이 다른 개발자의 작업에 영향을 미치면 안 된다.**
- **개발자가 작업하기 위하여 다른 개발자의 소스를 참고하거나 이해해야 하는 상황이 오면 안 된다. 즉 개발자는 자기에게 주어진 작업만 수행할 수 있는 환경을 갖추어야 한다.**

그러면 위와 같은 상황을 개선하기 위하여 선배들이 창조한 멋진 방법을 알려준다.

[그림 16-5]를 살펴보기 바란다.

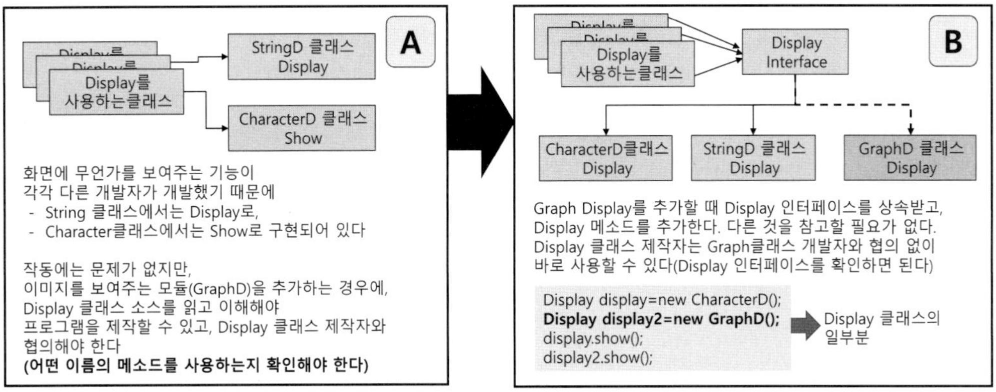

[그림 16-5] OCP의 구현 사례

[그림 16-5]의 아이디어는 다음과 같다.

- 화면에 무언가를 보여주는 기능을 위하여 Display인터페이스를 정의하고 그 내부에 Display() 메소드를 선언한다.
- 모든 개발자들에게 화면에 무언가를 보여주는 기능은 Display 인터페이스를 상속하도록 교육한다.
- 문자열 클래스를 개발하는 개발자는 Display 인터페이스를 상속받아서 StringD 클래스를 선언한다. 그 다음 StringD 클래스에서 Display()메소드를 선언하고 구현한다. Display외에 다른 이름을 사용하면 인터페이스에서 선언한 메소드를 구현해야 한다는 규정에 따라 컴파일 시에 에러가 발생한다.
- 문자 클래스를 개발하는 개발자는 Display 인터페이스를 상속받아서 CharacterD 클래스를 선언한다. 그다음에 CharacterD 클래스에서 Display()메소드를 선언하고 구현한다. Display외에 다른 이름을 사용하면 인터페이스에서 선언한 메소드를 구현해야 한다는 규정에 따라 컴파일 시에 에러가 발생한다.
- 화면에 무언가를 보여주는 클래스를 제작하는 개발자는 나머지는 볼 필요가 없고, Display 인터페이스를 보고, 메소드가 Display()로 선언되어 있음을 확인하고, 자신이 제작하는 클래스에서 Display인터페이스를 상속받고, 그 안에서 Display를 구현한다.
- 유지보수팀에서 GraphD 클래스를 만들고자 하면, Display 클래스를 상속받아 작업하면 된다. 당연히 메소드는 Display()가 된다.

어떠한가? 인터페이스를 이용하면 앞의 모든 문제가 해결되었음을 확인할 수 있다. 지금 설명한 내용은 객체지향 프로그래밍에서 자주, 거의 매번, 반드시 사용되는 기법이다.

그래서 객체 지향 프로그램을 제작하기 전에 Display 인터페이스 등을 정하는 작업이 반드시 필요하다. 이 과정이 없이 작성된 객체지향 프로그램은 진정한 객체지향 프로그램이라고 할 수 없다. 이것이 객체지향에서 설계가 중요한 이유이다.

이 시점에서 앞에서 설명한 객체지향 프로그램이 지켜야 할 2가지 원칙을 또 다시 적어보겠다.

- **한 개발자의 작업(수정, 추가, 삭제)이 다른 개발자의 작업에 영향을 미치면 안 된다.**
- **개발자가 작업하기 위하여 다른 개발자의 소스를 참고하거나 이해해야 하는 상황이 오면 안 된다. 즉 개발자는 자기에게 주어진 작업만 수행할 수 있는 환경을 갖추어야 한다.**

위의 두 가지 문제가 해결되었음을 꼭 이해하기 바란다.

[그림 16-5]의 B와 같은 구조가 되면

- 기능의 추가(예: GraphD)에는 열려있음을 확인할 수 있다.
- 하지만 Display() 메소드의 이름을 함부로 바꿀 수 없도록 변경에는 닫혀있음을 확인할 수 있다.

선배들이 이야기한 OCP 원칙의 의미를 예를 들어 설명하였다. 충분히 이해하였을 것으로 생각한다. 혹시, 아직까지 명확하지 않다면 앞의 설명을 다시 읽어 보고 확실히 이해하기 바란다. 위의 방식을 다른 말로 "위임"이라고 한다.

16.4.5 LSP(Liskov Substitution Principle)

LSP는 자식 타입들은 부모 타입들이 사용되는 곳에 대체될 수 있어야 한다는 의미이다. – 즉, LSP는 상속을 언제 사용하느냐에 대한 내용이다. LSP에서 이야기하는 것은 상속은 동일한 클래스를 정리할 때 사용해야 한다는 것이다.

[그림 16-6]을 보면, 기존에 월급을 받는 직원과 시급을 받는 직원이 있는 회사에서 두 개의 클래스에 공통적인 급여 계산(CalcPay) 메소드를 상위 클래스에 두고, 이것을 상속으로 처리하여 중복을 방지하고 있었다. 이때, "급여를 받지 않는 종업원"이 새로 생겨서 이것을 관리해야 한다면 "급여를 받지 않는 종업원" 클래스는 기존 상속에 포함시키지 말라는 것이다. 이유는 상속하는 급여 계산 모듈을 사용하지 않기 때문이다.

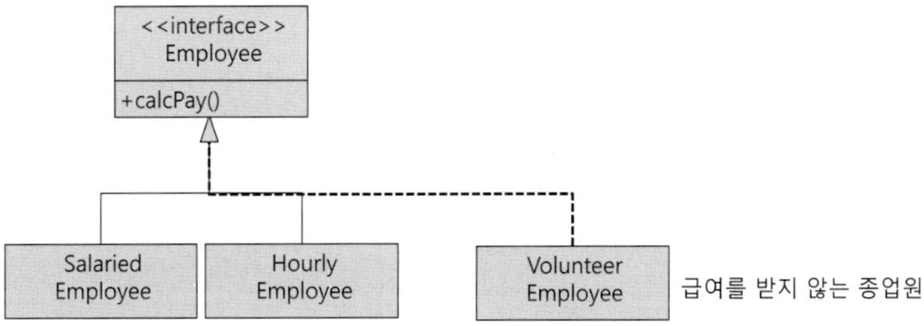

Salaried와 Hourly 종업원이 있어서, 이들의 급여를 계산하는 것을 상속으로 구성하여 시스템을 만들었다(=DRY).
이때, 자원봉사자가 들어 왔다고 가정하면, 자원 봉사자를 종업원의 하나로 보고
Employee를 상속받게 하는 것이 옳은가?

➔ 인터페이스에서 제공하는 calcPay 메소드를 사용하지 않으므로, 자원봉사자를 Employee를 상속하게 하면 LSP 위반이다.

[그림 16-6] LSP의 예

LSP에서 이야기하는 것은 상속은 이름이나 이미지에 의하여 구축되는 것이 아니고, 동일한 데이터나 메소드를 공유하는 경우에 적용해야 한다는 것이다. 무지하게 중요한 것은 아니지만 상속을 언제 사용하느냐에 대한 중요한 가이드를 제공하고 있으므로 반드시 이해하기 바란다.

16.4.6 ISP(Interface Segregation Principle)/DRY(Don't Repeat Yourself)

ISP가 이야기 하는 것은 인터페이스를 구성할 때 하나의 범용 인터페이스를 구성하는 것보다 특화된 여러 개의 인터페이스를 구성하는 것이 좋다는 의미이다.

즉, 범용인터페이스는 특정 클라이언트에 불필요한 기능을 가지게 되므로 불필요한 작업과 가독성을 떨어지게 된다. 그러므로 인터페이스는 클라이언트의 속성을 고려하여 특화된 여러 개로 디자인되어야 한다. 이미 OCP에서 인터페이스가 어떻게 사용하는지에 대한 방법을 알았기 때문에 하나의 인터페이스에 여러 개의 메소드를 가지도록 디자인하는 것이 바람직하지 않다는 것은 이해할 것으로 생각한다.

인터페이스는 연관 있는 메소드들의 모임만으로 구성해야 한다.

추가로 DRY라는 것이 있다. 소개하면, 객체지향 개발에 있어서 공통되는 부분을 추출하여 추상클래스로 만들어 코드의 중복을 피하라는 의미이다. 바꾸어 말하면 하나의 요구사항은 한곳에 두어 한번만 구현하고, 다른 곳에서는 가져다 사용하라는 의미이기도 하다.

즉, DRY는 추상클래스의 사용에 대한 가이드를 제공하는 원칙이라고 보면 된다. 잘 사용된 추상 클래스는 프로그램을 간단하고 마법처럼 보이게 하는 매력이 있다.

16.4.7 DIP(Dependency Inversion Principle)

인터페이스나 추상 클래스를 사용하여 클래스간의 연계성을 느슨하게 만들어야 한다는 의미이다. 여기에서 느슨하게 만든다는 것의 의미는 [그림 16-5]에서 A와 같은 모양을 B와 같은 모양으로 만든다는 의미로 보면 된다.

즉, DIP는 클래스간의 연관성에 대한 가이드라인이라고 볼 수 있다.

요약하면

- 상속은 변하지 않는 클래스를 대상으로 이들의 공통 특성을 정의한고자 하는 경우에 사용한다.
- 추상 클래스는 상속에서 중간 단계에 있는 클래스에 적용되는 개념이다. 클래스들 중에서 부분적인 공통 특성을 통합하여 정의할 때 사용한다. 객체화 하지 않고 클래스 형태로 남긴다.
- 인터페이스 클래스 중에서 일부분의 공통적인 특성을 표준화할 때 사용한다. 변화되는 속성을 대상으로 한다.

여기까지 객체지향 5원칙으로 SOLID로 요약되는 특성을 정리하였다. 크게 복잡한 것은 없다. 하지만, 이 조그만 원칙을 지키는 것이 큰 프로그램의 개발 및 운영에 엄청나게 중요하다는 점을 기억하기 바란다.

16.5 디자인 패턴

앞에서 객체지향 프로그램이 가져야 하는 요건과 이것을 이루기 위해 고려해야 하는 객체지향 5원칙에 대하여 공부하였다. 이번 장에서는 객체지향 프로그램의 대가들이 보다 좋은 객체지향 프로그램을 제작하기 위한 자신의 개발 경험을 정리한 것을 설명한다.

개인적으로 하나하나의 패턴은 멋진 프로그램 기술이기는 한데, 실무에서 사용되는 경우는 흔하지 않다. 소프트웨어 공학의 관점에서 의미 있다고 생각되는 디자인 패턴 3개 정도를 골라서 설명한다. 이 책에서 설명하지 않은 디자인 패턴에 관심이 있다면 별도의 책을 이용하여 공부하면 된다.

16.5.1 디자인 패턴에 대한 설명과 필요성

디자인 패턴은 1995년 GoF(Gang of Four)라고 불리는 Eric Gamma, Richard Helm, Ralph Johnson, John Vlissides에 의해 저술된 "Design Pattern : Elements of Reusable Object-Oriented Software" 책에서 유래한 개념이다.

디자인 패턴은 객체지향 프로그램 제작 시에 반드시 지켜야 하는 두 가지 사항을 만족할 수 있도록 프로그램을 제작하는 기법을 체계적으로 정리한 것이다.

【 객체지향 프로그램 제작 시에 지켜야 하는 사항 】

- 한 개발자의 작업(수정, 추가, 삭제)이 다른 개발자의 작업에 영향을 미치면 안 된다.
- 개발자가 작업하기 위하여 다른 개발자의 소스를 참고하거나 이해해야 하는 상황이 오면 안 된다. 즉 개발자는 자기에게 주어진 작업만 수행할 수 있는 환경을 갖추어야 한다.

결론적으로 디자인 패턴은 객체지향 프로그램을 작성할 때, 객체지향 프로그램이 가져야 하는 사항을 지키기 위하여 상황별로 참고할 수 있는 유용한 기법 23가지를 모은 것이다.

16.5.2 디자인 패턴의 종류

GoF가 제시한 23가지의 특수 기법은 생성, 구조, 행위의 3가지 관점에서 분리하여 볼 수 있다. [그림 16-7]

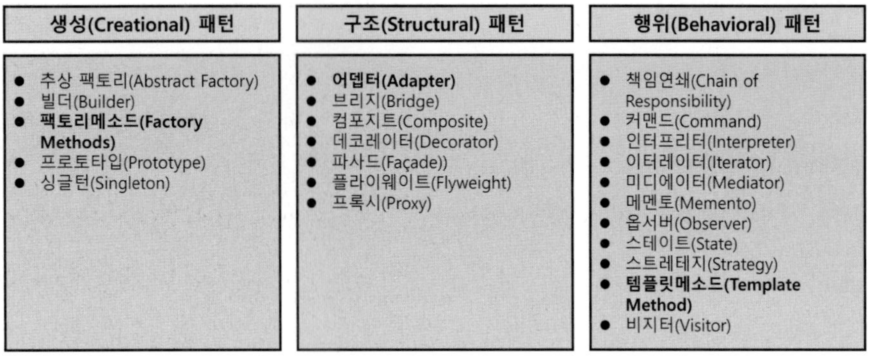

[그림 16-7] 디자인 패턴 기법의 분류

디자인 패턴은 SOLID와 같이 언제나 지켜야 하는 원칙은 아니고, 특수한 경우에 어떤 방식으로 프로그래밍을 하면 객체지향의 원칙에 맞는 프로그램이 가능하다는 것을 정리한 것이다.

이번 장에서는 디자인 패턴 전체를 설명하지 않고 각 관점별로 하나씩 선별하여 설명한다.

[그림 16-7]에서 확인할 수 있듯이 "팩토리메소드", "어댑터", "템플릿메소드"의 3가지이다. 이유는 디자인 패턴 책이 아니고, 소프트웨어 공학 책이기 때문이다. 하지만, 이번에 설명되는 예는 실무에서 많이 사용되는 것이므로 다른 것보다 중요하다. 그리고 이 책에서 설명하는 방식으로 디자인 패턴을 이해하면 된다는 것을 알려주고자 한다.

디자인 패턴은 암기할 필요가 없다. 이해하지 못하면 실무에서 적용할 수 없음을 기억하기 바란다.

16.5.3 어댑터(Adapter) 패턴

Adapter 패턴은 다른 말로 Wrapper 패턴이라고 한다. 여러 클래스에서 공통적으로 사용하는 메소드를 직접 부르도록 프로그램을 작성하면 공통적으로 선언된 메소드가 변경되는 경우 여러 클래스가 수정되어야 한다.

예를 들어 여러 클래스에서 Insa 클래스의 calc() 메소드를 사용한다고 가정한다. 당연히 여러 클래스에 insa.calc();라는 부분이 포함되어 있을 것이다. 이때, calc() 메소드의 이름이 calc2020()으로 바뀌었다면 이 메소드를 쓰는 모든 클래스가 변경되어야 한다.

이런 점을 해결하기 위하여 공통적으로 사용하는 메소드를 수행하는 별도의 클래스를 선언하고, 여러 클래스에서 별도로 선언된 클래스를 사용하도록 하는 개념이다.

이해를 위하여 [그림 16-8]을 보기 바란다.

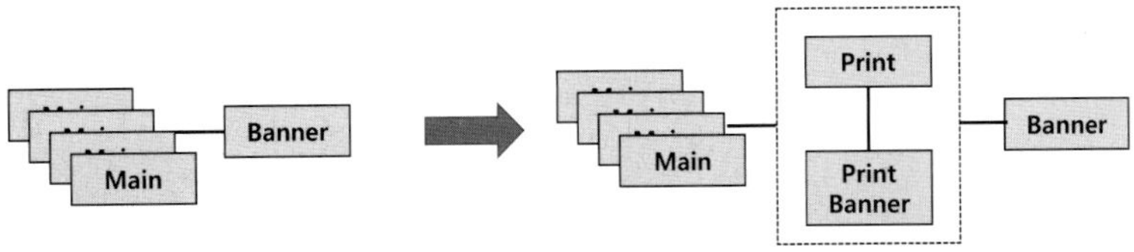

[그림 16-8] Adapter 패턴의 설명

[그림 16-8]의 의미는 Banner라는 클래스의 메소드를 Main을 포함한 여러 클래스가 사용하는 경우에 직접적인 호출은 향후 변화가 발생한 경우 전체 시스템에 미치는 영향이 크므로, Banner의 메소드를 부르는 인터페이스 Print를 설정하고, 이것을 상속받는 PrintBanner 클래스를 만든 다음에 여기에서 Banner의 메소드를 수행시키도록 시스템을 구성하는 것이다.

[그림 16-8]의 이해를 위하여 샘플 프로그램을 제공하면 [그림 16-9]와 같다. 구체적인 내용은 앞에서 설명하였고, 설명한 내용은 선으로 연결하여 관계를 표시하였다.

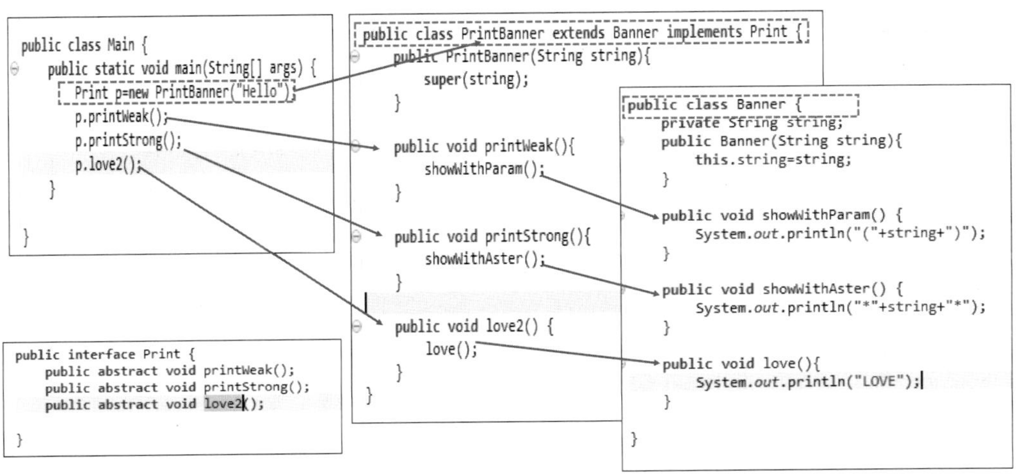

[그림 16-9] Adapter 패턴의 설명을 위한 소스코드 예

Adapter 패턴을 분석하면 다음과 같다.

- 여러 클래스(Main)에서는 Banner에 있는 메소드를 바로 콜하지 않도록 만든다. 이유는 여러 클래스에서 바로 Banner에 있는 메소드를 콜하게 만들면, Banner의 메소드 이름이 바뀌는 경우는 여러 클래스(Main)가 변경되어야 한다.

- 그래서 PrintBanner라는 클래스를 만들고 여기에서 Banner 클래스의 메소드를 수행하도록 하고, 여러 클래스(Main)에서는 PrintBanner의 메소드를 수행하도록 만들면 Banner 클래스의 메소드가 바뀌어도 여러 클래스(Main)는 변경할 필요가 없다.

여기까지만 하여도 멋진 아이디어이다. 그런데 객체지향 프로그램의 도사들은 여기서 한발자국 더 나아가서, PrintBanner에서 사용하는 함수의 이름을 인터페이스를 통해서 표준화시키는 것을 추가했다.

이렇게 하면 프로그램이 커져서 동일한 함수 로직을 사용하는 다양한 PrintBanner와 같은 것이 여러 개 존재하는 경우에 이들이 Print 인터페이스를 사용하게 함으로써 다양한 이름의 PrintBanner들이 동일한 이름의 메소드를 가지도록 할 수 있다.

[그림 16-10]에 앞의 설명을 정리하였다.

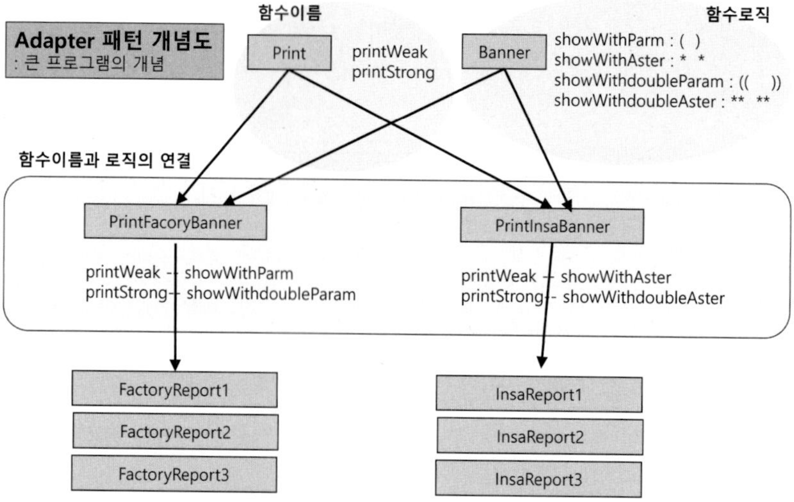

[그림 16-10] Adapter 패턴에서 Print 인터페이스를 추가한 이유

16.5.4 템플릿 메소드(Template Method) 패턴

Template Method 패턴은 말 그대로 어떤 작업을 수행하는 메소드의 모습을 템플릿 형태로 정의하고 이것을 상속받은 클래스에서 템플릿 형태의 메소드에 변수나 데이터를 할당해서 구체적인 작업을 수행하는 방법을 말한다.

Template Method의 선언에 대한 예는 [그림 16-11]에 있다.

```java
public abstract class AbstractDisplay {
    public abstract void open();
    public abstract void print();
    public abstract void close();
    public final void display() {
        open();
        for(int i=0;i<5;i++){
            print();
        }
        close();
    }
}
```

- 화면에 출력하는 메소드를 display라는 이름으로 표준형으로 선언한다.
- display 메소드는 open, print, close 메소드를 사용한다
- 그러므로, 실제 사용할 때는 open, print, close 메소드의 내용을 바꾸어 줌으로써 display메소드의 결과가 다르게 보인다

[그림 16-11] Template Method 선언 예

[그림 16-11]에서 선언한 Template Method를 이용하는 프로그램의 예가 [그림 16-12]에 있다.

```java
public class StringDisplay extends AbstractDisplay {
    private String string;
    private int width;

    public StringDisplay(String string){
        this.string=string;
        this.width=string.getBytes().length;
    }

    public void open(){
        printLine();
    }

    public void print() {
        System.out.println("|"+string+"|");

    }

    public void close(){
        printLine();
    }

    private void printLine() {
        System.out.print("+");
        for(int i=0;i<width;i++){
            System.out.print("-");
        }
        System.out.println("+");
    }
}
```

```java
public class Main {
    public static void main(String[] args){
        AbstractDisplay d1=new CharDisplay('H');

        AbstractDisplay d2=new StringDisplay("Hello World.");

        AbstractDisplay d3=new StringDisplay("안녕하세요");

        d1.display();
        d2.display();
        d3.display();
    }
}
```

동일한 display 메소드를 실행해도, 결과는 다르게 나오게 된다

```java
public class CharDisplay extends AbstractDisplay{
    private char ch;
    public CharDisplay(char ch){
        this.ch=ch;
    }

    public void open() {
        System.out.print("<<");
    }

    public void print() {
        System.out.print(ch);
    }

    public void close(){
        System.out.println(">>");
    }
}
```

[그림 16-12] Template Method를 이용하는 사례

결론적으로 템플릿 메소드(Template Method) 패턴은 동일한 형태의 메소드가 입력되는 데이터에 따라서 결과가 다르게 나오는 상황을 발견한다면 추상클래스에 추상 메소드를 선언해서 활용하면 보다 객체지향적인 프로그램을 구성할 수 있다는 점을 알려주고 있다.

기술적인 어려움이 없고 쉽게 적용하며 실무에서 아주 많이 사용되는 패턴이다. 생각해보면, 실무의 프로그램 중에서 리포트 생성, 입력 화면의 구성, 출력 화면의 구성 등을 구현하는 경우에 템플릿 메소드 패턴이 적용될 수 있다. 앞의 Adapter 패턴과 Template Pattern을 이해했다면 [그림 16-13]을 읽고 내용을 이해해보도록 하겠다.

```java
public class StringDisplay extends AbstractDisplay {

    private String string;
    private int width;

    public StringDisplay(String string){
        this.string=string;
        this.width=string.getBytes().length;
    }

    public void open(){
        printLine();
    }

    public void print() {
        System.out.println("|"+string+"|");

    }

    public void close(){
        printLine();
    }

    private void printLine() {
        System.out.print("+");
        for(int i=0;i<width;i++){
            System.out.print("-");
        }
        System.out.println("+");
    }

}
```

open에서 수행하는 함수를 직접 다른 클래스의 함수를 수행하는 경우에는 Template 패턴만을 적용했다고 할 수 있다.

이때, open에서 수행하는 함수가 직접 다른 클래스의 함수를 콜하지 않고, 중간에 Adapter 클래스의 함수를 콜하는 경우에는 Template 패턴에 Adapter 패턴을 함께 적용했다고 볼 수 있다.

[그림 16-13] Adapter 패턴과 Template Pattern의 통합 적용 예

16.5.5 Factory Method 패턴

Factory Method 패턴은 객체를 생성할 때, 직접 생성자를 호출하지 않고 대행 함수를 통해 간접적으로 수행하는 방식이다. 즉, 클래스를 생성하는 별도의 메소드를 운영하는 것을 말한다. 객체를 생성할 때, 복잡한 절차가 필요한 경우에 이를 수행하는 특정 클래스를 이용함으로써 전체 시스템의 가독성도 높이고, 독립적으로 운영될 수 있게 한다.

[그림 16-14]에 Factory Method 패턴을 사용해서 객체를 생성하는 예를 제공한다.

추가적으로 인터페이스를 이용하는 부분을 추가하였으므로, 전체 내용을 이해한 후에 왜 인터페이스를 사용했는지 이유를 찾아보기 바란다.

추상 객체

```java
public interface Currency {
    String getSymbol();

}
```

추상객체를 구현한 부분!!
이부분의 생성/소멸 관리가 필요하다.

```java
public class Rupee implements Currency{
    public String getSymbol() {
        return "RS";
    }//이부분이 여러 기능이 수행된다고 가정해 보자

}
```

```java
public class SGDollar implements Currency{
    public String getSymbol(){
        return "SGD";
    }

}
```

```java
public class USDollar implements Currency {
    public String getSymbol(){
        return "USD";
    }

}
```

팩토리 객체

```java
public class CurrencyFactory {
    public static Currency createCurrency(String country){
        if(country.equalsIgnoreCase("India")){
            return new Rupee();
        }else if(country.equalsIgnoreCase("Singapore")){
            return new SGDollar();
        }else if(country.equalsIgnoreCase("US")){
            return new USDollar();
        }
        throw new IllegalArgumentException("No Such Currency");
    }

}
```

팩토리 객체는 입력받는 변수에 따라 특정 객체를
생성/소멸/수행 시킬 수 있다. 예는 생성만하는 경우임!!

테스트를 위한 Main

```java
public class Main {

    public static void main(String[] args){
        String country="India";
        //String country="Singapore";
        //String country="US";

        Currency rupee=CurrencyFactory.createCurrency(country);
        System.out.println(rupee.getSymbol());
    }
}
```

[그림 16-14] Factory Method의 사용 예

디자인 패턴에 대해서는 이정도만 서술하도록 하겠다. 좀 더 관심이 있으신 분들은 디자인 패턴에 대한 별도의 책을 참고하면 된다. 개인적으로는 스트레티지 패턴과 데코레이션 패턴이 아주 정교하고 매력적이다. 공부해 보기 바란다.

마지막으로, 디자인 패턴은 SOLID 보다 중요하지 않다. 디자인 패턴은 이런 경우에는 이렇게 프로그램하면 좋다는 프로그램 기술을 알려주는 곳이다. 그러므로 이 책에서 서술한 내용을 중심으로 정확한 이해에 집중하면 객체지향다운 프로그램을 제작하는데 큰 도움이 될 것이다.

어떤 디자인 패턴 책을 읽다보니 저자분이 이런 말을 하는 것을 보았다. “디자인 패턴 23개들을 적용하다 보면 디자인 패턴끼리 충돌하는 것을 발견하게 된다”.

독자들은 이 말에서 무엇이 잘못되었는지를 파악하였는가? 디자인 패턴은 그냥 각 경우에 대한 프로그래밍 기법을 알려주는 것일 뿐, 기법 간의 연계나 통합은 디자인 패턴의 관심사가 아니다. 그러므로 실무 프로그램에서 꼭 디자인 패턴을 적용할 필요는 없다. 프로그램하다 보니 특정 상황에 처하게 되었는데 마침 디자인 패턴에 그에 맞는 방법이 있으면 적용하면 되는 것이다. 그러므로 공부하는 단계는 SOLID가 먼저이고 그 다음이 디자인 패턴이다.

16.6 리팩토링

앞에서 객체지향 프로그램이 가져야 하는 요건과 이것을 이루기 위해 고려해야 하는 객체지향 5원칙 그리고 실제 프로그램을 하면서 참고할 수 있는 기술을 디자인 패턴이라는 이름으로 공부하였다.

이번 절에서는 객체지향 프로그램을 제작한 후에 객체지향 프로그램을 객체지향 프로그램답게 만들기 위하여 소스를 다듬는 리팩토링에 대하여 설명한다. 리팩토링은 객체지향 프로그래밍에서 매우 중요한 것이다. **개발자들이 개발하는 과정에서 놓치기 쉬운 “객체지향 다움”을 개발이 완료된 후에 고객에게 인도하기 전에 보완하는 과정이기 때문이다. 보완이 제대로 된 프로그램은 향후 기능 확장, 추가 개발의 과정에서 개발자가 좀 더 쉽게 작업할 수 있는 환경을 제공하게 된다.** 이것은 객체지향 프로그램이 가져야 하는 중요한 항목이다.

16.6.1 리팩토링(Refactoring)의 정의

리팩토링의 유래

1999년 마틴 파울러가 저술한 “Refactoring”에서 유해한 것이다(이 장에서 설명한 리팩토링 내용은 마틴 파울러의 저서인 “Refactoring”에 있는 내용을 기반으로 강의용으로 제작한 것이다).

리팩토링의 정의

리팩토링은 외부에서 본 프로그램의 동작은 변하지 않고, 프로그램 내부의 구조를 개선하는 작업을 말한다. 디버깅이나 기능 추가, 소스코드의 정리 등은 리팩토링에 포함되지 않는다.

리팩토링 수행 전후에 반드시 테스트를 수행한다. 이것을 통하여 프로그램 동작에 문제가 없음을 확인해야 한다. 이때, 테스트는 다양한 방법이 사용되는데, Junit도 그 중의 하나이다.

리팩토링의 목적

- 읽기 쉬운 코드를 만들기 위해서이다.
- 기능의 추가/수정/삭제를 쉽게 하고자 수행한다.

리팩토링 수행의 핵심

리팩토링은 반드시 Step-by-Step(단계별)로 진행해야 한다. 즉, 한번에 2개 이상을 수정하지 말고, 하나씩 수정한 후에 테스트를 수행하면서 진행해야 한다. 클래스만이 아니라 연관된 클래스에서 발생하는 문제도 테스트를 통해서 확인하면서 진행해야 한다.

16.6.2 리팩토링(Refactoring)이 필요한 경우

리팩토링을 수행해야 하는 경우에 대하여 정리하였다.

- 동일한 코드가 여러 클래스에 중복되어 사용되고 있는 경우
- 한 클래스의 메소드가 너무 많은 경우
- 클래스에 속한 메소드의 소스가 길거나 인수의 수가 많은 경우
- 기본 데이터형을 사용하는 경우
- switch나 if 문을 사용하여 여러 동작을 분할하도록 프로그램 되어 있는 경우
- 어떤 클래스를 수정하면 다른 클래스도 수정해야 하는 경우
- 변수나 클래스의 이름이 어울리지 않거나 무의미하게 선언되어 있는 경우

16.6.3 기본적인 리팩토링 요령 8가지

1. 매직넘버를 심볼릭 정수로 바꾸기(Replace Magic Number with Symbolic Constant)

프로그램에서 사용되는 상수를 적절한 이름을 가진 심볼릭 문자로 변경한다.

```
(예) if(100< input.length()) {
        ....
     }
```

```
(예) if(MAX_INPUT_LENGTH< input.length()) {
        ....
     }
```

2. **클래스 내의 또는 외부의 메소드 이름을 바꾸기**(Rename Method)

메소드의 이름을 메소드가 하는 역할을 상징할 수 있도록 변경한다.

```
Button
----------------
addActnLsnr
addFcsLsnr
rmActnLsnr
rmFcsLsnr
```

```
Button
----------------
addActionListener
addFocusListener
removeActionListener
removeFocusListener
```

3. **설명용 변수를 도입**(Introduce Explaining Variable)

복잡한 식 등은 사전에 정의하여 사용한다.

```
(예) if(n.equals("anonymous") && p.equals("") || n.equals("guest") && p.equals("guest")) {
        ....
     }
```

```
(예) boolean isAnonymous=n.equals("anonymour") && p.equals(""); // 설명용 변수 선언

     boolean isGuest=n.equals("guest") && p.equals("guest");

     if(isAnonymous || isGuest) {
        ....
     }
```

4. **임시변수의 분리**(Split Temporary Variable)

하나의 임시변수를 돌려 사용하지 말고, 데이터의 특성을 설명할 수 있도록 변수의 이름을 정한다.

```
int tmp=right-left;
...
tmp=bottom-top;
.....
```

```
int width=right-left;
...
int height=bottom-top;
...
```

5. **임시변수의 인라인화**(Inline Temporary Variable)

임시변수를 사용하는 경우에는 간단하게 처리한다.

```
(예) int width= r.getWidth();
     if(width >0) {
        ....
     }
```

```
(예) if(r.getWidth() >0) {
        ....
     }
```

6. 조건 기술의 분해(Decompose Conditional)

복잡한 식을 직접 사용하여 조건을 기술하지 말고, 변수화해서 처리한다.

```
if( sx <= px && px <ex && sy <=py && py<ey) {
     score=cur * ratio * bonus;
} else {
     score=cur * ratio;
}
```

```
if (isInside()) {
    score=getInsideScore();
} else {
    score=getOutsideScore();
}
```

7. 특정 인스턴스에서만 사용되는 필드나 메소드의 분리

특정 인스턴스에서만 사용되는 필드나 메소드는 서브 클래스를 만들어 처리한다.

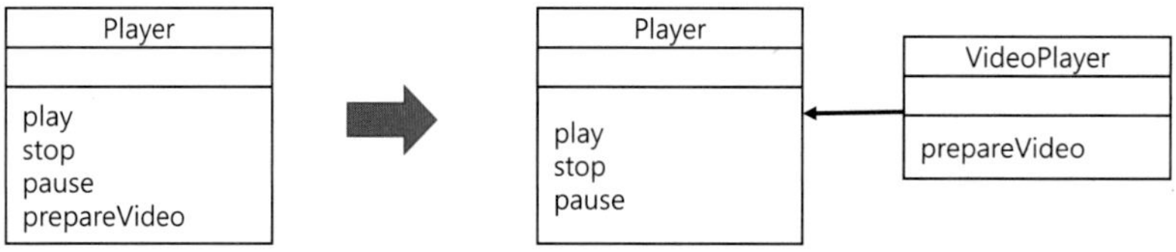

추가적으로

- 슈퍼클래스와 서브클래스가 대부분 같다면 하나의 클래스로 모은다.
- 여러 클래스에 공통점이 많다면 상속의 개념을 적용한다.
- 중요하지 않은 일을 하는 클래스가 있다면 클래스를 삭제하고 내부코드는 다른 클래스로 이동한다.
- 하나의 클래스가 너무 많은 일을 하면 분리한다.

8. 메소드 인수의 조절

메소드의 인수 이름과 실제 사용되는 인수 이름을 분리하여야 한다.

```
(예)  void process (int value) {
            if(value <0) {
                  value=0;
            }
      ...   ➔  이런 모양은 개선할 것 ! ➔  void process (int givenValue){ .... }
```

16.6.4 리팩토링 사례

클래스를 구성하는 메소드가 아래와 같이 너무 길거나, 반복된다면 이것을 추출하며 별도의 함수나 클래스로 만들어서 전체 클래스의 구성을 간단하게 만들어 관리의 편리함을 추구해야 한다.

[그림 16-15]의 예는 특정 모듈이 border를 그리는 부분과 내용을 출력하는 부분으로 구성되는 경우에 두 개의 부분을 메소드로 구성하고, 모듈에서는 메소드를 부르는 형태로 모듈의 구성을 개선한 예이다. 모듈에 대한 가독성이 높고 재사용성도 높일 수 있는 좋은 방법이다

그 외, "타입코드를 클래스로 치환하는 리팩토링", "상속의 분할을 통한 리팩토링"등 다양한 형태의 리팩토링 기법이 리팩토링 책에 소개되어 있지만, 이 책에서는 여기까지만 정리한다.

```
public void print(int times) {

    //print border
    System.out.print("+");
    for(int i=0; i<_fontent.length(); i++) {
       System.out.print("-");
    }

    System.out.println("+");

    //print contents
    for(int i=0; i<times; i++) {
      System.out.print("|"+_content+"|");
    }

   //print border
   System.out.print("+");
   for( int i=0; i<_content.length(); i++) {
     System.out.print("-");
   }

   System.out.println("+");
}
```

```
public void print(int times) {

    printBorder();
    printContent(times);
    printBorder();
}

private void printBorder() {
    System.out.print("+");
    for(int i=0; i<_fontent.length(); i++) {
       System.out.print("-");
    }
}

private void printContent(int times) {
    for(int i=0; i<times; i++) {
      System.out.print("|"+_content+"|");
    }
}
```

[그림 16-15] 리팩토링의 수행 사례

16.7 테스트 주도 개발

16.7.1 테스트 주도 개발(Test Driven Development : TDD)의 정의 및 필요성

객체지향 프로그램의 제작은 개발자의 자율성에 크게 좌우되는 개발 방식이다. 그래서 개발자들의 자율성을 통제하기 위한 다양한 방법들이 개발 적용되고 있는데, 대표적인 예는 다음과 같다.

- 프레임워크(Spring Framework)
- SOLID 원칙
- 디자인 패턴
- 리팩토링 등이 대표적인 사례라고 할 수 있다.

이장에서 서술할 TDD도 개발자들이 개발을 하면서 수행해야 하는 테스트 작업을 위한 개발 프레임워크라고 볼 수 있다.

TDD(Test Driven Development)의 정의

절차나 서류보다 실제 결과를 중시하는 방법론인 XP(eXtreme Programming)에서 제시한 방법의 하나로 켄트 백에 의해 만들어진 개념이다. 프로그램을 작성하기 전에 테스트를 먼저 작성하는 것이 TDD의 핵심 개념이다. 이미 설명한 바와 같이 객체지향 프로그램은 개발-테스트의 반복(=iteration)에 의해서 수행된다.

TDD의 진행 방식(=Unit Test Frames)

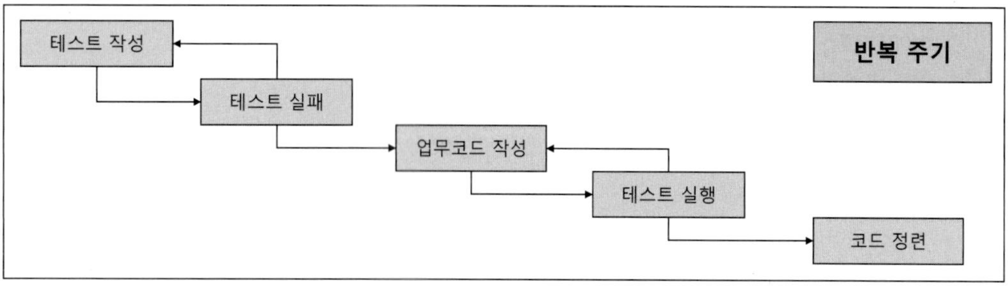

16.7.2 테스트 프레임워크로서 TDD의 가치

객체지향 프로그램을 개발할 때, 로버트마틴(=톰아저씨, 객체지향 전문가)이 주장하는 원칙은 다음과 같다.

- 실패하는 테스트를 작성하기 전에는 절대로 제품 코드를 작성하지 않는다.
- 실패하는 테스트 코드를 한 객체당 하나 이상 작성하지 않는다.
- 현재 실패하고 있는 테스트를 통과하기에 충분한 정도를 넘어서는 코드를 작성하지 않는다.

TDD는 테스트 프레임워크로 테스트를 중심으로 객체지향 프로그램을 개발할 수 있도록 만들어진 환경을 말한다. TDD를 제품으로 구현한 대표적인 예가 JUnit이다.

TDD가 제공하는 가치는 다음과 같다.

설명을 위하여 아래의 그림을 참고한다. 3개의 클래스(A, B, C)가 인사DB, 생상DB와 연계되어 있다고 가정한다.

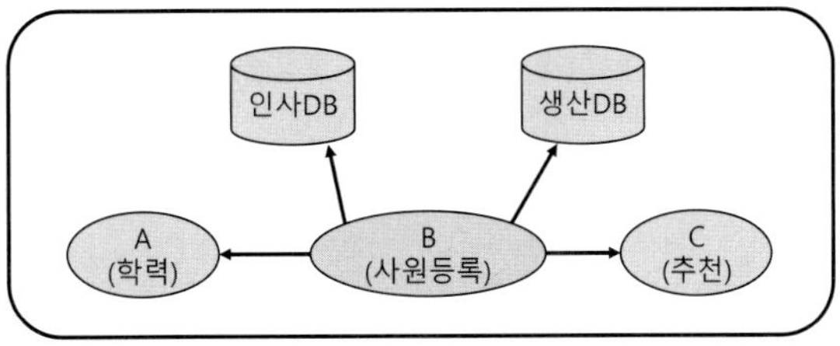

- B 클래스(=사원등록)에서 객체를 생성할 때
  - 위임하고 있는 A, C 클래스도 동시에 생성해야 하고
  - 인사DB, 생산DB도 생성되어 활성화되어 있어야 한다.

    → 위의 내용과 순서가 테스트 클래스로 선언되어 테스트가 수행되어야 한다.
- B 클래스(=사원등록)에서 신규사원 등록 메소드를 수행하는 경우에는
  - 인사DB, 생산DB에 모두 등록되어야 하고,
  - 위임된 A 클래스에 필요한 학력 속성(예: 대학 중퇴)이 추가되어야 하고
  - 위임된 C 클래스에 필요한 속성(예: 사장 추천)이 추가되어야 한다.

    → 위의 내용과 순서가 테스트 클래스로 선언되어 테스트되어야 한다.

즉, TDD는 개발단계에서 클래스와 DB, 객체간의 연관성에 대한 것을 재확인하고, 이것에 대한 테스트 계획을 세운 후에 단위 모듈을 개발하라는 것을 우리에게 알려주고 있다.

16.7.3 TDD 개발 단계 정리

TDD의 개발은 단일 클래스만이 아니라 다른 클래스 DB와의 연관성을 고려해서 테스트 계획을 세우고 수행하는 것이다. 하지만, 여기에서는 복잡하지 않게 한 개의 클래스만을 대상으로 테스트를 수행하는 과정을 보여준다. 테스트에는 TDD용 도구인 Junit을 이용한다.

【예】 은행의 업무를 개발하는 프로젝트를 수행하고 있다. 고객의 요구사항 중에서 은행 계좌에 대한 클래스를 뽑아내어 TDD로 개발을 진행하여 보겠다.

【 1단계 : 고객의 요구사항 】

많은 요구사항 중에서 은행계좌 클래스는 아래의 기능을 가져야 한다고 하였다.

- 계좌잔고 조회 기능
- 입금/출금 기능
- 예상 복리 이자 계산 기능 (= 향후 추가할 기능)

위의 사항을 기반으로 은행 계좌 클래스를 설계하였다.

- **클래스 이름 : Account**
- 기능
    - 잔고 조회
    - 입금
    - 출금
- 금액은 원 단위로

【 2단계 : Account 클래스에 대한 테스트 수행 】

생성된 Account 클래스를 대상으로 테스트 계획을 세우고 테스트를 수행한다. 현 단계에서는 Account 클래스가 제대로 만들어지는 것에 대한 테스트를 수행하게 된다.

- 이클립스를 기동하고, Bank Business 프로젝트를 생성한다.
- AccountTest 클래스를 추가하고, testAccount 메소드를 생성한다.
- main함수를 이용하여 AccountTest 클래스를 생성하고 testAccount를 수행한다.
- 테스트를 위하여 Account 클래스를 생성한다.
- 생성된 프로젝트를 수행하여 보자. 결론적으로 Account를 생성하는 테스트를 수행한다.

위의 과정을 수행하는 소스가 [그림 16-16]에 있다.

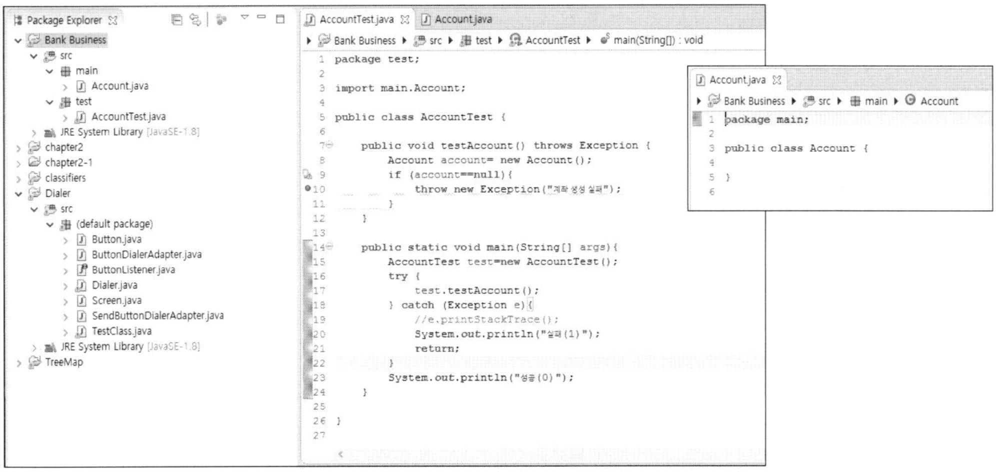

[그림 16-16] Account 테스트를 수행하는 절차

[그림 16-16]과 같이 프로그램을 제작하여 테스트를 해도 상관없지만, 이 과정이 자주 사용되므로 이클립스에서 Junit을 이용하는 경우 [그림 16-17]와 같이 간단하게 테스트를 수행할 수 있다.

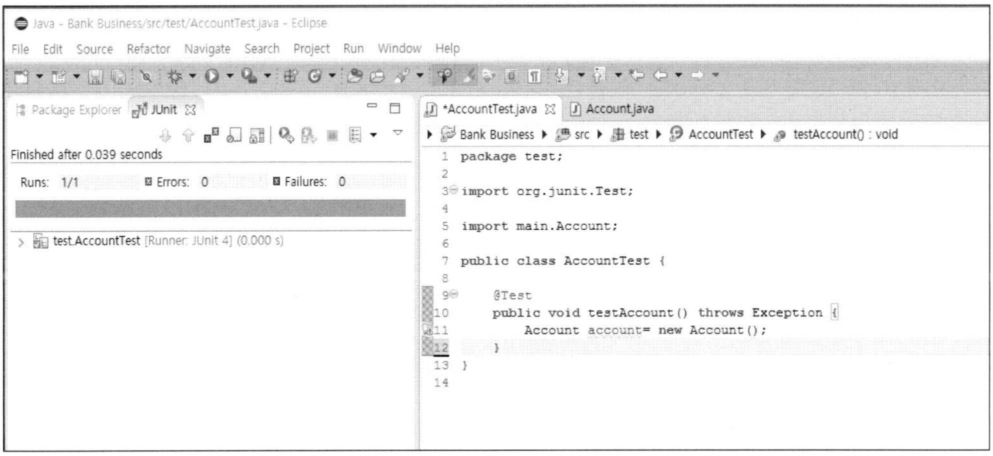

- main 함수는 지우고, @Test와 import org.junit.Test를 넣는다(=Quick Fix로 입력할 수 있다).
- Run As -> Junit Test를 선택하여 수행하면 녹색바가 나오고 정상이라고 알려준다.

[그림 16-17] 이클립스에서 Junit을 이용한 테스트 수행

【 3단계 : Account 클래스의 잔고 조회에 대한 테스트 수행 】

잔고 조회의 테스트를 위하여 잔고를 가지는 계좌를 생성하고 잔고를 조회하여 금액이 맞는지 확인하는 테스트를 기획하고 수행한다. [그림 16-18]

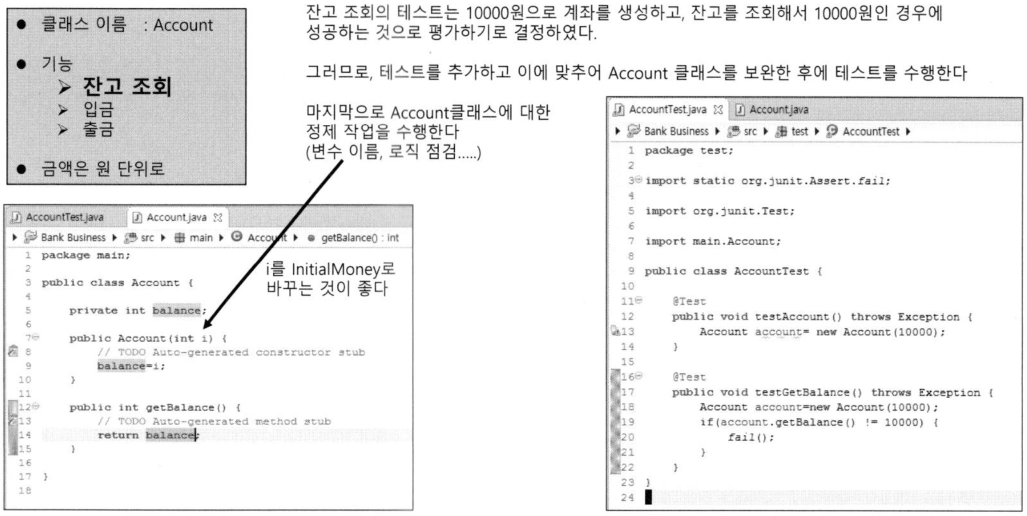

[그림 16-18] 잔고조회 테스트의 추가

【 4단계 : Account 클래스의 입금 출금에 대한 테스트 수행 】

입금, 출금의 테스트는

- 입금은 10000원으로 Account를 만들고, 1000원을 입금해서 11000원이 되는지를 확인하고
- 출금은 10000원으로 Account를 만들고, 1000원을 출금해서 9000원이 되는지를 확인하도록 할 것이다.
- 출금은 출금값이 Account의 잔고보다 크지 않은지를 확인하는 과정을 넣을 것이다.

위의 테스트에 맞는 테스트 수행 결과가 [그림 16-19]에 있다.

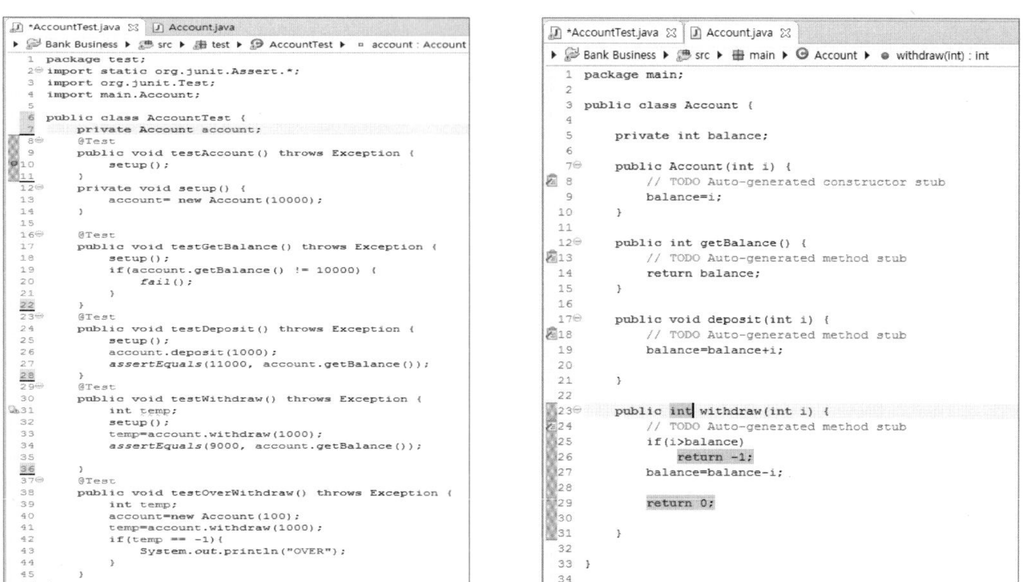

[그림 16-19] 입금, 출금에 대한 테스트 화면

지금까지, 하나의 클래스를 대상으로 생성과 메소드에 대하여 Step-by-Step으로 테스트를 수행하는 과정을 살펴보았다. 실무에서는 클래스 간의 연계나 DB와의 연계 등도 테스트에 포함시켜야 한다. 하지만, 현 단계에서는 한 개의 클래스에 대한 테스트 실습만으로 내용을 정리한다.

16.7.4 Junit의 소개와 사용 예

Junit은 TDD를 지원하는 제품으로 가장 널리 사용되고 있으며 대표적인 개발 도구인 이클립스에 통합되어 있다. 3.0과 4.0 버전이 사용되는데, 일반적으로 4.0 버전을 사용하므로 이것을 예로 설명한다. 4.0에 대한 기능 요약은 [그림 16-20]과 같다.

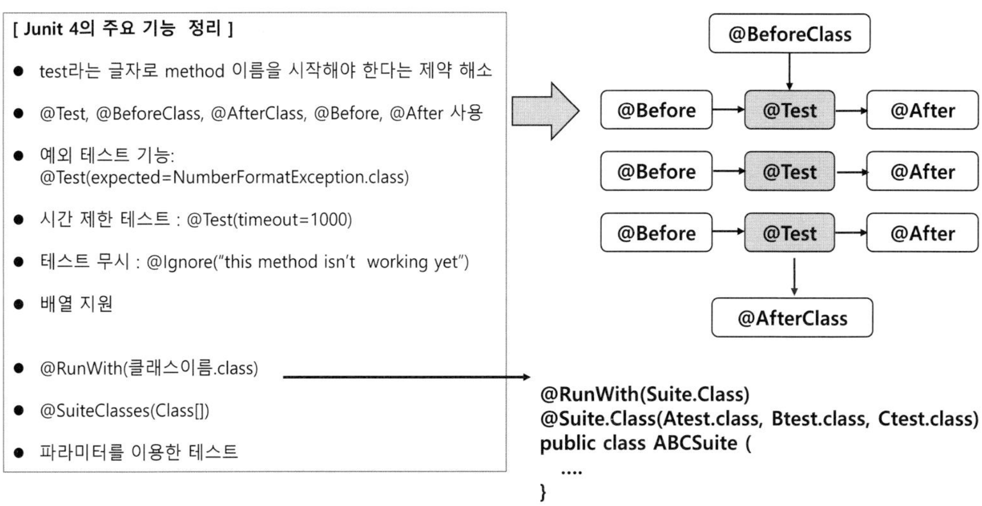

[그림 16-20] Junit 4.0의 기능 요약 및 사용법

[그림 16-20]만을 가지고 사용법을 이해하기 어려울 수 있으므로 이해를 돕기 위하여 Person 클래스와 Person 클래스에 대한 테스트 모듈을 [그림 16-21]에 보여준다.

처음에는 어려운 듯 하지만 실제 이클립스에서 수행하여 보면 금방 이해할 수 있다.

```java
public class Person {
  private String _name;
  private String _mail;

  public Person(String name, String mail) {
    _name=name;
    _mail=mail;
    }

  public String getName() {return _name;}
  public String getMail() {return _mail;}

  public void setName(String name) {_name=name;}
  public void setMail(String mail) {_mail=mail;}

  public String toString() {
    return _name+"<"+_mail+">";
  }
}[EOF]
```

[그림 16-21] Person 클래스에 대한 Junit 테스트 예제 (1/2)

```java
import static org.junit.Assert.assertEquals;
import org.junit.*;

public class PersonTest {
  private Person _person;

  @Before public void setUp() {     테스트를 위한 객체의 생성
    _person=new Person("Alice", "alice@example.com");
    }

  @After public void tearDown() {     테스트 종료후에 수행되어야 하는 작업의 서술
    }

  @Test public void testName() {     객체의 getName을 테스트한다. 값이 Alice이어야 한다
    assertEquals("getName test", "Alice", _person.getName());
    }

  @Test public void testMail() {
    assertEquals("getMail test", "alice@example.com", _person.getMail());
    }

  @Test public void testSetName() {
    _person.setName("Bobby");
    assertEquals("setName test", "Bobby", _person.getName());
    }

  @Test public void testSetMail() {
    _person.setMail("bobby@example.org");
    assertEquals("setMail test", "bobby@example.org", _person.getMail());
    }

  @Test public void testToString() {
    assertEquals("toString test", "Alice<alice@example.com>", _person.toString());
    }
  }[EOF]
```

[그림 16-22] Person 클래스에 대한 Junit 테스트 예제 (2/2)

16.8 정리

이번 장에서는 객체지향형 프로그램을 제작하는 데 필요한 기법들을 정리하였다.

이를 위하여

- 좋은 코드를 만드는 5가지 기준
- 성능 개선을 위한 점검 대상
- 클래스를 만들 때 고려할 사항에 대하여 학습하였다.

그리고 객체지향형 프로그램이 가져야 하는 성질인 "프로그램을 제작함에 있어서 각 개발자는 독립적으로 개발할 수 있어야 한다"는 것을 구현하기 위한 실천방안으로 아래의 두 가지를 정리하였다.

- 한 개발자의 작업이 다른 개발자의 작업에 영향을 미치면 안 된다.
- 개발자가 작업하기 위하여 다른 개발자의 소스를 참고하거나 이해해야하는 상황이 오면 안 된다.

위의 실천방안을 실천하기 위하여 Bad Smell과 SOLID 원칙에 대하여 설명하였다.

- SRP(Single Responsibility Principle)
- OCP(Open Closed Principle)
- LSP(Liskov Substitution Principle)
- ISP(Interface Segregation Principle)
- DIP(Dependency Inversion Principle)

그다음 선배 엔지니어들이 개발한 멋진 프로그램 기술 23가지를 정리한 "디자인 패턴" 중에서 3가지를 소개하였다.

- 팩토리 메소드 패턴
- 어댑터 메소드 패턴
- 템플릿 메소드 패턴

다음 주제로 객체지향 프로그램의 개발이 완료된 후에, 기능의 변화없이 내부구조를 개선하는 "리팩토링" 기법에 대하여 자세하게 설명하였다.

마지막으로 TDD(Test Driven Development)를 소개하고 테스트 프레임워크를 어떻게 사용하는지 Junit을 통하여 실습하였다.

연습문제

01. 코딩 기법이 중요한 이유를 설명하시오.

02. 좋은 코드를 만드는 5가지 기준을 정리하시오.

03. 객체지향 프로그램이 가져야 하는 성질을 정리하시오.

04. SOLID란 무엇이며 어떤 역할을 수행하는지 설명하시오.

05. 디자인 패턴이 무엇인지 설명하시오.

06. 리팩토링이 무엇인지 설명하시오.

07. TDD를 설명하시오.

08. Bad Smell을 정리하시오.

09. 리팩토링이 필요한 경우를 정리하시오.

10. 상속과 위임의 용도를 설명하시오.

이제 기나긴 소프트웨어 공학에 대한 설명이 마무리되었다.
처음 살펴보았던 그림을 아래에 다시 보여준다.

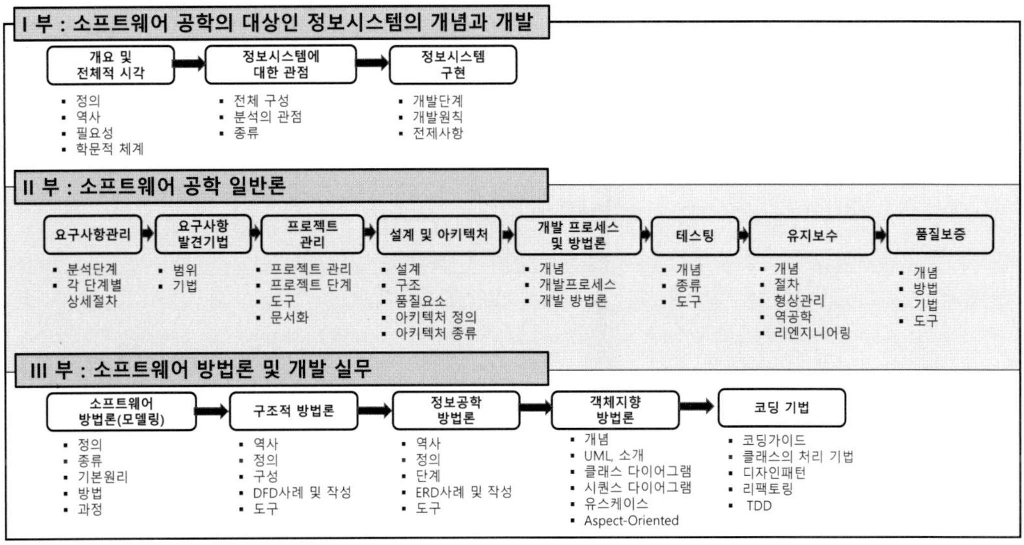

소프트웨어 공학에 대한 지식은 이 책의 내용 정도면 충분하다. 이제 남은 것은 실제 적용해 보는 것이다.

이 책을 읽고

- **분석가로 나가고자 하는 사람**은 정보공학 모델링 중에서 데이터베이스 디자인 분야와 객체지향 모델링에서 UML에 대한 내용을 별도의 책을 이용해서 공부할 필요가 있다. 이 책에서 아주 세세한 문법은 독자들의 주의를 분산시키기 때문에 생략하였다. 거의 필요가 없겠지만, 분석가가 되고자 하면 내용을 확인할 필요는 있다.
- **좋은 개발자로 나가고자 하는 사람**은 코딩 기법 부분을 다시 공부할 필요가 있고, 디자인 패턴과 TDD는 별도의 책으로 보완해야 한다.
특히 객체지향답게 프로그램을 제작하는 방법에 대하여 15, 16장의 내용을 기반으로 원리를 깨우쳐야 한다. 의존관계에 대한 가치를 깨닫고 디자인 패턴에서 어떻게 사용되는지 요령을 익히는 것이 중요하다.
- 그 외 전산과 학생이나 일반 엔지니어는 이 책에서 설명한 내용만으로도 업무를 수행 하는 데 문제가 없을 것이다.

소프트웨어 공학은

- 많은 개발자가 관여하고,
- 긴 시간에 걸쳐 개발되고
- 개발된 소프트웨어가 지속적으로 오랫동안 사용되고
- 기능 변경과 추가, 삭제가 수시로 발생하는 소프트웨어의 개발에 필요한 지식을
- 체계적으로 정리한 것이다.

그래서 요즘의 시대에 반드시 필요하지만 공부만 하면 재미없는 분야이다. 이 책을 공부하였다면 반드시 실무에서 적용해 보기를 바란다. 특히, 책에서 사용한 방법처럼 단계별로 천천히 제작하다 보면 어느덧 익숙하게 사용하게 될 것이다.

여기까지 따라와 주신 독자에게 감사와 존경의 말을 드린다.

ㅇ

조민호 교수

숭실대학교에서 소프트웨어공학을 전공하여 박사 학위를 취득하였다. 1989년부터 2013년까지 25년동안 HP, SK C&C, Openwave 등에서 근무하며 소프트웨어 개발 및 컨설팅 업무를 담당하였다. 2013년 이후부터 현재까지 중원대학교 컴퓨터공학과에 재직 중이다. 주요 연구 분야는 소프트웨어공학, 통계 및 데이터분석, 인공지능 등이다. 최근에는 파이썬 기반의 응용 분야에 대해 연구하고 있으며, 조만간 인공지능 관련 알고리즘에 대한 주제로 독자와 만날 예정이다.

소프트웨어 공학

큰 규모의 프로그램 제작을 위한 지침서

인　　쇄 | 2022년 02월 17일
발　　행 | 2022년 02월 24일

저　　자 | 조민호
발 행 인 | 성희령
출 판 기 획 | 안성일, 한혜인, 임민정
영업마케팅 | 채희만, 한석범, 유효진, 이호준
총 무 회 계 | 이승희
발 행 처 | INFINITYBOOKS

주　　소 | 경기도 고양시 일산동구 하늘마을로 158
대방트리플라온 C동 209호

대 표 전 화 | 02)302-8441
팩　　스 | 02)6085-0777

도서 문의 및 A/S 지원
홈 페 이 지 | www.infinitybooks.co.kr
이 메 일 | helloworld@infinitybooks.co.kr

I S B N | 979-11-85578-71-2
등 록 번 호 | 제25100-2013-152호
판 매 정 가 | 25,000원